한국도로공사

NCS + 전공 + 최종점검 모의고사 4회

시대에듀

2025 최신판 시대에듀 한국도로공사
NCS + 전공 + 최종점검 모의고사 4회 + 무료NCS특강

Always **with you**

사람의 인연은 길에서 우연하게 만나거나 함께 살아가는 것만을 의미하지는 않습니다.
책을 펴내는 출판사와 그 책을 읽는 독자의 만남도 소중한 인연입니다.
시대에듀는 항상 독자의 마음을 헤아리기 위해 노력하고 있습니다. 늘 독자와 함께하겠습니다.

머리말 PREFACE

경부고속도로를 시작으로 국토의 대동맥을 건설해 오고 있는 한국도로공사는 2025년에 신입사원을 채용할 예정이다. 한국도로공사의 채용절차는 「원서접수 ➡ 서류전형 ➡ 필기전형 ➡ 온라인 검사 ➡ 1차 면접 ➡ 2차 면접 ➡ 최종합격」 순서로 이루어진다. 필기전형은 직업기초능력평가와 직무수행능력평가로 진행한다. 직업기초능력평가는 의사소통능력, 수리능력, 문제해결능력, 정보능력 총 4개의 영역을 평가하며, 직무수행능력평가는 채용분야별로 내용이 상이하므로 반드시 확정된 채용공고를 확인해야 한다. 또한, 필기전형 고득점자 순으로 채용예정인원의 2~5배수를 선발하여 온라인 검사 및 면접전형을 진행하므로 필기전형에서 고득점을 받기 위해 다양한 유형에 대한 폭넓은 학습과 문제풀이능력을 높이는 등 철저한 준비가 필요하다.

한국도로공사 필기전형 합격을 위해 시대에듀에서는 기업별 NCS 시리즈 누적 판매량 1위의 출간 경험을 토대로 다음과 같은 특징을 가진 도서를 출간하였다.

도서의 특징

❶ **기출복원문제를 통한 출제경향 확인!**
  - 2024년 하반기 주요 공기업 NCS 기출복원문제를 수록하여 공기업별 NCS 필기 유형을 파악할 수 있도록 하였다.
  - 2024~2023년 주요 공기업 전공 기출복원문제를 수록하여 공기업별 전공 출제경향까지 익힐 수 있도록 하였다.

❷ **출제 영역 맞춤 문제를 통한 실력 상승!**
  - 직업기초능력평가 대표기출유형&기출응용문제를 수록하여 유형별로 학습할 수 있도록 하였다.
  - 직무수행능력평가[행정(경영)·행정(법정)·토목(일반)] 적중예상문제를 수록하여 전공까지 대비할 수 있도록 하였다.

❸ **최종점검 모의고사를 통한 완벽한 실전 대비!**
  - 철저한 분석을 통해 실제 유형과 유사한 최종점검 모의고사를 수록하여 자신의 실력을 점검할 수 있도록 하였다.

❹ **다양한 콘텐츠로 최종 합격까지!**
  - 한국도로공사 채용 가이드와 면접 기출질문을 수록하여 채용 전반에 대비할 수 있도록 하였다.
  - 온라인 모의고사를 무료로 제공하여 필기전형을 준비하는 데 부족함이 없도록 하였다.

끝으로 본 도서를 통해 한국도로공사 채용을 준비하는 모든 수험생 여러분이 합격의 기쁨을 누리기를 진심으로 기원한다.

SDC(Sidae Data Center) 씀

◇ **미션**

> 우리는 길을 열어 사람과 문화를 연결하고 새로운 세상을 넓혀간다

◇ **비전**

> 안전하고 편리한 미래교통 플랫폼 기업

◇ **핵심가치**

> 안전 / 혁신 / 공감 / 신뢰

◇ **전략목표**

고품질의 스마트 고속도로 건설	고속도로망 OECD TOP 7
유지관리 최적화로 쾌적한 주행환경 제공	시설물 관리 최고 수준 달성
원활한 교통소통 및 교통안전 선진화	교통사고 사망률 OECD TOP 5
영업(휴게시설 · 통행요금) 서비스 혁신	고객만족도 최고 등급 달성
효율 · 공정의 경영혁신 및 지속성장	청렴도 최고 등급 달성

◇ **인재상 슬로건**

Expander, 길의 가치를 확장하는 융합형 인재

◇ **인재상 요인**

| Responsibility | ▶ | 개인 역량의 확장
미래도로의 변화를 예측하고, 지식과 아이디어를 융합하여 새로운 해결책을 찾아낸다. |

| Open-mind | ▶ | 사고의 확장
다양성을 존중하고 나와 다른 생각을 포용한다. |

| Acceleration | ▶ | 변화와 가능성의 확장
문제를 다양한 시각에서 바라보며 창의적인 방법으로 상상을 실현한다. |

| Dedication | ▶ | 지속가능한 미래의 확장
협력과 상생을 통해 더 나은 세상이 되도록 노력한다. |

◇ **인재상 역량**

책임 · 열정   공감 · 포용   혁신 · 도전   신뢰 · 헌신

신입 채용 안내 INFORMATION

◇ 지원자격

① 학력 · 성별 · 연령 : 제한 없음(단, 공사 정년에 도달하는 자는 지원 불가)

② 채용일로부터 근무가 가능한 자

③ 병역 : 남자의 경우 병역필 또는 면제자(단, 병역특례 근무 중인 자는 지원 불가하며, 채용일 이전 전역예정자는 지원 가능)

④ 한국도로공사 인사규정 제8조의 결격사유가 없는 자

◇ 필기전형

구분	채용분야		내용
직업기초능력평가	공통		의사소통능력, 수리능력, 문제해결능력, 정보능력
직무수행능력평가	행정직	행정(경영)	경영학원론, 회계학(중급회계), 경제학원론
		행정(법정)	행정학원론, 정책학, 헌법, 행정법
	기술직	토목(일반)	도로공학, 응용역학, 철근 및 P.S콘크리트공학, 토질 및 기초공학

◇ 면접전형

구분	대상	내용
1차 실무진 면접전형	필기전형 합격자	PT면접(50%) + 그룹토론면접(50%)
2차 경영진 면접전형	1차 실무진 면접전형 및 인성검사 합격자	인성 및 기본역량 전반(100%)

❖ 위 채용 안내는 2024년 채용공고를 기준으로 작성하였으므로 세부사항은 확정된 채용공고를 확인하기 바랍니다.

총평

한국도로공사의 5급 필기전형은 NCS의 경우 피듈형으로 출제되었으며, 난이도가 조금 어려웠다는 후기가 대부분이었다. 또한, 지문의 길이가 긴 문제와 계산이 오래 걸리는 문제로 시간이 부족했다는 평이 많았다. 전공의 경우 난이도가 중상 정도로 어려웠으며 계산 문제의 비중이 컸다는 후기가 있었다. 따라서 전반적으로 시간이 매우 부족했으므로 영역별 이론을 확실하게 알아두고, 실수 없이 빠르게 계산 문제를 풀이하는 연습을 해두는 것이 좋겠다. 끝으로 총 100문항을 110분 안에 풀어야 하므로 마지막 순간까지 집중력을 잃지 않는 것이 중요해 보인다.

◇ 영역별 출제 비중

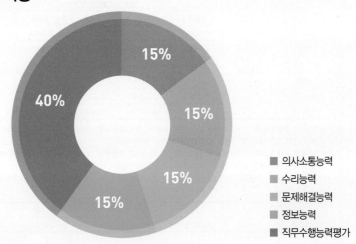

구분	출제 특징	출제 키워드
의사소통능력	• 긴 지문 문제가 출제됨 • 어휘 문제가 출제됨	• 반목, 삼중수소, 도로주행법, 전통시장 등
수리능력	• 응용 수리 문제가 출제됨 • 자료 계산 문제가 출제됨	• 매출액, 영업이익률, 거속시 등
문제해결능력	• 명제 추론 문제가 출제됨 • 모듈형 문제가 출제됨	• 참/거짓, 여행 코스, 저울 등
정보능력	• 정보 이해 문제가 출제됨	• 정보 등
행정(경영)	• 식스시그마, 민츠버그, 영업레버리지, 차입원가, 주당이익, 무위험손실, 사회적 후생, 인플레이션 등	
행정(법정)	• 대법원장, 공법, 사법, 직접세, 헌정사, 1~3종 오류, 점증주의, 세금모형 등	
토목(일반)	• 투수계수, 전단철근, 강도감소계수, 처짐, 콘크리트, 유량, 유효응력 등	

PSAT형

| 수리능력

04 다음은 신용등급에 따른 아파트 보증률에 대한 사항이다. 자료와 상황에 근거할 때, 갑(甲)과 을(乙)의 보증료의 차이는 얼마인가?(단, 두 명 모두 대지비 보증금액은 5억 원, 건축비 보증금액은 3억 원이며, 보증서 발급일로부터 입주자 모집공고 안에 기재된 입주 예정 월의 다음 달 말일까지의 해당 일수는 365일이다)

- (신용등급별 보증료)=(대지비 부분 보증료)+(건축비 부분 보증료)
- 신용평가 등급별 보증료율

구분	대지비 부분	건축비 부분				
		1등급	2등급	3등급	4등급	5등급
AAA, AA		0.178%	0.185%	0.192%	0.203%	0.221%
A⁺		0.194%	0.208%	0.215%	0.226%	0.236%
A⁻, BBB⁺	0.138%	0.216%	0.225%	0.231%	0.242%	0.261%
BBB⁻		0.232%	0.247%	0.255%	0.267%	0.301%
BB⁺ ~ CC		0.254%	0.276%	0.296%	0.314%	0.335%
C, D		0.404%	0.427%	0.461%	0.495%	0.531%

※ (대지비 부분 보증료)=(대지비 부분 보증금액)×(대지비 부분 보증료율)×(보증서 발급일로부터 입주자 모집공고 안에 기재된 입주 예정 월의 다음 달 말일까지의 해당 일수)÷365
※ (건축비 부분 보증료)=(건축비 부분 보증금액)×(건축비 부분 보증료율)×(보증서 발급일로부터 입주자 모집공고 안에 기재된 입주 예정 월의 다음 달 말일까지의 해당 일수)÷365
- 기여고객 할인율 : 보증료, 거래기간 등을 기준으로 기여도에 따라 6개 군으로 분류하며, 건축비 부분 요율에서 할인 가능

구분	1군	2군	3군	4군	5군	6군
차감률	0.058%	0.050%	0.042%	0.033%	0.025%	0.017%

〈상황〉

- 갑 : 신용등급은 A⁺이며, 3등급 아파트 보증금을 내야 한다. 기여고객 할인율에서는 2군으로 선정되었다.
- 을 : 신용등급은 C이며, 1등급 아파트 보증금을 내야 한다. 기여고객 할인율은 3군으로 선정되었다.

① 554,000원
② 566,000원
③ 582,000원
④ 591,000원
⑤ 623,000원

특징
▶ 대부분 의사소통능력, 수리능력, 문제해결능력을 중심으로 출제(일부 기업의 경우 자원관리능력, 조직이해능력을 출제)
▶ 자료에 대한 추론 및 해석 능력을 요구

대행사
▶ 엑스퍼트컨설팅, 커리어넷, 태드솔루션, 한국행동과학연구소(행과연), 휴노 등

모듈형

▎문제해결능력

41 문제해결절차의 문제 도출 단계는 (가)와 (나)의 절차를 거쳐 수행된다. 다음 중 (가)에 대한 설명으로 적절하지 않은 것은?

(가)		(나)
전체 문제를 개별화된 이슈들로 세분화	→	문제에 영향력이 큰 핵심이슈를 선정

① 문제의 내용 및 영향 등을 파악하여 문제의 구조를 도출한다.
② 본래 문제가 발생한 배경이나 문제를 일으키는 메커니즘을 분명히 해야 한다.
③ 현상에 얽매이지 말고 문제의 본질과 실제를 봐야 한다.
④ 눈앞의 결과를 중심으로 문제를 바라봐야 한다.
⑤ 문제 구조 파악을 위해서 Logic Tree 방법이 주로 사용된다.

특징
▶ 이론 및 개념을 활용하여 푸는 유형
▶ 채용 기업 및 직무에 따라 NCS 직업기초능력평가 10개 영역 중 선발하여 출제
▶ 기업의 특성을 고려한 직무 관련 문제를 출제
▶ 주어진 상황에 대한 판단 및 이론 적용을 요구

대행사
▶ 인트로맨, 휴스테이션, ORP연구소 등

피듈형(PSAT형 + 모듈형)

▎자원관리능력

07 다음 자료를 근거로 판단할 때, 연구모임 A ~ E 중 세 번째로 많은 지원금을 받는 모임은?

〈지원계획〉

• 지원을 받기 위해서는 한 모임당 5명 이상 9명 미만으로 구성되어야 한다.
• 기본지원금은 모임당 1,500천 원을 기본으로 지원한다. 단, 상품개발을 위한 모임의 경우는 2,000천 원을 지원한다.
• 추가지원금

등급	상	중	하
추가지원금(천 원/명)	120	100	70

※ 추가지원금은 연구 계획 사전평가결과에 따라 달라진다.
• 협업 장려를 위해 협업이 인정되는 모임에는 위의 두 지원금을 합한 금액의 30%를 별도로 지원한다.

〈연구모임 현황 및 평가결과〉

특징
▶ 기초 및 응용 모듈을 구분하여 푸는 유형
▶ 기초인지모듈과 응용업무모듈로 구분하여 출제
▶ PSAT형보다 난도가 낮은 편
▶ 유형이 정형화되어 있고, 유사한 유형의 문제를 세트로 출제

대행사
▶ 사람인, 스카우트, 인크루트, 커리어케어, 트리피, 한국사회능력개발원 등

한국도로공사

매출액 ▶ 키워드

18 다음 표는 D회사 구내식당의 월별 이용자 수 및 매출액에 대한 자료이고, 보고서는 D회사 구내식당 가격인상에 대한 내부검토 자료이다. 이를 토대로 '2024년 1월의 이용자 수 예측'에 대한 그래프로 옳은 것은?

〈2023년 D회사 구내식당의 월별 이용자 수 및 매출액〉

(단위 : 명, 천 원)

구분	특선식		일반식		총매출액
	이용자 수	매출액	이용자 수	매출액	
7월	901	5,406	1,292	5,168	10,574
8월	885	5,310	1,324	5,296	10,606
9월	914	5,484	1,284	5,136	10,620
10월	979	5,874	1,244	4,976	10,850
11월	974	5,844	1,196	4,784	10,628
12월	952	5,712	1,210	4,840	10,552

※ 총매출액은 특선식 매출액과 일반식 매출액의 합이다.

〈보고서〉

2023년 12월 D회사 구내식당은 특선식(6,000원)과 일반식(4,000원)의 두 가지 메뉴를 판매하고 있다. 2023년 11월부터 구내식당 총매출액이 감소하고 있어 지난 2년 동안 동결되었던 특선식과 일반식 중 한 가지 메뉴의 가격을 2024년 1월부터 1,000원 인상할지를 검토하였다.
메뉴 가격에 변동이 없을 경우, 일반식 이용자와 특선식 이용자의 수가 모두 2023년 12월에 비해 감소하여 2024년 1월의 총매출액은 2023년 12월보다 감소할 것으로 예측된다.
특선식 가격만을 1,000원 인상하여 7,000원으로 할 경우, 특선식 이용자 수는 2023년 7월 이후 최저치 이하로 감소하지만, 가격 인상의 영향 등으로 총매출액은 2023년 10월 이상으로 증가할 것으로 예측된다.
일반식 가격만을 1,000원 인상하여 5,000원으로 할 경우, 일반식 이용자 수는 2023년 12월 대비 10% 이상 감소하며, 특선식 이용자 수는 2023년 10월보다 증가하지는 않으리라 예측된다.

참 / 거짓 ▶ 유형

06 A ~ D는 한 판의 가위바위보를 한 후 그 결과에 대해 각각 두 가지의 진술을 하였다. 두 가지의 진술 중 하나는 반드시 참이고, 하나는 반드시 거짓이라고 할 때, 다음 중 항상 참인 것은?

A : C는 B를 이길 수 있는 것을 냈고, B는 가위를 냈다.
B : A는 C와 같은 것을 냈지만, A가 편 손가락의 수는 나보다 적었다.
C : B는 바위를 냈고, 그 누구도 같은 것을 내지 않았다.
D : A, B, C 모두 참 또는 거짓을 말한 순서가 동일하다. 이 판은 승자가 나온 판이었다.

① B와 같은 것을 낸 사람이 있다.
② 보를 낸 사람은 1명이다.
③ D는 혼자 가위를 냈다.
④ B가 기권했다면 가위를 낸 사람이 지는 판이다.

코레일 한국철도공사

교통사고 ▶ 키워드

※ 다음은 K국의 교통사고 사상자 2,500명에 대해 조사한 자료이다. 이어지는 질문에 답하시오. [3~4]

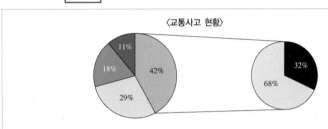

〈교통사고 현황〉

- 사륜차와 사륜차
- 사륜차와 이륜차
- 사망자
- 부상자
- 사륜차와 보행자
- 이륜차와 보행자

※ 사상자 수와 가해자 수는 같다.

〈교통사고 가해자 연령〉

구분	20대	30대	40대	50대	60대 이상
비율	38%	21%	11%	8%	( )

※ 교통사고 가해자 연령 비율의 합은 100%이다.

지하철 요금 ▶ 키워드

※ 수원에 사는 H대리는 가족들과 가평으로 여행을 가기로 하였다. 다음은 가평을 가기 위한 대중교통 수단별 운행요금 및 소요시간과 자가용 이용 시 현황에 대한 자료이다. 이어지는 질문에 답하시오. [26~28]

〈대중교통수단별 운행요금 및 소요시간〉

구분	운행요금			소요시간		
	수원역 ~ 서울역	서울역 ~ 청량리역	청량리역 ~ 가평역	수원역 ~ 서울역	서울역 ~ 청량리역	청량리역 ~ 가평역
기차	2,700원	–	4,800원	32분	–	38분
버스	2,500원	1,200원	3,000원	1시간 16분	40분	2시간 44분
지하철	1,850원	1,250원	2,150원	1시간 03분	18분	1시간 17분

※ 운행요금은 어른 편도 요금이다.

〈자가용 이용 시 현황〉

구분	통행료	소요시간	거리
A길	4,500원	1시간 49분	98.28km
B길	4,400원	1시간 50분	97.08km
C길	6,600원	1시간 49분	102.35km

※ 거리에 따른 주유비는 124원/km이다.

조건

• H대리 가족은 어른 2명, 아이 2명이다.

주요 공기업 적중 문제 TEST CHECK

한국수자원공사

맞춤법 ▶ 유형

04 다음 중 밑줄 친 부분의 맞춤법이 옳지 않은 것은?

① 바리스타로서 자부심을 가지고 커피를 내렸다.
② 어제는 왠지 피곤한 하루였다.
③ 용감한 시민의 제보로 진실이 드러났다.
④ 점심을 먹은 뒤 바로 설겆이를 했다.

확률 ▶ 유형

12 K학교의 학생은 A과목과 B과목 중 한 과목만을 선택하여 수업을 받는다고 한다. A과목과 B과목을 선택한 학생의 비율이 각각 전체의 40%, 60%이고, A과목을 선택한 학생 중 여학생은 30%, B과목을 선택한 학생 중 여학생은 40%라고 하자. K학교의 3학년 학생 중에서 임의로 뽑은 학생이 여학생일 때, 그 학생이 B과목을 선택한 학생일 확률은?

① $\frac{1}{3}$

② $\frac{2}{3}$

③ $\frac{1}{4}$

④ $\frac{3}{4}$

자리 배치 ▶ 유형

29 K기업의 영업1팀은 강팀장, 김대리, 이대리, 박사원, 유사원으로 이루어져 있었으나, 최근 인사이동으로 인해 팀원의 변화가 일어났고, 이로 인해 자리를 새롭게 배치하려고 한다. 〈조건〉이 다음과 같을 때, 항상 옳은 것은?

〈조건〉
- 영업1팀의 김대리는 영업2팀의 팀장으로 승진하였다.
- 이번 달 영업1팀에 김사원과 이사원이 새로 입사하였다.
- 자리는 일렬로 위치해 있으며, 영업1팀은 영업2팀과 마주하고 있다.
- 자리의 가장 안 쪽 옆은 벽이며, 반대편 끝자리의 옆은 복도이다.
- 각 팀의 팀장은 가장 안 쪽인 왼쪽 끝에 앉는다.
- 이대리는 영업2팀 김팀장의 대각선에 앉는다.
- 박사원의 양 옆은 신입사원이 앉는다.
- 김사원의 자리는 이사원의 자리보다 왼쪽에 있다.

① 이대리는 강팀장과 인접한다.
② 박사원의 자리는 유사원의 자리보다 왼쪽에 있다.
③ 이사원의 양 옆 중 한쪽은 복도이다.
④ 김사원은 유사원과 인접하지 않는다.

한국부동산원

RANK 함수 ▶ 키워드

27 다음은 조직심리학 수업을 수강한 학생들의 성적이다. 최종점수는 중간시험과 기말시험의 평균점수에서 90%, 출석점수에서 10%가 반영된다. 최종점수를 높은 순으로 나열했을 때, 1 ~ 2등은 A, 3 ~ 5등은 B, 나머지는 C를 받는다. 최종점수, 등수, 등급을 엑셀의 함수기능을 이용하여 작성하려고 할 때, 필요가 없는 함수는?(단, 최종점수는 소수점 둘째 자리에서 반올림한다)

	A	B	C	D	E	F	G
1	이름	중간시험	기말시험	출석	최종점수	등수	등급
2	강하나	97	95	10	87.4	1	A
3	김지수	92	89	10	82.5	3	B
4	이지운	65	96	9	73.4	5	B
5	전이지	77	88	8	75.1	4	B
6	송지나	78	75	8	69.7	6	C
7	최진수	65	70	7	61.5	7	C
8	유민호	89	95	10	83.8	2	A

① IFS
② AVERAGE
③ RANK
④ ROUND
⑤ AVERAGEIFS

의사소통 ▶ 키워드

07 다음 글에 나타난 의사소통의 저해요인으로 가장 적절한 것은?

'말하지 않아도 알아요.'라는 TV 광고 음악에 많은 사람이 공감했던 것과 같이 과거 우리 사회에서는 자신의 의견을 직접적으로 드러내지 않는 것을 미덕이라고 생각했다. 하지만 직접 말하지 않아도 상대가 눈치껏 판단하고 행동해 주길 바라는 '눈치' 문화가 오히려 의사소통 과정에서의 불신과 오해를 낳는다.

① 의사소통 기법의 미숙
② 부족한 표현 능력
③ 평가적이며 판단적인 태도
④ 선입견과 고정관념
⑤ 폐쇄적인 의사소통 분위기

도서 200% 활용하기 STRUCTURES

1 기출복원문제로 출제경향 파악

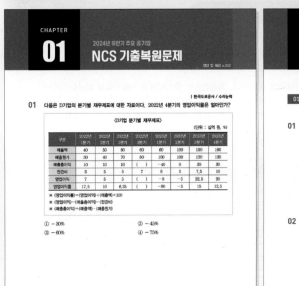

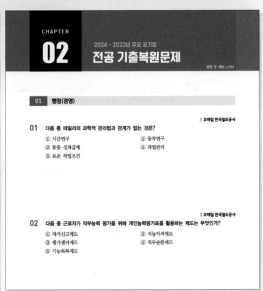

▶ 2024년 하반기 주요 공기업 NCS 기출복원문제를 수록하여 공기업별 NCS 필기 유형을 파악할 수 있도록 하였다.

▶ 2024~2023년 주요 공기업 전공 기출복원문제를 수록하여 공기업별 전공 출제경향까지 익힐 수 있도록 하였다.

2 대표기출유형 + 기출응용문제로 NCS 완벽 대비

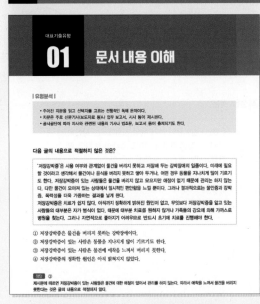

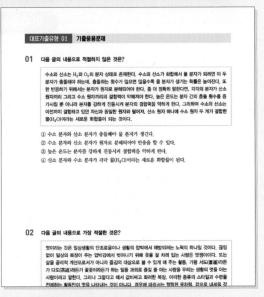

▶ NCS 출제 영역에 대한 대표기출유형&기출응용문제를 수록하여 유형별로 학습할 수 있도록 하였다.

3 적중예상문제로 전공까지 완벽 대비

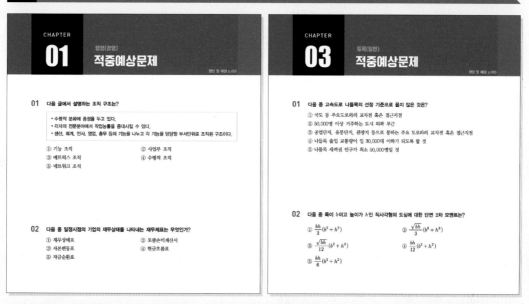

▶ 직무수행능력평가[행정(경영)·행정(법정)·토목(일반)] 적중예상문제를 수록하여 전공까지 효과적으로 학습할 수 있도록 하였다.

4 최종점검 모의고사 + OMR을 활용한 실전 연습

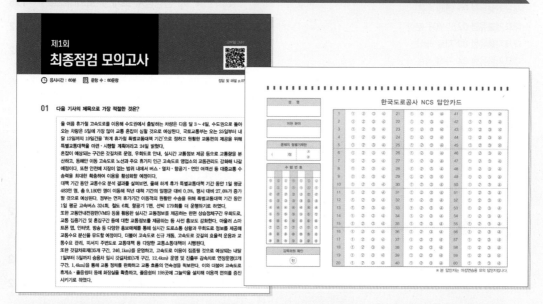

▶ 철저한 분석을 통해 실제 유형과 유사한 최종점검 모의고사를 수록하여 자신의 실력을 점검할 수 있도록 하였다.
▶ 모바일 OMR 답안채점/성적분석 서비스를 제공하여 자동으로 점수를 채점하고 확인할 수 있도록 하였다.

이 책의 차례 CONTENTS

Add+

특별부록

※ 기출복원문제는 수험생들의 후기를 통해 시대에듀에서 복원한 문제로 실제 문제와 다소 차이가 있을
수 있으며, 본 저작물의 무단전재 및 복제를 금합니다.

┃ 한국도로공사 / 수리능력

01 다음은 D기업의 분기별 재무제표에 대한 자료이다. 2022년 4분기의 영업이익률은 얼마인가?

〈D기업 분기별 재무제표〉

(단위 : 십억 원, %)

구분	2022년 1분기	2022년 2분기	2022년 3분기	2022년 4분기	2023년 1분기	2023년 2분기	2023년 3분기	2023년 4분기
매출액	40	50	80	60	60	100	150	160
매출원가	30	40	70	80	100	100	120	130
매출총이익	10	10	10	( )	-40	0	30	30
판관비	3	5	5	7	8	5	7.5	10
영업이익	7	5	5	( )	-8	-5	22.5	20
영업이익률	17.5	10	6.25	( )	-80	-5	15	12.5

※ (영업이익률)=(영업이익)÷(매출액)×100
※ (영업이익)=(매출총이익)-(판관비)
※ (매출총이익)=(매출액)-(매출원가)

① -30%   ② -45%
③ -60%   ④ -75%

┃ 한국도로공사 / 수리능력

02 5km/h의 속력으로 움직이는 무빙워크를 이용하여 이동하는 데 36초가 걸렸다. 무빙워크 위에서 무빙워크와 같은 방향으로 4km/h의 속력으로 걸어 이동할 때 걸리는 시간은?

① 10초   ② 15초
③ 20초   ④ 25초

03 다음 중 비언어적 요소인 쉼을 사용하는 경우로 적절하지 않은 것은?

① 양해나 동조를 구할 경우
② 상대방에게 반문을 할 경우
③ 이야기의 흐름을 바꿀 경우
④ 연단공포증을 극복하려는 경우
⑤ 이야기를 생략하거나 암시할 경우

04 다음 밑줄 친 부분에 해당하는 키슬러의 대인관계 의사소통 유형은?

> 의사소통 시 이 유형의 사람은 따뜻하고 인정이 많고 자기희생적이나 타인의 요구를 거절하지 못하므로 타인과의 정서적인 거리를 유지하는 노력이 필요하다.

① 지배형   ② 사교형
③ 친화형   ④ 고립형
⑤ 순박형

05 다음 글을 통해 알 수 있는 철도사고 발생 시 행동요령으로 적절하지 않은 것은?

> 철도사고는 지하철, 고속철도 등 철도에서 발생하는 사고를 뜻한다. 많은 사람이 한꺼번에 이용하며 무거운 전동차가 고속으로 움직이는 특성상 철도사고가 발생할 경우 인명과 재산에 큰 피해가 발생한다.
>
> 철도사고는 다양한 원인에 의해 발생하며 사고 유형 또한 다양하게 나타나는데, 대표적으로는 충돌사고, 탈선사고, 열차화재사고가 있다. 이 사고들은 철도안전법에서 철도교통사고로 규정되어 있으며, 많은 인명피해를 야기하므로 철도사업자는 반드시 이를 예방하기 위한 조치를 취해야 한다. 또한 승객들은 위험으로부터 빠르게 벗어나기 위해 사고 시 대피요령을 파악하고 있어야 한다.
>
> 국토교통부는 철도사고 발생 시 인명과 재산을 보호하기 위한 국민행동요령을 제시하고 있다. 이 행동요령에 따르면 지하철에서 사고가 발생할 경우 가장 먼저 객실 양 끝에 있는 인터폰으로 승무원에게 사고를 알려야 한다. 만약 화재가 발생했다면 곧바로 119에 신고하고, 여유가 있다면 객실 양 끝에 비치된 소화기로 불을 꺼야 한다. 반면 화재의 진화가 어려울 경우 입과 코를 젖은 천으로 막고 화재가 발생하지 않은 다른 객실로 이동해야 한다. 전동차에서 대피할 때는 안내방송과 승무원의 안내에 따라 질서 있게 대피해야 하며 이때 부상자, 노약자, 임산부가 먼저 대피할 수 있도록 배려하고 도와주어야 한다. 만약 전동차의 문이 열리지 않으면 반드시 열차가 멈춘 후에 안내방송에 따라 비상핸들이나 비상콕크를 돌려 문을 열고 탈출해야 한다. 전동차가 플랫폼에 멈췄을 경우 스크린도어를 열고 탈출해야 하는데, 손잡이를 양쪽으로 밀거나 빨간색 비상바를 밀고 탈출해야 한다. 반대로 역이 아닌 곳에서 멈췄을 경우 감전의 위험이 있으므로 반드시 승무원의 안내에 따라 반대편 선로의 열차 진입에 유의하며 대피 유도등을 따라 침착하게 비상구로 대피해야 한다.
>
> 이와 같이 승객들은 철도사고 발생 시 신고, 질서 유지, 빠른 대피를 중점적으로 유념하여 행동해야 한다. 철도사고는 사고 자체가 일어나지 않도록 철저한 안전관리와 예방이 필요하지만, 다양한 원인으로 예상치 못하게 발생한다. 따라서 철도교통을 이용하는 승객 또한 평소에 안전 수칙을 준수하고 비상 상황에서 침착하게 대처하는 훈련이 필요하다.

① 침착함을 잃지 않고 승무원의 안내에 따라 대피해야 한다.
② 화재사고 발생 시 규모가 크지 않다면 빠르게 진화 작업을 해야 한다.
③ 선로에서 대피할 경우 승무원의 안내와 대피 유도등을 따라 대피해야 한다.
④ 열차에서 대피할 때는 탈출이 어려운 사람부터 대피할 수 있도록 도와야 한다.
⑤ 열차사고 발생 시 탈출을 위해 우선 비상핸들을 돌려 열차의 문을 개방해야 한다.

06 다음 글을 읽고 알 수 있는 하향식 읽기 모형의 사례로 적절하지 않은 것은?

글을 읽는 것은 단순히 책에 쓰인 문자를 해독하는 것이 아니라 그 안에 담긴 의미를 파악하는 과정이다. 그렇다면 사람들은 어떤 방식으로 글의 의미를 파악할까? 세상의 모든 어휘를 알고 있는 사람은 없을 것이다. 그러나 대부분의 사람들, 특히 고등교육을 받은 성인들은 자신이 잘 모르는 어휘가 있더라도 글의 전체적인 맥락과 의미를 파악할 수 있다. 이를 설명해 주는 것이 바로 하향식 읽기 모형이다.

하향식 읽기 모형은 독자가 이미 알고 있는 배경지식과 경험을 바탕으로 글의 전체적인 맥락을 먼저 파악하는 방식이다. 하향식 읽기 모형은 독자의 능동적인 참여를 활용하는 읽기로, 여기서 독자는 단순히 글을 받아들이는 수동적인 존재가 아니라 자신의 지식과 경험을 활용하여 글의 의미를 구성해 나가는 주체적인 역할을 한다. 이때 독자는 글의 내용을 예측하고 추론하며, 심지어 자신의 생각을 더하여 글에 대한 이해를 넓혀갈 수 있다.

하향식 읽기 모형의 장점은 빠르고 효율적인 독서가 가능하다는 것이다. 글의 전체적인 맥락을 먼저 파악하기 때문에 글의 핵심 내용을 빠르게 파악할 수 있고, 배경지식을 활용하여 더 깊이 있는 이해를 얻을 수 있다. 또한 예측과 추론을 통한 능동적인 독서는 독서에 대한 흥미를 높여 주는 효과도 있다.

그러나 하향식 읽기 모형은 독자의 배경지식에 의존하여 읽는 방법이므로 배경지식이 부족한 경우 글의 의미를 정확하게 파악하기 어려울 수 있으며, 배경지식에 의존하여 오해를 할 가능성도 크다. 또한 글의 내용이 복잡하다면 많은 배경지식을 가지고 있더라도 글의 맥락을 적극적으로 가정하거나 추측하기 어려운 것 또한 하향식 읽기 모형의 단점이 된다.

하향식 읽기 모형은 글의 내용을 빠르게 이해하고 독자 스스로 내면화할 수 있으므로 독서 능력 향상에 유용한 방법이다. 그러나 모든 글에 동일하게 적용할 수 있는 읽기 모델은 아니므로 글의 종류와 독자의 배경지식에 따라 적절한 읽기 전략을 사용해야 한다. 따라서 하향식 읽기 모형과 함께 상향식 읽기(문자의 정확한 해독), 주석 달기, 소리 내어 읽기 등 다양한 읽기 전략을 활용하여야 한다.

① 회의 자료를 읽기 전 회의 주제를 먼저 파악하여 회의 안건을 예상하였다.
② 기사의 헤드라인을 먼저 읽어 기사의 내용을 유추한 뒤 상세 내용을 읽었다.
③ 제품 설명서를 읽어 제품의 기능과 각 버튼의 용도를 파악하고 기계를 작동시켰다.
④ 요리법의 전체적인 조리 과정을 파악하고 단계별로 필요한 재료와 순서를 확인하였다.
⑤ 서문이나 목차를 통해 책의 전체적인 흐름을 파악하고 관심 있는 부분을 집중적으로 읽었다.

07 농도가 15%인 소금물 200g과 농도가 20%인 소금물 300g을 섞었을 때, 섞인 소금물의 농도는?

① 17%　　　　　　　　　　② 17.5%

③ 18%　　　　　　　　　　④ 18.5%

⑤ 19%

08 남직원 A ~ C, 여직원 D ~ F 6명이 일렬로 앉고자 한다. 여직원끼리 인접하지 않고, 여직원 D와 남직원 B가 서로 인접하여 앉는 경우의 수는?

① 12가지　　　　　　　　　② 20가지

③ 40가지　　　　　　　　　④ 60가지

⑤ 120가지

09 다음과 같이 일정한 규칙으로 수를 나열할 때 빈칸에 들어갈 수로 옳은 것은?

	−23	−15	−11	5	13	25	( )	45	157	65

① 49　　　　　　　　　　② 53

③ 57　　　　　　　　　　④ 61

⑤ 65

10 다음은 K시의 유치원, 초·중·고등학교, 고등교육기관의 취학률 및 초·중·고등학교의 상급학교 진학률에 대한 자료이다. 이에 대한 설명으로 옳지 않은 것은?

〈유치원, 초·중·고등학교, 고등교육기관 취학률〉

(단위 : %)

구분	2014년	2015년	2016년	2017년	2018년	2019년	2020년	2021년	2022년	2023년
유치원	45.8	45.2	48.3	50.6	51.6	48.1	44.3	45.8	49.7	52.8
초등학교	98.7	99	98.6	98.9	99.3	99.6	98.1	98.1	99.5	99.9
중학교	98.5	98.6	98.1	98	98.9	98.5	97.1	97.6	97.5	98.2
고등학교	95.3	96.9	96.2	95.4	96.2	94.7	92.1	93.7	95.2	95.6
고등교육기관	65.6	68.9	64.9	66.2	67.5	69.2	70.8	71.7	74.3	73.5

〈초·중·고등학교 상급학교 진학률〉

(단위 : %)

구분	2014년	2015년	2016년	2017년	2018년	2019년	2020년	2021년	2022년	2023년
초등학교	100	100	100	100	100	100	100	100	100	100
중학교	99.7	99.7	99.7	99.7	99.7	99.7	99.7	99.7	99.7	99.6
고등학교	93.5	91.8	90.2	93.2	91.7	90.5	91.4	92.6	93.9	92.8

① 중학교의 취학률은 매년 97% 이상이다.
② 매년 취학률이 가장 높은 기관은 초등학교이다.
③ 고등교육기관의 취학률이 70%를 넘긴 해는 2020년부터이다.
④ 2023년에 중학교에서 고등학교로 진학하지 않은 학생의 비율은 전년 대비 감소하였다.
⑤ 고등교육기관의 취학률이 가장 낮은 해와 고등학교의 상급학교 진학률이 가장 낮은 해는 같다.

11 다음은 A기업과 B기업의 2024년 1 ~ 6월 매출액에 대한 자료이다. 이를 그래프로 옮겼을 때의 개형으로 옳은 것은?

⟨2024년 1 ~ 6월 A, B기업 매출액⟩

(단위 : 억 원)

구분	2024년 1월	2024년 2월	2024년 3월	2024년 4월	2024년 5월	2024년 6월
A기업	307.06	316.38	315.97	294.75	317.25	329.15
B기업	256.72	300.56	335.73	313.71	296.49	309.85

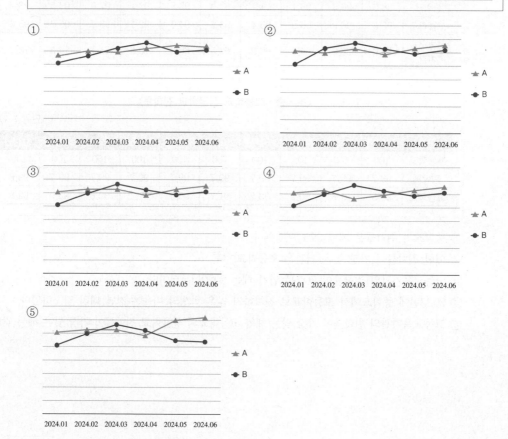

12 다음은 스마트 팜을 운영하는 K사에 대한 SWOT 분석 결과이다. 이에 따른 전략이 나머지와 다른 것은?

<K사 스마트 팜 SWOT 분석 결과>

구분		분석 결과
내부환경요인	강점 (Strength)	• 차별화된 기술력 : 기존 스마트 팜 솔루션과 차별화된 센서 기술, AI 기반 데이터 분석 기술 보유 • 젊고 유연한 조직 : 빠른 의사결정과 시장 변화에 대한 적응력 • 정부 사업 참여 경험 : 스마트 팜 관련 정부 사업 참여 가능성
	약점 (Weakness)	• 자금 부족 : 연구개발, 마케팅 등에 필요한 자금 확보 어려움 • 인력 부족 : 다양한 분야의 전문 인력 확보 필요 • 개발력 부족 : 신규 기술 개발 속도 느림
외부환경요인	기회 (Opportunity)	• 스마트 팜 시장 성장 : 스마트 팜에 대한 관심 증가와 이에 따른 정부의 적극적인 지원 • 해외 시장 진출 가능성 : 글로벌 스마트 팜 시장 진출 기회 확대 • 활발한 관련 연구 : 스마트 팜 관련 공동연구 및 포럼, 설명회 등 정보 교류가 활발하게 논의
	위협 (Threat)	• 경쟁 심화 : 후발 주자의 등장과 기존 대기업의 시장 장악 가능성 • 기술 변화 : 빠르게 변화하는 기술 트렌드에 대한 대응 어려움 • 자연재해 : 기후 변화 등 예측 불가능한 자연재해로 인한 피해 가능성

① 정부 지원을 바탕으로 연구개발에 필요한 자금을 확보
② 스마트 팜 관련 공동연구에 참가하여 빠르게 신규 기술을 확보
③ 스마트 팜에 대한 높은 관심을 바탕으로 온라인 펀딩을 통해 자금을 확보
④ 포럼 등 설명회에 적극적으로 참가하여 전문 인력 확충을 위한 인맥을 확보
⑤ 스마트 팜 관련 정부 사업 참여 경험을 바탕으로 정부의 적극적인 지원을 확보

13 다음 대화에서 공통적으로 나타나는 논리적 오류로 가장 적절한 것은?

> A : 반려견 출입 금지라고 쓰여 있는 카페에 갔는데 거절당했어. 반려견 출입 금지면 고양이는 괜찮은 거 아니야?
> B : 어제 직장동료가 "조심히 들어가세요."라고 했는데 집에 들어갈 때만 조심하라는 건가?
> C : 친구가 비가 와서 우울하다고 했는데, 비가 안 오면 행복해지겠지?
> D : 이웃을 사랑하라는 선생님의 가르침을 실천하기 위해 사기를 저지른 이웃을 숨겨 주었어.
> E : 의사가 건강을 위해 채소를 많이 먹으라고 하던데 앞으로는 채소만 먹으면 되겠어.
> F : 긍정적인 생각을 하면 좋은 일이 생기니까 아무리 나쁜 일이 있어도 긍정적으로만 생각하면 될 거야.

① 무지의 오류

② 연역법의 오류

③ 과대해석의 오류

④ 허수아비 공격의 오류

⑤ 권위나 인신공격에 의존한 논증

14 A ~ E열차를 운행거리가 가장 긴 순서대로 나열하려고 한다. 운행시간 및 평균 속력이 다음과 같을 때, C열차는 몇 번째로 운행거리가 긴 열차인가?(단, 열차 대기시간은 고려하지 않는다)

〈A ~ E열차 운행시간 및 평균 속력〉

구분	운행시간	평균 속력
A열차	900분	50m/s
B열차	10시간 30분	150km/h
C열차	8시간	55m/s
D열차	720분	2.5km/min
E열차	10시간	2.7km/min

① 첫 번째   ② 두 번째

③ 세 번째   ④ 네 번째

⑤ 다섯 번째

15 다음 글에서 나타난 문제해결 절차의 단계로 가장 적절한 것은?

> K대학교 기숙사는 최근 학생들의 불만이 끊이지 않고 있다. 특히, 식사의 질이 낮고, 시설이 노후화되었으며, 인터넷 연결 상태가 불안정하다는 의견이 많았다. 이에 K대학교 기숙사 운영위원회는 문제해결을 위해 긴급회의를 소집했다.
>
> 회의에서 학생 대표들은 식단의 다양성 부족, 식재료의 신선도 문제, 식당 내 위생 상태 불량 등을 지적했다. 또한, 시설 관리 담당자는 건물 외벽의 균열, 낡은 가구, 잦은 누수 현상 등 시설 노후화 문제를 강조했다. IT 담당자는 기숙사 내 와이파이 연결 불안정, 인터넷 속도 저하 등 통신환경 문제를 제기했다.
>
> 운영위원회는 이러한 다양한 의견을 종합하여 문제를 더욱 구체적으로 분석하기로 결정했다. 먼저, 식사 문제의 경우 학생들의 식습관 변화에 따른 메뉴 구성의 문제점, 식자재 조달 과정의 비효율성, 조리 시설의 부족 등의 문제점을 파악했다. 시설 문제는 건물의 노후화로 인한 안전 문제, 에너지 효율 저하, 학생들의 편의성 저하 등으로 세분화했다. 마지막으로, 통신환경 문제는 기존 네트워크 장비의 노후화, 학생 수 증가에 따른 네트워크 부하 증가 등의 세부 문제가 제시되었다.

① 문제 인식
② 문제 도출
③ 원인 분석
④ 해결안 개발
⑤ 실행 및 평가

16 다음 중 빈칸에 들어갈 단어로 가장 적절한 것은?

> 감사원의 조사 결과 J공사는 공공사업을 위해 투입된 세금을 본래의 목적에 사용하지 않고 무단으로 _____했음이 밝혀졌다.

① 전용(轉用)
② 남용(濫用)
③ 적용(適用)
④ 활용(活用)
⑤ 준용(遵用)

17 다음 중 비행을 하기 위한 시조새의 신체 조건으로 가장 적절한 것은?

> 시조새(Archaeopteryx)는 약 1억 5천만 년 전 중생대 쥐라기 시대에 살았던 고대 생물로, 조류와 공룡의 중간 단계에 위치한 생물이다. 1861년 독일 바이에른 지방에 있는 졸른호펜 채석장에서 화석이 발견된 이후, 시조새는 조류의 기원과 공룡에서 새로의 진화 과정을 밝히는 데 중요한 단서를 제공해 왔다. '시조(始祖)'라는 이름에서 알 수 있듯이 시조새는 현대 조류의 조상으로 여겨지며 고생물학계에서 매우 중요한 연구 대상으로 취급된다.
> 시조새는 오늘날의 새와는 여러 가지 차이점이 있다. 이빨이 있는 부리, 긴 척추뼈로 이루어진 꼬리, 그리고 날개에 있는 세 개의 갈고리 발톱은 공룡의 특징을 잘 보여준다. 비록 현대 조류처럼 가슴뼈가 비행에 최적화된 형태로 발달되지는 않았지만, 갈비뼈와 팔에 강한 근육이 붙어있어 짧은 거리를 활강하거나 나뭇가지 사이를 오르내리며 이동할 수 있었던 것으로 추정된다.
> 한편, 시조새는 비대칭형 깃털을 가진 최초의 동물 중 하나로, 이는 비행을 하기에 적합한 형태이다. 시조새의 깃털은 현대의 날 수 있는 조류처럼 바람을 맞는 곳의 깃털은 짧고, 뒤쪽은 긴 형태인데, 이러한 비대칭형 깃털은 양력을 제공해 짧은 거리의 활강을 가능하게 했으며, 새의 조상으로서 비행의 초기 형태를 보여준다. 이로 인해 시조새는 공룡에서 새로 이어지는 진화 과정을 이해하는 데 있어 중요한 생물학적 증거로 여겨지고 있다.
> 시조새의 화석 연구는 당시의 생태계에 대한 정보도 제공하고 있다. 시조새는 열대 우림이나 활엽수림 근처에서 생활하며 나뭇가지를 오르내렸을 가능성이 큰 것으로 추정된다. 시조새의 이동 방식에 대해서는 여러 가설이 존재하지만, 짧은 거리의 활강을 통해 먹이를 찾고 이동했을 것이라는 주장이 유력하다.
> 결론적으로 시조새는 공룡과 새의 특성을 모두 가진 중간 단계의 생물로, 진화의 과정을 이해하는 데 핵심적인 역할을 한다. 시조새의 다양한 신체적 특징들은 공룡에서 새로 이어지는 진화의 연결고리를 보여주며, 조류 비행의 기원을 이해하는 중요한 증거로 평가된다.

① 날개 사이에 근육질의 익막이 있다.
② 날개에는 세 개의 갈고리 발톱이 있다.
③ 날개의 깃털이 비대칭 구조로 형성되어 있다.
④ 척추뼈가 꼬리까지 이어지는 유선형 구조이다.
⑤ 현대 조류처럼 가슴뼈가 비행에 최적화된 구조이다.

18 다음 글의 주제로 가장 적절한 것은?

> 사람들에게 의학을 대표하는 인물을 물어본다면 대부분 히포크라테스(Hippocrates)를 떠올릴 것이다. 히포크라테스는 당시 신의 징벌이나 초자연적인 힘으로 생각되었던 질병을 관찰을 통해 자연적 현상으로 이해하였고, 당시 마술이나 철학으로 여겨졌던 의학을 분리하였다. 이에 따라 의사라는 직업이 과학적인 기반 위에 만들어지게 되었다. 현재에는 의학의 아버지로 불리며 히포크라테스 선서라고 불리는 의사의 윤리적 기준을 저술한 것으로 알려져 있다. 이처럼 히포크라테스는 서양의학의 상징으로 받아들여지지만, 서양의학에 절대적인 영향을 준 사람은 클라우디오스 갈레노스(Claudius Galenus)이다.
>
> 갈레노스는 로마 시대 검투사 담당의에서 황제 마르쿠스 아우렐리우스의 주치의로 활동한 의사로, 해부학, 생리학, 병리학에 걸친 방대한 의학체계를 집대성하여 이후 1,000년 이상 서양의학의 토대를 닦았다. 당시에는 인체의 해부가 금지되어 있었기 때문에 갈레노스는 원숭이, 돼지 등을 사용하여 해부학적 지식을 쌓았으며, 임상 실험을 병행하여 의학적 지식을 확립하였다. 이러한 해부 및 실험을 통해 갈레노스는 여러 장기의 기능을 밝히고, 근육과 뼈를 구분하였으며, 심장의 판막이나 정맥과 동맥의 차이점 등을 밝혀내거나, 혈액이 혈관을 통해 신체 말단까지 퍼져나가며 신진대사를 조절하는 물질을 운반한다고 밝혀냈다. 물론 갈레노스도 히포크라테스가 주장한 4원소에 따른 4체액설(혈액, 담즙, 황담즙, 흑담즙)을 믿거나 피를 뽑아 치료하는 사혈법을 주장하는 등 현대 의학과는 거리가 있지만, 당시에 의학 이론을 해부와 실험을 통해 증명하고 방대한 저술을 남겼다는 놀라운 업적을 가지고 있으며, 이것이 실제로 가장 오랫동안 서양의학을 실제로 지배하는 토대가 되었다.

① 갈레노스의 생애와 의학의 발전
② 고대에서 현대까지 해부학의 발전 과정
③ 히포크라테스 선서에 의한 전문직의 도덕적 기준
④ 히포크라테스와 갈레노스가 서양의학에 끼친 영향과 중요성
⑤ 히포크라테스와 갈레노스의 4체액설이 현대 의학에 끼친 영향

19 다음 중 제시된 단어와 가장 비슷한 단어는?

> 비상구

① 진입로   ② 출입구
③ 돌파구   ④ 여울목
⑤ 탈출구

20 A열차가 어떤 터널을 진입하고 5초 후 B열차가 같은 터널에 진입하였다. 그로부터 5초 후 B열차가 터널을 빠져나왔고 5초 후 A열차가 터널을 빠져나왔다. A열차가 터널을 빠져나오는 데 걸린 시간이 14초일 때, B열차는 A열차보다 몇 배 빠른가?(단, A열차와 B열차 모두 속력의 변화는 없으며, 두 열차의 길이는 서로 같다)

① 2배   ② 2.5배
③ 3배   ④ 3.5배
⑤ 4배

21 A팀은 5일부터 5일마다 회의실을 사용하고, B팀은 4일부터 4일마다 회의실을 사용하기로 하였으며, 두 팀이 사용하고자 하는 날이 겹칠 경우에는 A, B팀이 번갈아가며 사용하기로 하였다. 어느 날 A팀과 B팀이 사용하고자 하는 날이 겹쳤을 때, 겹친 날을 기준으로 A팀이 9번, B팀이 8번 회의실을 사용했다면, 이때까지 A팀은 회의실을 최대 몇 번 이용하였는가?(단, 회의실 사용일이 첫 번째로 겹친 날에는 A팀이 먼저 사용하였으며, 회의실 사용일은 주말 및 공휴일도 포함한다)

① 61회   ② 62회
③ 63회   ④ 64회
⑤ 65회

22 다음 모스 굳기 10단계에 해당하는 광물 A ~ C가 〈조건〉을 만족할 때, 이에 대한 설명으로 옳은 것은?

<표>

〈모스 굳기 10단계〉

단계	1단계	2단계	3단계	4단계	5단계
광물	활석	석고	방해석	형석	인회석
단계	6단계	7단계	8단계	9단계	10단계
광물	정장석	석영	황옥	강옥	금강석

- 모스 굳기 단계의 단계가 낮을수록 더 무른 광물이고, 단계가 높을수록 단단한 광물이다.
- 단계가 더 낮은 광물로 단계가 더 높은 광물을 긁으면 긁힘 자국이 생기지 않는다.
- 단계가 더 높은 광물로 단계가 더 낮은 광물을 긁으면 긁힘 자국이 생긴다.

<hr>

조건

- 광물 A로 광물 B를 긁으면 긁힘 자국이 생기지 않는다.
- 광물 A로 광물 C를 긁으면 긁힘 자국이 생긴다.
- 광물 B로 광물 C를 긁으면 긁힘 자국이 생긴다.
- 광물 B는 인회석이다.

① 광물 C는 석영이다.
② 광물 A는 방해석이다.
③ 광물 A가 가장 무르다.
④ 광물 B가 가장 단단하다.
⑤ 광물 B는 모스 굳기 단계가 7단계 이상이다.

※ 다음은 에너지바우처 사업에 대한 자료이다. 이어지는 질문에 답하시오. [23~24]

<에너지바우처>

1. 에너지바우처란?

   국민 모두가 시원한 여름, 따뜻한 겨울을 보낼 수 있도록 에너지 취약계층을 위해 에너지바우처(이용권)를 지급하여 전기, 도시가스, 지역난방, 등유, LPG, 연탄을 구입할 수 있도록 지원하는 제도

2. 신청대상 : 소득기준과 세대원 특성기준을 모두 충족하는 세대
   - 소득기준 : 국민기초생활 보장법에 따른 생계급여 / 의료급여 / 주거급여 / 교육급여 수급자
   - 세대원 특성기준 : 주민등록표 등본상 기초생활수급자(본인) 또는 세대원이 다음 중 어느 하나에 해당하는 경우
     - 노인 : 65세 이상
     - 영유아 : 7세 이하의 취학 전 아동
     - 장애인 : 장애인복지법에 따라 등록한 장애인
     - 임산부 : 임신 중이거나 분만 후 6개월 미만인 여성
     - 중증질환자, 희귀질환자, 중증난치질환자 : 국민건강보험법 시행령에 따라 보건복지부장관이 정하여 고시하는 중증질환, 희귀질환, 중증난치질환을 가진 사람
     - 한부모가족 : 한부모가족지원법에 따른 '모' 또는 '부'로서 아동인 자녀를 양육하는 사람
     - 소년소녀가정 : 보건복지부에서 정한 아동분야 지원대상에 해당하는 사람(아동복지법에 의한 가정위탁보호 아동 포함)
   - 지원 제외 대상 : 세대원 모두가 보장시설 수급자
   - 다음의 경우 동절기 에너지바우처 중복 지원 불가
     - 긴급복지지원법에 따라 동절기 연료비를 지원받은 자(세대)
     - 한국에너지공단의 등유바우처를 발급받은 자(세대)
     - 한국광해광업공단의 연탄쿠폰을 발급받은 자(세대)
     ※ 하절기 에너지바우처를 사용한 수급자가 동절기에 위 사업들을 신청할 경우 동절기 에너지바우처를 중지 처리한 후 신청(중지사유 : 타동절기 에너지이용권 수급)
     ※ 단, 동절기 에너지바우처를 일부 사용한 경우 위 사업들은 신청 불가

3. 바우처 지원금액

구분	1인 세대	2인 세대	3인 세대	4인 이상 세대
하절기	55,700원	73,800원	90,800원	117,000원
동절기	254,500원	348,700원	456,900원	599,300원
총액	310,200원	422,500원	547,700원	716,300원

4. 지원방법
   - 요금차감
     - 하절기 : 전기요금 고지서에서 요금을 자동으로 차감
     - 동절기 : 도시가스 / 지역난방 중 하나를 선택하여 고지서에서 요금을 자동으로 차감
   - 실물카드 : 동절기 도시가스, 등유, LPG, 연탄을 실물카드(국민행복카드)로 직접 결제

23 다음 중 에너지바우처에 대한 설명으로 옳지 않은 것은?

① 36개월의 아이가 있는 의료급여 수급자 A는 에너지바우처를 신청할 수 있다.

② 혼자서 아이를 3명 키우는 교육급여 수급자 B는 1년에 70만 원을 넘게 지원받을 수 있다.

③ 보장시설인 양로시설에 살면서 생계급여를 받는 70세 독거노인 C는 에너지바우처를 신청할 수 있다.

④ 에너지바우처 기준을 충족하는 D는 겨울에 연탄보일러를 사용하므로 실물카드를 받는 방법으로 지원을 받아야 한다.

⑤ 희귀질환을 앓고 있는 어머니와 함께 단둘이 사는 생계급여 수급자 E는 에너지바우처를 통해 여름에 전기비에서 73,800원이 차감될 것이다.

24 다음은 A, B가족의 에너지바우처 정보이다. A, B가족이 올해 에너지바우처를 통해 지원받는 금액의 총합은 얼마인가?

<A, B가족의 에너지바우처 정보>

구분	세대 인원	소득기준	세대원 특성기준	특이사항
A가족	5명	의료급여 수급자	영유아 2명	연탄쿠폰 발급받음
B가족	2명	생계급여 수급자	소년소녀가정	지역난방 이용

① 190,800원　　　　　　　　② 539,500원

③ 948,000원　　　　　　　　④ 1,021,800원

⑤ 1,138,800원

25 J공사는 지방에 있는 지점 사무실을 공유 오피스로 이전하고자 한다. 다음 사무실 이전 조건을 참고할 때, 〈보기〉 중 이전할 오피스로 가장 적절한 곳은?

〈사무실 이전 조건〉

- 지점 근무 인원 : 71명
- 사무실 예상 이용 기간 : 5년
- 교통 조건 : 역이나 버스 정류장에서 도보 10분 이내
- 시설 조건 : 자사 홍보영상 제작을 위한 스튜디오 필요, 회의실 필요
- 비용 조건 : 다른 조건이 모두 가능한 공유 오피스 중 가장 저렴한 곳(1년 치 비용 선납 가능)

보기

구분	가용 인원수	보유시설	교통 조건	임대비용
A오피스	100인	라운지, 회의실, 스튜디오, 복사실, 탕비실	A역에서 도보 8분	1인당 연간 600만 원
B오피스	60인	회의실, 스튜디오, 복사실	B정류장에서 도보 5분	1인당 월 40만 원
C오피스	100인	라운지, 회의실, 스튜디오	C역에서 도보 7분	월 3,600만 원
D오피스	90인	회의실, 복사실, 탕비실	D정류장에서 도보 4분	월 3,500만 원 (1년 치 선납 시 8% 할인)
E오피스	80인	라운지, 회의실, 스튜디오	E역과 연결된 사무실	월 3,800만 원 (1년 치 선납 시 10% 할인)

① A오피스 ② B오피스
③ C오피스 ④ D오피스
⑤ E오피스

26 다음 C 프로그램을 실행하였을 때의 결과로 옳은 것은?

```c
#include <stdio.h>
int main( ) {
    int result=0;
    while (result<2) {
        result=result+1;
        printf("%d\n",result);
        result=result-1;
    }
}
```

① 실행되지 않는다.

② 0
   1

③ 0
  -1

④ 1
   1

⑤ 1이 무한히 출력된다.

27 다음은 A국과 B국의 물가지수 동향에 대한 자료이다. [E2] 셀에 「=ROUND(D2,−1)」를 입력하였을 때, 출력되는 값은?

	A	B	C	D	E
		A국	B국	평균 판매지수	
1					
2	2024년 1월	122.313	112.36	117.3365	
3	2024년 2월	119.741	110.311	115.026	
4	2024년 3월	117.556	115.379	116.4675	
5	2024년 4월	124.739	118.652	121.6955	
6	⋮	⋮	⋮	⋮	
7					

〈A, B국 물가지수 동향〉

① 100

② 105

③ 110

④ 115

⑤ 120

28 다음 중 빈칸에 들어갈 내용으로 가장 적절한 것은?

주의력 결핍 과잉행동장애(ADHD)는 학령기 아동에게 흔히 나타나는 질환으로, 주의력 결핍, 과잉
행동, 충동성의 증상을 보인다. 이는 아동의 학교 및 가정생활에 큰 영향을 미치며, 적절한 치료와
관리가 필요하다. ADHD의 원인은 신경화학적 요인과 유전적 요인이 복합적으로 작용하는 것으로
여겨진다. 도파민과 노르에피네프린 같은 신경전달물질의 불균형이 주요 원인으로 지목되며, 가족
력이 있는 경우 ADHD 발병 확률이 높아진다. 연구에 따르면, ADHD는 상당한 유전적 연관성을
보이며, 부모나 형제 중에 ADHD를 가진 사람이 있을 경우 그 위험이 증가한다.
환경적 요인도 ADHD 발병에 영향을 미칠 수 있다. 임신 중 음주, 흡연, 약물 사용 등이 위험을
높일 수 있으며, 조산이나 저체중 출산도 연관성이 있다. 이러한 환경적 요인들은 태아의 뇌 발달에
영향을 미쳐 ADHD 발병 가능성을 증가시킬 수 있다. 그러나 이러한 요인들이 단독으로 ADHD를
유발하는 것은 아니며, 다양한 요인이 복합적으로 작용하여 증상이 나타난다.
ADHD 치료는 약물요법과 비약물요법으로 나뉜다. 약물요법에서는 메틸페니데이트 같은 중추신경
자극제가 널리 사용된다. 이 약물은 도파민과 노르에피네프린의 재흡수를 억제해 증상을 완화한다.
이러한 약물은 주의력 향상과 충동성 감소에 효과적이며, 많은 연구에서 그 효능이 입증되었다. 비
약물요법으로는 행동개입 요법과 심리사회적 프로그램이 있다. 이는 구조화된 환경에서 집중을 방
해하는 요소를 최소화하고, 연령에 맞는 개입방법을 적용한다. 예를 들어, 학령기 아동에게는 그룹
부모훈련과 교실 내 행동개입 프로그램이 추천된다.
가정에서는 부모가 아이가 해야 할 일을 목록으로 작성하도록 돕고, 한 번에 한 가지씩 처리하도록
지도해야 한다. 특히 아이의 바람직한 행동에는 칭찬하고, 잘못된 행동에는 책임을 지도록 하는 것
이 중요하다. 이러한 방법은 아이의 자존감을 높이고 긍정적인 행동을 강화하는 데 도움이 된다.
학교에서는 과제를 짧게 나누고, 수업이 지루하지 않도록 하며, 규칙과 보상을 일관되게 유지해야
한다. 교사는 ADHD 아동이 주의가 산만해질 수 있는 환경적 요소를 제거하고, 많은 격려와 칭찬을
통해 학습 동기를 유발해야 한다.
ADHD는 완치가 어려운 만성 질환이지만 적절한 치료와 관리를 통해 증상을 개선할 수 있다. 약물
치료와 비약물 치료를 병행하고 가정과 학교에서 적절한 지원이 이루어지면 ADHD 아동도 건강하
고 행복한 삶을 영위할 수 있다. 결론적으로, ADHD는 _____
따라서 다양한 원인에 부합하는 맞춤형 치료와 환경 조성을 통해 아동의 잠재력을 최대한 발휘할
수 있도록 지원해야 한다. 이는 아동이 자신의 능력을 충분히 발휘하고 성공적인 삶을 살아가는 데
중요한 역할을 한다.

① 완벽한 치료가 불가능한 불치병이다.
② 약물 치료를 통해 쉽게 치료가 가능하다.
③ 다양한 원인이 복합적으로 작용하는 질환이다.
④ 아동에게 적극적으로 개입해 충동성을 감소시켜야 하는 질환이다.

29 다음 중 밑줄 친 단어가 맞춤법상 옳지 않은 것은?

① 김주임은 지난 분기 매출을 조사하여 증가량을 <u>백분율</u>로 표기하였다.

② 젊은 세대를 중심으로 빠른 이직 트렌드가 형성되어 <u>이직률</u>이 높아지고 있다.

③ 이번 학기 <u>출석율</u>이 이전보다 크게 향상되어 학생들의 참여도가 높아지고 있다.

④ 이번 시험의 <u>합격률</u>이 역대 최고치를 기록하며 수험생들에게 희망을 안겨주었다.

30 S공사는 2024년 상반기에 신입사원을 채용하였다. 전체 지원자 중 채용에 불합격한 남성 수와 여성 수의 비율은 같으며, 합격한 남성 수와 여성 수의 비율은 2 : 3이라고 한다. 남성 전체 지원자와 여성 전체 지원자의 비율이 6 : 7일 때, 합격한 남성 수가 32명이면 전체 지원자는 몇 명인가?

① 192명

② 200명

③ 208명

④ 216명

31 다음은 직장가입자 보수월액보험료에 대한 자료이다. A씨가 〈조건〉에 따라 장기요양보험료를 납부할 때, A씨의 2023년 보수월액은?(단, 소수점 첫째 자리에서 반올림한다)

〈**직장가입자 보수월액보험료**〉

• 개요 : 보수월액보험료는 직장가입자의 보수월액에 보험료율을 곱하여 산정한 금액에 경감 등을 적용하여 부과한다.

• 보험료 산정 방법

 − 건강보험료는 다음과 같이 산정한다.

  (건강보험료)=(보수월액)×(건강보험료율)

  ※ 보수월액 : 동일사업장에서 당해 연도에 지급받은 보수총액을 근무월수로 나눈 금액

 − 장기요양보험료는 다음과 같이 산정한다.

  2022.12.31. 이전 : (장기요양보험료)=(건강보험료)×(장기요양보험료율)

  2023.01.01. 이후 : $(장기요양보험료)=(건강보험료)\times\dfrac{(장기요양보험료율)}{(건강보험료율)}$

〈**2020 ～ 2024년 보험료율**〉

(단위 : %)

구분	2020년	2021년	2022년	2023년	2024년
건강보험료율	6.67	6.86	6.99	7.09	7.09
장기요양보험료율	10.25	11.52	12.27	0.9082	0.9182

조건

• A씨는 K공사에서 2011년 3월부터 2023년 9월까지 근무하였다.

• A씨는 3개월 후 2024년 1월부터 S공사에서 현재까지 근무하고 있다.

• A씨의 2023년 장기요양보험료는 35,120원이었다.

① 3,866,990원 　　　　　　② 3,974,560원

③ 4,024,820원 　　　　　　④ 4,135,970원

32 다음 중 개인정보보호법에서 사용하는 용어에 대한 정의로 옳지 않은 것은?

① '가명처리'란 추가 정보 없이도 특정 개인을 알아볼 수 있도록 처리하는 것을 말한다.

② '정보주체'란 처리되는 정보에 의하여 알아볼 수 있는 사람으로서 그 정보의 주체가 되는 사람을 말한다.

③ '개인정보'란 살아 있는 개인에 관한 정보로서 성명, 주민등록번호 및 영상 등을 통하여 개인을 알아볼 수 있는 정보를 말한다.

④ '처리'란 개인정보의 수집, 생성, 연계, 연동, 기록, 저장, 보유, 가공, 편집, 검색, 출력, 정정, 복구, 이용, 제공, 공개, 파기, 그 밖에 이와 유사한 행위를 말한다.

33 다음은 생활보조금 신청자의 소득 및 결과에 대한 자료이다. 월 소득이 100만 원 이하인 사람은 보조금 지급이 가능하고, 100만 원을 초과한 사람은 보조금 지급이 불가능할 때, 보조금 지급을 받는 사람의 수를 구하는 함수로 옳은 것은?

〈생활보조금 신청자 소득 및 결과〉

	A	B	C	D	E
1	지원번호	소득(만 원)	결과		
2	1001	150	불가능		
3	1002	80	가능		보조금 지급 인원 수
4	1003	120	불가능		
5	1004	95	가능		
6	⋮	⋮	⋮		
7					

① =COUNTIF(A:C, "<=100")

② =COUNTIF(A:C, <=100)

③ =COUNTIF(B:B, "<=100")

④ =COUNTIF(B:B, <=100)

34 다음은 초등학생의 주차별 용돈에 대한 자료이다. 빈칸에 들어갈 함수를 바르게 짝지은 것은?(단, 한 달은 4주로 한다)

〈초등학생 주차별 용돈〉

	A	B	C	D	E	F
1	학생번호	1주	2주	3주	4주	합계
2	1	7,000	8,000	12,000	11,000	(A)
3	2	50,000	60,000	45,000	55,000	
4	3	70,000	85,000	40,000	55,000	
5	4	10,000	6,000	18,000	14,000	
6	5	24,000	17,000	34,000	21,000	
7	6	27,000	56,000	43,000	28,000	
8	한 달 용돈이 150,000원 이상인 학생 수					(B)

	(A)	(B)
①	=SUM(B2:E2)	=COUNTIF(F2:F7,">=150,000")
②	=SUM(B2:E2)	=COUNTIF(B2:E2,">=150,000")
③	=SUM(B2:E2)	=COUNTIF(B2:E7,">=150,000")
④	=SUM(B2:E7)	=COUNTIF(F2:F7,">=150,000")

35 다음 중 빅데이터 분석 기획 절차를 순서대로 바르게 나열한 것은?

① 범위 설정 → 프로젝트 정의 → 위험 계획 수립 → 수행 계획 수립

② 범위 설정 → 프로젝트 정의 → 수행 계획 수립 → 위험 계획 수립

③ 프로젝트 정의 → 범위 정의 → 위험 계획 수립 → 수행 계획 수립

④ 프로젝트 정의 → 범위 설정 → 수행 계획 수립 → 위험 계획 수립

36 다음 중 밑줄 친 부분의 단어가 어법상 옳은 것은?

> K씨는 항상 ⊙ 짜깁기 / 짜집기한 자료로 보고서를 작성했다. 처음에는 아무도 눈치채지 못했지만, 시간이 지나면서 K씨의 작업이 다른 사람들의 것과 비교해 질적으로 떨어지는 것이 분명해졌다. K씨는 결국 동료들 사이에서 ⓒ 뒤처지기 / 뒤쳐지기 시작했고, 격차를 좁히기 위해 더 많은 시간을 투자해야 했다.

	⊙	ⓒ
①	짜깁기	뒤처지기
②	짜깁기	뒤쳐지기
③	짜집기	뒤처지기
④	짜집기	뒤쳐지기

37 다음 중 공문서 작성 시 유의해야 할 점으로 옳지 않은 것은?

① 한 장에 담아내는 것이 원칙이다.
② 부정문이나 의문문의 형식은 피한다.
③ 마지막엔 반드시 '끝'자로 마무리한다.
④ 날짜 다음에 괄호를 사용할 경우에는 반드시 마침표를 찍는다.

38 영서가 어머니와 함께 40분 동안 만두를 60개 빚었다고 한다. 어머니가 혼자서 1시간 동안 만두를 빚을 수 있는 개수가 영서가 혼자서 1시간 동안 만두를 빚을 수 있는 개수보다 10개 더 많을 때, 영서는 1시간 동안 만두를 몇 개 빚을 수 있는가?

① 30개   ② 35개
③ 40개   ④ 45개

39 대칭수는 순서대로 읽은 수와 거꾸로 읽은 수가 같은 수를 가리키는 말이다. 예컨대, 121, 303, 1,441, 85,058 등은 대칭수이다. 1,000 이상 50,000 미만의 대칭수는 모두 몇 개인가?

① 180개 ② 325개
③ 405개 ④ 490개

40 어떤 자연수 '25□'가 3의 배수일 때, □에 들어갈 수 있는 모든 자연수의 합은?

① 12 ② 13
③ 14 ④ 15

41 바이올린, 호른, 오보에, 플루트 4가지의 악기를 다음 〈조건〉에 따라 좌우로 4칸인 선반에 각각 1대씩 보관하려 한다. 각 칸에는 한 대의 악기만 배치할 수 있을 때, 왼쪽에서 두 번째 칸에 배치할 수 없는 악기는?

> **조건**
> • 호른은 바이올린 바로 왼쪽에 위치한다.
> • 오보에는 플루트 왼쪽에 위치하지 않는다.

① 바이올린 ② 호른
③ 오보에 ④ 플루트

42 다음 중 비영리 조직에 해당하지 않는 것은?

① 교육기관 ② 자선단체
③ 사회적 기업 ④ 비정부기구

43 다음 순서도에서 출력되는 result 값은?

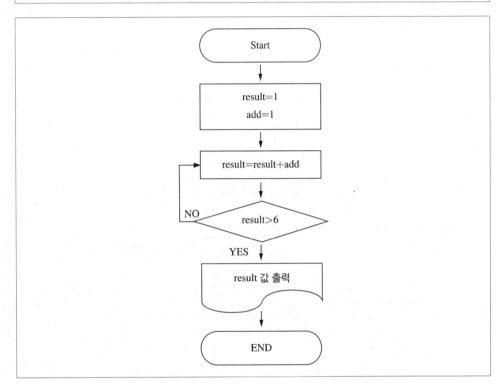

〈순서도 기호〉

기호	설명	기호	설명
	시작과 끝을 나타낸다.		어느 것을 택할 것인지 판단한다.
	데이터를 입력하거나 계산하는 등의 처리를 한다.		선택한 값을 출력한다.

① 11   ② 10

③ 9   ④ 8

⑤ 7

44 다음은 A컴퓨터 A/S센터의 하드디스크 수리 방문접수 과정에 대한 순서도이다. 하드디스크 데이터 복구를 문의할 때, 출력되는 도형은 무엇인가?

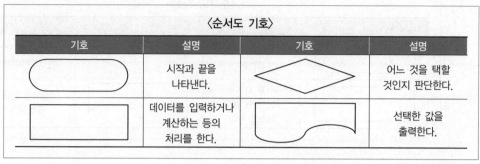

〈순서도 기호〉

기호	설명	기호	설명
	시작과 끝을 나타낸다.		어느 것을 택할 것인지 판단한다.
	데이터를 입력하거나 계산하는 등의 처리를 한다.		선택한 값을 출력한다.

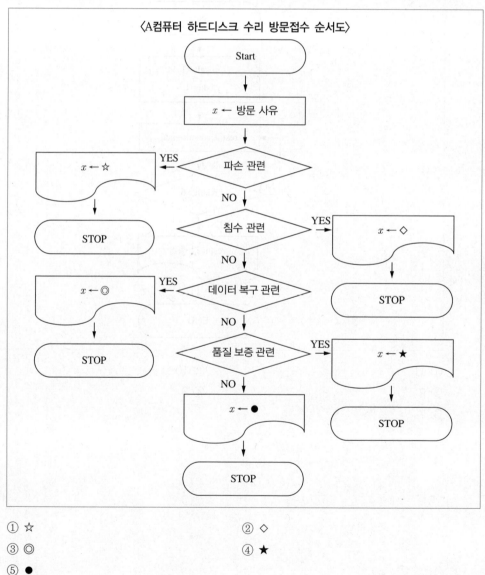

〈A컴퓨터 하드디스크 수리 방문접수 순서도〉

① ☆

② ◇

③ ◎

④ ★

⑤ ●

45 다음은 EAN-13 바코드 부여 규칙에 대한 자료이다. 상품코드의 맨 앞 자릿수가 9일 때, 2 ~ 7번째 자릿수가 '387655'라면 이를 이진코드로 바르게 변환한 것은?

〈EAN-13 바코드 부여 규칙〉

1. 13자리 상품코드의 맨 앞 자릿수에 따라 다음과 같이 변환한다.

상품코드 번호	2 ~ 7번째 자릿수	8 ~ 13번째 자릿수
0	AAAAAA	CCCCCC
1	AABABB	CCCCCC
2	AABBAB	CCCCCC
3	AABBBA	CCCCCC
4	ABAABB	CCCCCC
5	ABBAAB	CCCCCC
6	ABBBAA	CCCCCC
7	ABABAB	CCCCCC
8	ABABBA	CCCCCC
9	ABBABA	CCCCCC

2. A, B, C는 다음과 같이 상품코드 번호를 이진코드로 변환한 값이다.

상품코드 번호	A	B	C
0	0001101	0100111	1110010
1	0011001	0110011	1100110
2	0010011	0011011	1101100
3	0111101	0100001	1000010
4	0100011	0011101	1011100
5	0110001	0111001	1001110
6	0101111	0000101	1010000
7	0111011	0010001	1000100
8	0110111	0001001	1001000
9	0001011	0010111	1110100

	2번째 수	3번째 수	4번째 수	5번째 수	6번째 수	7번째 수
①	0111101	0001001	0010001	0101111	0111001	0110001
②	0100001	0001001	0010001	0000101	0111101	0111101
③	0111101	0110111	0111011	0101111	0111001	0111101
④	0100001	0101111	0010001	0010111	0100111	0001011
⑤	0111101	0011001	0010001	0101111	0011001	0111001

※ 다음은 청소 유형별 청소기 사용 방법 및 고장 유형별 확인 사항에 대한 자료이다. 이어지는 질문에 답하시오. [46~47]

〈청소 유형별 청소기 사용 방법〉

유형	사용 방법
일반 청소	1. 기본형 청소구를 장착해 주세요. 2. 작동 버튼을 눌러 주세요.
틈새 청소	1. 기본형 청소구의 입구 돌출부를 누르고 잡아당기면 좁은 흡입구를 꺼낼 수 있습니다. 　반대로 돌출부를 누르면서 밀어 넣으면 좁은 흡입구를 안쪽으로 정리할 수 있습니다. 2. 1.의 좁은 흡입구를 꺼낸 상태에서 돌출부를 시계 방향으로 돌리면 돌출부를 고정할 수 있습니다. 3. 좁은 흡입구를 고정한 후 작동 버튼을 눌러 주세요. 　(좁은 흡입구에는 솔이 함께 들어 있습니다)
카펫 청소	1. 별도의 돌기 청소구로 교체해 주세요. 　(기본형으로도 카펫 청소를 할 수 있으나, 청소 효율이 떨어집니다) 2. 작동 버튼을 눌러 주세요.
스팀 청소	1. 별도의 스팀 청소구로 교체해 주세요. 2. 스팀 청소구의 물통에 물을 충분히 채운 후 뚜껑을 잠가 주세요. 　※ 반드시 전원을 분리한 상태에서 진행해 주세요. 3. 걸레판에 걸레를 부착한 후 스팀 청소구의 노즐에 장착해 주세요. 　※ 반드시 전원을 분리한 상태에서 진행해 주세요. 4. 스팀 청소 버튼을 누르고 안전 스위치를 눌러 주세요. 　※ 안전을 위해 안전 스위치를 누르는 동안에만 스팀이 발생합니다. 　※ 스팀 청소 작업 도중 및 완료 직후에 청소기를 거꾸로 세우거나 스팀 청소구를 눕히면 뜨거운 물이 새어 나와 화상을 입을 수 있습니다. 5. 스팀 청소 완료 후 물이 충분히 식은 후 물통 및 스팀 청소구를 분리해 주세요. 　※ 충분히 식지 않은 상태에서 분리 시 뜨거운 물이 새어 나와 화상의 위험이 있습니다.

〈고장 유형별 확인 사항〉

유형	확인 사항
흡입력 약화	• 흡입구, 호스, 먼지통, 먼지분리기에 크기가 큰 이물질이 걸려 있는지 확인해 주세요. • 필터를 교체해 주세요. • 먼지통, 먼지분리기, 필터의 조립 상태를 확인해 주세요.
청소기 미작동	• 전원이 제대로 연결되어 있는지 확인해 주세요.
물 보충 램프 깜빡임	• 물통에 물이 충분한지 확인해 주세요. • 물이 충분히 채워졌어도 꺼질 때까지 시간이 다소 걸립니다. 잠시 기다려 주세요.
스팀 안 나옴	• 물통에 물이 충분한지 확인해 주세요. • 안전 스위치를 눌렀는지 확인해 주세요.
바닥에 물이 남음	• 스팀 청소구를 너무 자주 좌우로 기울이면 물이 소량 새어 나올 수 있습니다. • 걸레가 많이 젖었으므로 걸레를 교체해 주세요.
악취 발생	• 제품 기능상의 문제는 아니므로 고장이 아닙니다. • 먼지통 및 필터를 교체해 주세요. • 스팀 청소구의 물통 등 청결 상태를 확인해 주세요.
소음 발생	• 흡입구, 호스, 먼지통, 먼지분리기에 크기가 큰 이물질이 걸려 있는지 확인해 주세요. • 먼지통, 먼지분리기, 필터의 조립 상태를 확인해 주세요.

46 다음 중 청소 유형별 청소기 사용 방법에 대한 설명으로 옳지 않은 것은?

① 기본형 청소구로 카펫 청소가 가능하다.

② 스팀 청소 직후 통을 분리하면 화상의 위험이 있다.

③ 기본형 청소구를 이용하여 좁은 틈새를 청소할 수 있다.

④ 안전 스위치를 1회 누르면 별도의 외부 입력 없이 스팀을 지속하여 발생시킬 수 있다.

⑤ 스팀 청소 시 물 보충 및 걸레 부착 작업은 반드시 전원을 분리한 상태에서 진행해야 한다.

47 다음 중 고장 유형별 확인 사항이 바르게 연결되어 있지 않은 것은?

① 물 보충 램프 깜빡임 : 잠시 기다리기

② 악취 발생 : 스팀 청소구의 청결 상태 확인하기

③ 흡입력 약화 : 먼지통, 먼지분리기, 필터 교체하기

④ 바닥에 물이 남음 : 물통에 물이 너무 많이 있는지 확인하기

⑤ 소음 발생 : 흡입구, 호스, 먼지통, 먼지분리기의 이물질 걸림 확인하기

48 다음 중 동료의 피드백을 장려하기 위한 방안으로 적절하지 않은 것은?

① 행동과 수행을 관찰한다.

② 즉각적인 피드백을 제공한다.

③ 뛰어난 수행성과에 대해서는 인정한다.

④ 간단하고 분명한 목표와 우선순위를 설정한다.

⑤ 긍정적인 상황에서는 피드백을 자제하는 것도 나쁘지 않다.

49 다음 중 내적 동기를 유발하는 방법으로 적절하지 않은 것은?

① 변화를 두려워하지 않는다.

② 업무 관련 교육을 생략한다.

③ 주어진 일에 책임감을 갖는다.

④ 창의적인 문제해결법을 찾는다.

⑤ 새로운 도전의 기회를 부여한다.

50 다음은 갈등 정도와 조직 성과의 관계에 대한 그래프이다. 이에 대한 설명으로 옳지 않은 것은?

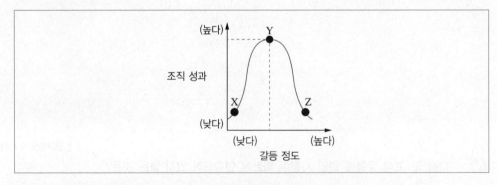

① 적절한 갈등이 있을 경우 가장 높은 조직 성과를 얻을 수 있다.

② 갈등이 없을수록 조직 내부가 결속되어 높은 조직 성과를 보인다.

③ Y점에서는 갈등의 순기능, Z점에서는 갈등의 역기능이 작용한다.

④ 갈등이 없을 경우 낮은 조직 성과를 얻을 수 있다.

⑤ 갈등이 잦을 경우 낮은 조직 성과를 얻을 수 있다.

01	행정(경영)

┃ 코레일 한국철도공사

01 다음 중 테일러의 과학적 관리법과 관계가 없는 것은?

① 시간연구
② 동작연구
③ 동등 성과급제
④ 과업관리
⑤ 표준 작업조건

┃ 코레일 한국철도공사

02 다음 중 근로자가 직무능력 평가를 위해 개인능력평가표를 활용하는 제도는 무엇인가?

① 자기신고제도
② 직능자격제도
③ 평가센터제도
④ 직무순환제도
⑤ 기능목록제도

┃ 코레일 한국철도공사

03 다음 중 데이터베이스 마케팅에 대한 설명으로 옳지 않은 것은?

① 기업 규모와 관계없이 모든 기업에서 활용이 가능하다.
② 기존 고객의 재구매를 유도하며, 장기적인 마케팅 전략 수립이 가능하다.
③ 인구통계, 심리적 특성, 지리적 특성 등을 파악하여 고객별 맞춤 서비스가 가능하다.
④ 단방향 의사소통으로 고객과 1 : 1 관계를 구축하여 즉각적으로 반응을 확인할 수 있다.
⑤ 고객자료를 바탕으로 고객 및 매출 증대에 대한 마케팅 전략을 실행하는 데 목적이 있다.

04 다음 중 공정성 이론에서 절차적 공정성에 해당하지 않는 것은?

① 접근성   ② 반응속도

③ 형평성   ④ 유연성

⑤ 적정성

05 다음 중 e-비즈니스 기업의 장점으로 옳지 않은 것은?

① 빠른 의사결정을 진행할 수 있다.

② 양질의 고객서비스를 제공할 수 있다.

③ 배송, 물류비 등 각종 비용을 절감할 수 있다.

④ 소비자에게 더 많은 선택권을 부여할 수 있다.

⑤ 기업이 더 높은 가격으로 제품을 판매할 수 있다.

06 다음 중 조직시민행동에 대한 설명으로 옳지 않은 것은?

① 조직 구성원이 수행하는 행동에 대해 의무나 보상이 존재하지 않는다.

② 조직 구성원의 자발적인 참여가 바탕이 되며, 대부분 강제적이지 않다.

③ 조직 내 바람직한 행동을 유도하고, 구성원의 조직 참여도를 제고한다.

④ 조직 구성원의 처우가 좋지 않을수록 조직시민행동은 자발적으로 일어난다.

⑤ 조직의 리더가 구성원으로부터 신뢰를 받을 때 구성원의 조직시민행동이 크게 증가한다.

07 다음 중 분배적 협상의 특징으로 옳지 않은 것은?

① 협상에 따른 이익을 정해진 비율로 분배한다.

② 정보를 숨겨 필요한 정보만 선택적으로 활용한다.

③ 협상을 통해 공동의 이익을 확대(Win - Win)한다.

④ 상호 목표 배치 시 자기의 입장을 명확히 주장한다.

⑤ 간부회의, 밀실회의 등을 통한 의사결정을 주로 진행한다.

08 다음 글에서 설명하는 직무분석방법은?

> • 여러 직무활동을 동시에 기록할 수 있다.
> • 직무활동 전체의 모습을 파악할 수 있다.
> • 직무성과가 외형적일 때 적용이 가능하다.

① 관찰법
② 면접법
③ 워크 샘플링법
④ 질문지법
⑤ 연구법

09 다음 중 전문품에 대한 설명으로 옳지 않은 것은?

① 가구, 가전제품 등이 해당된다.
② 제품의 가격이 상대적으로 비싼 편이다.
③ 특정 브랜드에 대한 높은 충성심이 나타난다.
④ 충분한 정보 제공 및 차별화가 중요한 요소로 작용한다.
⑤ 소비자가 해당 브랜드에 대한 충분한 지식이 없는 경우가 많다.

10 다음 중 연속생산에 대한 설명으로 옳은 것은?

① 단위당 생산원가가 낮다.
② 운반비용이 많이 소요된다.
③ 제품의 수명이 짧은 경우 적합한 방식이다.
④ 제품의 수요가 다양한 경우 적합한 방식이다.
⑤ 작업자의 숙련도가 떨어질 경우 작업에 참여시키지 않는다.

11 다음 중 주식 관련 상품에 대한 설명으로 옳지 않은 것은?

① ELF : ELS와 ELD의 중간 형태로, ELS를 기초 자산으로 하는 펀드를 말한다.

② ELB : 채권, 양도성 예금증서 등 안전자산에 주로 투자하며, 원리금이 보장된다.

③ ELD : 수익률이 코스피200지수에 연동되는 예금으로, 주로 정기예금 형태로 판매한다.

④ ELS : 주가지수 또는 종목의 주가 움직임에 따라 수익률이 결정되며, 만기가 없는 증권이다.

⑤ ELT : ELS를 특정금전신탁 계좌에 편입하는 신탁상품으로, 투자자의 의사에 따라 운영한다.

12 다음 중 인사와 관련된 이론에 대한 설명으로 옳지 않은 것은?

① 로크는 인간이 합리적으로 행동한다는 가정에서 개인이 의식적으로 얻으려고 설정한 목표가 동기와 행동에 영향을 미친다고 주장하였다.

② 브룸은 동기 부여에 대해 기대이론을 적용하여 기대감, 적합성, 신뢰성을 통해 구성원의 직무에 대한 동기 부여를 결정한다고 주장하였다.

③ 매슬로는 욕구의 위계를 생리적 욕구, 안전의 욕구, 애정과 공감의 욕구, 존경의 욕구, 자아실현의 욕구로 나누어 단계별로 욕구가 작용한다고 설명하였다.

④ 맥그리거는 인간의 본성에 대해 부정적인 관점인 X이론과 긍정적인 관점인 Y이론이 있으며, 경영자는 조직목표 달성을 위해 근로자의 본성(X, Y)을 파악해야 한다고 주장하였다.

⑤ 허즈버그는 욕구를 동기요인과 위생요인으로 나누었으며, 동기요인에는 인정감, 성취, 성장 가능성, 승진, 책임감, 직무 자체가 해당되고, 위생요인에는 보수, 대인관계, 감독, 직무안정성, 근무환경, 회사의 정책 및 관리가 해당된다.

13 다음 글에 해당하는 마케팅 STP 단계는 무엇인가?

> • 서로 다른 욕구를 가지고 있는 다양한 고객들을 하나의 동질적인 고객집단으로 나눈다.
> • 인구, 지역, 사회, 심리 등을 기준으로 활용한다.
> • 전체시장을 동질적인 몇 개의 하위시장으로 구분하여 시장별로 차별화된 마케팅을 실행한다.

① 시장세분화   ② 시장매력도 평가
③ 표적시장 선정   ④ 포지셔닝
⑤ 재포지셔닝

14 다음 중 수요의 가격탄력성에 대한 설명으로 옳지 않은 것은?

① 수요의 가격탄력성은 가격의 변화에 따른 수요의 변화를 의미한다.

② 분모는 상품 가격의 변화량을 상품 가격으로 나눈 값이다.

③ 대체재가 많을수록 수요의 가격탄력성은 탄력적이다.

④ 가격이 1% 상승할 때 수요가 2% 감소하였으면 수요의 가격탄력성은 2이다.

⑤ 가격탄력성이 0보다 크면 탄력적이라고 할 수 있다.

15 다음 중 대표적인 물가지수인 GDP 디플레이터를 구하는 계산식으로 옳은 것은?

① (실질 GDP)÷(명목 GDP)×100

② (명목 GDP)÷(실질 GDP)×100

③ (실질 GDP)+(명목 GDP)÷2

④ (명목 GDP)−(실질 GDP)÷2

⑤ (실질 GDP)÷(명목 GDP)×2

16 다음 〈조건〉을 참고할 때, 한계소비성향(MPC) 변화에 따른 현재 소비자들의 소비 변화폭은?

> **조건**
> • 기존 소비자들의 연간 소득은 3,000만 원이며, 한계소비성향은 0.6을 나타내었다.
> • 현재 소비자들의 연간 소득은 4,000만 원이며, 한계소비성향은 0.7을 나타내었다.

① 700   ② 1,100

③ 1,800   ④ 2,500

⑤ 3,700

17 다음 중 변혁적 리더십의 특성으로 옳지 않은 것은?

① 구성원들은 리더가 이상적이며 높은 수준의 기준과 능력을 지니고 있다고 생각한다.

② 리더는 구성원 모두가 공감할 수 있는 바람직한 목표를 설정하고, 그들이 이를 이해하도록 한다.

③ 리더는 구성원들의 생각, 가치, 신념 등을 발전시키고, 그들이 창의적으로 행동하도록 이끈다.

④ 구성원들을 리더로 얼마나 육성했는지보다 구성원의 성과 측정을 통해 객관성을 가질 수 있다는 효과가 있다.

18 다음 중 BCG 매트릭스에 대한 설명으로 옳지 않은 것은?

① X축은 상대적 시장 점유율, Y축은 성장률을 의미한다.

② 1970년대 미국 보스턴컨설팅그룹에 의해 개발된 경영전략 분석기법이다.

③ 수익이 많고 안정적이어서 현상을 유지하는 것이 필요한 사업은 스타(Star)이다.

④ 물음표(Question), 스타(Star), 현금젖소(Cash Cow), 개(Dog)의 4개 영역으로 구성된다.

19 다음 중 변혁적 리더십의 구성요소에 해당하지 않는 것은?

① 감정적 치유   ② 카리스마

③ 영감적 동기화   ④ 지적 자극

20 다음 중 매트릭스 조직의 단점으로 옳지 않은 것은?

① 책임, 목표, 평가 등에 대한 갈등이 유발되어 혼란을 줄 수 있다.

② 관리자 및 구성원 모두에게 역할 등에 대한 스트레스를 유발할 수 있다.

③ 힘의 균형을 유지하기 어려워 경영자의 개입이 빈번하게 일어날 수 있다.

④ 구성원의 창의력을 저해하고, 문제해결에 필요한 전문지식이 부족할 수 있다.

21 다음 중 가치사슬 분석을 통해 얻을 수 있는 효과로 옳지 않은 것은?

① 프로세스 혁신   ② 원가 절감
③ 매출 확대   ④ 품질 향상

22 다음 K기업 재무회계 자료를 참고할 때, 기초부채를 계산하면 얼마인가?

• 기초자산 : 100억 원
• 기말자본 : 65억 원
• 총수익 : 35억 원
• 총비용 : 20억 원

---

① 30억 원   ② 40억 원
③ 50억 원   ④ 60억 원

23 다음 중 ERG 이론에 대한 설명으로 옳지 않은 것은?

① 매슬로의 욕구 5단계설을 발전시켜 주장한 이론이다.
② 인간의 욕구를 중요도 순으로 계층화하여 정의하였다.
③ 인간의 욕구를 존재욕구, 관계욕구, 성장욕구의 3단계로 나누었다.
④ 상위에 있는 욕구를 충족시키지 못하면 하위에 있는 욕구는 더욱 크게 감소한다.

24 다음 중 기업이 사업 다각화를 추진하는 목적으로 볼 수 없는 것은?

① 기업의 지속적인 성장 추구   ② 사업위험 분산
③ 유휴자원의 활용   ④ 기업의 수익성 강화

25 다음 중 종단분석과 횡단분석의 비교가 옳지 않은 것은?

구분	종단분석	횡단분석
방법	시간적	공간적
목표	특성이나 현상의 변화	집단의 특성 또는 차이
표본 규모	큼	작음
횟수	반복	1회

① 방법　　　　　　　　　　　② 목표
③ 표본 규모　　　　　　　　　④ 횟수

26 다음 중 향후 채권이자율이 시장이자율보다 높아질 것으로 예상될 때 나타날 수 있는 현상으로 옳은 것은?

① 1년 만기 은행채, 장기신용채 등의 발행이 늘어난다.
② 만기에 가까워질수록 채권가격 상승에 따른 이익을 얻을 수 있다.
③ 채권가격이 액면가보다 높은 가격에 거래되는 할증채 발행이 증가한다.
④ 별도의 이자 지급 없이 채권발행 시 이자금액을 공제하는 방식을 선호하게 된다.

27 J기업이 다음 〈조건〉과 같이 생산량을 늘린다고 할 때, 한계비용은 얼마인가?

> **조건**
> • J기업의 제품 1단위당 노동가격은 4, 자본가격은 6이다.
> • J기업은 제품 생산량을 50개에서 100개로 늘리려고 한다.
> • 평균비용 $P=2L+K+\dfrac{100}{Q}$ (L : 노동가격, K : 자본가격, Q : 생산량)

① 10　　　　　　　　　　　② 12
③ 14　　　　　　　　　　　④ 16

28 다음 중 BCG 매트릭스에 대한 설명으로 옳은 것은?

① 스타(Star) 사업 : 높은 시장점유율로 현금창출은 양호하나, 성장 가능성은 낮은 사업이다.

② 현금젖소(Cash Cow) 사업 : 성장 가능성과 시장점유율이 모두 낮아 철수가 필요한 사업이다.

③ 개(Dog) 사업 : 성장 가능성과 시장점유율이 모두 높아서 계속 투자가 필요한 유망 사업이다.

④ 물음표(Question Mark) 사업 : 신규 사업 또는 현재 시장점유율은 낮으나, 향후 성장 가능성이 높은 사업이다.

29 다음 중 테일러의 과학적 관리법의 특징에 대한 설명으로 옳지 않은 것은?

① 작업량에 따라 임금을 차등하여 지급한다.

② 작업능률을 최대로 높이기 위하여 노동의 표준량을 정한다.

③ 관리에 대한 전문화를 통해 노동자의 태업을 사전에 방지한다.

④ 작업에 사용하는 도구 등을 개별 용도에 따라 다양하게 제작하여 성과를 높인다.

30 다음은 A국과 B국이 노트북 1대와 TV 1대를 생산하는 데 필요한 작업 시간을 나타낸 자료이다. A국과 B국의 비교우위에 대한 설명으로 옳은 것은?

구분	노트북	TV
A국	6시간	8시간
B국	10시간	8시간

① A국이 노트북, TV 생산 모두 비교우위에 있다.

② B국이 노트북, TV 생산 모두 비교우위에 있다.

③ A국은 노트북 생산, B국은 TV 생산에 비교우위가 있다.

④ A국은 TV 생산, B국은 노트북 생산에 비교우위가 있다.

31 다음 중 다이내믹 프라이싱에 대한 설명으로 옳지 않은 것은?

① 동일한 제품과 서비스에 대한 가격을 시장 상황에 따라 변화시켜 적용하는 전략이다.

② 호텔, 항공 등의 가격을 성수기 때 인상하고, 비수기 때 인하하는 것이 대표적인 예이다.

③ 기업은 소비자별 맞춤형 가격을 통해 수익을 극대화할 수 있다.

④ 소비자 후생이 증가해 소비자의 만족도가 높아진다.

32 다음 〈보기〉 중 빅맥 지수에 대한 설명으로 옳은 것을 모두 고르면?

> **보기**
> ㉠ 빅맥 지수를 최초로 고안한 나라는 미국이다.
> ㉡ 각 나라의 물가수준을 비교하기 위해 고안된 지수로, 구매력 평가설을 근거로 한다.
> ㉢ 맥도날드 빅맥 가격을 기준으로 한 이유는 전 세계에서 가장 동질적으로 판매되고 있는 상품이 기 때문이다.
> ㉣ 빅맥 지수를 구할 때 빅맥 가격은 제품 가격과 서비스 가격의 합으로 계산한다.

① ㉠, ㉡   ② ㉠, ㉢

③ ㉡, ㉢   ④ ㉡, ㉣

33 다음 중 확장적 통화정책의 영향으로 옳은 것은?

① 건강보험료가 인상되어 정부의 세금 수입이 늘어난다.

② 이자율이 하락하고, 소비 및 투자가 감소한다.

③ 이자율이 상승하고, 환율이 하락한다.

④ 은행이 채무불이행 위험을 줄이기 위해 더 높은 이자율과 담보 비율을 요구한다.

34 다음 중 노동의 수요공급곡선에 대한 설명으로 옳지 않은 것은?

① 노동 수요는 파생수요라는 점에서 재화시장의 수요와 차이가 있다.

② 상품 가격이 상승하면 노동 수요곡선은 오른쪽으로 이동한다.

③ 토지, 설비 등이 부족하면 노동 수요곡선은 오른쪽으로 이동한다.

④ 노동에 대한 인식이 긍정적으로 변화하면 노동 공급곡선은 오른쪽으로 이동한다.

35 다음 〈조건〉에 따라 S씨가 할 수 있는 최선의 선택은?

> **조건**
> • S씨는 퇴근 후 운동을 할 계획으로 헬스, 수영, 자전거, 달리기 중 하나를 고르려고 한다.
> • 각 운동이 주는 만족도(이득)는 헬스 5만 원, 수영 7만 원, 자전거 8만 원, 달리기 4만 원이다.
> • 각 운동에 소요되는 비용은 헬스 3만 원, 수영 2만 원, 자전거 5만 원, 달리기 3만 원이다.

① 헬스   ② 수영
③ 자전거   ④ 달리기

36 다음 중 빈칸에 들어갈 단어가 바르게 짝지어진 것은?

> • 환율이 ___㉠___ 하면 순수출이 증가한다.
> • 국내이자율이 높아지면 환율은 ___㉡___ 한다.
> • 국내물가가 오르면 환율은 ___㉢___ 한다.

	㉠	㉡	㉢
①	하락	상승	하락
②	하락	상승	상승
③	하락	하락	하락
④	상승	하락	상승
⑤	상승	하락	하락

37 다음 중 독점적 경쟁시장에 대한 설명으로 옳지 않은 것은?

① 독점적 경쟁시장은 완전경쟁시장과 독점시장의 중간 형태이다.
② 대체성이 높은 제품의 공급자가 시장에 다수 존재한다.
③ 시장진입과 퇴출이 자유롭다.
④ 독점적 경쟁기업의 수요곡선은 우하향하는 형태를 나타낸다.
⑤ 가격경쟁이 비가격경쟁보다 활발히 진행된다.

38 다음 중 고전학파와 케인스학파에 대한 설명으로 옳지 않은 것은?

① 케인스학파는 경기가 침체할 경우, 정부의 적극적 개입이 바람직하지 않다고 주장하였다.

② 고전학파는 임금이 매우 신축적이어서 노동시장이 항상 균형상태에 이르게 된다고 주장하였다.

③ 케인스학파는 저축과 투자가 국민총생산의 변화를 통해 같아지게 된다고 주장하였다.

④ 고전학파는 실물경제와 화폐를 분리하여 설명한다.

⑤ 케인스학파는 단기적으로 화폐의 중립성이 성립하지 않는다고 주장하였다.

39 다음 사례에서 나타나는 현상으로 옳은 것은?

> • 물은 사용 가치가 크지만 교환 가치가 작은 반면, 다이아몬드는 사용 가치가 작지만 교환 가치는 크게 나타난다.
> • 한계효용이 작을수록 교환 가치가 작으며, 한계효용이 클수록 교환 가치가 크다.

① 매몰비용의 오류   ② 감각적 소비

③ 보이지 않는 손   ④ 가치의 역설

⑤ 희소성

40 다음 자료를 참고하여 실업률을 구하면 얼마인가?

> • 생산가능인구 : 50,000명
> • 취업자 : 20,000명
> • 실업자 : 5,000명

① 10%   ② 15%

③ 20%   ④ 25%

⑤ 30%

┃ 서울교통공사

01 다음 중 노동법의 성질이 다른 하나는?

① 산업안전보건법
② 남녀고용평등법
③ 산업재해보상보험법
④ 근로자참여 및 협력증진에 관한 법
⑤ 고용보험법

┃ 서울교통공사

02 다음 〈보기〉 중 용익물권에 해당하는 것을 모두 고르면?

> **보기**
>
> 가. 지상권 　　　　　　　 나. 점유권
> 다. 지역권 　　　　　　　 라. 유치권
> 마. 전세권 　　　　　　　 바. 저당권

① 가, 다, 마 　　　　　　 ② 가, 라, 바
③ 나, 라, 바 　　　　　　 ④ 다, 라, 마
⑤ 라, 마, 바

03 다음 중 선고유예와 집행유예의 내용에 대한 분류가 옳지 않은 것은?

구분	선고유예	집행유예
실효	유예한 형을 선고	유예선고의 효력 상실
요건	1년 이하 징역·금고, 자격정지, 벌금	3년 이하 징역·금고, 500만 원 이하의 벌금형
유예기간	1년 이상 5년 이하	2년
효과	면소	형의 선고 효력 상실

① 실효
② 요건
③ 유예기간
④ 효과
⑤ 없음

04 다음 〈보기〉 중 형법상 몰수가 되는 것은 모두 몇 개인가?

> 보기
> • 범죄행위에 제공한 물건
> • 범죄행위에 제공하려고 한 물건
> • 범죄행위로 인하여 생긴 물건
> • 범죄행위로 인하여 취득한 물건
> • 범죄행위의 대가로 취득한 물건

① 1개
② 2개
③ 3개
④ 4개
⑤ 5개

05 다음 중 상법상 법원이 아닌 것은?

① 판례
② 조례
③ 상관습법
④ 상사자치법
⑤ 보통거래약관

06 다음 중 예산원칙의 예외에 대한 설명으로 옳지 않은 것은?

① 특별회계는 단일성의 원칙에 대한 예외이다.
② 준예산제도는 사전의결의 원칙에 대한 예외이다.
③ 예산의 이용(移用)은 한계성의 원칙에 대한 예외이다.
④ 목적세는 공개성의 원칙에 대한 예외이다.

07 다음 중 정책집행에 대한 설명으로 옳지 않은 것은?

① 사바티어(Sabatier)는 정책집행의 하향식 접근법과 상향식 접근법의 통합모형을 제시했다.
② 버만(Berman)은 집행현장에서 집행조직과 정책사업 사이의 상호적응의 중요성을 강조하였다.
③ 프레스만과 윌다브스키(Pressman & Wildavsky)는 집행과정상의 공동행위의 복잡성을 강조하였다.
④ 나카무라와 스몰우드(Nakamura & Smallwood)의 정책 집행자 유형 중 관료적 기업가형은 정책의 대략적인 방향을 정책결정자가 정하고 정책집행자들은 이 목표의 구체적 집행에 필요한 폭넓은 재량권을 위임받아 정책을 집행하는 유형이다.

08 다음 중 정책참여자에 대한 설명으로 옳지 않은 것은?

① 의회와 지방자치단체는 모두 공식적 참여자에 해당된다.
② 정당과 NGO는 비공식적 참여자에 해당된다.
③ 사회구조가 복잡해진 현대에는 공식적 참여자의 중요도가 상승하였다.
④ 사회적 의사결정에서 정부의 역할이 줄어들수록 비공식적 참여자의 중요도가 높아진다.

09 다음 중 정책문제에 대한 설명으로 옳지 않은 것은?

① 정책문제는 정책결정의 대상으로, 공적인 성격이 강하고 공익성을 추구하는 성향을 갖는다.
② 주로 가치판단의 문제를 포함하고 있어 계량화가 난해하다.
③ 정책문제 해결의 주요 주체는 정부이다.
④ 기업경영에서의 의사결정에 비해 고려사항이 단순하다.

10 다음 중 회사모형의 특징에 대한 설명으로 옳은 것은?

① 사이어트와 드로어가 주장한 모형으로, 조직의 의사결정 방식에 대해 설명하는 이론이다.

② 합리적 결정과 점증적 결정이 누적 및 혼합되어 의사결정이 이루어진다고 본다.

③ 조직들 간의 연결성이 강하지 않은 경우를 전제로 하고 있다.

④ 정책결정 단계를 초정책결정 단계, 정책결정 단계, 후정책결정 단계로 구분하여 설명한다.

11 다음 〈보기〉 중 블라우와 스콧이 주장한 조직 유형에 대한 설명으로 옳지 않은 것을 모두 고르면?

> 보기
>
> ㄱ. 호혜조직의 1차적 수혜자는 조직 내 의사결정의 참여를 보장받는 구성원이며, 은행, 유통업체 등이 해당된다.
> ㄴ. 사업조직의 1차적 수혜자는 조직의 소유자이며, 이들의 주목적은 이윤 추구이다.
> ㄷ. 봉사조직의 1차적 수혜자는 이들을 지원하는 후원조직으로, 서비스 제공을 위한 인프라 및 자금조달을 지원한다.
> ㄹ. 공공조직의 1차적 수혜자는 공공서비스의 수혜자인 일반대중이며, 경찰, 소방서, 군대 등이 공공조직에 해당된다.

① ㄱ, ㄴ ② ㄱ, ㄷ
③ ㄴ, ㄷ ④ ㄷ, ㄹ

12 다음 중 우리나라 직위분류제의 구조에 대한 설명으로 옳지 않은 것은?

① 직군 : 직위분류제의 구조 중 가장 상위의 구분 단위이다.

② 직위 : 개인에게 부여되는 직무와 책임이다.

③ 직류 : 동일 직렬 내 직무가 동일한 것이다.

④ 직렬 : 일반적으로 해당 구성원 간 동일한 보수 체계를 적용받는 구분이다.

13 다음 중 엽관주의와 실적주의에 대한 설명으로 옳지 않은 것은?

① 민주주의적 평등 이념의 실현을 위해서는 엽관주의보다 실적주의가 유리하다.

② 엽관주의와 실적주의 모두 조직 수반에 대한 정치적 정합성보다 정치적 중립성 확보가 강조된다.

③ 공공조직에서 엽관주의적 인사가 이루어지면 구성원들의 신분이 불안정해진다는 단점이 있다.

④ 미국은 엽관주의의 폐단에 대한 대안으로 펜들턴 법의 제정에 따라 인사행정에 실적주의가 도입되었다.

14 다음 중 발생주의 회계의 특징으로 옳은 것은?

① 현금의 유출입 발생 시 회계 장부에 기록하는 방법을 의미한다.

② 실질적 거래의 발생을 회계처리에 정확히 반영할 수 있다는 장점이 있다.

③ 회계연도 내 경영활동과 성과에 대해 정확히 측정하기 어렵다는 한계가 있다.

④ 재화나 용역의 인수 및 인도 시점을 기준으로 장부에 기입한다.

⑤ 수익과 비용이 대응되지 않는다는 한계가 있다.

15 다음 〈보기〉 중 맥그리거(D. McGregor)의 인간관에 대한 설명으로 옳지 않은 것을 모두 고르면?

> **보기**
>
> ㄱ. X이론은 부정적이고 수동적인 인간관에 근거하고 있고, Y이론은 긍정적이고 적극적인 인간관에 근거하고 있다.
> ㄴ. X이론에서는 보상과 처벌을 통한 통제보다는 직원들에 대한 조언과 격려에 의한 경영전략을 강조하였다.
> ㄷ. Y이론에서는 자율적 통제를 강조하는 경영전략을 제시하였다.
> ㄹ. X이론의 적용을 위한 대안으로 권한의 위임 및 분권화, 직무 확대 등을 제시했다.

① ㄱ, ㄴ   ② ㄱ, ㄷ

③ ㄴ, ㄷ   ④ ㄴ, ㄹ

⑤ ㄷ, ㄹ

16 다음 중 대한민국 중앙정부의 인사조직형태에 대한 설명으로 옳지 않은 것은?

① 실적주의의 인사행정을 위해서는 독립합의형보다 비독립단독형 인사조직이 적절하다.

② 비독립단독형 인사기관은 독립합의형 인사기관에 비해 의사결정이 신속하다는 특징이 있다.

③ 독립합의형 인사기관의 경우 비독립단독형 인사기관에 비해 책임소재가 불분명하다는 특징이 있다.

④ 독립합의형 인사기관은 일반적으로 일반행정부처에서 분리되어 있으며, 독립적 지위를 가진 합의체의 형태를 갖는다.

17 다음 〈보기〉 중 정부실패의 원인으로 옳지 않은 것을 모두 고르면?

> **보기**
> ㉠ 정부가 민간주체보다 정보에 대한 접근성이 높아서 발생한다.
> ㉡ 공공부문의 불완전경쟁으로 인해 발생한다.
> ㉢ 정부행정이 사회적 필요에 비해 장기적 관점에서 추진되어 발생한다.
> ㉣ 정부의 공급은 공공재라는 성격을 가지기 때문에 발생한다.

① ㉠, ㉡   ② ㉠, ㉢

③ ㉡, ㉢   ④ ㉡, ㉣

18 다음 〈보기〉의 행정의 가치 중 수단적 가치가 아닌 것을 모두 고르면?

> **보기**
> ㉠ 공익   ㉡ 자유
> ㉢ 합법성   ㉣ 민주성
> ㉤ 복지

① ㉠, ㉡, ㉣   ② ㉠, ㉡, ㉤

③ ㉠, ㉢, ㉣   ④ ㉠, ㉣, ㉤

19 다음 중 신공공관리론과 뉴거버넌스에 대한 설명으로 옳은 것은?

① 뉴거버넌스는 민영화, 민간위탁을 통한 서비스의 공급을 지향한다.

② 영국의 대처주의, 미국의 레이거노믹스는 모두 신공공관리론에 토대를 둔 정치기조이다.

③ 뉴거버넌스는 정부가 사회의 문제해결을 주도하여 민간 주체들의 적극적 참여를 유도하는 것을 추구한다.

④ 신공공관리론은 정부실패를 지적하며 등장한 이론으로, 민간에 대한 충분한 정보력을 갖춘 크고 완전한 정부를 추구한다.

20 다음 중 사물인터넷을 사용하지 않은 경우는?

① 스마트 팜 시스템을 도입하여 작물 재배의 과정을 최적화, 효율화한다.

② 비상전력체계를 이용하여 재난 및 재해 등 위기상황으로 전력 차단 시 동력을 복원한다.

③ 커넥티드 카를 이용하여 차량 관리 및 운행 현황 모니터링을 자동화한다.

④ 스마트 홈 기술을 이용하여 가정 내 조명, 에어컨 등을 원격 제어한다.

21 다음 〈보기〉 중 수평적 인사이동에 해당하지 않는 것을 모두 고르면?

> **보기**
>
> ㄱ. 강임   ㄴ. 승진
> ㄷ. 전보   ㄹ. 전직

① ㄱ, ㄴ   ② ㄱ, ㄷ
③ ㄴ, ㄷ   ④ ㄷ, ㄹ

22 다음 〈보기〉 중 유료 요금제에 해당하지 않는 것을 모두 고르면?

> **보기**
>
> ㄱ. 국가지정문화재 관람료
> ㄴ. 상하수도 요금
> ㄷ. 국립공원 입장료

① ㄱ   ② ㄷ
③ ㄱ, ㄴ   ④ ㄴ, ㄷ

┃ 한국도로공사

01 길이가 L인 단순보에 등분포하중 w가 작용할 때, 중앙점의 최대처짐량(δ)은 $k\dfrac{wL^4}{EI}$ 이다. 이때 k의 값은?

① $\dfrac{2}{384}$ ② $\dfrac{5}{384}$

③ $\dfrac{8}{384}$ ④ $\dfrac{11}{384}$

⑤ $\dfrac{14}{384}$

┃ 한국도로공사

02 다음 중 평면선형의 구성요소가 아닌 것은?

① 직선   ② 복합곡선
③ 배향곡선   ④ 완화곡선
⑤ 오목곡선

┃ 한국도로공사

03 길이가 $l$mm이고 단순 지지된 1방향 슬래브의 처짐을 고려하지 않을 때 최소 두께는?

① $\dfrac{l}{10}$ ② $\dfrac{l}{16}$

③ $\dfrac{l}{20}$ ④ $\dfrac{l}{24}$

⑤ $\dfrac{l}{28}$

04 기초형상이 정사각형일 때, Terzaghi 지지력을 구하는 식 $q_u = \alpha c N_c + \beta \gamma_1 B N_r + \gamma_2 D_f N_q$에서 α, β의 값을 바르게 구한 것은?

	α	β
①	1	0.5
②	1	0.4
③	1.3	0.5
④	1.3	0.4
⑤	1.3	0.3

05 직경이 5cm인 강봉에 10kN의 축방향 하중을 가하자 75mm가 늘어났다. 이 강봉의 늘어나기 전 처음 길이는?(단, 강봉의 탄성계수는 170MPa이다)

① 약 1m   ② 약 1.8m

③ 약 2.2m   ④ 약 2.5m

⑤ 약 3m

06 다음 그림과 같이 양단고정보에 등분포하중 w와 집중하중 P가 동시에 작용할 때, B지점에서 작용하는 모멘트는?

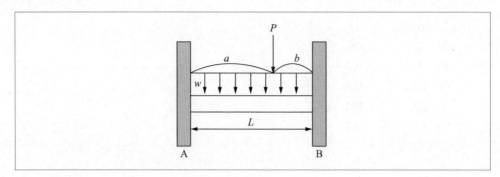

① $\dfrac{12Pa^2 b + 18wL^4}{18L^2}$

② $\dfrac{12Pa^2 b + wL^4}{12L^2}$

③ $\dfrac{12Pa^2 b + 6wL^4}{12L^2}$

④ $\dfrac{4Pa^2 b + wL^4}{12L^2}$

⑤ $\dfrac{Pa^2 b + 2wL^4}{3L^2}$

07 다음 글에서 설명하는 이론은?

- $P = \dfrac{\partial U}{\partial \delta_i}$: 하중(P)은 변형에너지(U)의 변위(δ_i)에 대한 도함수이다.

- $\theta = \dfrac{\partial U}{\partial u_i}$: 처짐각(θ)은 변형에너지(U)의 휨모멘트(u_i)에 대한 도함수이다.

- $\delta = \dfrac{\partial U}{\partial P_i}$: 처짐량(δ)은 변형에너지(U)의 하중(P_i)에 대한 도함수이다.

① 베르누이의 정리

② 에너지 보존의 법칙

③ 카스틸리아노의 정리

④ 중첩의 원리

⑤ 최소 작용의 원리

08 다음 그림과 같이 일단고정 타단지지보에 등분포하중과 집중하중이 동시에 작용하였을 때, 전단력이 0인 지점은 A로부터 얼마나 떨어져 있는가?

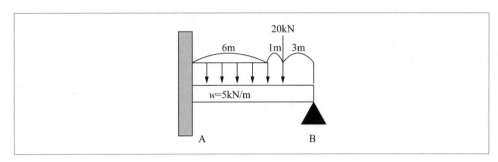

① 4.8m

② 5.4m

③ 6m

④ 6.6m

⑤ 7.2m

09 다음 중 트랜싯의 망원경에 그어진 선을 이용하여 두 지점 간의 수평거리와 고저차를 간접적으로 구하는 측량은?

① 삼각측량

② 수준측량

③ 측지측량

④ 평면측량

⑤ 스타디아측량

10 표고가 1,000m, 해발이 3,000m인 상공에서 초점거리가 200mm인 사진기를 이용하여 사진측량을 실시하였다. 사진 매수가 180매이고 사진 크기가 20cm×20cm일 때, 실제 측정한 면적은?(단, 안전율은 20%이며, 종중복도는 50%, 횡중복도는 40%이다)

① $180km^2$

② $210km^2$

③ $240km^2$

④ $270km^2$

⑤ $300km^2$

11 다음 중 홍수의 위험이 있거나 철도 등 통행에 제약이 있고 단면형상 변화에 대한 적응성이 양호한 공법은?

① FCM 공법   ② FSM 공법

③ ILM 공법   ④ MSS 공법

⑤ PSM 공법

12 다음 중 모래다짐말뚝 공법의 장점으로 옳지 않은 것은?

① 지반이 균질화된다.

② 압밀침하량이 적다.

③ 진동 및 소음이 적다.

④ 지반의 전단강도가 증가한다.

⑤ 지반의 액상화 현상을 방지할 수 있다.

13 다음 중 지중연속벽에 대한 설명으로 옳지 않은 것은?

① 굴착면의 붕괴 및 지하수의 유입을 방지하기 위해 벤토나이트를 공급한다.

② 지하시설물에 적용할 수 있는 구조물이다.

③ 작업 시 발생하는 소음이 적다.

④ 시공비가 저렴하다.

⑤ 암반층을 최소 1m 굴착하여야 한다.

14 다음 중 기둥을 단주와 장주로 나눌 때, 장주의 기준이 되는 세장비의 최솟값은?

① 25   ② 50

③ 75   ④ 100

⑤ 5000

15 다음 중 고강도 경량콘크리트의 설계기준압축강도(f_{ck})의 최솟값은?

① 15MPa   ② 24MPa

③ 27MPa   ④ 30MPa

⑤ 40MPa

16 다음 중 설계기준압축강도(f_{ck})가 60MPa인 콘크리트 부재의 극한변형률은?

① 0.0031   ② 0.0032

③ 0.0033   ④ 0.0034

⑤ 0.0035

17 다음 중 포장된 아스팔트의 파손 원인으로 옳은 것을 〈보기〉에서 모두 고르면?

> **보기**
>
> ㄱ. 과적 차량의 잦은 통행으로 인한 피로 파괴
> ㄴ. 아스팔트 배합설계 불량
> ㄷ. 강수 시 배수 불량
> ㄹ. 혼합물의 다짐온도 불량

① ㄱ, ㄴ   ② ㄴ, ㄹ

③ ㄱ, ㄴ, ㄹ   ④ ㄴ, ㄷ, ㄹ

⑤ ㄱ, ㄴ, ㄷ, ㄹ

18 다음 중 수문곡선에 대한 설명으로 옳지 않은 것은?

① 하천유로상의 임의의 한 점에서 수문량의 시간에 대한 유량의 관계곡선이다.

② 초기에는 지하수에 의한 기저유출만이 하천에 존재한다.

③ 시간이 경과함에 따라 지수분포형의 감수곡선이 된다.

④ 표면유출은 점차적으로 수문곡선을 하강시키게 된다.

19 지름이 30cm이고 길이가 1m인 관의 손실수두가 30cm일 때, 관 벽면에 작용하는 마찰력 τ_0는?

① 150N/m^2 ② 175N/m^2

③ 200N/m^2 ④ 225N/m^2

20 다음 중 에너지 보정계수(α)와 운동량 보정계수(β)에 대한 설명으로 옳지 않은 것은?

① α는 속도수두를 보정하기 위한 무차원 상수이다.

② β는 운동량을 보정하기 위한 무차원 상수이다.

③ α, β값은 흐름이 난류일 때보다 층류일 때가 크다.

④ 실제유체 흐름에서는 $\beta > \alpha > 1$이다.

21 다음 중 잔골재와 굵은 골재에 대한 설명으로 옳지 않은 것은?

① 잔골재는 0.074mm 이상, 굵은 골재는 4.76mm 이상인 것을 말한다.

② 잔골재의 비중은 2.50~2.65, 굵은 골재의 비중은 2.55~2.70의 값을 표준으로 하고 있다.

③ 잔골재는 입도가 클수록 단위무게가 크다.

④ 콘크리트용 골재의 조립율은 잔골재에서 6.0~8.0, 굵은 골재에서 2.3~3.1 정도가 적당하다.

22 현장에서 다짐된 사질토의 상대다짐도가 95%이고 최대 및 최소 건조단위중량이 각각 $1.76t/m^3$, $1.5t/m^3$일 때, 현장시료의 상대밀도는?

① 약 59%   ② 약 64%

③ 약 69%   ④ 약 74%

23 다음 중 보강토 공법의 특징으로 옳지 않은 것은?

① 시공이 신속하다.

② 지진피해가 많다.

③ 시공관리에 용이하며 건설공해가 적다.

④ 부등침하에 어느 정도 유연하게 대처 가능하다.

24 다음 중 하천에 오수가 유입될 때, 하천의 자정작용 중 최초의 분해지대에서 BOD가 증가하는 주요 원인은 무엇인가?

① 온도의 변화   ② 탁도의 감소

③ 미생물의 번식   ④ 유기물의 침전

25 지름이 2m이고, 영향권의 반지름이 1,000m이며, 원지하수의 수위 $H=7m$, 집수정의 수위 $h_0=5m$인 심정에서의 양수량은 얼마인가?(단, $K=0.0038m/s$이고, $\ln 10=2.3$이다)

① 약 $0.0415m^3/s$ ② 약 $0.0461m^3/s$

③ 약 $0.083m^3/s$ ④ 약 $0.145m^3/s$

26 다음 중 유수는 원활하지만 관거의 매설 깊이가 증가하여 보공비가 많이 들고, 펌프 배수 시 펌프양정을 증가시키는 단점이 있는 하수관거의 접합 방법은?

① 수면접합   ② 관중심접합
③ 관저접합   ④ 관정접합

27 다음 중 DAD 해석과 관련있는 요소가 바르게 짝지어진 것은?

① 강우량, 유수단면적, 최대수심
② 적설량, 분포면적, 적설일수
③ 강우깊이, 유역면적, 최대수심
④ 강우깊이, 유역면적, 지속기간

28 다음 중 단면적이 같은 정사각형과 원의 단면계수비는?(단, 정사각형 단면의 일변은 h이고, 단면의 지름은 D이다)

① 1 : 0.46   ② 1 : 0.85
③ 1 : 1.18   ④ 1 : 2.24

29 펌프는 흡입실양정 및 토출량을 고려하여 전양정에 따라 선정하여야 한다. 전양정이 5m 이하일 때 표준이며, 비교회전도(N_s)가 1,100 ~ 2,000 정도인 펌프 형식은?

① 축류펌프   ② 사류펌프
③ 터빈펌프   ④ 원심펌프

30 구경이 400mm인 모터의 직결펌프에서 양수량은 $10\text{m}^3/\text{min}$, 전양정은 50m, 회전수는 1,100rpm일 때, 비교회전도(N_s)는 얼마인가?

① 약 148　　　　　　　　　　　② 약 168

③ 약 185　　　　　　　　　　　④ 약 194

31 엘리데이드 고저측량에서 수평거리는 34m, 분획차는 8.4, 측표의 높이는 2.0m, 시준공까지의 높이는 1.2m일 때, 두 점 간의 고저차는 얼마인가?

① 1.856m　　　　　　　　　　② 1.956m

③ 2.056m　　　　　　　　　　④ 2.156m

32 다음 중 사진측량의 특징에 대한 설명으로 옳지 않은 것은?

① 측량의 정확도가 균일하다.

② 정성적 관측이 가능하다.

③ 정량적 관측이 가능하다.

④ 기상의 제약 없이 측량이 가능하다.

33 다음 그림과 같이 어떤 유체가 원형 직관을 통하여 정상 상태로 흐를 때, 관의 축소부로 인한 수두 손실은?(단, $V_1=0.5\text{m/s}$, $D_1=0.2\text{m}$, $D_2=0.1\text{m}$, $f_c=0.36$이다)

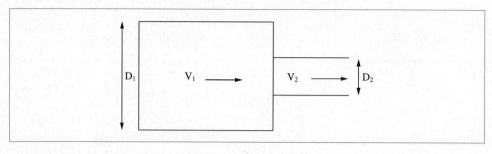

① 약 0.92cm

② 약 3.65cm

③ 약 5.6cm

④ 약 7.3cm

34 다음 그림과 같이 x, y축에 대칭인 단면에 비틀림응력 550kN·m가 작용할 때, 최대 전단응력은 얼마인가?

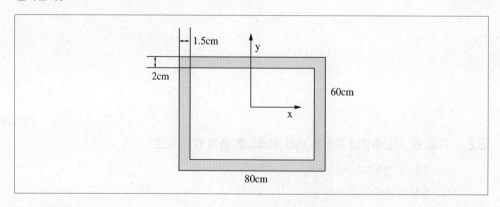

① 약 30.2MPa

② 약 40.27MPa

③ 약 60.4MPa

④ 약 80.53MPa

PART 1

직업기초능력평가

CHAPTER 01

의사소통능력

합격 Cheat Key

의사소통능력은 평가하지 않는 공사·공단이 없을 만큼 필기시험에서 중요도가 높은 영역으로, 세부 유형은 문서 이해, 문서 작성, 의사 표현, 경청, 기초 외국어로 나눌 수 있다. 문서 이해·문서 작성과 같은 지문에 대한 주제 찾기, 내용 일치 문제의 출제 비중이 높으며, 문서의 특성을 파악하는 문제도 출제되고 있다.

1 문제에서 요구하는 바를 먼저 파악하라!

의사소통능력에서 가장 중요한 것은 제한된 시간 안에 빠르고 정확하게 답을 찾아내는 것이다. 의사소통능력에서는 지문이 아니라 문제가 주인공이므로 지문을 보기 전에 문제를 먼저 파악해야 하며, 문제에 따라 전략적으로 빠르게 풀어내는 연습을 해야 한다.

2 잠재되어 있는 언어 능력을 발휘하라!

세상에 글은 많고 우리가 학습할 수 있는 시간은 한정적이다. 이를 극복할 수 있는 방법은 다양한 글을 접하는 것이다. 실제 시험장에서 어떤 내용의 지문이 나올지 아무도 예측할 수 없으므로 평소에 신문, 소설, 보고서 등 여러 글을 접하는 것이 필요하다.

3 상황을 가정하라!

업무 수행에 있어 상황에 따른 언어 표현은 중요하다. 같은 말이라도 상황에 따라 다르게 해석될 수 있기 때문이다. 그런 의미에서 자신의 의견을 효과적으로 전달할 수 있는 능력을 평가하는 것이다. 업무를 수행하면서 발생할 수 있는 여러 상황을 가정하고 그에 따른 올바른 언어표현을 정리하는 것이 필요하다.

4 말하는 이의 입장에서 생각하라!

잘 듣는 것 또한 하나의 능력이다. 상대방의 이야기에 귀 기울이고 공감하는 태도는 업무를 수행하는 관계 속에서 필요한 요소이다. 그런 의미에서 다양한 상황에서 듣는 능력을 평가하는 것이다. 말하는 이가 요구하는 듣는 이의 태도를 파악하고, 이에 따른 판단을 할 수 있도록 언제나 말하는 사람의 입장이 되는 연습이 필요하다.

01 문서 내용 이해

| 유형분석 |

- 주어진 지문을 읽고 선택지를 고르는 전형적인 독해 문제이다.
- 지문은 주로 신문기사(보도자료 등)나 업무 보고서, 시사 등이 제시된다.
- 공사공단에 따라 자사와 관련된 내용의 기사나 법조문, 보고서 등이 출제되기도 한다.

다음 글의 내용으로 적절하지 않은 것은?

'저장강박증'은 사용 여부와 관계없이 물건을 버리지 못하고 저장해 두는 강박장애의 일종이다. 미래에 필요할 것이라고 생각해서 물건이나 음식을 버리지 못하고 쌓아 두거나, 어떤 경우 동물을 지나치게 많이 기르기도 한다. 저장강박증이 있는 사람들은 물건을 버리지 않고 모으지만 애정이 없기 때문에 관리는 하지 않는다. 다만 물건이 모아져 있는 상태에서 일시적인 편안함을 느낄 뿐이다. 그러나 결과적으로는 불안증과 강박증, 폭력성을 더욱 가중하는 결과를 낳게 된다.

저장강박증은 치료가 쉽지 않다. 아직까지 정확하게 밝혀진 원인이 없고, 무엇보다 저장강박증을 앓고 있는 사람들의 대부분은 자가 병식이 없다. 때문에 대부분 치료를 원하지 않거나 가족들의 강요에 의해 가까스로 병원을 찾는다. 그러나 자연적으로 좋아지기 어려우므로 반드시 초기에 치료를 진행해야 한다.

① 저장강박증은 물건을 버리지 못하는 강박장애이다.
② 저장강박증이 있는 사람은 동물을 지나치게 많이 기르기도 한다.
③ 저장강박증이 있는 사람은 물건에 애착을 느껴서 버리지 못한다.
④ 저장강박증의 정확한 원인은 아직 밝혀지지 않았다.

정답 ③

제시문에 따르면 저장강박증이 있는 사람들은 물건에 대한 애정이 없어서 관리를 하지 않는다. 따라서 애착을 느껴서 물건을 버리지 못한다는 것은 글의 내용으로 적절하지 않다.

풀이 전략!

주어진 선택지에서 키워드를 체크한 후, 지문의 내용과 비교해 가면서 내용의 일치 유무를 빠르게 판단한다.

01　다음 글의 내용으로 적절하지 않은 것은?

> 수소와 산소는 H_2와 O_2의 분자 상태로 존재한다. 수소와 산소가 화합해서 물 분자가 되려면 이 두 분자가 충돌해야 하는데, 충돌하는 횟수가 많으면 많을수록 물 분자가 생기는 확률은 높아진다. 또한 반응하기 위해서는 분자가 원자로 분해되어야 한다. 좀 더 정확히 말한다면, 각각의 분자가 산소 원자끼리 그리고 수소 원자끼리의 결합력이 약해져야 한다. 높은 온도는 분자 간의 충돌 횟수를 증가시킬 뿐 아니라 분자를 강하게 진동시켜 분자의 결합력을 약하게 한다. 그리하여 수소와 산소는 이전까지 결합하고 있던 자신과 동일한 원자와 떨어져, 산소 원자 하나에 수소 원자 두 개가 결합한 물(H_2O)이라는 새로운 화합물이 되는 것이다.

① 수소 분자와 산소 분자가 충돌해야 물 분자가 생긴다.
② 수소 분자와 산소 분자가 원자로 분해되어야 반응을 할 수 있다.
③ 높은 온도는 분자를 강하게 진동시켜 결합력을 약하게 한다.
④ 산소 분자와 수소 분자가 각각 물(H_2O)이라는 새로운 화합물이 된다.

02　다음 글의 내용으로 가장 적절한 것은?

> 멋이라는 것은 일상생활의 단조로움이나 생활의 압박에서 해방되려는 노력의 하나일 것이다. 끊임없이 일상의 복장이 주는 압박감에서 벗어나기 위해 옷을 잘 차려 입는 사람은 멋쟁이이다. 또는 삶을 공리적 계산으로서가 아니라 즐김의 대상으로 볼 수 있게 해 주는 활동, 가령 서도(書道)라든가 다도(茶道)라든가 꽃꽂이라든가 하는 일을 과외로 즐길 줄 아는 사람을 우리는 생활의 멋을 아는 사람이라고 말한다. 그러나 그렇다고 해서 값비싸고 화려한 복장, 어떠한 종류의 스타일과 수련을 전제하는 활동만이 멋을 나타내는 것이 아니다. 경우에 따라서는 털털한 옷차림, 겉으로 내세울 것이 없는 소탈한 생활 태도가 멋있게 생각될 수도 있다. 기준적인 것에 변화를 더하는 것이 중요한 것이다. 그러나 기준으로부터의 편차가 너무 커서는 안 된다. 혐오감을 불러일으킬 정도의 몸가짐, 몸짓 또는 생활 태도는 멋이 있는 것으로 생각되지 않는다. 편차는 어디까지나 기준에 의해서만 존재하는 것이다.

① 다양한 종류의 옷을 가지고 있는 사람은 멋쟁이이다.
② 값비싸고 화려한 복장을 하는 사람은 공리적 계산을 하는 사람이다.
③ 소탈한 생활 태도를 갖는 것이 가장 중요하다.
④ 꽃꽂이를 과외로 즐길 줄 아는 사람은 생활의 멋을 아는 사람이다.

03 다음 글의 내용으로 적절하지 않은 것은?

유료도로제도는 국가재정만으로는 부족한 도로건설재원을 마련하기 위해 도로법의 특례인 유료도로법을 적용하여 도로 이용자에게 통행요금을 부담하게 하는 제도이다.

도로는 국민의 생활과 밀접하게 관련되고 경제활동을 지원하는 기반으로서 필수불가결한 시설이다. 따라서 도로의 건설과 관리는 행정주체인 국가와 지방자치단체의 책임에 속하며 조세 등의 일반재원으로 건설된 도로는 무료로 사용하는 것이 원칙이다. 그러나 현대의 상황에서는 도로정비에 있어 한정된 일반재원에 의한 공공사업비만으로는 도저히 급증하는 도로교통수요에 대처할 수 없는 실정이다. 이와 같이 조세 등에 의한 일반 회계 세입으로는 필요한 도로사업을 위한 비용을 도저히 조달할 수 없다는 사정에 비추어 국가와 지방자치단체가 도로를 정비함에 있어 부족한 재원을 보충하는 방법으로 차입금을 사용하여 완성한 도로에 대해서는 통행요금을 수납하여 투자비를 회수하는 방식이 인정되게 되었다. 이것이 바로 유료도로제도이다.

우리나라에서도 국가 경제발전에 중요한 부분을 담당하는 고속국도의 시급한 정비와 재원조달의 어려움을 극복하기 위하여 유료도로제도가 도입되었는데, 1968년 12월 경인고속도로가 개통되면서 수익자 부담원칙에 따라 통행요금을 수납하기 시작했다.

우리나라의 가장 대표적인 유료도로는 한국도로공사가 관리하는 고속도로가 있으며, 각 지방자치단체가 건설하고 관리하는 일반 유료도로에도 일부 적용되고 있다. 대한민국 법령집을 보면 각종 시행령, 시행규칙을 포함하여 약 3,300개의 법령이 있는데, 그중 도로와 직·간접적으로 관련된 법령은 784개이다.

유료도로와 관련된 법령은 약 23개이며, 주요 법령으로는 도로법, 유료도로법, 고속국도법, 한국도로공사법 등이 있다.

① 일반재원으로 건설된 도로는 무료 사용이 원칙이다.
② 우리나라의 유료도로는 모두 한국도로공사가 관리하고 있다.
③ 우리나라에서 유료도로제도가 제일 처음 도입된 것은 경인고속도로이다.
④ 유료도로와 관련된 주요 법령은 도로법, 유료도로법, 고속국도법, 한국도로공사법이 있다.

04 다음은 D공사에서 발표한 교통사고 시 응급처치 요령이다. 이에 대한 설명으로 적절하지 않은 것을 〈보기〉에서 모두 고르면?

〈교통사고 시 응급처치 요령〉

- 응급처치의 의의
  - 적절한 응급처치는 상처의 악화나 위험을 줄일 수 있고 심하게 병들거나 다친 사람의 생명을 보호해 주며, 병원에서 치료받는 기간을 길게 하거나 짧게 하는 것을 결정하게 된다.
- 응급처치 시 주의사항
  - 조그마한 부상까지 모든 부상 부위를 찾는다.
  - 꼭 필요한 경우가 아니면 함부로 부상자를 움직이지 않는다.
  - 부상 정도에 대하여 부상자에게 이야기하지 않는다. 부상자가 물으면 '괜찮다, 별일 아니다.'라고 안심시킨다.
  - 부상자의 신원을 미리 파악해 둔다.
  - 부상자가 의식이 없으면 옷을 헐렁하게 하고, 음료수 등을 먹일 때에는 코로 들어가지 않도록 주의한다.
- 응급처치의 순서
  - 먼저 부상자를 구출하여 안전한 장소로 이동시킨다.
  - 부상자를 조심스럽게 눕힌다.
  - 병원에 신속하게 연락한다.
  - 부상 부위에 대하여 응급처치를 한다.

보기

ㄱ. 부상자의 정확한 상태 인지를 위해 부상자에게 부상 정도에 대해 상세히 설명해 준다.
ㄴ. 시간지체에 따른 응급처치 효과의 감소가 우려되므로, 사고 직후 사고현장에서 응급처치를 먼저 실시한 후 상태를 보아 안전한 장소로 이동시키도록 한다.
ㄷ. 부상자의 신원 및 모든 부상 상태를 파악하기 위하여 노력하여야 한다.

① ㄴ
② ㄷ
③ ㄱ, ㄴ
④ ㄴ, ㄷ

| 유형분석 |

- 주어진 지문을 파악하여 전달하고자 하는 핵심 주제를 고르는 문제이다.
- 정보를 종합하고 중요한 내용을 구별하는 능력이 필요하다.
- 설명문부터 주장, 반박문까지 다양한 성격의 지문이 제시되므로 글의 성격별 특징을 알아두는 것이 좋다.

다음 글의 주제로 가장 적절한 것은?

표준화된 언어는 의사소통을 효과적으로 하기 위하여 의도적으로 선택해야 할 공용어로서의 가치가 있다. 반면에 방언은 지역이나 계층의 언어와 문화를 보존하고 드러냄으로써 국가 전체의 언어와 문화를 다양하게 발전시키는 토대로서의 가치가 있다. 이러한 의미에서 표준화된 언어와 방언은 상호 보완적인 관계에 있다. 표준화된 언어가 있기에 정확한 의사소통이 가능하며, 방언이 있기에 개인의 언어생활에서나 언어 예술 활동에서 자유롭고 창의적인 표현이 가능하다. 결국 우리는 표준화된 언어와 방언 둘 다의 가치를 인정해야 하며, 발화(發話) 상황(狀況)을 잘 고려해서 표준화된 언어와 방언을 잘 가려서 사용할 줄 아는 능력을 길러야 한다.

① 창의적인 예술 활동에서는 방언의 기능이 중요하다.
② 표준화된 언어와 방언에는 각각 독자적인 가치와 역할이 있다.
③ 정확한 의사소통을 위해서는 표준화된 언어가 꼭 필요하다.
④ 표준화된 언어와 방언을 구분할 줄 아는 능력을 길러야 한다.

정답 ②

마지막 문장의 '표준화된 언어와 방언 둘 다의 가치를 인정'하고, '잘 가려서 사용할 줄 아는 능력을 길러야 한다.'는 내용을 바탕으로 ②와 같은 주제를 이끌어낼 수 있다.

풀이 전략!

'결국', '즉', '그런데', '그러나', '그러므로' 등의 접속어 뒤에 주제가 드러나는 경우가 많다는 것에 주의하면서 지문을 읽는다.

※ 다음 글의 제목으로 가장 적절한 것을 고르시오. [1~2]

01

> 만공탑에서 다시 돌계단을 오르면 정혜사 능인선원이 나온다. 정혜사 앞뜰에 서서 담장을 앞에 두고 올라온 길을 내려다보면 홍성 일대의 평원이 끝없이 펼쳐진다. 산마루와 가까워 바람이 항시 세차게 불어오는데, 살면서 쌓인 피곤과 근심이 모두 씻겨지는 후련한 기분을 느낄 수 있을 것이다. 자신도 모르게 물 한 모금을 마시며 이 호탕하고 맑은 기분을 오래 간직하고 싶어질 것이다. 정혜사 약수는 바위틈에서 비집고 올라오는 샘물이 공을 반으로 자른 모양의 석조에 넘쳐 흐르는데 이 약수를 덮고 있는 보호각에는 '불유각(佛乳閣)'이라는 현판이 걸려 있다. '부처님의 젖이라!' 글씨는 분명 스님의 솜씨다. 말을 만들어낸 솜씨도 예사롭지 않다. 누가 저런 멋을 가졌던가. 누구에게 묻지 않아도 알 것 같았고 설혹 틀린다 해도 상관할 것이 아니었다(훗날 다시 가서 확인해보았더니 예상대로 만공의 글씨였다). 나는 그것을 사진으로 찍어 그만한 크기로 인화해서 보며 즐겼다. 그런데 우리 집에는 그것을 걸 자리가 마땅치 않았다. 임시방편이지만 나는 목욕탕 문짝에 압정으로 눌러 놓았다.

① 돌계단을 오르면서   ② 정혜사 능인선원
③ 정혜사의 불유각   ④ 약수 보호각

02

> 반대는 필수불가결한 것이다. 지각 있는 대부분의 사람이 그러하듯 훌륭한 정치가는 항상 열렬한 지지자보다는 반대자로부터 더 많은 것을 배운다. 만약 반대자들이 위험이 있는 곳을 지적해 주지 않는다면, 그는 지지자들에 떠밀려 파멸의 길을 걷게 될 수 있기 때문이다. 따라서 현명한 정치가라면 그는 종종 친구들로부터 벗어나기를 기도할 것이다. 친구들이 자신을 파멸시킬 수도 있다는 것을 알기 때문이다. 그리고 비록 고통스럽다 할지라도 결코 반대자 없이 홀로 남겨지는 일이 일어나지 않기를 기도할 것이다. 반대자들이 자신을 이성과 양식의 길에서 멀리 벗어나지 않도록 해준다는 사실을 알기 때문이다. 자유의지를 가진 국민의 범국가적 화합은 정부의 독단과 반대당의 혁명적 비타협성을 무력화시키는 정치권력의 충분한 균형에 의존하고 있다. 그 균형이 어떤 상황 때문에 강제로 타협하게 되지 않는 한, 그리고 모든 시민이 어떤 정책에 영향을 미칠 수는 있으나 누구도 혼자 정책을 지배할 수 없다는 것을 느끼게 되지 않는 한, 그리고 습관과 필요에 의해서 서로 조금씩 양보하지 않는 한, 자유는 유지될 수 없기 때문이다.

① 민주주의와 사회주의   ② 반대의 필요성과 민주주의
③ 민주주의와 일방적인 의사소통   ④ 권력을 가진 자와 혁명을 꿈꾸는 집단

03 다음 글의 중심 내용으로 가장 적절한 것은?

전국의 많은 근대건축물은 그동안 제도적 지원과 보호로부터 배제되고 대중과 소유주의 무관심 등으로 방치되어 왔다. 일부를 제외한 다수의 근대건축물이 철거와 멸실의 위기에 처해 있는 것이 사실이다.

국민이 이용하기 편리한 공간으로 용도를 바꾸면서도, 물리적인 본 모습은 유지하려는 노력을 일반적으로 '보전 가치'로 규정한다. 근대건축물의 보전 가치를 높이기 위해서는 자산의 상태를 합리적으로 진단하고, 소유자 및 이용자가 건물을 효율적으로 활용할 수 있도록 지원하는 관리체계가 필수적이다.

하지만 지금까지 건축자산의 등록, 진흥계획 수립 등을 통해 관리주체를 공공화하려는 노력은 있었으나 구체적인 관리 기법이나 모니터링에 대한 고민은 부족했다. 즉, 기초조사를 통해 현황을 파악하고 기본적인 관리를 하는 수준에만 그치고 있었던 것이다. 그중에는 오랜 시간이 지나 기록도 없이 건물만 존재하는 경우가 많다.

근대건축물은 현대 건물과는 다른 건축양식과 특성을 지니고 있어 단순 정보의 수집으로는 건물의 현황을 제대로 관리하기가 어렵다. 그렇다면 보전 가치를 높이기 위해서는 어떤 대책이 필요할까? 먼저 일반인이 개별 소유하고 있는 건축물의 현황정보를 통합하여 관리하기 위해서는 중립적이고 객관적인 공공의 참여와 지속적인 지원이 전제되어야 한다. 특히, 근대건축물은 현행 건축·도시 관련 법률 등과 관련되어 다양한 민원과 행정업무가 수반되므로, 법률 위반과 재정 지원 여부 등을 판단하는 데 있어 객관성과 중립성이 요구된다. 또한 근대건축물 관리는 도시재생, 문화관광 등의 분야에서 개별 사업으로 추진될 가능성이 높아 일원화된 관리기준도 필요하다. 만약 그렇지 못하면 사업이 일회성으로 전개될 우려가 크기 때문이다. 근대건축물이 그 정체성을 유지하고 가치를 증진하기 위해서 공공이 주축이 된 체계화·선진화된 관리방법론이 요구되는 이유이다.

① 근대건축물의 정의와 종류
② 근대건축물을 공공에 의해 체계적으로 관리해야 하는 이유
③ 근대건축물의 가치와 중요성
④ 현대 시민에게 요구되는 근대건축물에 대한 태도

04 다음 기사의 제목으로 적절하지 않은 것은?

> 대·중소기업 간 동반성장을 위한 '상생'이 산업계의 화두로 조명 받고 있다. 4차 산업혁명 시대 도래 등 글로벌 시장에서의 경쟁이 날로 치열해지는 상황에서 대기업과 중소기업이 힘을 합쳐야 살아남을 수 있다는 위기감이 상생의 중요성을 부각하고 있다고 분석된다. 재계 관계자는 "그동안 반도체, 자동차 등 제조업에서 세계적인 경쟁력을 갖출 수 있었던 배경에는 대기업과 협력업체 간 상생의 역할이 컸다."라며 "고속 성장기를 지나 지속 가능한 구조로 한 단계 더 도약하기 위해 상생경영이 중요하다."라고 강조했다.
>
> 우리 기업들은 협력사의 경쟁력 향상이 곧 기업의 성장으로 이어질 것으로 보고 2·3차 중소 협력업체들과의 상생경영에 힘쓰고 있다. 단순히 갑을 관계에서 대기업을 서포트 해야 하는 존재가 아니라 상호 발전을 위한 동반자라는 인식이 자리 잡고 있다는 분석이다. 이에 따라 협력사들에 대한 지원도 거래대금 현금 지급 등 1차원적인 지원 방식에서 벗어나 경영 노하우 전수, 기술 이전 등을 통한 '상생 생태계' 구축에 도움을 주는 방향으로 초점이 맞춰지는 추세다.
>
> 특히 최근에는 상생 협력이 대기업이 중소기업에 주는 일시적인 시혜 차원의 문제가 아니라 경쟁에서 살아남기 위한 생존 문제와 직결된다는 인식이 강하다. 협약을 통해 협력업체를 지원해 준 대기업이 업체의 기술력 향상으로 더 큰 이득으로 보상받고 이를 통해 우리 산업의 경쟁력이 강화된다는 것이다.
>
> 경제 전문가는 "대·중소기업 간의 상생 협력이 강제 수단이 아니라 문화적으로 자리 잡아야 할 시기"라며 "대기업, 특히 오너 중심의 대기업들도 단기적인 수익이 아닌 장기적인 시각에서 질적 평가를 통해 협력업체의 경쟁력을 키울 방안을 고민해야 한다."라고 강조했다.
>
> 이와 관련해 국내 주요 기업들은 대기업보다 연구개발(R&D) 인력과 관련 노하우가 부족한 협력사들을 위해 각종 노하우를 전수하는 프로그램을 운영 중이다. S전자는 협력사들에 기술 노하우를 전수하기 위해 경영관리 제조 개발 품질 등 해당 전문 분야에서 20년 이상 노하우를 가진 S전자 임원과 부장급 100여 명으로 '상생컨설팅팀'을 구성했다. 지난해부터는 해외에 진출한 국내 협력사에도 노하우를 전수하고 있다.

① 지속 가능한 구조를 위한 상생 협력의 중요성
② 상생경영, 함께 가야 멀리 간다.
③ 대기업과 중소기업, 상호 발전을 위한 동반자로
④ 시혜적 차원에서의 대기업 지원의 중요성

| 유형분석 |

- 각 문단의 내용을 파악하고 논리적 순서에 맞게 배열하는 복합적인 문제이다.
- 전체적인 글의 흐름을 이해하는 것이 중요하며, 각 문장의 지시어나 접속어에 주의한다.

다음 문단을 논리적 순서대로 바르게 나열한 것은?

(가) 오류가 발견된 교과서들은 편향적 내용을 검증 없이 인용하거나 부실한 통계를 일반화하는 등의 문제점을 보였다. 대표적으로 교과서 대부분이 대도시의 온도 상승 평균값만을 보고 한반도의 기온 상승이 세계 평균보다 2배 높다고 과장한 것으로 나타났다.

(나) 환경 관련 교과서 대부분이 표면적으로 드러나는 사실을 검증하지 않고 그대로 싣는 문제점을 보였다. 고등학생들이 보는 교과서인 만큼 객관적 사실에 기반을 둬 균형 있는 내용을 실어야 한다.

(다) 고등학교 환경 관련 교과서 대부분이 특정 주장을 검증 없이 게재하는 등 많은 오류가 존재한다는 보수 환경・시민단체의 지적이 제기됐다. 환경정보평가원이 고등학교 환경 관련 교과서 23종을 분석한 결과 총 1,175개의 오류가 발견됐다.

(라) 또한 우리나라 전력 생산의 상당 부분을 차지하는 원자력 발전의 경우 단점만을 자세히 기술하고 경제성과 효율성이 낮은 신재생 에너지는 장점만 언급한 교과서도 있었다.

① (가) – (라) – (나) – (다)

② (나) – (가) – (라) – (다)

③ (나) – (다) – (가) – (라)

④ (다) – (가) – (라) – (나)

정답 ④

제시문은 교과서에서 많은 오류가 발견된 사실을 제시하고 오류의 유형과 예시를 차례로 언급하며 문제 해결에 대한 요구를 제시하고 있는 글이다. 따라서 (다) 교과서에서 많은 오류가 발견됨 – (가) 교과서에서 나타나는 오류의 유형과 예시 – (라) 편향된 내용을 담은 교과서의 또 다른 예시 – (나) 교과서의 문제 지적과 해결 촉구 순으로 나열해야 한다.

풀이 전략!

상대적으로 시간이 부족하다고 느낄 때는 선택지를 참고하여 문장의 순서를 생각해 본다.

PART 1

※ 다음 문단을 논리적 순서대로 바르게 나열한 것을 고르시오. [1~2]

01

> (가) 또 그는 현대 건축 이론 중 하나인 '도미노 이론'을 만들었는데, 도미노란 집을 뜻하는 라틴어 '도무스(Domus)'와 혁신을 뜻하는 '이노베이션(Innovation)'을 결합한 단어다.
>
> (나) 그는 이 이론의 원칙을 통해 인간이 효율적으로 살 수 있는 집을 꾸준히 연구해왔으며, 그가 제안한 건축방식 중 필로티와 옥상정원 등이 최근 우리나라 주택에 많이 쓰이고 있다.
>
> (다) 최소한의 철근콘크리트 기둥들이 모서리를 지지하고 평면의 한쪽에서 각 층으로 갈 수 있게 계단을 만든 개방적 구조가 이 이론의 핵심이다. 건물을 돌이나 벽돌을 쌓아 올리는 조적식 공법으로만 지었던 당시에 이와 같은 구조는 많은 이들에게 적지 않은 충격을 주었다.
>
> (라) 스위스 출신의 프랑스 건축가 르 코르뷔지에(Le Corbusier)는 근대주택의 기본형을 추구했다는 점에서 현대 건축의 거장으로 불린다. 그는 현대 건축에서의 집의 개념을 '거주 공간'에서 '더 많은 사람이 효율적으로 살 수 있는 공간'으로 바꿨다.

① (다) – (나) – (가) – (라)　　　　② (다) – (라) – (가) – (나)

③ (라) – (가) – (다) – (나)　　　　④ (라) – (나) – (다) – (가)

02

> (가) 그런데 음악이 대량으로 복제되는 현상에 대한 비판적인 시각도 생겨났다. 대량 생산된 복제품은 예술 작품의 유일무이(唯一無二)한 가치를 상실케 하고 예술적 전통을 훼손한다는 것이다.
>
> (나) MP3로 대표되는 복제 기술이 어떻게 발전할 것이며 그에 따라 음악은 어떤 변화를 겪을지, 우리가 누릴 수 있는 새로운 전통이 우리 삶을 어떻게 변화시킬지 생각해 보는 것은 매우 흥미로운 일이다.
>
> (다) 근래에는 음악을 컴퓨터 파일의 형태로 바꾸는 기술이 개발되어 작품을 나누고 섞고 변화시키는 것이 훨씬 자유로워졌다. 이에 따라 낯선 곡은 반복을 통해 친숙한 음악으로, 친숙한 곡은 디지털 조작을 통해 낯선 음악으로 변모시킬 수 있게 되었다.
>
> (라) 그러나 복제품은 자신이 생겨난 환경에 매여 있지 않기 때문에, 새로운 환경에서 새로운 예술적 전통을 만들어 낸다. 최근 음악 환경은 IT 기술의 발달과 보급에 따라 매우 빠르게 변화하고 있다.

① (나) – (가) – (라) – (다)　　　　② (다) – (가) – (라) – (나)

③ (다) – (라) – (가) – (나)　　　　④ (라) – (가) – (나) – (다)

| 유형분석 |

- 주어진 지문을 바탕으로 도출할 수 있는 내용을 찾는 문제이다.
- 선택지의 내용을 정확하게 확인하고 지문의 정보와 비교하여 추론하는 능력이 필요하다.

다음 글을 통해 추론할 수 없는 것은?

제약 연구원이란 제약 회사에서 약을 만드는 과정에 참여하는 사람을 말한다. 제약 연구원은 이러한 모든 단계에 참여하지만, 특히 신약 개발 단계와 임상 시험 단계에서 가장 중점적인 역할을 한다. 일반적으로 약을 만드는 과정은 새로운 약품을 개발하는 신약 개발 단계, 임상 시험을 통해 개발된 신약의 약효를 확인하는 임상 시험 단계, 식약처에 신약이 판매될 수 있도록 허가를 요청하는 약품 허가 요청 단계, 마지막으로 의료진과 환자를 대상으로 신약에 대해 홍보하는 영업 및 마케팅의 단계로 나눈다.

제약 연구원이 되기 위해서는 일반적으로 약학을 전공해야 한다고 생각하기 쉽지만, 약학 전공자 이외에도 생명 공학, 화학 공학, 유전 공학 전공자들이 제약 연구원으로 활발하게 참여하고 있다. 만일 신약 개발의 전문가가 되고 싶다면 해당 분야에서 오랫동안 연구한 경험이 필요하기 때문에 대학원에서 석사나 박사 학위를 취득하는 것이 유리하다.

제약 연구원이 되기 위해서는 전문적인 지식도 중요하지만, 사람의 생명과 관련된 일인 만큼, 무엇보다도 꼼꼼함과 신중함, 책임 의식이 필요하다. 또한 제약 회사라는 공동체 안에서 일을 하는 것이므로 원만한 일의 진행을 위해서 의사소통 능력도 필수적으로 요구된다. 오늘날 제약 분야가 빠르게 성장하고 있다는 점을 고려할 때, 일에 대한 도전 의식, 호기심과 탐구심 등도 제약 연구원에게 필요한 능력으로 꼽을 수 있다.

① 제약 연구원은 약품 허가 요청 단계에 참여한다.
② 오늘날 제약 연구원에게 요구되는 능력이 많아졌다.
③ 생명이나 유전 공학 전공자도 제약 연구원으로 일할 수 있다.
④ 신약 개발 전문가가 되려면 반드시 석사나 박사를 취득해야 한다.

정답 ④

제시문에 따르면 신약 개발의 전문가가 되기 위해서는 해당 분야에서 오랫동안 연구한 경험이 필요하므로 석사나 박사 학위를 취득하는 것이 유리하다고 하였다. 그러나 석사나 박사 학위가 신약 개발 전문가가 되는 데 도움을 준다는 것일 뿐이므로 반드시 필요한 필수 조건인지는 알 수 없다. 따라서 ④는 제시문을 통해 추론할 수 없다.

풀이 전략!

주어진 지문이 어떠한 내용을 다루고 있는지 파악한 후 선택지의 키워드를 확실하게 체크하고, 지문의 정보에서 도출할 수 있는 내용을 찾는다.

PART 1

01 다음 글을 읽고 추론할 수 있는 내용으로 적절한 것을 〈보기〉에서 모두 고르면?

우리는 사람의 인상에 대해서 "선하게 생겼다." 또는 "독하게 생겼다."라는 판단을 할 뿐만 아니라 사람의 인상을 중요시한다. 오래전부터 사람의 얼굴을 보고 그 사람의 길흉을 판단하는 관상의 원리가 있었다. 관상의 원리를 어떻게 받아들여야 할까?

관상의 원리가 받아들일 만하다면, 얼굴이 검붉은 사람은 육체적 고생을 하기 마련이다. 그런데 우리는 주위에서 얼굴이 검붉지만 육체적 고생을 하지 않고 편하게 살아가는 사람을 얼마든지 볼 수 있다. 관상의 원리가 받아들일 만하다면, 우리가 사람의 얼굴에 대해서 갖는 인상이란 한낱 선입견에 불과한 것이 아니다. 사람의 인상이 평생에 걸쳐 고정되어 있다고 할 수 있는 경우에만 관상의 원리는 받아들일 만하다. 또한 관상의 원리가 받아들일 만하지 않다면, 관상의 원리에 대한 과학적 근거를 찾으려는 노력은 헛된 것이다. 실제로 많은 사람들이 관상의 원리가 과학적 근거를 가질 것이라고 기대한다. 그런데 우리는 자주 관상가의 판단이 받아들일 만하다고 느끼고, 그런 느낌 때문에 관상의 원리가 과학적 근거를 가질 것이라고 기대하는 것이다. 관상의 원리가 실제로 과학적 근거를 갖는지의 여부는 논외로 하더라도, 관상의 원리에 대하여 과학적 근거가 있을 것이라고 기대하는 사람은 관상의 원리에 의존하는 것이 우리의 삶에 위안을 주는 필요조건 중의 하나라고 믿는다.

보기

ㄱ. 관상의 원리는 받아들일 만한 것이 아니다.
ㄴ. 우리가 사람의 얼굴에 대해서 갖는 인상이란 선입견에 불과하다.
ㄷ. 관상의 원리에 대한 과학적 근거를 찾으려는 노력은 헛된 것이다.

① ㄱ   ② ㄱ, ㄴ

③ ㄱ, ㄷ   ④ ㄴ, ㄷ

02 다음 글의 밑줄 친 시기에 대한 설명으로 가장 적절한 것은?

하나의 패러다임 형성은 애초에 불완전하지만 이후 연구의 방향을 제시하고 소수 특정 부분의 성공적인 결과를 약속할 수 있을 뿐이다. 그러나 패러다임의 정착은 연구의 정밀화, 집중화 등을 통하여 자기 지식을 확장해 가며 차츰 폭넓은 이론 체계를 구축한다.

이처럼 과학자들이 패러다임을 기반으로 하여 연구를 진척시키는 것을 쿤은 '정상 과학'이라고 부른다. 기초적인 전제가 확립되었으므로 과학자들은 이 시기에 상당히 심오한 문제의 작은 영역들에 집중함으로써, 그렇지 않았더라면 상상조차 못했을 자연의 어느 부분을 깊이 있게 탐구하게 된다. 그에 따라 각종 실험 장치들도 정밀해지고 다양해지며, 문제를 해결해 가는 특정 기법과 규칙들이 만들어진다.

연구는 이제 혼란으로서의 다양성이 아니라, 이론과 자연 현상을 일치시켜 가는 지식의 확장으로서의 다양성을 이루게 된다.

그러나 정상 과학은 완성된 과학이 아니다. 과학적 사고방식과 관습, 기법 등이 하나의 기반으로 통일되어 있다는 것일 뿐 해결해야 할 과제는 무수하다. 패러다임이란 과학자들 사이의 세계관 통일이지 세계에 대한 해석의 끝은 아니다.

그렇다면 정상 과학의 시기에는 어떤 연구가 어떻게 이루어지는가? 정상 과학의 시기에는 이미 이론의 핵심 부분들은 정립되어 있다. 따라서 과학자들의 연구는 근본적인 새로움을 좇아가지는 않으며, 다만 연구의 세부 내용이 좀 더 깊어지거나 넓어질 뿐이다. 그렇다면 이러한 시기에 과학자들의 열정과 헌신성은 무엇으로 유지될 수 있을까? 연구가 고작 예측된 결과를 좇아갈 뿐이고, 예측된 결과가 나오지 않으면 실패라고 규정되는 상태에서 과학의 발전은 어떻게 이루어지는가?

쿤은 이 물음에 대하여 '수수께끼 풀이'라는 대답을 준비한다. 어떤 현상의 결과가 충분히 예측된다고 할지라도 정작 그 예측이 달성되는 세세한 과정은 대개 의문 속에 있기 마련이다. 자연 현상의 전 과정을 우리가 일목요연하게 알고 있는 것은 아니기 때문이다. 이론으로서의 예측 결과와 실제의 현상을 일치시키기 위해서는 여러 복합적인 기기적, 개념적, 수학적인 방법이 필요하다. 이것이 바로 수수께끼 풀이다.

① 패러다임을 기반으로 하여 연구를 진척하기 때문에 다양한 학설과 이론이 등장한다.
② 예측된 결과만을 좇을 수밖에 없기 때문에 과학자들의 열정과 헌신성은 낮아진다.
③ 기초적인 전제가 확립되었으므로 작은 범주의 영역에 대한 연구에 집중한다.
④ 과학자들 사이의 세계관이 통일된 시기이기 때문에 완성된 과학이라고 부를 수 있다.

03 다음 글을 읽고 추론한 내용으로 적절한 것을 〈보기〉에서 모두 고르면?

우리가 현재 가지고 있는 믿음들은 추가로 획득된 정보에 의해서 수정된다. 뺑소니 사고의 용의자로 갑, 을, 병이 지목되었고 이 중 단 한 명만 범인이라고 하자. 수사관 K는 운전 습관, 범죄 이력 등을 근거로 각 용의자가 범인일 확률을 추측하여, '갑이 범인'이라는 것을 0.3, '을이 범인'이라는 것을 0.45, '병이 범인'이라는 것을 0.25만큼 믿게 되었다고 하자. 얼마 후 병의 알리바이가 확보되어 병은 용의자에서 제외되었다.

그렇다면 K의 믿음의 정도는 어떻게 수정되어야 할까? 믿음의 정도를 수정하는 두 가지 방법이 있다. 방법 A는 0.25를 다른 두 믿음에 동일하게 나누어 주는 것이다. 따라서 병의 알리바이가 확보된 이후 '갑이 범인'이라는 것과 '을이 범인'이라는 것에 대한 K의 믿음의 정도는 각각 0.425와 0.575가 된다. 방법 B는 기존 믿음의 정도에 비례해서 분배하는 것이다. '을이 범인'이라는 것에 대한 기존 믿음의 정도 0.45는 '갑이 범인'이라는 것에 대한 기존 믿음의 정도 0.3의 1.5배이다. 따라서 믿음의 정도 0.25도 이 비율에 따라 나누어주어야 한다. 즉, 방법 B는 '갑이 범인'이라는 것에는 0.1을, '을이 범인'이라는 것에는 0.15를 추가하는 것이다. 방법 B에 따르면 병의 알리바이가 확보된 이후 '갑이 범인'이라는 것과 '을이 범인'이라는 것에 대한 K의 믿음의 정도는 각각 0.4와 0.6이 된다.

보기

㉠ 만약 기존 믿음의 정도들이 위 사례와 달랐다면, 병이 용의자에서 제외된 뒤 '갑이 범인'과 '을이 범인'에 대한 믿음의 정도의 합은, 방법 A와 방법 B 중 무엇을 이용하는지에 따라 다를 수 있다.

㉡ 만약 기존 믿음의 정도들이 위 사례와 달랐다면, 병이 용의자에서 제외된 뒤 '갑이 범인'과 '을이 범인'에 대한 믿음의 정도의 차이는 방법 A를 이용한 결과가 방법 B를 이용한 결과보다 클 수 있다.

㉢ 만약 '갑이 범인'에 대한 기존 믿음의 정도와 '을이 범인'에 대한 기존 믿음의 정도가 같았다면, '병이 범인'에 대한 기존 믿음의 정도에 상관없이 병이 용의자에서 제외된 뒤 방법 A를 이용한 결과와 방법 B를 이용한 결과는 서로 같다.

① ㉡

② ㉢

③ ㉠, ㉡

④ ㉡, ㉢

05 빈칸 삽입

| 유형분석 |

- 주어진 지문을 바탕으로 빈칸에 들어갈 내용을 찾는 문제이다.
- 선택지의 내용을 정확하게 확인하고 빈칸 앞뒤 문맥을 파악하는 능력이 필요하다.

다음 글의 빈칸에 들어갈 내용으로 가장 적절한 것은?

무엇보다도 전통은 문화적 개념이다. 문화는 복합 생성을 그 본질로 한다. 그 복합은 질적으로 유사한 것끼리는 짧은 시간에 무리 없이 융합되지만, 이질적일수록 그 혼융의 역사적 기간과 길항이 오래 걸리는 것은 사실이다. 그러나 전통이 그 주류에 있어서 이질적인 것은 교체가 더디다 해서 전통을 단절된 것으로 볼 수는 없는 것이다. 오늘은 이미 하나의 문화적 전통을 이룬 서구의 전통도, 희랍·로마 이래 장구한 역사로써 헬레니즘과 히브리즘의 이질적 전통이 융합된 것임은 이미 다 아는 상식 아닌가.

지금은 끊어졌다는 우리의 고대 이래의 전통도 알고 보면 샤머니즘에, 선교에, 불교에, 도교에, 유교에 실학파를 통해 받아들인 천주교적 전통까지 혼합된 것이고, 그것들 사이에는 유사한 것도 있었지만 상당히 이질적인 것이 교차하여 겯고 튼 끝에 이루어진 전통이요, 그것은 어느 것이나 '우리화'시켜 받아들임으로써 우리의 전통이 되었던 것이다. 이런 의미에서 보자면 오늘날 일시적 전통의 혼미를 전통의 단절로 속단하고 이를 전통 부정의 논거로 삼는 것은 허망된 논리이다.

_____ 그러므로 전통의 혼미란 곧 주체 의식의 혼미란 뜻에 지나지 않는다. 전통 탐구의 현대적 의의는 바로 문화의 기본적 주체 의식의 각성과 시대적 가치관의 검토, 이 양자의 관계에 대한 탐구의 요구에 다름 아니다.

① 끊어지고 바뀌고 붙고 녹는 것을 계속하면서 그것을 일관하는 것이 전통이란 것이다.
② 전통은 물론 과거로부터 이어 온 것을 말한다.
③ 전통은 대체로 그 사회 및 그 사회의 구성원인 개인의 몸에 배어 있는 것이다.
④ 우리 민족 문화의 전통은 부단한 창조 활동 속에서 이어 온 것이다.

정답 ①
제시문에서는 '전통'의 의미를 '상당히 이질적인 것이 교차하여 겯고 튼 끝에 이루어진 것', '어느 것이나 우리화시켜 받아들인 것'으로 규정하면서, 빈칸 뒤 문장에서는 '그러므로 전통의 혼미란 곧 주체 의식의 혼미란 뜻에 지나지 않는다.'라는 주장을 펴고 있다. 따라서 빈칸에는 여러 상황 속에서 일관하는 전통이 이루어진다는 내용이 들어가야 하므로 ①이 가장 적절하다.

풀이 전략!

빈칸 앞뒤의 문맥을 파악한 후 선택지에서 가장 어울리는 내용을 찾는다. 빈칸 앞이나 뒤에 접속사가 있다면 이를 적극 활용한다.

01 다음 글의 빈칸에 들어갈 문장을 〈보기〉에서 찾아 순서대로 바르게 나열한 것은?

A대학 연구팀은 스마트폰의 청색광(Blue Light)이 망막 세포를 파괴할 수 있다는 연구 결과를 발표했다. 청색광은 어떻게 발생하며, 사람에게 얼마나 해로울까? 스마트폰의 청색광이 일으키는 피해를 줄이려면 어떻게 해야 할까?

스마트폰의 화면은 백라이트(Back Light)에서 나온 빛이 컬러 필터를 통과하면서 색상을 표현하는 구조로 되어 있다. 백라이트에서 지속적으로 빛을 내보내면서 원하지 않는 색을 내는 부분은 액정이 막아 다양한 색상을 구현하게 된다. 백색의 빛을 비추는 백라이트는 전류를 흘려주면 발광하는 반도체 소자의 일종인 엘이디(LED)를 사용한다. ＿＿＿＿＿＿＿＿＿＿＿＿＿＿ 스마트폰의 백라이트는 백색을 내기 위해 청색 엘이디에 노란색 형광 물질을 씌워 만들기 때문에 필연적으로 청색광이 발생한다.

이러한 청색광은 가시광선 중에서도 자외선에 가까운 빛으로, 파장이 짧고 강한 에너지를 가진다. ＿＿＿＿＿＿＿＿＿＿＿＿＿＿ 연구팀의 연구 결과에 따르면 눈이 청색광에 직접적으로 노출되었을 때 다른 빛에 비해 망막 세포가 손상되는 정도가 심하게 나타난다고 한다. 특히 어두운 곳에서 스마트폰을 사용하면 청색광에 의한 시력 저하 현상이 심해져서 눈 건강에 해롭다고 한다.

현대인은 스마트폰을 일상적으로 사용할 수밖에 없는 환경에서 살고 있기 때문에 스마트폰으로부터 자유로워지기 어렵다. ＿＿＿＿＿＿＿＿＿＿＿＿＿＿ 대부분의 스마트폰에는 청색광을 줄여 화면을 노랗게 바꿔주는 청색광 감소 기능이 있어 화면을 변경할 수 있다. 이 기능을 사용하면 스마트폰의 청색광이 어느 정도 줄어든다.

보기

㉠ 엘이디는 적색, 녹색, 청색 등의 색깔을 만들 수 있지만, 태양광처럼 직접 백색을 낼 수는 없다.

㉡ 하지만 스마트폰의 화면을 따뜻한 계열의 색상으로 조절하는 것만으로도 눈의 부담을 덜어줄 수 있다.

㉢ 이 때문에 눈에 있는 세포를 강하게 자극하여 눈의 피로감을 크게 유발한다.

---

① ㉠, ㉡, ㉢   ② ㉠, ㉢, ㉡

③ ㉡, ㉠, ㉢   ④ ㉡, ㉢, ㉠

※ 다음 글의 빈칸에 들어갈 내용으로 가장 적절한 것을 고르시오. [2~3]

02

글은 회사에서 쓰는 보고서, 제안서, 품의서, 기획안, 발표문, 홍보문과 학창시절 써야 하는 자기소개서, 과제 리포트, 그리고 서평, 기행문 등 종류가 많다.

글을 쓸 때는 독자가 무엇을 기대하는지 파악하는 것이 가장 중요하다. 따라서 글에서 무엇을 알고 싶어 하는지, 무엇을 줘야 독자가 만족할 것인지를 파악하는 것이 중요하다. "독자가 무엇을 원하는지 안다는 것은 글을 어떻게 써야 하는지 아는 것이다." 그러나 대부분 이를 소홀히 한다. 글에 있어서 무게중심은 읽는 사람이 아니라, 쓰는 사람에게 있다. '내가 많이 알고 있는 것처럼 보여야겠다. 내가 글을 잘 쓰는 것처럼 보여야겠다.' 라는 생각이 앞설수록 중언부언하게 되고, 불필요한 수식어와 수사법을 남발한다. 이때 독자는 헷갈리고 화가 나게 된다.

독자에게 필요한 것은 글이 자신에게 전하고자 하는 내용이 무엇인가 하는 것이다. 그리고 그 전하고자 하는 내용이 자신에게 어떤 도움을 주는가 하는 것이다. 모르던 것을 알게 해주는지, 새로운 관점과 해석을 제공해주는지, 통찰을 주는지, 감동을 주는지, 하다못해 웃음을 주는지 하는 것이다. 예를 들어 자기소개서를 읽었는데, 그 사람이 어떤 사람인지 확연히 그려지면 합격이다. 제안서를 읽고 제안한 내용에 대해 확신이 들면 성공이다.

그렇다면 글은 어떻게 써야 할까? 방법은 간단하다. 먼저 구어체로 쓰는 것이다. 그래야 읽는 사람이 말을 듣듯이 편하게 읽는다. 눈으로 읽는 것 같지만 독자는 스스로 소리 내 귀로 듣는다. 구어체로 쓰기 위해서는 누군가를 만나 먼저 말해보는 것이 중요하다. "내가 무슨 글을 써야 하는데, 주로 이런 내용이야." 이렇게 말하다 쓸거리가 정리될 뿐만 아니라 없던 생각도 새롭게 생겨난다. 그리고 말할 때 느낌이 글에서 살아난다.

글을 쓸 때도 독자를 앞에 앉혀놓고 써야 한다. 독자는 구체적으로 한 사람 정해놓고 쓰는 게 좋다. 연애편지 쓰는 것처럼. 그러면 그 사람의 목소리를 들으며 쓸 수 있다. '아, 됐고 결론이 뭐야?' 또는 '다짜고짜 무슨 말이야, 좀 쉽게 설명해봐.' 뭐 이런 소리 말이다. _____ 대상이 막연하지 않기 때문에 읽는 사람이 공감할 확률이 높아진다. 나를 위해 무언가를 전해주려고 노력한다는 것을 느끼면서 고마워한다. 말을 심하게 더듬는 사람이 내게 무엇인가를 전해주려고 노력하는 모습을 상상해보라. 그런 진심이 전해지면 된다. 글을 유려하게 잘 쓰고 박식한 것보다 더 독자의 심금을 울린다. 글에도 표정과 느낌이 있다. 독자를 위하는 마음으로 쓰면 그 마음이 전해진다.

① 무엇이 틀렸는지 알고 잘 고쳐 쓰면 된다.

② 독자를 정해놓고 쓰면 진정성이 살아난다.

③ 독자에게 주는 것이 없으면 백전백패다.

④ 글을 일정한 시간, 장소에서 습관적으로 쓰라.

03

탁월함은 어떻게 습득되는가, 그것을 가르칠 수 있는가? 이 물음에 대하여 아리스토텔레스는 지성의 탁월함은 가르칠 수 있지만, 성품의 탁월함은 비이성적인 것이어서 가르칠 수 없고, 훈련을 통해서 얻을 수 있다고 대답한다.

그는 좋은 성품을 얻는 것을 기술을 습득하는 것에 비유한다. 그에 따르면, 리라(Lyra)를 켬으로써 리라를 켜는 법을 배우며 말을 탐으로써 말을 타는 법을 배운다. 어떤 기술을 얻고자 할 때 처음에는 교사의 지시대로 행동한다. 그리고 반복 연습을 통하여 그 행동이 점점 더 하기 쉽게 되고 마침내 제2의 천성이 된다. 이와 마찬가지로 어린아이는 어떤 상황에서 어떻게 행동해야 진실되고 관대하며 예의를 차리게 되는지 일일이 배워야 한다. 훈련과 반복을 통하여 그런 행위들을 연마하다 보면 그것들을 점점 더 쉽게 하게 되고, 결국에는 스스로 판단할 수 있게 된다.

그는 올바른 훈련이란 강제가 아니고 그 자체가 즐거움이 되어야 한다고 지적한다. 또한 그렇게 훈련받은 사람은 일을 바르게 처리하는 것을 즐기게 되고, 일을 바르게 처리하고 싶어하게 되며, 올바른 일을 하는 것을 어려워하지 않게 된다. 이처럼 성품의 탁월함이란 사람들이 '하는 것'만이 아니라 사람들이 '하고 싶어 하는 것'과도 관련된다. 그리고 한두 번 관대한 행동을 한 것으로 충분하지 않으며, 늘 관대한 행동을 하고 그런 행동에 감정적으로 끌리는 성향을 갖고 있어야 비로소 관대함에 대하여 성품의 탁월함을 갖고 있다고 할 수 있다.

다음과 같은 예를 통해 아리스토텔레스의 견해를 생각해 보자. 갑돌이는 성품이 곧고 자신감이 충만하다. 그가 한 모임에 참석하였는데, 거기서 다수의 사람들이 옳지 않은 행동을 한다고 생각했을 때, 그는 다수의 행동에 대하여 비판의 목소리를 낼 것이며 그렇게 하는 데 별 어려움을 느끼지 않을 것이다. 한편, 수줍어하고 우유부단한 병식이도 한 모임에 참석하였는데, 그 역시 다수의 행동이 잘못되었다는 판단을 했다고 하자. 이런 경우에 병식이는 일어나서 다수의 행동이 잘못되었다고 말할 수 있겠지만, 그렇게 하려면 엄청난 의지를 발휘해야 할 것이고 자신과 힘든 싸움도 해야 할 것이다. 그런데도 병식이가 그렇게 행동했다면 우리는 병식이가 용기 있게 행동하였다고 칭찬할 것이다. 그러나 아리스토텔레스의 입장에서 성품의 탁월함을 가진 사람은 갑돌이다. 왜냐하면 _____ 우리가 어떠한 사람을 존경할 것인가가 아니라, 우리 아이를 어떤 사람으로 키우고 싶은가라는 질문을 받는다면 우리는 아리스토텔레스의 견해에 가까워질 것이다. 왜냐하면 우리는 우리 아이들을 갑돌이와 같은 사람으로 키우고 싶어 할 것이기 때문이다.

① 그는 옳은 일을 하는 천성을 타고났기 때문이다.
② 그는 내적인 갈등 없이 옳은 일을 하기 때문이다.
③ 그는 주체적 판단에 따라 옳은 일을 하기 때문이다.
④ 그는 자신이 옳다는 확신을 가지고 옳은 일을 하기 때문이다.

| 유형분석 |

- 맞춤법에 맞는 단어를 찾거나 주어진 지문의 내용에 어울리는 단어를 찾는 문제가 주로 출제된다.
- 단어 사이의 관계에 대한 문제가 출제되므로 뜻이 비슷하거나 반대되는 단어를 함께 학습하는 것이 좋다.
- 자주 출제되는 단어나 헷갈리는 단어에 대한 학습을 꾸준히 하는 것이 좋다.

다음 중 밑줄 친 단어와 바꿔 사용할 수 있는 것은?

최저임금법 시행령 제5조 제1항 제2호 및 제3호는 주 단위 또는 월 단위로 지급된 임금에 대해 1주 또는 월의 소정근로시간 수로 나눈 금액을 시간에 대한 임금으로 규정하고 있다. 그러나 최저임금 산정을 위한 소정근로시간 수에 대해 고용노동부와 대법원의 해석이 <u>어긋나</u> 눈길을 끈다. 고용노동부는 소정근로시간에 유급주휴시간을 포함하여 계산하여 통상임금 산정기준 근로시간 수와 동일하게 본 반면, 대법원은 최저임금 산정을 위한 소정근로시간 수에 유급주휴시간을 제외하고 산정하였다.

① 배치되어
② 도치되어
③ 대두되어
④ 전도되어

정답 ①

- 어긋나다 : 방향이 비껴서 서로 만나지 못하다.
- 배치하다 : 서로 반대로 되어 어그러지거나 어긋나다.

오답분석

② 도치하다 : 차례나 위치 따위를 서로 뒤바꾸다.
③ 대두하다 : 어떤 세력이나 현상이 새롭게 나타나다.
④ 전도하다 : 거꾸로 되거나 거꾸로 하다.

풀이 전략!

문제에서 물어보는 단어를 정확히 확인해야 하고, 문제에서 다루고 있는 단어의 앞뒤 내용을 읽고 글의 전체적 흐름을 생각하며 문제에 접근해야 한다.

01 다음 글의 빈칸에 들어갈 접속어로 적절하지 않은 것은?

> 3,900원으로 냉면을 즐길 수 있는 집이 화제가 되었다. _____ 이곳은 수제 메밀면으로 유명하다. 이곳은 냉면집에서 흔히 볼 수 있는 가위가 없다. _____ 메밀면은 일반면보다 덜 쫄깃하기 때문에 구태여 자를 필요가 없기 때문이다. _____ 어떻게 이 가격이 가능할까? 이에 대해 알아본 결과, 인근 농가에서 선도매 방식으로 메밀을 구입하기 때문에 제작 단가를 낮출 수 있었다고 한다. 그러나 사시사철 3,900원 냉면을 맛볼 수는 없다. 여름 메밀의 수확 기간인 7 ~ 8월에만 맛볼 수 있으니 방문을 서두르자.

① 특히
② 또한
③ 그런데
④ 왜냐하면

02 다음 중 밑줄 친 단어의 맞춤법이 옳지 않은 것은?

① 우리는 첨단산업을 <u>개발하고</u> 육성해야 한다.
② 기술자가 없어서 고가의 장비를 <u>썩이고</u> 있다.
③ 생선 장수들이 좌판을 <u>벌이고</u> 손님을 맞아들였다.
④ 메모지를 벽에 덕지덕지 <u>붙여</u> 놓아 지저분해 보인다.

03 다음 중 밑줄 친 단어의 유의어로 가장 적절한 것은?

> 그러던 어느 날 저녁때였다. 영신의 신변을 노상 주목하고 다니던 순사가 나와서, 다짜고짜 "주임이 당신을 보자는데, 내일 아침까지 주재소로 출두를 하시오"하고 한 마디를 이르고는 말대답을 들을 <u>사이</u>도 없이 자전거를 되짚어 타고 가 버렸다. '무슨 일로 호출을 할까? 강습소 기부금을 오백 원까지 모금해도 좋다고 허가를 해 주지 않았는가?'

① 그는 친구들 <u>사이</u>에 인기가 많아.
② 영주와 세영이 <u>사이</u>가 좋다고?
③ 서연아, 하루 <u>사이</u>에 많이 여위었구나!
④ 나는 너무 바빠서 잠시 앉아 쉴 <u>사이</u>도 없다.

수리능력

합격 Cheat Key

수리능력은 사칙 연산·통계·확률의 의미를 정확하게 이해하고 이를 업무에 적용하는 능력으로, 기초 연산과 기초 통계, 도표 분석 및 작성의 문제 유형으로 출제된다. 수리능력 역시 채택하지 않는 공사·공단이 거의 없을 만큼 필기시험에서 중요도가 높은 영역이다.

특히, 난이도가 높은 공사·공단의 시험에서는 도표 분석, 즉 자료 해석 유형의 문제가 많이 출제되고 있고, 응용 수리 역시 꾸준히 출제하는 공사·공단이 많기 때문에 기초 연산과 기초 통계에 대한 공식의 암기와 자료 해석 능력을 기를 수 있는 꾸준한 연습이 필요하다.

1 응용 수리의 공식은 반드시 암기하라!

응용 수리는 공사·공단마다 출제되는 문제는 다르지만, 사용되는 공식은 비슷한 경우가 많으므로 자주 출제되는 공식을 반드시 암기하여야 한다. 문제에서 묻는 것을 정확하게 파악하여 그에 맞는 공식을 적절하게 적용하는 꾸준한 노력과 공식을 암기하는 연습이 필요하다.

2 자료의 해석은 자료에서 즉시 확인할 수 있는 지문부터 확인하라!

수리능력 중 도표 분석, 즉 자료 해석 능력은 많은 시간을 필요로 하는 문제가 출제되므로, 증가 · 감소 추이와 같이 눈으로 확인이 가능한 지문을 먼저 확인한 후 복잡한 계산이 필요한 지문을 확인하는 방법으로 문제를 풀이한다면 시간을 조금이라도 아낄 수 있다. 또한, 여러 가지 보기가 주어진 문제 역시 지문을 잘 확인하고 문제를 풀이한다면 불필요한 계산을 생략할 수 있으므로 항상 지문부터 확인하는 습관을 들여야 한다.

3 도표 작성에서 지문에 작성된 도표의 제목을 반드시 확인하라!

도표 작성은 하나의 자료 혹은 보고서와 같은 수치가 표현된 자료를 도표로 작성하는 형식으로 출제되는데, 대체로 표보다는 그래프를 작성하는 형태로 많이 출제된다. 지문을 살펴보면 각 지문에서 주어진 도표에도 소제목이 있는 경우가 대부분이다. 이때, 자료의 수치와 도표의 제목이 일치하지 않는 경우 함정이 존재하는 문제일 가능성이 높으므로 도표의 제목을 반드시 확인하는 것이 중요하다.

| 유형분석 |

- 문제에서 제공하는 정보를 파악한 뒤, 사칙연산을 활용하여 계산하는 전형적인 수리문제이다.
- 문제를 풀기 위한 정보가 산재되어 있는 경우가 많으므로 주어진 조건 등을 꼼꼼히 확인해야 한다.

대학 서적을 도서관에서 빌리면 10일간 무료이고, 그 이상은 하루에 100원의 연체료가 부과되며 한 달 단위로 연체료는 두 배로 늘어난다. 1학기 동안 대학 서적을 도서관에서 빌려 사용하는 데 얼마의 비용이 드는가?(단, 1학기의 기간은 15주이고, 한 달은 30일로 정한다)

① 18,000원
② 20,000원
③ 23,000원
④ 25,000원

정답 ④

- 1학기의 기간 : 15×7=105일
- 연체료가 부과되는 기간 : 105−10=95일
- 연체료가 부과되는 시점에서부터 한 달 동안의 연체료 : 30×100=3,000원
- 첫 번째 달부터 두 번째 달까지의 연체료 : 30×100×2=6,000원
- 두 번째 달부터 세 번째 달까지의 연체료 : 30×100×2×2=12,000원
- 95일(3개월 5일) 연체료 : 3,000+6,000+12,000+5×(100×2×2×2)=25,000원

따라서 1학기 동안 대학 서적을 도서관에서 빌려 사용한다면 25,000원의 비용이 든다.

풀이 전략!

문제에서 묻는 바를 정확하게 확인한 후, 필요한 조건 또는 정보를 구분하여 신속하게 풀어 나간다. 단, 계산에 착오가 생기지 않도록 유의한다.

01 농도가 8%인 소금물 200g에서 한 컵의 소금물을 퍼내고 퍼낸 양만큼 물을 부었다. 그리고 다시
농도가 2%인 소금물을 더 넣었더니 농도가 3%인 소금물 320g이 되었다고 할 때, 퍼낸 소금물의
양은?

① 100g   ② 110g
③ 120g   ④ 130g

02 수민이가 혼자 하면 8시간, 현정이가 혼자 하면 5시간 걸리는 일이 있다. 오후 6시부터 야근을
시작하여 수민이와 현정이가 함께 일하다가, 중간에 현정이가 퇴근하고 수민이 혼자 나머지 일을
끝낸 후 시계를 봤더니 오후 10시 48분이었다. 현정이가 퇴근한 시각은?

① 오후 7시   ② 오후 7시 30분
③ 오후 8시   ④ 오후 8시 30분

03 주사위를 두 번 던질 때, 두 눈의 합이 10 이상 나올 확률은?

① $\dfrac{1}{3}$ ② $\dfrac{1}{4}$

③ $\dfrac{1}{5}$ ④ $\dfrac{1}{6}$

04 철수는 다음과 같은 길을 따라 A에서 C까지 최단 거리로 이동하려고 한다. 최단 거리로 이동하는 동안 B를 거쳐서 이동하는 경우의 수는?

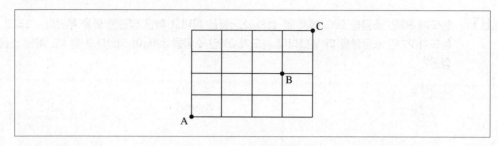

① 15가지

② 24가지

③ 28가지

④ 30가지

05 30명의 남학생 중에서 16명, 20명의 여학생 중에서 14명이 수학여행으로 국외를 선호하였다. 전체 50명의 학생 중 임의로 선택한 한 명이 국내 여행을 선호하는 학생일 때, 이 학생이 남학생일 확률은?

① $\dfrac{3}{5}$

② $\dfrac{7}{10}$

③ $\dfrac{4}{5}$

④ $\dfrac{9}{10}$

06 D식품업체에서 일하고 있는 용선이가 속한 부서는 약 1,200개 제품의 포장 작업을 해야 한다. 손으로 포장하면 하나에 3분이 걸리고 기계로 포장하면 2분이 걸리는데 기계를 이용하면 포장 100개마다 50분을 쉬어야 한다. 만약 휴식 없이 연속해서 작업을 한다고 할 때, 가장 빨리 작업을 마치는 데 시간이 얼마나 필요하겠는가?(단, 두 가지 작업은 병행할 수 있다)

① 24시간   ② 25시간

③ 26시간   ④ 27시간

07 D공사의 해외사업부, 온라인 영업부, 영업지원부에서 각각 2명, 2명, 3명이 대표로 회의에 참석하기로 하였다. 자리배치는 원탁 테이블에 같은 부서 사람이 옆자리에 앉는다고 할 때, 7명이 앉을 수 있는 경우의 수는?

① 48가지   ② 42가지

③ 36가지   ④ 30가지

08 D고등학교는 도서관에 컴퓨터를 설치하려고 한다. 컴퓨터 구매 가격을 알아보니, 한 대당 100만 원이고 4대 이상 구매 시 3대까지는 한 대당 100만 원, 4대 이상부터는 한 대당 80만 원에 판매가 되고 있었다. 컴퓨터 구매에 배정된 예산이 2,750만 원일 때, 최대 몇 대의 컴퓨터를 구매할 수 있는가?

① 33대   ② 34대

③ 35대   ④ 36대

| 유형분석 |

- 문제에 주어진 자료를 분석하여 각 선택지의 값을 계산해 정답 유무를 판단하는 문제이다.
- 주로 그래프와 표 제시되며, 경영·경제·산업 등과 관련된 최신 이슈를 많이 다룬다.
- 자료 간의 증감률·비율·추세 등을 자주 묻는다.

다음은 2024년도 A지역 고등학교 학년별 도서 선호 분야 비율에 대한 자료이다. 취업 관련 도서를 선호하는 3학년 학생 수 대비 철학·종교 도서를 선호하는 1학년 학생 수의 비율로 옳은 것은?(단, 소수점 첫째 자리에서 반올림한다)

〈A지역 고등학교 학년별 도서 선호 분야 비율〉

(단위 : 명, %)

학년	사례 수	장르 소설	문학	자기 계발	취업 관련	예술·문화	역사·지리	과학·기술	정치·사회	철학·종교	경제·경영	기타
소계	1,160	28.9	18.2	7.7	6.9	5.4	6.1	7.9	5.8	4.2	4.5	4.4
1학년	375	29.1	18.1	7	6.4	8.7	5.3	7.8	4.1	3	6.5	4
2학년	417	28.4	18.7	8.9	7.5	3.8	6.3	8.3	8.1	5	3.1	1.9
3학년	368	29.3	17.8	7.1	6.6	3.7	6.8	7.6	4.8	4.5	4.1	7.7

① 42%
② 46%
③ 54%
④ 58%

정답 ②

취업 관련 도서를 선호하는 3학년 학생 수는 $368 \times 0.066 ≒ 24$명이고, 철학·종교 도서를 선호하는 1학년 학생 수는 $375 \times 0.03 ≒$ 11명이다.

따라서 취업 관련 도서를 선호하는 3학년 학생 수 대비 철학·종교 도서를 선호하는 1학년 학생 수의 비율은 $\frac{11}{24} \times 100 ≒ 46\%$이다.

풀이 전략!

선택지를 먼저 읽고 필요한 정보를 자료에서 확인하도록 하며, 계산이 필요한 경우에는 실제 수치를 사용하여 복잡한 계산을 하는 대신, 대소 관계의 비교나 선택지의 옳고 그름만을 판단할 수 있을 정도로 간소화하여 계산해 풀이시간을 단축할 수 있도록 한다.

01 다음은 D공사에서 발표한 최근 2개년 1/4분기 산업단지별 수출현황을 나타낸 자료이다. 빈칸에 들어갈 수치가 바르게 연결된 것은?(단, 전년 대비 수치는 소수점 둘째 자리에서 반올림한다)

〈최근 2개년 1/4분기 산업단지별 수출현황〉

(단위 : 백만 달러)

구분	2024년 1/4분기	2023년 1/4분기	전년 대비
국가	66,652	58,809	13.3% 상승
일반	34,273	29,094	(가)% 상승
농공	2,729	3,172	14.0% 하락
합계	(나)	91,075	(다)% 상승

	(가)	(나)	(다)
①	15.8	103,654	13.8
②	15.8	104,654	11.8
③	17.8	103,654	11.8
④	17.8	103,654	13.8

02 D통신회사는 휴대전화의 통화시간에 따라 월 2시간까지는 기본요금이 부과되고, 2시간 초과 3시간까지는 분당 a원, 3시간 초과부터는 $2a$원을 부과한다. 다음과 같이 요금이 청구되었을 때, a의 값은 얼마인가?

〈휴대전화 이용요금〉

구분	통화시간	요금
8월	3시간 30분	21,600원
9월	2시간 20분	13,600원

① 60

② 80

③ 100

④ 120

03 다음은 세계 음악시장의 규모에 대한 자료이다. 〈조건〉에 근거하여 2025년의 음악시장 규모를 구하면?(단, 소수점 둘째 자리에서 반올림한다)

〈세계 음악시장 규모〉

(단위 : 백만 달러)

구분		2020년	2021년	2022년	2023년	2024년
공연음악	후원	5,930	6,008	6,097	6,197	6,305
	티켓 판매	20,240	20,688	21,165	21,703	22,324
	합계	26,170	26,696	27,262	27,900	28,629
음반	디지털	8,719	9,432	10,180	10,905	11,544
	다운로드	5,743	5,986	6,258	6,520	6,755
	스트리밍	1,530	2,148	2,692	3,174	3,557
	모바일	1,447	1,298	1,230	1,212	1,233
	오프라인 음반	12,716	11,287	10,171	9,270	8,551
	합계	30,155	30,151	30,531	31,081	31,640
합계		56,325	56,847	57,793	58,981	60,269

조건

• 2025년 공연음악 후원 규모는 2024년보다 1억 1천 8백만 달러, 티켓 판매 규모는 2024년보다 7억 4천만 달러가 증가할 것으로 예상된다.

• 스트리밍 시장의 경우 빠르게 성장하는 추세로 2025년 스트리밍 시장 규모는 2020년 스트리밍 시장 규모의 2.5배가 될 것으로 예상된다.

• 오프라인 음반 시장은 점점 감소하는 추세로 2025년 오프라인 음반 시장 규모는 2024년 대비 6%의 감소율을 보일 것으로 예상된다.

	공연음악	스트리밍	오프라인 음반
①	29,487백만 달러	3,711백만 달러	8,037.9백만 달러
②	29,487백만 달러	3,825백만 달러	8,037.9백만 달러
③	29,685백만 달러	3,825백만 달러	7,998.4백만 달러
④	29,685백만 달러	4,371백만 달러	7,998.4백만 달러

04 다음은 K기업의 매출액과 분기별 매출액의 영업팀 구성비를 나타낸 자료이다. 연간 영업팀의 매출 순위와 1위 팀이 기록한 연 매출액을 차례대로 나열한 것은?

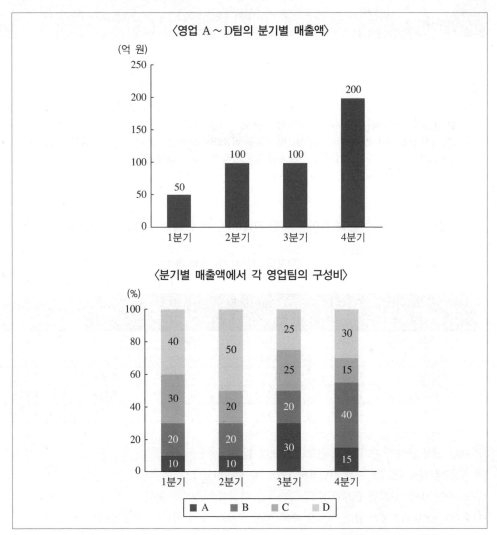

〈영업 A ~ D팀의 분기별 매출액〉

〈분기별 매출액에서 각 영업팀의 구성비〉

① B − A − C − D, 120억 원
② B − A − D − C, 155억 원
③ D − B − A − C, 120억 원
④ D − B − C − A, 155억 원

| 유형분석 |

- 제시된 표를 분석하여 선택지의 정답 유무를 판단하는 문제이다.
- 표의 수치 등을 통해 변화량이나 증감률, 비중 등을 비교하여 판단하는 문제가 자주 출제된다.
- 지원하고자 하는 기업이나 산업과 관련된 자료 등이 문제의 자료로 많이 다뤄진다.

다음은 연도별 근로자 수 변화 추이에 대한 자료이다. 이에 대한 설명으로 옳지 않은 것은?

〈연도별 근로자 수 변화 추이〉

(단위 : 천 명)

구분	전체	남성	비중	여성	비중
2020년	14,290	9,061	63.4%	5,229	36.6%
2021년	15,172	9,467	62.4%	5,705	37.6%
2022년	15,536	9,633	62.0%	5,902	38.0%
2023년	15,763	9,660	61.3%	6,103	38.7%
2024년	16,355	9,925	60.7%	6,430	39.3%

① 매년 남성 근로자 수가 여성 근로자 수보다 많다.
② 2024년 여성 근로자 수는 전년보다 약 5.4% 증가하였다.
③ 2020년 대비 2024년 근로자 수의 증가율은 여성이 남성보다 높다.
④ 2020 ~ 2024년 동안 남성 근로자 수와 여성 근로자 수의 차이는 매년 증가한다.

정답 ④

2020 ~ 2024년의 남성 근로자 수와 여성 근로자 수 차이를 구하면 다음과 같다.
- 2020년 : 9,061-5,229=3,832천 명
- 2021년 : 9,467-5,705=3,762천 명
- 2022년 : 9,633-5,902=3,731천 명
- 2023년 : 9,660-6,103=3,557천 명
- 2024년 : 9,925-6,430=3,495천 명
즉, 2020 ~ 2024년 동안 남성과 여성의 차이는 매년 감소한다.

① 제시된 자료를 통해 알 수 있다.

② 2023년 대비 2024년 여성 근로자 수의 증가율 : $\dfrac{6,430-6,103}{6,103}\times100\fallingdotseq5.36\%$

③ 2020년 대비 2024년 남성과 여성의 근로자 수의 증가율은 다음과 같다.

- 남성 : $\dfrac{9,925-9,061}{9,061}\times100\fallingdotseq9.54\%$

- 여성 : $\dfrac{6,430-5,229}{5,229}\times100\fallingdotseq22.97\%$

따라서 여성의 증가율이 더 높다.

풀이 전략!

평소 변화량이나 증감률, 비중 등을 구하는 공식을 알아두고 있어야 하며, 지원하는 기업이나 산업에 대한 자료 등을 확인하여 비교하는 연습 등을 한다.

01　다음은 연령별 선물환거래 금액 비율을 나타낸 자료이다. 이에 대한 설명으로 옳은 것은?

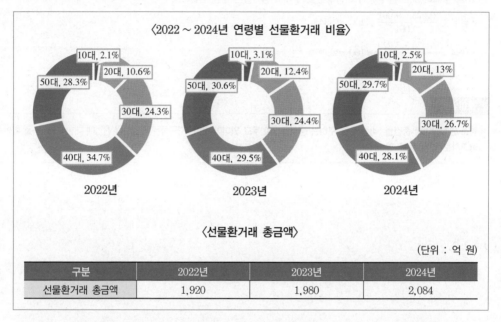

〈2022 ~ 2024년 연령별 선물환거래 비율〉

2022년
- 10대, 2.1%
- 20대, 10.6%
- 30대, 24.3%
- 40대, 34.7%
- 50대, 28.3%

2023년
- 10대, 3.1%
- 20대, 12.4%
- 30대, 24.4%
- 40대, 29.5%
- 50대, 30.6%

2024년
- 10대, 2.5%
- 20대, 13%
- 30대, 26.7%
- 40대, 28.1%
- 50대, 29.7%

〈선물환거래 총금액〉

(단위 : 억 원)

구분	2022년	2023년	2024년
선물환거래 총금액	1,920	1,980	2,084

① 2023 ~ 2024년의 전년 대비 10대와 20대의 선물환거래 금액 비율 증감 추이는 같다.

② 2023년 대비 2024년의 50대의 선물환거래 금액 증가량은 13억 원 이상이다.

③ 2023 ~ 2024년 동안 전년 대비 매년 40대의 선물환거래 금액은 지속적으로 감소하고 있다.

④ 2024년 10 ~ 40대의 선물환거래 금액 총비율은 2023년 50대의 비율의 2.5배 이상이다.

02 다음은 A시와 B시의 연도별 회계 예산액에 대한 자료이다. 이에 대한 설명으로 옳지 않은 것은?

〈A시와 B시의 연도별 회계 예산액 현황〉

(단위 : 백만 원)

구분	A시			B시		
	합계	일반회계	특별회계	합계	일반회계	특별회계
2020년	1,951,003	1,523,038	427,965	1,249,666	984,446	265,220
2021년	2,174,723	1,688,922	485,801	1,375,349	1,094,510	280,839
2022년	2,259,412	1,772,835	486,577	1,398,565	1,134,229	264,336
2023년	2,355,574	1,874,484	481,090	1,410,393	1,085,386	325,007
2024년	2,486,125	2,187,790	298,335	1,510,951	1,222,957	287,994

① A시의 전체 회계 예산액이 증가한 시기에는 B시의 전체 회계 예산액도 증가했다.
② A시의 일반회계 예산액은 항상 B시의 일반회계 예산액보다 1.5배 이상 더 많다.
③ 2022년 B시 특별회계 예산액의 A시 특별회계 예산액 대비 비중은 50% 이상이다.
④ 2023년 B시 전체 회계 예산액에서 특별회계 예산액의 비중은 25% 이상이다.

03 다음은 어느 해 개최된 올림픽에 참가한 6개국의 성적이다. 이에 대한 설명으로 옳지 않은 것은?

〈국가별 올림픽 성적〉

(단위 : 명, 개)

국가	참가선수	금메달	은메달	동메달	메달 합계
A	240	4	28	57	89
B	261	2	35	68	105
C	323	0	41	108	149
D	274	1	37	74	112
E	248	3	32	64	99
F	229	5	19	60	84

① 획득한 금메달 수가 많은 국가일수록 은메달 수는 적었다.
② 금메달을 획득하지 못한 국가가 가장 많은 메달을 획득했다.
③ 참가선수의 수가 많은 국가일수록 획득한 동메달 수도 많았다.
④ 획득한 메달의 합계가 큰 국가일수록 참가선수의 수도 많았다.

※ 다음은 이산가족 교류 성사에 대한 자료이다. 이어지는 질문에 답하시오. [4~5]

〈이산가족 교류 성사 현황〉

(단위 : 건)

구분	3월	4월	5월	6월	7월	8월
접촉신청	18,193	18,200	18,204	18,205	18,206	18,221
생사확인	11,791	11,793	11,795	11,795	11,795	11,798
상봉	6,432	6,432	6,432	6,432	6,432	6,432
서신교환	12,267	12,272	12,274	12,275	12,276	12,288

04 다음 〈보기〉 중 이산가족 교류 성사 현황에 대한 설명으로 옳은 것을 모두 고르면?

> **보기**
>
> ㄱ. 접촉신청 건수는 4월부터 7월까지 매월 증가하였다.
> ㄴ. 3월부터 8월까지 생사확인 건수와 서신교환 건수의 증감추세는 동일하다.
> ㄷ. 6월 생사확인 건수는 접촉신청 건수의 70% 이하이다.
> ㄹ. 5월보다 8월에 상봉 건수 대비 서신교환 건수 비율은 감소하였다.

① ㄱ, ㄴ ② ㄱ, ㄷ
③ ㄴ, ㄷ ④ ㄷ, ㄹ

05 다음은 이산가족 교류 성사 현황을 토대로 작성한 보고서이다. 밑줄 친 부분 중 옳지 않은 것을 모두 고르면?

> 통일부는 올해 3월부터 8월까지 이산가족 교류 성사 현황을 발표하였다. 발표한 자료에 따르면 ㉠ 3월부터 생사확인 건수는 꾸준히 증가하였다. 그러나 상봉 건수는 남북 간의 조율 결과 매월 일정 수준을 유지하고 있다. ㉡ 서신교환의 경우 3월 대비 8월 증가율은 2% 미만이나, 꾸준한 증가 추세를 보이고 있다. ㉢ 접촉신청 건수는 7월 전월 대비 불변한 것을 제외하면 꾸준히 증가추세를 보이고 있다. 통일부는 접촉신청, 생사확인, 상봉, 서신교환 외에도 다른 형태의 이산가족 교류를 추진하고 특히 상봉을 확대할 계획이라고 밝혔다. ㉣ 전문가들은 총 이산가족 교류 건수가 증가추세에 있음을 긍정적으로 평가하고 있다.

① ㉠, ㉡ ② ㉠, ㉢
③ ㉡, ㉢ ④ ㉢, ㉣

06 다음은 청년층 고용동향에 대한 자료이다. 이에 대한 설명으로 옳지 않은 것은?

⟨청년층(15 ~ 26세) 고용률 및 실업률⟩

※ 실업률 : [(실업자수)/(경제활동인구)]×100
※ 고용률 : [(취업자수)/(생산가능인구)]×100

⟨청년층(15 ~ 26세) 고용동향⟩

(단위 : 천 명, %)

구분	2017년	2018년	2019년	2020년	2021년	2022년	2023년	2024년
생산가능인구	9,920	9,843	9,855	9,822	9,780	9,705	9,589	9,517
경제활동인구	4,836	4,634	4,530	4,398	4,304	4,254	4,199	4,156
경제활동참가율	48.8	47.1	46.0	44.8	44.0	43.8	43.8	43.7

※ 생산가능인구 : 만 15세 이상 인구
※ 경제활동인구 : 만 15세 이상 인구 중 취업자와 실업자
※ 경제활동참가율 : [(경제활동인구)/(생산가능인구)]×100

① 2017년부터 2019년까지 청년층 고용률과 실업률의 증감추이는 동일하다.
② 전년과 비교했을 때, 2018년에 경제활동인구가 가장 많이 감소했다.
③ 생산가능인구는 매년 감소하고 있다.
④ 고용률 대비 실업률 비율이 가장 높았던 해는 2021년이다.

CHAPTER 03

문제해결능력

합격 Cheat Key

문제해결능력은 업무를 수행하면서 여러 가지 문제 상황이 발생하였을 때, 창의적이고 논리적인 사고를 통하여 이를 올바르게 인식하고 적절히 해결하는 능력으로, 하위 능력에는 사고력과 문제처리능력이 있다.

문제해결능력은 NCS 기반 채용을 진행하는 대다수의 공사·공단에서 채택하고 있으며, 다양한 자료와 함께 출제되는 경우가 많아 어렵게 느껴질 수 있다. 특히, 난이도가 높은 문제로 자주 출제되기 때문에 다른 영역보다 더 많은 노력이 필요할 수는 있지만 그렇기에 차별화를 할 수 있는 득점 영역이므로 포기하지 말고 꾸준하게 노력해야 한다.

1 질문의 의도를 정확하게 파악하라!

문제해결능력은 문제에서 무엇을 묻고 있는지 정확하게 파악하여 먼저 풀이 방향을 설정하는 것이 가장 효율적인 방법이다. 특히, 조건이 주어지고 답을 찾는 창의적·분석적인 문제가 주로 출제되고 있기 때문에 처음에 정확한 풀이 방향이 설정되지 않는다면 문제를 제대로 풀지 못하게 되므로 첫 번째로 출제 의도 파악에 집중해야 한다.

2 중요한 정보는 반드시 표시하라!

출제 의도를 정확히 파악하기 위해서는 문제의 중요한 정보를 반드시 표시하거나 메모하여 하나의 조건, 단서도 잊고 넘어가는 일이 없도록 해야 한다. 실제 시험에서는 시간의 압박과 긴장감으로 정보를 잘못 적용하거나 잊어버리는 실수가 많이 발생하므로 사전에 충분한 연습이 필요하다.

3 반복 풀이를 통해 취약 유형을 파악하라!

문제해결능력은 특히 시간관리가 중요한 영역이다. 따라서 정해진 시간 안에 고득점을 할 수 있는 효율적인 문제 풀이 방법을 찾아야 한다. 이때, 반복적인 문제 풀이를 통해 자신이 취약한 유형을 파악하는 것이 중요하다. 정확하게 풀 수 있는 문제부터 빠르게 풀고 취약한 유형은 나중에 푸는 효율적인 문제 풀이를 통해 최대한 고득점을 맞는 것이 중요하다.

01 명제 추론

| 유형분석 |

- 주어진 조건을 토대로 논리적으로 추론하여 참 또는 거짓을 구분하는 문제이다.
- 자료를 제시하고 새로운 결과나 자료에 주어지지 않은 내용을 추론해 가는 형식의 문제가 출제된다.

어느 도시에 있는 병원의 공휴일 진료 현황은 다음과 같다. 공휴일에 진료하는 병원의 수는?

- B병원이 진료를 하지 않으면, A병원은 진료를 한다.
- B병원이 진료를 하면, D병원은 진료를 하지 않는다.
- A병원이 진료를 하면, C병원은 진료를 하지 않는다.
- C병원이 진료를 하지 않으면, E병원이 진료를 한다.
- E병원은 공휴일에 진료를 하지 않는다.

① 1곳 ② 2곳
③ 3곳 ④ 4곳

정답 ②

제시된 진료 현황을 각각의 명제로 보고 이들을 수식으로 설명하면 다음과 같다(단, 명제가 참일 경우 그 대우도 참이다).
- B병원이 진료를 하지 않으면 A병원이 진료한다(~B → A / ~A → B).
- B병원이 진료를 하면 D병원은 진료를 하지 않는다(B → ~D / D → ~B).
- A병원이 진료를 하면 C병원은 진료를 하지 않는다(A → ~C / C → ~A).
- C병원이 진료를 하지 않으면 E병원이 진료한다(~C → E / ~E → C).

이를 하나로 연결하면, D병원이 진료를 하면 B병원이 진료를 하지 않고, B병원이 진료를 하지 않으면 A병원은 진료를 한다. A병원이 진료를 하면 C병원은 진료를 하지 않고, C병원이 진료를 하지 않으면 E병원은 진료를 한다(D → ~B → A → ~C → E). 명제가 참일 경우 그 대우도 참이므로 ~E → C → ~A → B → ~D가 된다. E병원은 공휴일에 진료를 하지 않으므로 위의 명제를 참고하면 C와 B병원만이 진료를 하는 경우가 된다. 따라서 공휴일에 진료를 하는 병원은 2곳이다.

풀이 전략!

명제와 관련한 기본적인 논법에 대해서는 미리 학습해 두며, 이를 바탕으로 각 문장에 있는 핵심단어 또는 문구를 기호화하여 정리한 후, 선택지와 비교하여 참 또는 거짓을 판단한다.

01 D공사의 건물에서는 엘리베이터 여섯 대(1 ~ 6호기)를 6시간에 걸쳐 검사하고자 한다. 한 시간에 한 대씩만 검사한다고 할 때, 다음 〈조건〉에 근거하여 바르게 추론한 것은?

> **조건**
> • 제일 먼저 검사하는 엘리베이터는 5호기이다.
> • 가장 마지막에 검사하는 엘리베이터는 6호기가 아니다.
> • 2호기는 6호기보다 먼저 검사한다.
> • 3호기는 두 번째로 먼저 검사하며, 그 다음으로 검사하는 엘리베이터는 1호기이다.

① 6호기는 4호기보다 늦게 검사한다.
② 마지막으로 검사하는 엘리베이터는 4호기가 아니다.
③ 4호기 다음으로 검사할 엘리베이터는 2호기이다.
④ 6호기는 1호기 다다음에 검사하며, 다섯 번째로 검사한다.

02 취업준비생 A ~ E가 지원한 회사는 서로 다른 가 ~ 마 회사 중 한 곳이며, 다섯 회사는 서로 다른 곳에 위치하고 있다. 다섯 사람이 모두 서류전형에 합격하여 면접을 보기 위해 〈조건〉에 따라 지하철, 버스, 택시 중 하나를 이용하여 회사에 가려고 할 때, 다음 중 옳지 않은 것은?(단, 한 가지 교통수단은 최대 두 명까지 이용할 수 있으며, 한 사람도 이용하지 않는 교통수단은 없다)

> **조건**
> • 택시를 타면 가, 나, 마 회사에 갈 수 있다.
> • A는 다 회사에 지원했다.
> • E는 어떤 교통수단을 선택해도 지원한 회사에 갈 수 있다.
> • 지하철에는 D를 포함한 두 사람이 타며, 둘 중 한 사람은 라 회사에 지원했다.
> • B가 탈 수 있는 교통수단은 지하철뿐이다.
> • 버스와 택시로 갈 수 있는 회사는 가 회사를 제외하면 서로 겹치지 않는다.

① B와 D는 함께 지하철을 이용한다.
② C는 택시를 이용한다.
③ A는 버스를 이용한다.
④ E는 라 회사에 지원했다.

03 다음 〈조건〉이 모두 참일 때 항상 옳은 것은?

- 수학 수업을 듣지 않는 학생들은 국어 수업을 듣지 않는다.
- 모든 학생들은 국어 수업을 듣는다.
- 수학 수업을 듣는 어떤 학생들은 영어 수업을 듣는다.

① 모든 학생들은 영어 수업을 듣는다.
② 모든 학생들은 국어, 수학, 영어 수업을 듣는다.
③ 어떤 학생들은 국어와 영어 수업만 듣는다.
④ 어떤 학생들은 국어, 수학, 영어 수업을 듣는다.

04 다음 〈조건〉을 토대로 〈보기〉에 대한 판단으로 옳은 것은?

- 영업을 잘하면 기획을 못한다.
- 편집을 잘하면 영업을 잘한다.
- 디자인을 잘하면 편집을 잘한다.

A : 디자인을 잘하면 기획을 못한다.
B : 편집을 잘하면 기획을 잘한다.

① A만 옳다.
② B만 옳다.
③ A, B 모두 옳다.
④ A, B 모두 틀리다.

05 A건설은 D공사의 건설사업과 관련한 입찰부정 의혹사건으로 감사원의 집중 감사를 받았다. 감사원에서는 이 사건에 연루된 윤부장, 이과장, 김대리, 박대리 및 입찰담당자 강주임을 조사하여 최종적으로 〈조건〉과 같은 결론을 내렸다. 다음 중 입찰부정에 실제로 가담한 사람을 모두 고르면?

조건
- 입찰부정에 가담한 사람은 정확히 두 명이다.
- 이과장과 김대리는 함께 가담했거나 가담하지 않았다.
- 윤부장이 가담하지 않았다면, 이과장과 입찰담당자 강주임도 가담하지 않았다.
- 박대리가 가담하지 않았다면, 김대리도 가담하지 않았다.
- 박대리가 가담하였다면, 입찰담당자 강주임도 분명히 가담하였다.

① 윤부장, 이과장
② 이과장, 김대리
③ 김대리, 박대리
④ 윤부장, 강주임

06 다음 〈조건〉이 참일 때, 〈보기〉에서 반드시 참인 것을 모두 고르면?

조건
- A, B, C, D 중 한 명의 근무지는 서울이다.
- A, B, C, D는 각기 다른 한 도시에서 근무한다.
- 갑, 을, 병 각각의 두 진술 중 하나는 참이고 다른 하나는 거짓이다.
- 갑은 "A의 근무지는 광주이다."와 "D의 근무지는 서울이다."라고 진술했다.
- 을은 "B의 근무지는 광주이다."와 "C의 근무지는 세종이다."라고 진술했다.
- 병은 "C의 근무지는 광주이다."와 "D의 근무지는 부산이다."라고 진술했다.

보기
ㄱ. A의 근무지는 광주이다.
ㄴ. B의 근무지는 서울이다.
ㄷ. C의 근무지는 세종이다.

① ㄱ, ㄴ
② ㄱ, ㄷ
③ ㄴ, ㄷ
④ ㄱ, ㄴ, ㄷ

| 유형분석 |

- 상황에 대한 환경 분석 결과를 통해 주요 과제를 도출하는 문제이다.
- 주로 3C 분석 또는 SWOT 분석을 활용한 문제들이 출제되고 있으므로 해당 분석도구에 대한 사전 학습이 요구된다.

다음 설명을 참고하였을 때 〈보기〉의 D자동차가 취할 수 있는 전략으로 가장 적절한 것은?

> 'SWOT'는 Strength(강점), Weakness(약점), Opportunity(기회), Threat(위협)의 머리글자를 따서 만든 단어로, 경영 전략을 세우는 방법론이다. SWOT로 도출된 조직의 내·외부 환경을 분석하고, 이 결과를 통해 대응전략을 구상할 수 있다. 'SO전략'은 기회를 활용하기 위해 강점을 사용하는 전략이고, 'WO전략'은 약점을 보완 또는 극복하여 시장의 기회를 활용하는 전략이다. 'ST전략'은 위협을 피하기 위해 강점을 활용하는 방법이며, 'WT전략'은 위협요인을 피하기 위해 약점을 보완하는 전략이다.

보기

- 새로운 정권의 탄생으로 자동차 업계 내 새로운 바람이 불 것으로 예상된다. A당선인이 이번 선거에서 친환경차 보급 확대를 주요 공약으로 내세웠고, 공약에 따라 공공기관용 친환경차 비율을 70%로 상향시키기로 하고, 친환경차 보조금 확대 등을 통해 친환경차 보급률을 높이겠다는 계획을 세웠다. 또한 최근 환경을 생각하는 국민 의식의 향상과 친환경차의 연비 절감 부분이 친환경차 구매 욕구 상승에 기여하고 있다.
- D자동차는 기존의 전기자동차 모델들을 꾸준히 출시하여 성장세가 두드러지고 있는 데다가 고객들의 다양한 구매 욕구를 충족시킬 만한 전기자동차 상품의 다양성을 확보하였다. 또한, D자동차의 전기자동차 미국 수출이 증가하고 있는 만큼 앞으로의 전망도 밝을 것으로 예상된다.

① SO전략   ② WO전략
③ ST전략   ④ WT전략

정답 ①

- Strength(강점) : D자동차는 전기자동차 모델들을 꾸준히 출시하여 성장세가 두드러지고 있는 데다가 고객들의 다양한 구매 욕구를 충족시킬 만한 전기자동차 상품의 다양성을 확보하였다.
- Opportunity(기회) : 새로운 정권에서 친환경차 보급 확대에 적극 나설 것으로 보인다는 점과 환경을 생각하는 국민 의식의 향상과 친환경차의 연비 절감 부분이 친환경차 구매 욕구 상승에 기여하고 있으며 D자동차의 미국 수출이 증가하고 있다.

따라서 해당 기사를 분석하면 SO전략이 가장 적절하다.

풀이 전략!

> 문제에 제시된 분석도구를 확인한 후, 분석 결과를 종합적으로 판단하여 각 선택지의 전략 과제와 일치 여부를 판단한다.

01 다음 중 SWOT 분석을 이해한 내용으로 가장 적절한 것은?

> SWOT 분석에서 강점은 경쟁기업과 비교하여 소비자로부터 강점으로 인식되는 것이 무엇인지, 약점은 경쟁기업과 비교하여 소비자로부터 약점으로 인식되는 것이 무엇인지, 기회는 외부환경에서 유리한 기회요인은 무엇인지, 위협은 외부환경에서 불리한 위협요인은 무엇인지를 찾아내는 것이다. SWOT 분석의 가장 큰 장점은 기업의 내부 및 외부환경의 변화를 동시에 파악할 수 있다는 것이다.

① 제품의 우수한 품질은 기회 요인으로 볼 수 있다.
② 초고령화 사회는 실버산업에 있어 기회 요인으로 볼 수 있다.
③ 기업의 비효율적인 업무 프로세스는 위협 요인으로 볼 수 있다.
④ 살균제 달걀 논란은 빵집에게 있어 약점 요인으로 볼 수 있다.

02 다음은 국내 화장품 제조 회사에 대한 SWOT 분석 자료이다. 〈보기〉 중 분석에 따른 대응 전략으로 옳은 것을 모두 고르면?

〈SWOT 분석 결과〉

강점(Strength)	약점(Weakness)
• 신속한 제품 개발 시스템 • 차별화된 제조 기술 보유	• 신규 생산 설비 투자 미흡 • 낮은 브랜드 인지도
기회(Opportunity)	위협(Threat)
• 해외시장에서의 한국 제품 선호 증가 • 새로운 해외시장의 출현	• 해외 저가 제품의 공격적 마케팅 • 저임금의 개발도상국과 경쟁 심화

보기

ㄱ. 새로운 해외시장의 소비자 기호를 반영한 제품을 개발하여 출시한다.
ㄴ. 국내에 화장품 생산 공장을 추가로 건설하여 제품 생산량을 획기적으로 증가시킨다.
ㄷ. 차별화된 제조 기술을 통해 품질 향상과 고급화 전략을 추구한다.
ㄹ. 브랜드 인지도가 낮으므로 해외 현지 기업과의 인수·합병을 통해 해당 회사의 브랜드로 제품을 출시한다.

① ㄱ, ㄴ   ② ㄱ, ㄷ
③ ㄴ, ㄷ   ④ ㄷ, ㄹ

03 자료 해석

| 유형분석 |

- 주어진 자료를 해석하고 활용하여 풀어가는 문제이다.
- 꼼꼼하고 분석적인 접근이 필요한 다양한 자료들이 출제된다.

K동에서는 임신한 주민에게 출산장려금을 지원하고자 한다. 출산장려금 지급 기준 및 K동에 거주하는 임산부에 대한 정보가 다음과 같을 때, 출산장려금을 가장 먼저 받을 수 있는 사람은?

〈K동 출산장려금 지급 기준〉

- 출산장려금 지급액은 모두 같으나, 지급 시기는 모두 다르다.
- 지급 순서 기준은 임신일, 자녀 수, 소득 수준 순서이다.
- 임신일이 길수록, 자녀가 많을수록, 소득 수준이 낮을수록 먼저 받는다(단, 자녀는 만 19세 미만의 아동 및 청소년으로 제한한다).
- 임신일, 자녀 수, 소득 수준이 모두 같으면 같은 날에 지급한다.

〈K동 거주 임산부 정보〉

임산부	임신일	자녀	소득 수준
A	200일	만 3세	상
B	100일	만 10세, 만 6세, 만 5세, 만 4세	상
C	200일	만 7세, 만 5세, 만 3세	중
D	200일	만 20세, 만 16세, 만 14세, 만 10세	상

① A임산부
② B임산부
③ C임산부
④ D임산부

정답 ③

출산장려금 지급 시기의 가장 우선순위인 임신일이 가장 긴 임산부는 A, C, D임산부이다. 이 중에서 만 19세 미만인 자녀 수가 많은 임산부는 C, D임산부이고, 소득 수준이 더 낮은 임산부는 C임산부이다. 따라서 C임산부가 가장 먼저 출산장려금을 받을 수 있다.

풀이 전략!

문제 해결을 위해 필요한 정보가 무엇인지 먼저 파악한 후, 제시된 자료를 분석적으로 읽고 해석한다.

01 D공사는 창립 10주년을 맞이하여 전 직원 단합대회를 준비하고 있다. 이를 위해 진행위원 S는 여행상품 중 한 가지를 선정하려 하는데, 직원 투표 결과를 통해 결정하려고 한다. 직원 투표 결과와 여행지별 1인당 경비가 다음과 같고, 추가로 행사를 위한 부서별 고려사항을 참고하여 선택할 경우 〈보기〉 중 옳은 것을 모두 고르면?

〈직원 투표 결과〉

상품내용		투표 결과(표)					
여행상품	1인당 비용(원)	총무팀	영업팀	개발팀	홍보팀	공장1	공장2
A	500,000	2	1	2	0	15	6
B	750,000	1	2	1	1	20	5
C	600,000	3	1	0	1	10	4
D	1,000,000	3	4	2	1	30	10
E	850,000	1	2	0	2	5	5

〈여행상품별 혜택 정리〉

상품명	날짜	장소	식사제공	차량지원	편의시설	체험시설
A	5/10 ~ 5/11	해변	○	○	×	×
B	5/10 ~ 5/11	해변	○	○	○	×
C	6/7 ~ 6/8	호수	○	○	○	×
D	6/15 ~ 6/17	도심	○	×	○	○
E	7/10 ~ 7/13	해변	○	○	○	×

〈부서별 고려사항〉

- 총무팀 : 행사 시 차량 지원이 가능함
- 영업팀 : 6월 초순에 해외 바이어와 가격 협상 회의 일정이 있음
- 공장1 : 3일 연속 공장 비가동 시 제품의 품질 저하가 예상됨
- 공장2 : 7월 중순 공장 이전 계획이 있음

> **보기**
>
> ㉠ 필요한 여행상품 비용은 총 1억 500만 원이 필요하다.
> ㉡ 투표 결과 가장 인기가 많은 여행상품은 B이다.
> ㉢ 공장1의 A, B 투표 결과가 바뀐다면 여행상품 선택은 변경된다.

① ㉠

② ㉠, ㉡

③ ㉠, ㉢

④ ㉡, ㉢

02 D공사는 본사 근무환경개선을 위해 공사를 시행할 업체를 선정하고자 한다. 다음 선정방식에 따라 시행업체를 선정할 때, 최종 선정될 업체는?

〈공사 시행업체 선정방식〉

- 평가점수는 적합성 점수와 실적점수, 입찰점수를 1 : 2 : 1의 비율로 합산하여 도출한다.
- 평가점수가 가장 높은 업체 한 곳을 최종 선정한다.
- 적합성 점수는 각 세부항목의 점수를 합산하여 도출한다.
- 입찰점수는 입찰가격이 가장 낮은 곳부터 10점, 8점, 6점, 4점을 부여한다.
- 평가점수가 동일한 경우, 실적점수가 우수한 업체에 우선순위를 부여한다.

〈업체별 입찰정보 및 점수〉

평가항목	업체	A	B	C	D
적합성 점수 (30점)	운영 건전성(8점)	8	6	8	7
	근무 효율성 개선(10점)	8	9	6	8
	환경친화설계(5점)	2	3	4	4
	미적 만족도(7점)	4	6	5	7
실적점수 (10점)	최근 2년 시공실적(10점)	6	9	7	7
입찰점수 (10점)	입찰가격(억 원)	7	10	11	9

※ 미적 만족도 항목은 지난달에 시행한 내부 설문조사 결과에 기반함

① A업체
② B업체
③ C업체
④ D업체

03 다음은 D공사가 공개한 부패공직자 사건 및 징계에 대한 자료이다. 〈보기〉 중 이에 대한 설명으로 옳지 않은 것을 모두 고르면?

〈부패공직자 사건 및 징계 현황〉

구분	부패행위 유형	부패금액	징계종류	처분일	고발 여부
1	이권개입 및 직위의 사적 사용	23만 원	감봉 1월	2019. 06. 19.	미고발
2	직무관련자로부터 금품 및 향응수수	75만 원	해임	2020. 05. 20.	미고발
3	직무관련자로부터 향응수수	6만 원	견책	2021. 12. 22.	미고발
4	직무관련자로부터 금품 및 향응수수	11만 원	감봉 1월	2022. 02. 04.	미고발
5	직무관련자로부터 금품수수	40만 원가량	경고 (무혐의 처분, 징계시효 말소)	2023. 03. 06.	미고발
6	직권남용(직위의 사적이용)	–	해임	2023. 05. 24.	고발
7	직무관련자로부터 금품수수	526만 원	해임	2023. 09. 17.	고발
8	직무관련자로부터 금품수수 등	300만 원	해임	2024. 05. 18.	고발

보기

ㄱ. 공사에서 해당 사건의 부패금액이 일정 수준 이상인 경우에만 고발한 것으로 해석할 수 있다.
ㄴ. 해임당한 공직자들은 모두 고발되었다.
ㄷ. 직무관련자로부터 금품을 수수한 사건은 총 5건 있었다.
ㄹ. 동일한 부패행위 유형에 해당하더라도 다른 징계처분을 받을 수 있다.

① ㄱ, ㄴ ② ㄱ, ㄷ
③ ㄴ, ㄷ ④ ㄷ, ㄹ

| 유형분석 |

- 주어진 상황과 규칙을 종합적으로 활용하여 풀어 가는 문제이다.
- 일정, 비용, 순서 등 다양한 내용을 다루고 있어 유형을 한 가지로 단일화하기 어렵다.

갑은 다음 규칙을 참고하여 알파벳 단어를 숫자로 변환하고자 한다. 규칙을 적용한 〈보기〉의 단어에서 알파벳 Z에 해당하는 자연수들을 모두 더한 값은?

〈규칙〉

① 알파벳 'A'부터 'Z'까지 순서대로 자연수를 부여한다.

　예 A=2라고 하면 B=3, C=4, D=5이다.

② 단어의 음절에 같은 알파벳이 연속되는 경우 ①에서 부여한 숫자를 알파벳이 연속되는 횟수만큼 거듭제곱한다.

　예 A=2이고 단어가 'AABB'이면 AA는 '2^2'이고, BB는 '3^2'이므로 '49'로 적는다.

보기

　㉠ AAABBCC는 100000010201110404로 변환된다.

　㉡ CDFE는 3465로 변환된다.

　㉢ PJJYZZ는 1712126729로 변환된다.

　㉣ QQTSR은 625282726으로 변환된다.

① 154　　　　　　　　　　　　② 176

③ 199　　　　　　　　　　　　④ 212

정답 ④

㉠ A=100, B=101, C=102이다. 따라서 Z=125이다.

㉡ C=3, D=4, E=5, F=6이다. 따라서 Z=26이다.

㉢ P가 17임을 볼 때, J=11, Y=26, Z=27이다.

㉣ Q=25, R=26, S=27, T=28이다. 따라서 Z=34이다.

따라서 해당하는 Z값을 모두 더하면 125+26+27+34=212이다.

풀이 전략!

문제에 제시된 조건이나 규칙을 정확히 파악한 후, 선택지나 상황에 적용하여 문제를 풀어 나간다.

01 다음 〈조건〉을 근거로 〈보기〉를 계산한 값은?

> **조건**
>
> 연산자 A, B, C, D는 다음과 같이 정의한다.
> - A : 좌우에 있는 두 수를 더한다. 단, 더한 값이 10 미만이면 좌우에 있는 두 수를 곱한다.
> - B : 좌우에 있는 두 수 가운데 큰 수에서 작은 수를 뺀다. 단, 두 수가 같거나 뺀 값이 10 미만이면 두 수를 곱한다.
> - C : 좌우에 있는 두 수를 곱한다. 단, 곱한 값이 10 미만이면 좌우에 있는 두 수를 더한다.
> - D : 좌우에 있는 두 수 가운데 큰 수를 작은 수로 나눈다. 단, 두 수가 같거나 나눈 값이 10 미만이면 두 수를 곱한다.
> ※ 연산은 '( )', '[ ]'의 순으로 함

> **보기**
>
> $$[(1 A 5) B (3 C 4)] D 6$$

① 10   ② 12

③ 90   ④ 210

02 D회사는 신제품의 품번을 다음 규칙에 따라 정한다고 한다. 제품에 설정된 임의의 영단어가 'INTELLECTUAL'이라면 이 제품의 품번으로 옳은 것은?

> **〈규칙〉**
>
> - 1단계 : 알파벳 A ~ Z를 숫자 1, 2, 3, …으로 변환하여 계산한다.
> - 2단계 : 제품에 설정된 임의의 영단어를 숫자로 변환한 값의 합을 구한다.
> - 3단계 : 임의의 영단어 속 자음의 합에서 모음의 합을 뺀 값의 절댓값을 구한다.
> - 4단계 : 2단계와 3단계의 값을 더한 다음 4로 나누어 2단계의 값에 더한다.
> - 5단계 : 4단계의 값이 정수가 아닐 경우에는 소수점 첫째 자리에서 버림한다.

① 120   ② 140

③ 160   ④ 180

04

정보능력

합격 Cheat Key

정보능력은 업무를 수행함에 있어 기본적인 컴퓨터를 활용하여 필요한 정보를 수집, 분석, 활용하는 능력을 의미한다. 또한 업무와 관련된 정보를 수집하고, 이를 분석하여 의미 있는 정보를 얻는 능력이다. 국가직무능력표준에 따르면 정보능력의 세부 유형은 컴퓨터 활용·정보 처리로 나눌 수 있다.

1 평소에 컴퓨터 활용 스킬을 틈틈이 익혀라!

윈도우(OS)에서 어떠한 설정을 할 수 있는지, 응용프로그램(엑셀 등)에서 어떠한 기능을 활용할 수 있는지를 평소에 직접 사용해 본다면 문제를 보다 수월하게 해결할 수 있다. 여건이 된다면 컴퓨터 활용 능력에 관련된 자격증 공부를 하는 것도 이론과 실무를 익히는 데 도움이 될 것이다.

2 문제의 규칙을 찾는 연습을 하라!

일반적으로 코드체계나 시스템 논리체계를 제공하고 이를 분석하여 문제를 해결하는 유형이 출제된다. 이러한 문제는 문제해결능력과 같은 맥락으로 규칙을 파악하여 접근하는 방식으로 연습이 필요하다.

3 현재 보고 있는 그 문제에 집중하라!

정보능력의 모든 것을 공부하려고 한다면 양이 너무나 방대하다. 그렇기 때문에 수험서에서 본인이 현재 보고 있는 문제들을 집중적으로 공부하고 기억하려고 해야 한다. 그러나 엑셀의 함수 수식, 연산자 등 암기를 필요로 하는 부분들은 필수적으로 암기를 해서 출제가 되었을 때 오답률을 낮출 수 있도록 한다.

4 사진·그림을 기억하라!

컴퓨터 활용 능력을 파악하는 영역이다 보니 컴퓨터 속 옵션, 기능, 설정 등의 사진·그림이 문제에 같이 나오는 경우들이 있다. 그런 부분들은 직접 컴퓨터를 통해서 하나하나 확인을 하면서 공부한다면 더 기억에 잘 남게 된다. 조금 귀찮더라도 한 번씩 클릭하면서 확인을 해보도록 한다.

| 유형분석 |

- 정보능력 전반에 대한 이해를 확인하는 문제이다.
- 정보능력 이론이나 새로운 정보 기술에 대한 문제가 자주 출제된다.

다음은 정보처리 과정 중 하나에 대한 설명이다. 이 과정 다음에 수행해야 할 정보처리 과정은 무엇인가?

> D공사는 2025년 국제유가의 변화를 예측하기 위해 2024년 전 세계 유가 동향 및 사우디아라비아 등 주요 산유국의 원유 생산 추이에 대한 자료를 취합해 2025년의 예상되는 국제유가 평균 변동률 및 국내물가에 대한 시사점을 제시한 바 있다.

① 정보의 기획　　　　　　　　　② 정보의 수집
③ 정보의 관리　　　　　　　　　④ 정보의 활용

정답 ③

제시문은 취합한 정보를 통해 예측하는 과정으로, '정보의 수집'에 해당되는 단계이다. 따라서 제시된 과정 다음에 이어지는 정보처리 과정은 '정보의 관리'에 해당한다.

오답분석

① 정보의 기획 : 정보관리의 첫 단계로, '무엇을·어디에서·언제까지·왜·누가·어떻게·얼마나'에 맞춰 정보에 대해 기획하는 것이다.
② 정보의 수집 : 다양한 정보원으로부터 목적에 적합한 정보를 입수하는 것으로, 최종 목적은 과거의 정보를 모아 미래에 대해 예측하는 것이다.
④ 정보의 활용 : 정보가 필요하다는 문제 상황을 인지할 수 있는 능력, 문제해결에 적합한 정보를 찾고 선택할 수 있는 능력, 찾은 정보를 문제해결에 적용할 수 있는 능력, 윤리의식을 가지고 합법적으로 정보를 활용할 수 있는 능력 등 다양한 능력이 수반되는 단계이다.

풀이 전략!

자주 출제되는 정보능력 이론을 확인하고, 확실하게 암기해야 한다. 특히 새로운 정보 기술이나 컴퓨터 전반에 대해 관심을 가지는 것이 좋다.

01 다음 중 정보에 대한 설명으로 옳지 않은 것은?

> 우리가 필요로 하는 정보의 가치는 여러 가지 상황에 따라서 천차만별로 달라질 수 있다. 다시 말해 정보의 가치를 평가하는 절대적인 기준은 없다는 것이다. 즉, 정보의 가치는 우리의 요구, 사용 목적, 그것이 활용되는 시기와 장소에 따라서 다르게 평가된다.
> 적시성과 독점성은 정보의 핵심적인 특성이다. 따라서 정보는 우리가 원하는 시간에 제공되어야 하며, 원하는 시간에 제공되지 못하는 정보는 정보로서의 가치가 없어지게 될 것이다. 또한 정보는 아무리 중요한 내용이라도 공개가 되고 나면, 그 가치가 급격하게 떨어지는 것이 보통이다. 따라서 정보는 공개 정보보다는 반공개 정보가, 반공개 정보보다는 비공개 정보가 더 큰 가치를 가질 수 있다. 그러나 비공개 정보는 정보의 활용이라는 면에서 경제성이 떨어지고, 공개 정보는 경쟁성이 떨어지게 된다. 따라서 정보는 공개 정보와 비공개 정보를 적절히 구성함으로써 경제성과 경쟁성을 동시에 추구해야 한다.

① 정보는 시의성이 있어야 높은 가치를 갖는다.

② 정보는 일반적으로 독점성이라는 핵심적 특징을 갖는다.

③ 비공개 정보는 반공개 정보에 비해 정보의 활용 측면에서 경제성이 더 높다.

④ 공개 정보는 반공개 정보에 비해 경쟁성이 떨어진다.

02 다음 중 정보의 전략적 기획에 대한 설명으로 옳지 않은 것은?

① 전략적 기획은 정보수집을 수행하기 이전에 이루어진다.

② 수집정보의 품질뿐 아니라 정보수집의 비용성도 고려되어야 한다.

③ 언제까지 정보를 수집하여야 하는지 기한도 계획하여야 한다.

④ 폭넓은 정보수집을 위해 정보수집의 대상과 종류 등은 포괄적으로 지정할수록 좋다.

03 다음 중 바이오스(BIOS; Basic Input Output System)에 대한 설명으로 옳은 것은?

① 한번 기록한 데이터를 빠른 속도로 읽을 수 있지만, 다시 기록할 수 없는 메모리이다.

② 기억된 정보를 읽어내기도 하고, 다른 정보를 기억시킬 수도 있는 메모리이다.

③ 컴퓨터에서 전원을 켜면 맨 처음 컴퓨터의 제어를 맡아 가장 기본적인 기능을 처리해 주는 프로그램이다.

④ 주변 장치와 컴퓨터 처리 장치 간에 데이터를 전송할 때 처리 지연을 단축하기 위해 보조 기억 장치를 완충 기억 장치로 사용하는 것이다.

04 다음 글의 빈칸에 공통으로 들어갈 단어로 가장 적절한 것은?

> _____은/는 '언제 어디에나 존재한다.'는 뜻의 라틴어로, 사용자가 컴퓨터나 네트워크를 의식하지 않고 장소에 상관없이 자유롭게 네트워크에 접속할 수 있는 환경을 말한다. 그리고 컴퓨터 관련 기술이 생활 구석구석에 스며들어 있음을 뜻하는 '퍼베이시브 컴퓨팅(Pervasive Computing)'과 같은 개념이다.
>
> _____화가 이루어지면 가정 · 자동차는 물론, 심지어 산 꼭대기에서도 정보기술을 활용할 수 있고, 네트워크에 연결되는 컴퓨터 사용자의 수도 늘어나 정보기술산업의 규모와 범위도 그만큼 커지게 된다. 그러나 _____ 네트워크가 이루어지기 위해서는 광대역통신과 컨버전스 기술의 일반화, 정보기술 기기의 저가격화 등 정보기술의 고도화가 전제되어야 한다. 그러나 _____은/는 휴대성과 편의성뿐 아니라 시간과 장소에 구애받지 않고도 네트워크에 접속할 수 있다는 장점 때문에 현재 세계적인 개발 경쟁이 일고 있다.

① 유비쿼터스(Ubiquitous)

② AI(Artificial Intelligence)

③ 딥 러닝(Deep Learning)

④ 블록체인(Block Chain)

05 다음 중 컴퓨터 바이러스에 대한 설명으로 옳지 않은 것은?

① 보통 소프트웨어 형태로 감염되나 메일이나 첨부파일은 감염의 확률이 매우 낮다.

② 인터넷의 공개 자료실에 있는 파일을 다운로드하여 설치할 때 감염될 수 있다.

③ 온라인 채팅이나 인스턴트 메신저 프로그램을 통해서 전파되기도 한다.

④ 소프트웨어뿐만 아니라 하드웨어의 성능에도 영향을 미칠 수 있다.

06 RFID 기술이 확산됨에 따라 D유통업체는 RFID를 물품관리시스템에 도입하여 긍정적인 효과를 얻고 있다. 다음 중 RFID에 대한 설명으로 옳지 않은 것은?

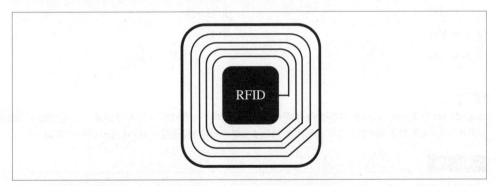

① 바코드와 달리 물체에 직접 접촉하지 않고도 데이터를 인식할 수 있다.

② 여러 개의 정보를 동시에 인식하거나 수정할 수 있다.

③ 바코드에 비해 많은 양의 데이터를 허용한다.

④ 종류에 따라 반복적으로 데이터를 기록할 수 있지만 단기적으로만 이용할 수 있다.

| 유형분석 |

- 컴퓨터 활용과 관련된 상황에서 문제를 해결하기 위한 행동이 무엇인지 묻는 문제이다.
- 주로 업무수행 중에 많이 활용되는 대표적인 엑셀 함수(COUNTIF, ROUND, MAX, SUM, COUNT, AVERAGE …) 가 출제된다.
- 종종 엑셀시트를 제시하여 각 셀에 들어갈 함수식이 무엇인지 고르는 문제가 출제되기도 한다.

다음 중 엑셀에 제시된 함수식의 결괏값으로 옳지 않은 것은?

▲	A	B	C	D	E	F
1						
2		120	200	20	60	
3		10	60	40	80	
4		50	60	70	100	
5						
6		함수식			결괏값	
7		=MAX(B2:E4)			A	
8		=MODE(B2:E4)			B	
9		=LARGE(B2:E4,3)			C	
10		=COUNTIF(B2:E4,E4)			D	
11		=ROUND(B2,−1)			E	
12						

① A=200

② B=60

③ C=100

④ D=1

⑤ E=100

정답 ⑤

ROUND 함수는 지정한 자릿수를 반올림하는 함수이다. 함수식에서 '−1'은 일의 자리를 뜻하며, '−2'는 십의 자리를 뜻한다. 여기서 '−' 기호를 빼면 소수점 자리로 인식한다. 따라서 일의 자리를 반올림하기 때문에 결괏값은 120이다.

풀이 전략!

제시된 상황에서 사용할 엑셀 함수가 무엇인지 파악한 후, 선택지에서 적절한 함수식을 골라 식을 만들어야 한다. 평소 대표적 으로 문제에 자주 출제되는 몇몇 엑셀 함수를 익혀두면 풀이시간을 단축할 수 있다.

01 다음은 D공사 영업팀의 실적을 정리한 파일이다. 고급 필터의 조건 범위를 [E1:G3] 영역으로 지정한 후 고급 필터를 실행했을 때 나타나는 데이터에 대한 설명으로 옳은 것은?(단, [G3] 셀에는 「=C2>=AVERAGE($C$2:$C$8)」가 입력되어 있다)

▲	A	B	C	D	E	F	G
1	부서	사원	실적		부서	사원	식
2	영업2팀	최지원	250,000		영업1팀	*수	
3	영업1팀	김창수	200,000		영업2팀		TRUE
4	영업1팀	김홍인	200,000				
5	영업2팀	홍상진	170,000				
6	영업1팀	홍상수	150,000				
7	영업1팀	김성민	120,000				
8	영업2팀	황준하	100,000				

① 부서가 '영업1팀'이고 이름이 '수'로 끝나거나, 부서가 '영업2팀'이고 실적이 평균 이상인 데이터
② 부서가 '영업1팀'이거나 이름이 '수'로 끝나고, 부서가 '영업2팀'이거나 실적이 평균 이상인 데이터
③ 부서가 '영업1팀'이고 이름이 '수'로 끝나거나, 부서가 '영업2팀'이고 실적의 평균이 250,000 이상인 데이터
④ 부서가 '영업1팀'이거나 이름이 '수'로 끝나고, 부서가 '영업2팀'이거나 실적의 평균이 250,000 이상인 데이터

02 다음 중 [D2] 셀에 수식 「=UPPER(TRIM(A2))&"KR"」를 입력했을 경우 결괏값으로 옳은 것은?

▲	A	B	C	D
1	도서코드	출판사	출판년도	변환도서코드
2	mng-002	대한도서	2008	
3	pay-523	믿음사	2009	
4	mng-091	정일도서	2007	

① MNG-002-kr
② MNG-KR
③ MNG 002-KR
④ MNG-002KR

03 D중학교에서 근무하는 P교사는 반 학생들의 과목별 수행평가 제출 여부를 확인하기 위해 다음과 같이 자료를 정리하였다. P교사가 [D11] ~ [D13] 셀에 〈보기〉와 같이 함수를 입력하였을 때, [D11] ~ [D13] 셀에 나타날 결괏값이 바르게 연결된 것은?

◢	A	B	C	D
1			(제출했을 경우 '1'로 표시)	
2	이름	A과목	B과목	C과목
3	김혜진	1	1	1
4	이방숙	1		
5	정영교	재제출 요망	1	
6	정혜운		재제출 요망	1
7	이승준		1	
8	이혜진			1
9	정영남	1		1
10				
11				
12				
13				

보기

- [D11] 셀에 입력한 함수 → =COUNTA(B3:D9)
- [D12] 셀에 입력한 함수 → =COUNT(B3:D9)
- [D13] 셀에 입력한 함수 → =COUNTBLANK(B3:D9)

	[D11]	[D12]	[D13]
①	12	10	11
②	12	10	9
③	10	12	11
④	10	12	9

※ 병원에서 근무하는 D씨는 건강검진 관리 현황을 정리하고 있다. 이어지는 질문에 답하시오. [4~5]

	A	B	C	D	E	F
1	〈건강검진 관리 현황〉					
2	이름	검사구분	주민등록번호	검진일	검사항목 수	성별
3	강민희	종합검진	960809-2******	2024-11-12	18	
4	김범민	종합검진	010323-3******	2024-03-13	17	
5	조현진	기본검진	020519-3******	2024-09-07	10	
6	최진석	추가검진	871205-1******	2024-11-06	6	
7	한기욱	추가검진	980232-1******	2024-04-22	3	
8	정소희	종합검진	001015-4******	2024-02-19	17	
9	김은정	기본검진	891025-2******	2024-10-14	10	
10	박미옥	추가검진	011002-4******	2024-07-21	5	

04 다음 중 2024년 하반기에 검진 받은 사람의 수를 확인하고자 할 때 사용해야 할 함수는?

① COUNT
② COUNTA
③ SUMIF
④ COUNTIF

05 다음 중 주민등록번호를 통해 성별을 구분하려고 할 때, 각 셀에 필요한 함수식으로 옳은 것은?

① F3 : =IF(AND(MID(C3,8,1)="2",MID(C3,8,1)="4"),"여자","남자")

② F4 : =IF(AND(MID(C4,8,1)="2",MID(C4,8,1)="4"),"여자","남자")

③ F7 : =IF(OR(MID(C7,8,1)="2",MID(C7,8,1)="4"),"여자","남자")

④ F9 : =IF(OR(MID(C9,8,1)="1",MID(C9,8,1)="3"),"여자","남자")

| 유형분석 |

- 프로그램의 실행 결과를 코딩을 통해 파악하여 이를 풀이하는 문제이다.
- 출력되는 값이나 배열 순서를 묻는 문제가 자주 출제된다.

다음 프로그램의 실행 결과로 옳은 것은?

```c
#include <stdio.h>

int main(){
        int i = 4;
        int k = 2;
        switch(i) {
                case 0:
                case 1:
                case 2:
                case 3: k = 0;
                case 4: k += 5;
                case 5: k -= 20;
                default: k ++;
        }
        printf("%d", k);
}
```

① 12   ② -12
③ 10   ④ -10

정답 ②

i가 4기 때문에 case 4부터 시작한다. K는 2이고, k+=5를 하면 7이 된다. Case 5에서 k-=20을 하면 -13이 되고, default에서 1이 증가하여 결과값은 -12가 된다.

풀이 전략!

문제에서 실행 프로그램 내용이 주어지면 핵심 키워드를 확인한다. 코딩 프로그램을 통해 요구되는 내용을 알아맞혀 정답 유무를 판단한다.

01 다음 파이썬 프로그램의 실행 결과로 옳은 것은?

>>> print ("1", "2", "3", "4", "5")

① 1
② 12345
③ 122333444555
④ 1 2 3.4 5

02 다음 프로그램의 실행 결과로 옳은 것은?

```
#include <stdio.h>
void main() {
    int arr[10] = {1, 2, 3, 4, 5};
    int num = 10;
    int i;

    for (i = 0; i < 10; i++) {
        num += arr[i];
    }
    printf("%d\n", num);
}
```

① 15
② 20
③ 25
④ 30

우리가 해야 할 일은 끊임없이 호기심을 갖고
새로운 생각을 시험해 보고 새로운 인상을 받는 것이다.

– 월터 페이터 –

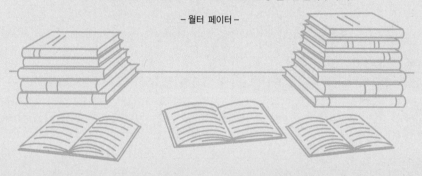

PART 2

직무수행능력평가

01 다음 글에서 설명하는 조직 구조는?

> • 수평적 분화에 중점을 두고 있다.
> • 각자의 전문분야에서 작업능률을 증대시킬 수 있다.
> • 생산, 회계, 인사, 영업, 총무 등의 기능을 나누고 각 기능을 담당할 부서단위로 조직된 구조이다.

① 기능 조직   ② 사업부 조직
③ 매트릭스 조직   ④ 수평적 조직
⑤ 네트워크 조직

02 다음 중 일정시점의 기업의 재무상태를 나타내는 재무제표는 무엇인가?

① 재무상태표   ② 포괄손익계산서
③ 자본변동표   ④ 현금흐름표
⑤ 자금순환표

03 다음 중 내용이론에 해당하는 동기부여 이론으로 옳지 않은 것은?

① 매슬로(Maslow) 욕구단계 이론
② 허츠버그(Herzberg) 2요인 이론
③ 앨더퍼(Alderfer)의 ERG 이론
④ 애덤스(Adams)의 공정성 이론
⑤ 맥클리랜드(Meclelland)의 성취동기 이론

04 다음은 마이클 포터(Michael E. Porter)의 산업구조분석모델(5F; Five Force Model)이다. 빈칸 (A)에 들어갈 용어로 옳은 것은?

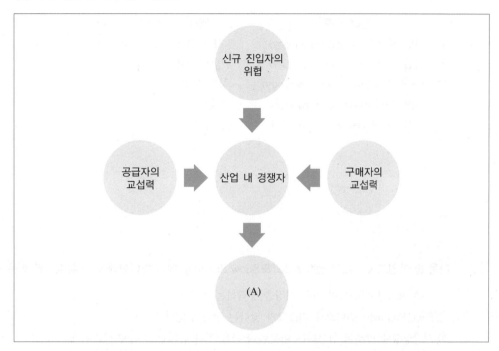

① 정부의 규제 완화
② 고객 충성도
③ 공급 업체 규모
④ 가격의 탄력성
⑤ 대체재의 위협

05 다음 〈조건〉을 참고할 때, D회사의 적정주가는 얼마인가?

조건
• D회사 유통주식수 : 1,000만 주
• D회사 당기순이익 : 300억 원
• D회사 주가수익비율 : 8배

① 18,000원
② 20,000원
③ 24,000원
④ 30,000원
⑤ 32,000원

06 경영 전략의 수준에 따라 전략을 구분할 때, 다음 중 해당 전략과 그에 해당하는 예시가 옳지 않은 것은?

	전략 수준	예시
①	기업 전략(Corporate Strategy)	성장 전략
②	기업 전략(Corporate Strategy)	방어 전략
③	기능별 전략(Functional Strategy)	차별화 전략
④	사업 전략(Business Strategy)	집중화 전략
⑤	사업 전략(Business Strategy)	원가우위 전략

07 다음 중 마일즈 & 스노우 전략(Miles & Snow Strategy)에서 방어형에 대한 설명으로 옳은 것은?

① 기존 제품을 활용하여 기존 시장을 공략하는 전략이다.

② Fast Follower 전략으로 리스크가 낮다는 장점이 있다.

③ 시장상황에 맞추어 반응하는 아무런 전략을 취하지 않는 무전략 상태이다.

④ 새로운 기술에 관심도가 높으며 열린 마인드 그리고 혁신적 마인드가 중요하다.

⑤ 새로운 시도에 적극적이며 업계의 기술·제품·시장 트렌드를 선도하는 업체들이 주로 사용하는 전략이다.

08 다음 중 피들러(Fiedler)의 리더십 상황이론에 대한 설명으로 옳지 않은 것을 〈보기〉에서 모두 고르면?

> **보기**
>
> ㉠ 과업지향적 리더십과 관계지향적 리더십을 모두 갖춘 리더가 가장 높은 성과를 달성한다.
> ㉡ 리더의 특성을 LPC 설문에 의해 측정하였다.
> ㉢ 상황변수로서 리더 – 구성원 관계, 과업구조, 부하의 성숙도를 고려하였다.
> ㉣ 리더가 처한 상황이 호의적인 경우, 관계지향적 리더십이 적합하다.
> ㉤ 리더가 처한 상황이 비호의적인 경우, 과업지향적 리더십이 적합하다.

① ㉠, ㉢

② ㉠, ㉣

③ ㉡, ㉣

④ ㉠, ㉢, ㉣

⑤ ㉢, ㉣, ㉤

09 다음 중 인간의 감각이 느끼지 못할 정도의 자극을 주어 잠재의식에 호소하는 광고는?

① 애드버커시 광고
② 서브리미널 광고
③ 리스폰스 광고
④ 키치 광고
⑤ 티저 광고

10 다음 중 확률 표본추출법에 해당하는 것을 〈보기〉에서 모두 고르면?

> **보기**
> ㄱ. 단순무작위표본추출법
> ㄴ. 체계적 표본추출법
> ㄷ. 편의 표본추출법
> ㄹ. 판단 표본추출법
> ㅁ. 할당 표본추출법
> ㅂ. 층화 표본추출법
> ㅅ. 군집 표본추출법
> ㅇ. 눈덩이 표본추출법

① ㄱ, ㄴ, ㅂ, ㅅ
② ㄱ, ㄴ, ㅅ, ㅇ
③ ㄷ, ㄹ, ㅁ, ㅂ
④ ㄷ, ㄹ, ㅁ, ㅇ
⑤ ㅁ, ㅂ, ㅅ, ㅇ

11 인사평가제도는 평가목적을 어디에 두느냐에 따라 상대평가와 절대평가로 구분된다. 다음 중 상대평가에 해당하는 기법은?

① 평정척도법
② 체크리스트법
③ 중요사건기술법
④ 연공형 승진제도
⑤ 강제할당법

12 다음 중 작업성과의 고저에 따라 임금을 적용하는 단순 복률 성과급 방식과 달리 예정된 성과를 올리지 못하여도 미숙련 근로자들에게 최저 생활을 보장하는 방식은?

① 테일러식 복률성과급
② 맨체스터 플랜
③ 메릭크식 복률성과급
④ 할증성과급
⑤ 표준시간급

13 D주식회사의 2024년도 매입액이 ₩150,000이었고, 부가가치율이 25%였다면 해당 연도의 매출액은 얼마인가?

① ₩180,000   ② ₩200,000

③ ₩220,000   ④ ₩240,000

⑤ ₩260,000

14 다음 중 가격책정 방법에 대한 설명으로 옳은 것을 〈보기〉에서 모두 고르면?

> **보기**
>
> ㉠ 준거가격이란 구매자가 어떤 상품에 대해 지불할 용의가 있는 최고가격을 의미한다.
> ㉡ 명성가격이란 가격 – 품질 연상관계를 이용한 가격책정 방법이다.
> ㉢ 단수가격이란 판매 가격을 단수로 표시하여 가격이 저렴한 인상을 소비자에게 심어주어 판매를 증대시키는 방법이다.
> ㉣ 최저수용가격이란 심리적으로 적당하다고 생각하는 가격 수준을 의미한다.

① ㉠, ㉡   ② ㉠, ㉢

③ ㉡, ㉢   ④ ㉡, ㉣

⑤ ㉢, ㉣

15 다음은 2025년 초 설립한 D회사의 법인세에 대한 자료이다. D회사의 2025년 법인세비용는 얼마인가?

> • 2025년 세무조정사항
>   – 감가상각비한도초과액 : 125,000원
>   – 접대비한도초과액 : 60,000원
>   – 정기예금 미수이자 : 25,000원
> • 2025년 법인세비용차감전순이익 : 490,000원
> • 연도별 법인세율은 20%로 일정하다.
> • 이연법인세자산과 이연법인세부채의 실현가능성은 거의 확실하다.

① 85,000원   ② 98,000원

③ 105,000원   ④ 110,000원

⑤ 122,000원

16 복식부기는 하나의 거래를 대차평균의 원리에 따라 차변과 대변에 이중 기록하는 방식이다. 다음 중 차변에 기입되는 항목으로 옳지 않은 것은?

① 자산의 증가　　　　　　　　　② 자본의 감소
③ 부채의 감소　　　　　　　　　④ 비용의 발생
⑤ 수익의 발생

17 D회사는 평균영업용자산과 영업이익을 이용하여 투자수익률(ROI)과 잔여이익(RI)을 산출하고 있다. D회사의 2024년 평균영업용자산은 ₩2,500,000이며, 투자수익률은 10%이다. D회사의 2024년 잔여이익이 ₩25,000이라면 최저필수수익률은?

① 8%　　　　　　　　　　　② 9%
③ 10%　　　　　　　　　　④ 11%
⑤ 12%

18 다음 중 재무제표의 표시와 작성에 대한 설명으로 옳은 것을 〈보기〉에서 모두 고르면?

> **보기**
>
> 가. 재무상태표에 표시되는 자산과 부채는 반드시 유동자산과 비유동자산, 유동부채와 비유동부채로 구분하여 표시한다.
> 나. 영업활동을 위한 자산의 취득시점부터 그 자산이 현금이나 현금성자산으로 실현되는 시점까지 소요되는 기간이 영업주기이다.
> 다. 비용의 기능에 대한 정보가 미래현금흐름을 예측하는 데 유용하기 때문에 비용을 성격별로 분류하는 경우에는 비용의 기능에 대한 추가 정보를 공시하는 것이 필요하다.
> 라. 자본의 구성요소인 기타포괄손익누계액과 자본잉여금은 포괄손익계산서와 재무상태표를 연결시키는 역할을 한다.
> 마. 현금흐름표는 기업의 활동을 영업활동, 투자활동, 재무활동으로 구분한다.

① 가, 나　　　　　　　　　② 가, 라
③ 나, 다　　　　　　　　　④ 나, 마
⑤ 다, 마

19 D주식회사의 2024년도 총매출액과 이에 대한 총변동원가는 각각 ₩200,000과 ₩150,000이다. D주식회사의 손익분기점 매출액이 ₩120,000일 때, 총고정원가는 얼마인가?

① ₩15,000   ② ₩20,000

③ ₩25,000   ④ ₩30,000

⑤ ₩35,000

20 부채비율(B/S)이 100%인 D기업의 세전타인자본비용은 8%이고, 가중평균자본비용은 10%이다. D기업의 자기자본비용은 얼마인가?(단, 법인세율은 25%이다)

① 6%   ② 8%

③ 10%   ④ 12%

⑤ 14%

21 다음 글은 비합리적 소비에 대한 설명이다. 빈칸 ㉠, ㉡에 들어갈 효과를 바르게 연결한 것은?

-   ㉠   효과는 유행에 따라 상품을 구입하는 소비현상으로 특정 상품에 대한 어떤 사람의 수요가 다른 사람들의 수요에 의해 영향을 받는다.
-   ㉡   효과는 다른 보통사람과 자신을 차별하고 싶은 욕망으로 나타나는데, 가격이 아닌 다른 사람의 소비에 직접 영향을 받는다.

	㉠	㉡
①	외부불경제	베블런(Veblen)
②	외부불경제	밴드왜건(Bandwagon)
③	베블런(Veblen)	외부불경제
④	밴드왜건(Bandwagon)	외부불경제
⑤	밴드왜건(Bandwagon)	베블런(Veblen)

22 다음 중 실질적인 외부성(Real Externalities)과 관련이 없는 것은?

① 코로나 예방접종

② 산림 녹화 사업

③ 공장의 폐수 배출

④ 공사장에서 발생하는 소음

⑤ 도로 개통으로 인한 부동산 가격 상승

23 D기업의 생산함수는 $Q = L^2 K^2$이다. 단위당 임금과 단위당 자본비용은 각각 4원과 6원으로 주어져 있다. 이 기업의 총 사업자금이 120원으로 주어져 있을 때, 노동의 최적 투입량은?(단, Q는 생산량, L은 노동투입량, K는 자본투입량이며, 두 투입요소 모두 가변투입요소이다)

① 13   ② 14

③ 15   ④ 16

⑤ 17

24 A근로자의 연봉이 올해 1,500만 원에서 1,650만 원으로 150만 원 인상되었다. 이 기간에 인플레이션율이 12%일 때, A근로자의 임금변동에 대한 설명으로 옳은 것은?

① 2% 명목임금 증가   ② 2% 명목임금 감소

③ 2% 실질임금 증가   ④ 2% 실질임금 감소

⑤ 4% 명목임금 증가

25 다음은 D국가의 국내총생산(GDP), 소비지출, 투자, 정부지출, 수입에 대한 자료이다. 이를 참고하여 균형국민소득식을 통해 계산한 D국의 수출은 얼마인가?

• 국내총생산 : 900조 원	• 소비지출 : 200조 원
• 투자 : 50조 원	• 정부지출 : 300조 원
• 수입 : 100조 원	

① 100조 원   ② 250조 원

③ 300조 원   ④ 450조 원

⑤ 550조 원

26 어느 폐쇄경제의 국가가 있다. 한계소비성향(MPC)이 0.5일 때 투자가 1조 원 증가하고, 조세가 0.5조 원 증가할 경우, 균형국민소득의 변화분은 얼마인가?

① −0.5조 원

② 0원

③ 0.5조 원

④ 1조 원

⑤ 1.5조 원

27 다음 중 케인스의 유동성 선호설에 대한 설명으로 옳은 것을 〈보기〉에서 모두 고르면?

> **보기**
>
> ㉠ 케인스의 유동성 선호설에 따르면 자산은 화폐와 채권 두 가지만 존재한다.
>
> ㉡ 케인스에 따르면 화폐공급곡선이 수평인 구간을 유동성함정이라고 한다.
>
> ㉢ 유동성함정구간에서는 화폐수요의 이자율탄력성은 무한대(∞)이다.
>
> ㉣ 케인스의 유동성 선호설에 따른 투기적 동기의 화폐수요(hr)는 화폐수요함수 $\left(\dfrac{M^d}{P} \right)$와 비례관계에 있다.

① ㉠, ㉡

② ㉠, ㉢

③ ㉡, ㉢

④ ㉡, ㉣

⑤ ㉢, ㉣

28 D국의 통화량은 현금통화 150, 예금통화 450이며, 지급준비금은 90이라고 할 때, 통화승수는? (단, 현금통화비율과 지급준비율은 일정하다)

① 2.5

② 3

③ 3.5

④ 4

⑤ 4.5

29 다음 중 고정환율제도에 대한 설명으로 옳지 않은 것은?(단, 자본의 이동은 완전히 자유롭다)

① 환율이 안정적이므로 국제무역과 투자가 활발히 일어나는 장점이 있다.

② 고정환율제도하에서 확대금융정책을 실시할 경우, 최종적으로 이자율은 변하지 않는다.

③ 고정환율제도하에서 확대금융정책의 경우 중앙은행의 외환매입으로 통화량이 증가한다.

④ 고정환율제도하에서 확대재정정책를 실시할 경우 통화량이 증가하여, 국민소득이 증가한다.

⑤ 정부가 환율을 일정수준으로 정하여 지속적인 외환시장 개입을 통해 정해진 환율을 유지하는 제도이다.

30 다음 글에 대한 분석으로 옳은 것을 〈보기〉에서 모두 고르면?

> 우리나라에 거주 중인 광성이는 ㉠ 여름휴가를 앞두고 휴가 동안 발리로 서핑을 갈지, 빈 필하모닉 오케스트라의 3년 만의 내한 협주를 들으러 갈지 고민하다가 ㉡ 발리로 서핑을 갔다. 그러나 화산폭발의 위험이 있어 안전의 위협을 느끼고 ㉢ 환불이 불가능한 숙박비를 포기한 채 우리나라로 돌아왔다.

보기
> ㄱ. ㉠의 고민은 광성이의 주관적 희소성 때문이다.
> ㄴ. ㉠의 고민을 할 때는 기회비용을 고려한다.
> ㄷ. ㉡의 기회비용은 빈 필하모닉 오케스트라 내한 협주이다.
> ㄹ. ㉡은 경제재이다.
> ㅁ. ㉢은 비합리적 선택 행위의 일면이다.

① ㄱ, ㄴ, ㅁ   ② ㄴ, ㄷ, ㄹ
③ ㄷ, ㄹ, ㅁ   ④ ㄱ, ㄴ, ㄷ, ㄹ
⑤ ㄱ, ㄴ, ㄷ, ㄹ, ㅁ

PART 2

31 다음 중 거시경제의 총수요와 총공급에 대한 설명으로 옳은 것은?

① 명목임금 경직성에서 물가수준이 하락하면 기업이윤이 줄어들어서 기업들의 재화와 서비스 공급이 감소하므로 단기총공급곡선은 왼쪽으로 이동한다.
② 폐쇄경제에서 확장적 재정정책의 구축효과는 변동환율제도에서 동일한 정책의 구축효과보다 더 크게 나타날 수 있다.
③ 케인스의 유동성선호이론에 의하면 경제가 유동성함정에 빠지는 경우 추가적 화폐공급이 투자적 화폐 수요로 모두 흡수된다.
④ 장기균형 상태에 있던 경제에 원유가격이 일시적으로 상승하면 장기적으로 물가는 상승하고 국민소득은 감소한다.
⑤ 단기 경기변동에서 소비와 투자가 모두 경기순응적이며, 소비의 변동성은 투자의 변동성보다 크다.

32 다음은 (가)국과 (나)국의 지니계수 추이를 나타낸 자료이다. 이에 대한 추론으로 옳지 않은 것은?

〈지니계수 추이〉

구분	2022년	2023년	2024년
(가)	0.310	0.302	0.295
(나)	0.405	0.412	0.464

① (가)국과 (나)국의 지니계수는 0과 1 사이의 값을 가진다.

② (가)국은 소득불평등도가 줄어드는 반면 (나)국은 소득불평등도가 심화되고 있다.

③ (나)국은 소득불평등도를 줄이기 위해 교육과 건강에 대한 보조금 정책을 도입할 필요가 있다.

④ (나)국의 로렌츠곡선은 45도 대각선에 점차 가까워질 것이다.

⑤ 소득재분배를 위해 과도하게 누진세를 도입할 경우 저축과 근로 의욕을 저해할 수 있다.

33 다음은 D기업의 총비용곡선과 총가변비용곡선이다. 이에 대한 설명으로 옳지 않은 것은?

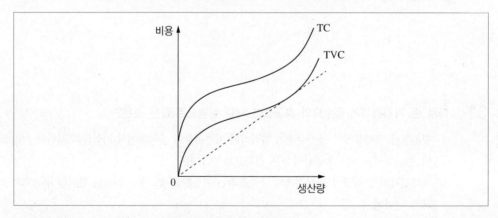

① 평균비용곡선은 평균가변비용곡선의 위에 위치한다.

② 평균비용곡선이 상승할 때 한계비용곡선은 평균비용곡선 아래에 있다.

③ 원점을 지나는 직선이 총비용곡선과 접하는 점에서 평균비용은 최소이다.

④ 원점을 지나는 직선이 총가변비용곡선과 접하는 점에서 평균가변비용은 최소이다.

⑤ 총비용곡선의 임의의 한 점에서 그은 접선의 기울기는 그 점에서의 한계비용을 나타낸다.

34 다음 중 정부지출 증가의 효과가 가장 크게 나타나게 되는 상황은 언제인가?

① 한계저축성향이 낮은 경우
② 한계소비성향이 낮은 경우
③ 정부지출의 증가로 물가가 상승한 경우
④ 정부지출의 증가로 이자율이 상승한 경우
⑤ 정부지출의 증가로 인해 구축효과가 나타난 경우

35 다음 중 조세정책에 대한 설명으로 옳지 않은 것은?

① 조세정책은 정부가 경제영역 중 분배영역에 개입할 수 있는 중요한 수단 중 하나이다.
② 정부는 기업의 고용 및 투자를 촉진하기 위한 수단으로 소득세, 법인세 감면 등을 시행한다.
③ 조세정책을 시행하는 곳은 한국은행이다.
④ 조세정의 실현을 위해 지하경제 양성화, 역외탈세 근절 등이 매우 중요하다.
⑤ 세율을 높이면 세수입이 늘어나지만 일정 수준 이상의 세율에서는 오히려 세금이 줄어드는 현상이 나타난다.

36 다음 〈보기〉는 우리나라의 경기종합지수를 나타낸 것이다. 각각의 지수를 바르게 구분한 것은?

> **보기**
>
> ㉠ 비농림어업취업자수   ㉡ 재고순환지표
> ㉢ 건설수주액   ㉣ 코스피
> ㉤ 광공업생산지수   ㉥ 소매판매액지수
> ㉦ 취업자수

	선행종합지수	동행종합지수	후행종합지수
①	㉠, ㉡	㉢, ㉣, ㉤	㉥, ㉦
②	㉥, ㉦	㉠, ㉡, ㉢	㉣, ㉤
③	㉢, ㉣, ㉤	㉥, ㉦	㉠, ㉡
④	㉡, ㉢, ㉣	㉠, ㉤, ㉥	㉦
⑤	㉢, ㉣, ㉤	㉥, ㉦	㉠, ㉡

37 다음 그래프를 참고하여 빈칸 A ~ C에 들어갈 말을 바르게 연결한 것은?

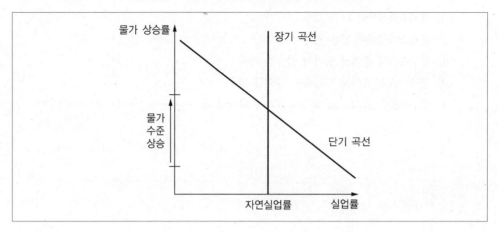

실업률과 인플레이션율 사이에는 ___A___ 상충 관계가 존재하지 않는다. 그래서 해당 그래프는 ___B___ 수준에서 수직선이 된다. 실업률과 인플레이션율 사이의 상충 관계는 ___C___에만 존재해 총수요가 증가하면 실업률이 하락한다.

	A	B	C
①	단기적으로	물가상승률	장기
②	단기적으로	자연실업률	장기
③	단기적으로	통화증가율	장기
④	장기적으로	자연실업률	단기
⑤	장기적으로	물가상승률	단기

38 다음 〈보기〉 중 애덤 스미스(Adam Smith)의 보상적 임금격차의 요인으로 옳은 것을 모두 고르면?

보기
ㄱ. 노동의 난이도   ㄴ. 작업의 쾌적성
ㄷ. 고용의 안정성 여부   ㄹ. 교육훈련의 차이

① ㄱ, ㄴ   ② ㄴ, ㄷ
③ ㄱ, ㄴ, ㄹ   ④ ㄴ, ㄷ, ㄹ
⑤ ㄱ, ㄴ, ㄷ, ㄹ

39 다음은 완전경쟁시장에서 어느 기업의 단기비용곡선이다. 제품의 시장 가격이 90원으로 주어졌을 때, 이 기업의 생산 결정에 대한 설명으로 옳은 것은?

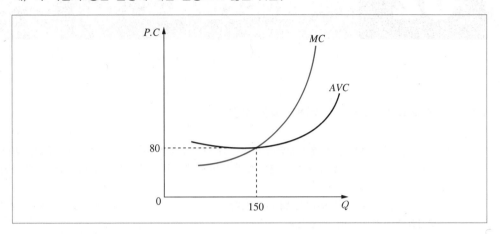

① 이 기업은 생산을 중단한다.

② 이 기업은 생산을 함으로써 초과 이윤을 얻을 수 있다.

③ 균형점에서 이 기업의 한계비용은 90원보다 작다.

④ 균형점에서 이 기업의 한계수입은 90원보다 크다.

⑤ 이 기업은 150개보다 많은 양을 생산한다.

40 A국과 B국의 상황이 다음과 같을 때 나타날 수 있는 경제현상이 아닌 것은?(단, 미 달러화로 결제하며, 각국의 환율은 달러 대비 자국 화폐의 가격으로 표시한다)

A국	• A국의 해외 유학생 수가 증가하고 있다. • 외국인 관광객이 증가하고 있다.
B국	• B국 기업의 해외 투자가 증가하고 있다. • 외국의 투자자들이 투자자금을 회수하고 있다.

① A국의 환율은 하락할 것이다.

② A국의 경상수지는 악화될 것이다.

③ B국이 생산하는 수출상품의 가격경쟁력이 높아질 것이다.

④ A국 국민이 B국으로 여행갈 경우 경비 부담이 증가할 것이다.

⑤ B국 국민들 중 환전하지 않은 환율 변동 전 달러를 보유하고 있는 사람은 이익을 얻게 될 것이다.

01 다음 글의 빈칸에 들어갈 용어로 옳은 것은?

> _____은/는 정부업무, 업무수행에 필요한 데이터, 업무를 지원하는 응용서비스 요소, 데이터와 응용시스템의 실행에 필요한 정보기술, 보안 등의 관계를 구조적으로 연계한 체계로서 정보자원관리의 핵심수단이다.
> _____은/는 정부의 정보시스템 간의 상호운용성 강화, 정보자원 중복투자 방지, 정보화 예산의 투자효율성 제고 등에 기여한다.

① 블록체인 네트워크 　　　　　　　② 정보기술아키텍처
③ 제3의 플랫폼 　　　　　　　　　　④ 클라우드 – 클라이언트 아키텍처
⑤ 스마트워크센터

02 다음 근무성적평정의 오류 중 강제배분법으로 방지할 수 있는 것을 〈보기〉에서 모두 고르면?

> **보기**
> ㄱ. 첫머리 효과 　　　　　　　　　ㄴ. 집중화 경향
> ㄷ. 엄격화 경향 　　　　　　　　　ㄹ. 선입견에 의한 오류

① ㄱ, ㄴ 　　　　　　　　　　　　　② ㄱ, ㄷ
③ ㄴ, ㄷ 　　　　　　　　　　　　　④ ㄴ, ㄹ
⑤ ㄷ, ㄹ

03 다음 중 정부의 결산 순서를 바르게 나열한 것은?

> ㉠ 감사원의 결산 확인
> ㉡ 중앙예산기관의 결산서 작성·보고
> ㉢ 국회의 결산심의
> ㉣ 국무회의 심의와 대통령의 승인
> ㉤ 해당 행정기관의 출납 정리·보고

① ㉡-㉠-㉣-㉢-㉤ 　　　　　　② ㉡-㉤-㉠-㉢-㉣
③ ㉤-㉠-㉣-㉢-㉡ 　　　　　　④ ㉤-㉡-㉠-㉣-㉢
⑤ ㉤-㉡-㉣-㉢-㉠

04 다음 중 대표관료제에 대한 설명으로 옳지 않은 것은?

① 대표관료제는 정부관료제가 그 사회의 인적 구성을 반영하도록 구성함으로써 관료제 내에 민주적 가치를 반영시키려는 의도에서 발달하였다.

② 우리나라의 양성평등채용목표제나 지역인재추천채용제는 관료제의 대표성을 제고하기 위해 도입된 제도로 볼 수 있다.

③ 대표관료제의 장점은 사회의 인구 구성적 특징을 반영하는 소극적 측면의 확보를 통해서 관료들이 출신 집단의 이익을 위해 적극적으로 행동하는 적극적인 측면을 자동적으로 확보하는 데 있다.

④ 대표관료제는 할당제를 강요하는 결과를 초래해 현대 인사행정의 기본 원칙인 실적주의를 훼손하고 행정능률을 저해할 수 있다는 비판을 받는다.

⑤ 크란츠(Kranz)는 대표관료제의 개념을 비례대표로까지 확대하여 관료제 내의 출신 집단별 구성 비율이 총인구 구성 비율과 일치해야 할 뿐만 아니라 나아가 관료제 내의 모든 직무 분야와 계급의 구성 비율까지도 총인구 비율에 상응하게 분포되어 있어야 한다고 주장한다.

05 다음 중 갈등에 대한 설명으로 옳지 않은 것은?

① 집단 간 갈등의 해결은 구조적 분화와 전문화를 통해서 찾을 필요가 있다.

② 지위부조화는 행동주체 간의 교호작용을 예측 불가능하게 하여 갈등을 야기한다.

③ 갈등을 해결하기 위해서는 목표수준을 차별화할 필요가 있다.

④ 업무의 상호의존성이 갈등상황을 발생시키는 원인이 될 수 있다.

⑤ 행태주의적 관점은 조직 내 갈등은 필연적이고 완전한 제거가 불가능하기 때문에 갈등을 인정하고 받아들여야 한다는 입장이다.

06 다음 중 정부운영에서 예산이 가지는 특성에 대한 설명으로 옳지 않은 것은?

① 예산 과정을 통해 정부정책의 산출을 평가하고 측정할 수 있다.

② 예산은 정부정책 중 보수적인 영역에 속한다.

③ 예산이 결정되는 과정에는 다양한 주체들의 상호작용이 끊임없이 발생한다.

④ 희소한 공공재원의 배분에서 기회비용이 우선 고려된다.

⑤ 정보를 제공하는 양식에 따라 예산제도는 품목별 예산 – 프로그램 예산 – 기획 예산 – 성과주의 예산 – 영기준 예산 등의 순으로 발전해 왔다.

07 다음 중 규제에 대한 설명으로 옳지 않은 것은?

① 규제의 역설은 기업의 상품정보공개가 의무화될수록 소비자의 실질적 정보량은 줄어든다고 본다.

② 관리규제란 정부가 특정한 사회문제 해결에 대한 목표 달성 수준을 정하고 피규제자에게 이를 달성할 것을 요구하는 것이다.

③ 포획이론은 정부가 규제의 편익자에게 포획됨으로써 일반시민이 아닌 특정집단의 사익을 옹호하는 것을 지적한다.

④ 지대추구이론은 정부규제가 지대를 만들어내고 이해관계자집단으로 하여금 그 지대를 추구하도록 한다는 점을 설명한다.

⑤ 윌슨(J. Wilson)에 따르면 규제로부터 감지되는 비용과 편익의 분포에 따라 각기 다른 정치 경제적 상황이 발생된다.

08 다음 중 조직이론에 대한 설명으로 옳지 않은 것은?

① 고전적 조직이론에서는 조직 내부의 효율성과 합리성이 중요한 논의 대상이었다.

② 신고전적 조직이론은 인간에 대한 관심을 불러 일으켰고 조직행태론 연구의 출발점이 되었다.

③ 고전적 조직이론은 수직적인 계층제와 수평적인 분업체제, 명확한 절차와 권한이 중시되었다.

④ 현대적 조직이론은 동태적이고 유기체적인 조직을 상정하며 조직발전(OD)을 중시해 왔다.

⑤ 신고전적 조직이론은 인간의 조직 내 개방적인 사회적 관계와 더불어 조직과 환경의 관계를 중점적으로 다루었다.

09 다음 근무성적평정 오차 중 사람에 대한 경직적 편견이나 고정 관념 때문에 발생하는 오차는?

① 상동적 오차(Error of Stereotyping)

② 연속화의 오차(Error of Hallo Effect)

③ 관대화의 오차(Error of Leniency)

④ 규칙적 오차(Systematic of Error)

⑤ 시간적 오차(Recency of Error)

10 다음 중 성과주의 예산제도에 대한 설명으로 옳지 않은 것은?

① 정부가 무슨 일을 하느냐에 중점을 두는 제도이다.

② 기능별 예산제도 또는 활동별 예산제도라고 부르기도 한다.

③ 관리지향성을 지니며 예산관리를 포함하는 행정관리작용의 능률화를 지향한다.

④ 예산관리기능의 집권화를 추구한다.

⑤ 정부사업에 대한 회계책임을 묻는 데 유용하다.

11 다음 중 행정통제에 대한 설명으로 옳은 것을 〈보기〉에서 모두 고르면?

> **보기**
> ㄱ. 행정통제는 통제시기의 적시성과 통제내용의 효율성이 고려되어야 한다.
> ㄴ. 옴부즈만 제도는 공무원에 대한 국민의 책임 추궁의 창구 역할을 하며, 사법통제의 한계를 보완하는 제도이다.
> ㄷ. 외부통제는 선거에 의한 통제와 이익집단에 의한 통제를 포함한다.
> ㄹ. 입법통제는 합법성을 강조하므로 위법행정보다 부당행정이 많은 현대행정에서는 효율적인 통제가 어렵다.

① ㄱ, ㄴ
② ㄴ, ㄹ
③ ㄱ, ㄴ, ㄷ
④ ㄱ, ㄷ, ㄹ
⑤ ㄴ, ㄷ, ㄹ

12 다음 중 비계량적 성격의 직무평가 방법을 〈보기〉에서 모두 고르면?

> **보기**
> ㄱ. 점수법   ㄴ. 서열법
> ㄷ. 요소비교법   ㄹ. 분류법

① ㄱ, ㄴ
② ㄱ, ㄷ
③ ㄴ, ㄷ
④ ㄴ, ㄹ
⑤ ㄷ, ㄹ

13 다음 중 신공공관리론과 신공공서비스론의 특성에 대한 설명으로 옳지 않은 것은?

① 신공공관리론은 경제적 합리성에 기반하는 반면에 신공공서비스론은 전략적 합리성에 기반한다.
② 신공공관리론은 기업가 정신을 강조하는 반면에 신공공서비스론은 사회적 기여와 봉사를 강조한다.
③ 신공공관리론의 대상이 고객이라면 신공공서비스론의 대상은 시민이다.
④ 신공공서비스론이 신공공관리론보다 지역공동체 활성화에 더 적합한 이론이다.
⑤ 신공공관리론이 신공공서비스론보다 행정책임의 복잡성을 중시하며 행정재량권을 강조한다.

14 다음 중 예산분류 방식의 특징에 대한 설명으로 옳은 것은?

① 기능별 분류는 시민을 위한 분류라고도 하며 행정수반의 사업계획 수립에 도움이 되지 않는다.

② 조직별 분류는 부처 예산의 전모를 파악할 수 있어 지출의 목적이나 예산의 성과 파악이 용이하다.

③ 품목별 분류는 사업의 지출 성과와 결과에 대한 측정이 어렵다.

④ 경제 성질별 분류는 국민소득, 자본형성 등에 관한 정부활동의 효과를 파악하는 데 한계가 있다.

⑤ 품목별 분류는 예산집행기관의 재량을 확대하는 데 유용하다.

15 다음 중 신공공관리론에 대한 설명으로 옳은 것은?

① 과정보다는 결과에 초점을 맞추고 있으며, 조직 내 관계보다 조직 간 관계를 주로 다루고 있다.

② 행정가가 책임져야 하는 것은 행정업무 수행에서 효율성이 아니라 모든 사람에게 더 나은 생활을 보장하는 것이다.

③ 정부의 정체성을 무시하고 정부와 기업을 동일시함으로써 기업경영 원리와 기법을 그대로 정부에 이식하려 한다는 비판이 있다.

④ 정부 주도의 공공서비스 전달 또는 공공문제 해결을 넘어 협력적 네트워크 구축 및 관리라는 대안을 제시한다.

⑤ 경제적 생산활동의 결과는 경제활동과 사회를 지배하는 정치적·사회적 제도인 일단의 규칙에 달려 있다.

16 다음 중 조직구성원들의 동기이론에 대한 설명으로 옳은 것을 〈보기〉에서 모두 고르면?

> **보기**
>
> ㄱ. ERG 이론 : 앨더퍼(C. Alderfer)는 욕구를 존재욕구, 관계욕구, 성장욕구로 구분한 후 상위욕구와 하위욕구 간에 '좌절 – 퇴행' 관계를 주장하였다.
>
> ㄴ. XY 이론 : 맥그리거(D. McGregor)의 X이론은 매슬로(A. Maslow)가 주장했던 욕구계층 중에서 주로 상위욕구를, Y이론은 주로 하위욕구를 중요시하였다.
>
> ㄷ. 형평이론 : 애덤스(J. Adams)는 자기의 노력과 그 결과로 얻어지는 보상을 준거인물과 비교하여 공정하다고 인식할 때 동기가 유발된다고 주장하였다.
>
> ㄹ. 기대이론 : 브룸(V. Vroom)은 보상에 대한 매력성, 결과에 따른 보상, 그리고 결과발생에 대한 기대감에 의해 동기유발의 강도가 좌우된다고 보았다.

① ㄱ, ㄷ   ② ㄱ, ㄹ

③ ㄴ, ㄷ   ④ ㄷ, ㄹ

⑤ ㄱ, ㄴ, ㄷ

17 다음 중 중앙행정기관의 장과 지방자치단체의 장이 사무를 처리할 때 의견을 달리하는 경우 이를 협의·조정하기 위하여 설치하는 기구는?

① 행정협의조정위원회　　　　　　　② 중앙분쟁조정위원회
③ 지방분쟁조정위원회　　　　　　　④ 행정협의회
⑤ 갈등조정협의회

18 다음 중 정부의 역할에 대한 입장으로 옳은 것을 〈보기〉에서 모두 고르면?

> **보기**
> ㄱ. 진보주의 정부관에 따르면 정부에 대한 불신이 강하고 정부실패를 우려한다.
> ㄴ. 공공선택론의 입장은 정부를 공공재의 생산자로 규정하고 대규모 관료제에 의한 행정의 효율성을 높이는 것이 중요하다고 본다.
> ㄷ. 보수주의 정부관은 자유방임적 자본주의를 옹호한다.
> ㄹ. 신공공서비스론 입장에 따르면 정부의 역할은 시민들로 하여금 공유된 가치를 창출하고 충족시킬 수 있도록 봉사하는 데 있다.
> ㅁ. 행정국가 시대에는 '최대의 봉사가 최선의 정부'로 받아들여졌다.

① ㄱ, ㄴ, ㄷ　　　　　　　　　② ㄴ, ㄷ, ㄹ
③ ㄷ, ㄹ, ㅁ　　　　　　　　　④ ㄱ, ㄴ, ㄹ, ㅁ
⑤ ㄱ, ㄴ, ㄷ, ㄹ, ㅁ

19 다음 〈보기〉를 통계적 결론의 타당성 확보에 있어서 발생할 수 있는 오류로 바르게 구분한 것은?

> **보기**
> ㄱ. 정책이나 프로그램의 효과가 실제로 발생하였음에도 불구하고 통계적으로 효과가 나타나지 않은 것으로 결론을 내리는 경우
> ㄴ. 정책의 대상이 되는 문제 자체에 대한 정의를 잘못 내리는 경우
> ㄷ. 정책이나 프로그램의 효과가 실제로 발생하지 않았음에도 불구하고 통계적으로 효과가 나타난 것으로 결론을 내리는 경우

	제1종 오류	제2종 오류	제3종 오류
①	ㄱ	ㄴ	ㄷ
②	ㄱ	ㄷ	ㄴ
③	ㄴ	ㄱ	ㄷ
④	ㄴ	ㄷ	ㄱ
⑤	ㄷ	ㄱ	ㄴ

20 다음 중 신제도주의에 대한 설명으로 옳지 않은 것은?

① 제도는 공식적·비공식적 제도를 모두 포괄한다.

② 합리적 선택 제도주의는 개인의 합리적 선택과 전략적 의도가 제도변화를 발생시킨다고 본다.

③ 역사적 제도주의는 경로의존성에 의한 정책선택의 제약을 인정한다.

④ 사회학적 제도주의에서 제도는 개인들 간의 선택적 균형에 기반한 제도적 동형화과정의 결과물로 본다.

⑤ 개인의 선호는 제도에 의해서 제약이 되지만 제도가 개인들 간의 상호작용의 결과에 의해서 변화할 수도 있다고 본다.

21 다음 중 현행 헌법상의 신체의 자유에 대한 설명으로 옳은 것은?

① 법률과 적법한 절차에 의하지 아니하고는 강제노역을 당하지 아니한다.

② 누구든지 체포·구금을 받을 때에는 그 적부의 심사를 법원에 청구할 수 없다.

③ 체포, 구속, 수색, 압수, 심문에는 검사의 신청에 의하여 법관이 발부한 영장이 제시되어야 한다.

④ 법관에 대한 영장신청은 검사 또는 사법경찰관이 한다.

⑤ 특별한 경우, 형사상 자기에게 불리한 진술을 강요받을 수 있다.

22 다음 중 자유민주적 기본질서의 원리로 옳지 않은 것은?

① 법치주의   ② 권력분립주의
③ 의회민주주의   ④ 포괄위임입법주의
⑤ 국민주권주의

23 다음 중 헌법 제37조 제2항인 기본권의 제한에 대한 설명으로 옳지 않은 것은?

① 국회의 형식적 법률에 의해서만 제한할 수 있다.

② 처분적 법률에 의한 제한은 원칙적으로 금지된다.

③ 국가의 안전보장과 질서유지를 위해서만 제한할 수 있다.

④ 기본권의 본질적 내용은 침해할 수 없다.

⑤ 노동기본권의 제한에 대한 법적 근거를 밝히고 있다.

24 다음 중 자유권적 기본권으로 옳지 않은 것은?

① 신체의 자유　　　　　　　　② 종교의 자유

③ 직업선택의 자유　　　　　　④ 청원권의 보장

⑤ 재산권의 보장

25 다음 중 군주 단독의 의사에 의하여 제정되는 헌법으로 옳은 것은?

① 국약헌법　　　　　　　　　② 민정헌법

③ 흠정헌법　　　　　　　　　④ 명목적 헌법

⑤ 연성헌법

26 다음 중 탄핵소추에 대한 설명으로 옳지 않은 것은?

① 대통령이 그 직무집행에 있어서 헌법이나 법률을 위배한 때에는 탄핵소추의 대상이 된다.

② 대통령에 대한 탄핵소추는 국회 재적의원 3분의 2 이상의 찬성이 있어야 의결된다.

③ 탄핵결정으로 공직으로부터 파면되면 민사상의 책임은 져야 하나, 형사상의 책임은 면제된다.

④ 대통령이 탄핵소추의 의결을 받은 때에는 국무총리, 법률이 정한 국무위원의 순서로 그 권한을 대행한다.

⑤ 탄핵소추의 의결을 받은 공무원은 헌법재판소에 의한 탄핵결정이 있을 때까지 그 권한행사가 정지된다.

27 다음 중 헌법재판에 대한 설명으로 옳은 것은?

① 헌법은 헌법재판소장의 임기를 5년으로 규정한다.

② 헌법재판의 전심절차로서 반드시 행정심판을 거쳐야 한다.

③ 헌법재판소는 지방자치단체 상호 간의 권한쟁의심판을 관장한다.

④ 탄핵 인용결정을 할 때에는 재판관 5인 이상의 찬성이 있어야 한다.

⑤ 헌법재판소 재판관은 연임할 수 없다.

28 다음 중 헌법개정에 대한 설명으로 옳지 않은 것은?

① 헌법의 파괴는 개정이 아니다.

② 헌법에 규정된 개정절차에 따라야 한다.

③ 헌법의 기본적 동일성이 변경되는 것이다.

④ 헌법의 형식이나 내용에 변경을 가하는 것이다.

⑤ 국민투표를 요구하는 방법, 특별헌법회의를 필요로 하는 방법 등을 볼 수 있다.

29 다음 중 법원(法源)에 대한 설명으로 옳지 않은 것은?

① 법관이 재판을 할 때 있어서 적용하여야 할 기준이다.

② 죄형법정주의에 따라 관습형법은 인정되지 않는다.

③ 대통령령은 헌법에 근거를 두고 있다.

④ 민사에 관하여 법률에 규정이 없으면 관습법에 의하고 관습법이 없으면 조리에 의한다.

⑤ 영미법계 국가에서는 판례의 법원성이 부정된다.

30 다음 중 국회의 권한으로 옳은 것은?

① 탄핵심판권

② 권한쟁의심판권

③ 긴급명령에 대한 승인권

④ 명령·규칙에 대한 최종심사권

⑤ 법률의 위헌여부 심판권

31 다음 중 법률효과가 처음부터 발생하지 않는 것은?

① 착오　　　　　　　　② 취소

③ 무효　　　　　　　　④ 사기

⑤ 강박

32 다음 중 신의칙과 거리가 먼 것은?

① 사적자치의 원칙　　　　　　② 권리남용금지의 원칙
③ 실효의 원리　　　　　　　　④ 금반언의 원칙(외형주의)
⑤ 사정변경의 원칙

33 권리와 의무는 서로 대응하는 것이 보통이나, 권리만 있고 그에 대응하는 의무가 없는 경우도 있다. 이와 같은 권리에는 무엇이 있는가?

① 친권　　　　　　　　　　　② 특허권
③ 채권　　　　　　　　　　　④ 취소권
⑤ 재산권

34 다음 중 행정심판에 의해 구제받지 못한 자가 위법한 행정행위에 대하여 최종적으로 법원에 구제를 청구하는 절차는?

① 헌법소원　　　　　　　　　② 손해배상청구
③ 손실보상청구　　　　　　　④ 행정소송
⑤ 경정청구

35 다음 중 행정청이 건물의 철거 등 대체적 작위의무의 이행과 관련하여 의무자가 행할 작위를 스스로 행하거나 또는 제3자로 하여금 이를 행하게 하고 그 비용을 의무자로부터 징수하는 행정상의 강제집행수단은?

① 행정대집행　　　　　　　　② 행정벌
③ 직접강제　　　　　　　　　④ 행정상 즉시강제
⑤ 행정조사

36 다음 중 행정기관에 대한 설명으로 옳은 것은?

① 행정청의 자문기관은 합의제이며, 그 구성원은 공무원으로 한정된다.

② 의결기관은 의사기관에 대하여 그 의결 또는 의사결정을 집행하는 기관이다.

③ 국무조정실, 각 부의 차관보·실장·국장 등은 행정조직의 보조기관이다.

④ 행정청은 행정주체의 의사를 결정하여 외부에 표시하는 권한을 가진 기관이다.

⑤ 보좌기관은 행정조직의 내부기관으로서 행정청의 권한 행사를 보조하는 것을 임무로 하는 행정기관이다.

37 행정행위에 취소사유가 있다고 하더라도 당연무효가 아닌 한 권한 있는 기관에 의해 취소되기 전에는 유효한 것으로 통용되는 것은 행정행위의 어떠한 효력 때문인가?

① 강제력

② 공정력

③ 불가변력

④ 형식적 확정력

⑤ 불가쟁력

38 다음 중 행정행위에 대한 설명으로 옳지 않은 것은?

① 내용이 명확하고 실현가능하여야 한다.

② 법률상 절차와 형식을 갖출 필요는 없다.

③ 법률의 규정에 위배되지 않아야 한다.

④ 정당한 권한을 가진 자의 행위이어야 한다.

⑤ 법률에 근거를 두어야 한다.

39 다음 중 관할행정청 甲이 乙의 경비업 허가신청에 대해 거부처분을 한 경우, 이에 불복하는 乙이 제기할 수 있는 행정심판은 무엇인가?

① 당사자심판
② 부작위위법확인심판
③ 거부처분부당확인심판
④ 의무이행심판
⑤ 특허심판

PART 2

40 다음 중 취소소송의 판결의 효력에 대한 설명으로 옳지 않은 것은?

① 취소판결의 기판력은 판결의 대상이 된 처분에 한하여 미치고 새로운 처분에 대해서는 미치지 아니한다.
② 거부처분의 취소판결이 확정된 경우 그 판결의 당사자인 처분청은 그 소송의 사실심 변론 종결 이후 발생한 사유를 들어 다시 이전의 신청에 대하여 거부처분을 할 수 있다.
③ 취소판결의 기속력은 그 사건의 당사자인 행정청과 그 밖의 관계행정청에게 확정판결의 취지에 따라 행동하여야 할 의무를 지우는 것으로 이는 인용판결에 한하여 인정된다.
④ 거부처분의 취소판결이 확정되었더라도 그 거부처분 후에 법령이 개정·시행되었다면 처분청은 그 개정된 법령 및 허가기준을 새로운 사유로 들어 다시 이전 신청에 대하여 거부처분을 할 수 있다.
⑤ 취소판결의 기판력은 소송의 대상이 된 처분의 위법성존부에 관한 판단 그 자체에만 미치기 때문에 기각판결의 원고는 당해 소송에서 주장하지 아니한 다른 위법사유를 들어 다시 처분의 효력을 다툴 수 있다.

01 다음 중 고속도로 나들목의 선정 기준으로 옳지 않은 것은?

① 국도 등 주요도로와의 교차점 혹은 접근지점

② 50,000명 이상 거주하는 도시 외곽 부근

③ 공업단지, 유통단지, 관광지 등으로 통하는 주요 도로와의 교차점 혹은 접근지점

④ 나들목 출입 교통량이 일 30,000대 이하가 되도록 할 것

⑤ 나들목 세력권 인구가 최소 50,000명일 것

02 다음 중 폭이 b이고 높이가 h인 직사각형의 도심에 대한 단면 2차 모멘트는?

① $\dfrac{bh}{3}(b^2+h^2)$

② $\dfrac{\sqrt{bh}}{3}(b^3+h^3)$

③ $\dfrac{\sqrt{bh}}{12}(b^3+h^3)$

④ $\dfrac{bh}{12}(b^2+h^2)$

⑤ $\dfrac{bh}{6}(b^2+h^2)$

03 길이가 7m인 양단 연속보에서 처짐을 계산하지 않는 경우 보의 최소두께로 옳은 것은?(단, $f_{ck}=$ 28MPa, $f_y=$400MPa이다)

① 약 275mm

② 약 334mm

③ 약 379mm

④ 약 438mm

⑤ 약 452mm

04 금속의 탄성계수 $E=230,000$MPa이고, 전단탄성계수 $G=60,000$MPa일 때, 이 금속의 푸아송비 (ν)는?

① 약 0.917
② 약 0.824
③ 약 0.766
④ 약 0.621
⑤ 약 0.586

05 두 개의 수평한 판이 5mm 간격으로 놓여 있고, 점성계수 0.01N · s/cm^{2}인 유체로 채워져 있다. 하나의 판을 고정시키고 다른 하나의 판을 2m/s로 움직일 때, 유체 내에서 발생되는 전단응력은?

① 1N/cm^2
② 2N/cm^2
③ 3N/cm^2
④ 4N/cm^2
⑤ 5N/cm^2

06 다음 중 평면교차로 설계 원칙으로 옳지 않은 것은?

① 교차로의 면적은 가능한 한 최대가 되도록 설계한다.
② 자동차의 유도로를 명확하게 지시한다.
③ 교차각은 $90°\pm15°$로 설정한다.
④ 다섯 갈래 이상의 교차로는 되도록 피한다.
⑤ 서로 다른 교통류는 분리한다.

07 한 방향 슬래브는 휨균열을 제어하기 위해 휨철근의 배치에 대한 규정으로 콘크리트 인장연단에 가장 가까이 배치되는 휨철근의 중심간격(s)을 제한하고 있다. 철근의 항복강도가 500MPa이고 피복두께가 40mm로 설계된 휨철근의 중심간격(s)은 얼마 이하여야 하는가?

① 300.00mm
② 315.00mm
③ 330.00mm
④ 345.00mm
⑤ 360.00mm

08 다음 중 일반적으로 단순보에서 절대 최대 전단력이 일어나는 곳은?

① 중앙점   ② 지지점

③ $\dfrac{1}{2}$ 지점   ④ $\dfrac{1}{4}$ 지점

⑤ $\dfrac{1}{6}$ 지점

09 다음 중 도로의 등급이 높은 순서대로 나열한 것은?

① 고속국도 – 일반국도 – 지방도 – 특별시도 – 시도 – 군도 – 구도
② 고속국도 – 일반국도 – 지방도 – 시도 – 특별시도 – 군도 – 구도
③ 고속국도 – 일반국도 – 시도 – 특별시도 – 지방도 – 구도 – 군도
④ 고속국도 – 일반국도 – 특별시도 – 시도 – 구도 – 지방도 – 군도
⑤ 고속국도 – 일반국도 – 특별시도 – 지방도 – 시도 – 군도 – 구도

10 다음 중 Terzaghi의 1차원 압밀 이론의 가정조건으로 옳지 않은 것은?

① 흙은 균질하고 완전하게 포화되어 있다.
② 토립자와 물은 비압축성이다.
③ Darcy의 법칙이 타당하게 사용된다.
④ 압밀 진행 중인 흙의 성질은 변할 수 있다.
⑤ 압력과 간극비 사이에는 직선적인 관계가 성립된다.

11 어떤 흙의 습윤 단위중량이 $2.0t/m^3$, 함수비가 20%, 비중 $G_s = 2.7$인 경우 포화도는 얼마인가?

① 약 84.1%   ② 약 87.1%

③ 약 95.6%   ④ 약 98.5%

⑤ 약 100%

12 설계기준압축강도(f_{ck})가 25MPa이고, 쪼갬인장강도(f_{sp})가 2.4MPa인 경량골재콘크리트에 적용하는 경량콘크리트계수(λ)는?

① 약 0.857   ② 약 0.867

③ 약 0.878   ④ 약 0.881

⑤ 약 0.893

13 다음 중 도로의 서비스 수준 F에 해당하지 않는 경우는?

① 혼잡한 도로에서의 차로변경 등으로 인한 교통정체

② 교통사고로 인한 도로 통제

③ 합류 지점 등 도착 교통량이 통과 교통량보다 많은 경우

④ 첨두시간 교통량이 용량을 초과할 때

⑤ 시위 등으로 인한 도로 통제

14 단순지지된 2방향 슬래브에 등분포하중 w가 작용할 때, ab방향에 분배되는 하중은 얼마인가?

① 0.958w ② 0.941w

③ 0.932w ④ 0.912w

⑤ 0.893w

15 콘크리트의 설계기준강도가 38MPa인 경우 콘크리트의 탄성계수(E_e)는?(단, 보통골재를 사용한다)

① 2.6452×10^4MPa   ② 2.7104×10^4MPa

③ 2.9546×10^4MPa   ④ 3.0952×10^4MPa

⑤ 3.1856×10^4MPa

16 다음 중 철근 콘크리트 포장에 대한 설명으로 옳지 않은 것은?

① 일정량의 종방향 철근을 사용한다.

② 종방향 철근에 의해 균열이 방지되므로 균열 발생을 어느정도 허용한다.

③ 무근 콘크리트 포장에 비해 줄눈의 수가 줄어든다.

④ 일반 도로포장과는 달리 큰 공항의 활주로 등의 작용하중이 큰 도로에 적용된다.

⑤ 포장수명이 다른 형태보다 길어 유지관리가 용이하다.

17 다음 설명과 같은 강도정수 결정에 적합한 삼축압축 시험의 종류는?

> 포화된 점섬토지반 위에 구조물을 시공한 직후, 초기의 안정 검토에 필요한 지반 강도정수 결정하는 방법

① 압밀 배수(CD test) ② 압밀 비배수(CU test)

③ 비압밀 배수(UD test) ④ 비압밀 비배수(UU test)

⑤ 정답 없음

18 다음 중 3층 구조로 구조결합 사이에 치환성 양이온이 있어서 활성이 크고, 시트 사이에 물이 들어가 팽창 수축이 크고 공학적 안전성이 제일 약한 점토광물은?

① Kaolinite ② Illite

③ Sand ④ Halloysite

⑤ Montmorillonite

19 무게 1kg의 물체를 두 끈으로 늘어뜨렸을 때, 한 끈이 받는 힘의 크기를 바르게 나열한 것은?

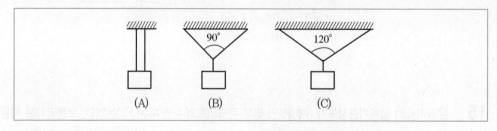

① (A) > (B) > (C) ② (A) > (C) > (B)

③ (B) > (A) > (C) ④ (C) > (A) > (B)

⑤ (C) > (B) > (A)

20 다음 중 도로의 횡단구성 시 고려해야 할 사항으로 옳지 않은 것은?

① 교통의 안정성 및 효율성

② 생활환경보전

③ 효율성을 위해 자전거도로와 보행로를 통합

④ 도로의 유지관리

⑤ 교통처리능력

21 다음 그림과 같은 단면을 가지는 기둥에 집중하중 200kN이 아래와 같은 편심으로 작용할 때, 최대 압축응력은 얼마인가?

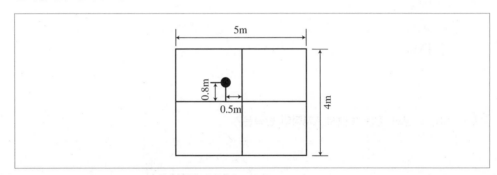

① 16kPa   ② 20kPa

③ 24kPa   ④ 28kPa

⑤ 32kPa

22 다음 그림과 같은 홈 형강을 양단 활절(Hinge)로 지지할 때, 좌굴 하중은 얼마인가?(단, $E = 2.1 \times 10^6 \text{kg/cm}^2$, $A = 12\text{cm}^2$, $I_x = 190\text{cm}^4$, $I_y = 27\text{cm}^4$로 한다)

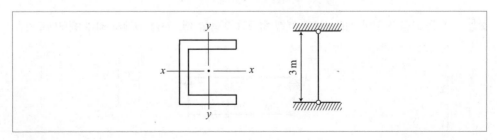

① 4.4t   ② 6.2t

③ 37.2t   ④ 43.7t

⑤ 62.2t

23 다음 그림과 같은 단면적 $1cm^2$, 길이 1m인 철근 AB부재가 있다. 이 철근이 최대 $\delta = 1.0cm$ 늘어날 때, 철근의 허용하중 $P[kN]$는?[단, 철근의 탄성계수(E)는 $2.1 \times 10^4 kN/cm^2$로 한다]

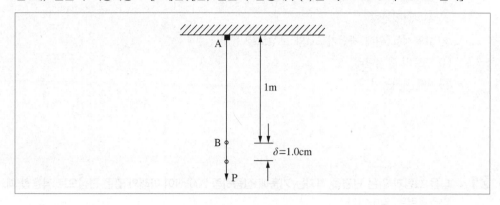

① 150kN
② 180kN
③ 210kN
④ 240kN
⑤ 270kN

24 다음 그림과 같은 보에서 A지점의 반력은?

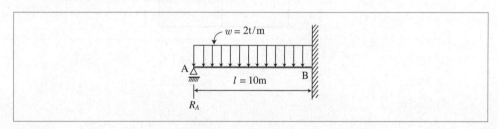

① 6.0t
② 7.5t
③ 8.0t
④ 9.5t
⑤ 10.0t

25 다음 그림과 같이 게르버보에 연행 하중이 이동할 때, 지점 B에서 최대 휨모멘트는?

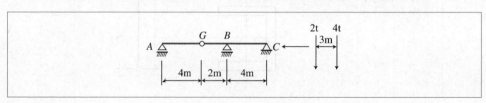

① $-8t \cdot m$
② $-9t \cdot m$
③ $-10t \cdot m$
④ $-11t \cdot m$
⑤ $-12t \cdot m$

26 다음 캔틸레버보 선단 B의 처짐각(Slope, 요각)은?(단, EI는 일정하다)

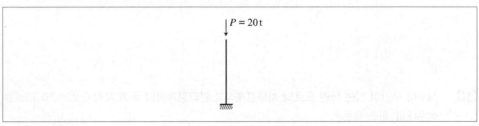

① $\dfrac{wl^3}{3EI}$

② $\dfrac{wl^3}{6EI}$

③ $\dfrac{wl^3}{8EI}$

④ $\dfrac{2wl^3}{3EI}$

⑤ $\dfrac{2wl^3}{6EI}$

27 다음 그림과 같은 지지상태가 1단 고정, 1단 자유인 기둥 상단에 20t의 하중이 작용할 때, 기둥이 좌굴하는 높이 l은?(단, 기둥의 단면적은 폭 5cm, 높이 10cm인 직사각형이고, 탄성계수 $E=2,100,000\text{kg/cm}^2$이며, 20t의 하중은 단면 중앙에 작용한다)

$P = 20\,\text{t}$

① 약 1.64m

② 약 2.56m

③ 약 3.29m

④ 약 3.50m

⑤ 약 3.78m

28 그림 (b)는 그림 (a)와 같은 단순보에 대한 전단력 선도(S.F.D; Shear Force Diagram)이다. 보 AB에는 어떠한 하중이 실려 있는가?

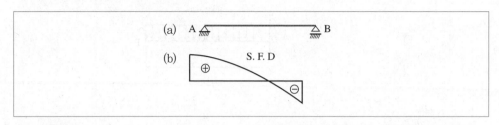

① 집중 하중
② 1차 함수분포 하중
③ 등변분포 하중
④ 모멘트 하중
⑤ 사다리꼴 하중

29 다음 그림과 같은 일정한 단면적을 가진 보의 길이 l인 B지점에 집중 하중 P가 작용하여 B점의 처짐 δ가 4δ가 되려면 보의 길이는?

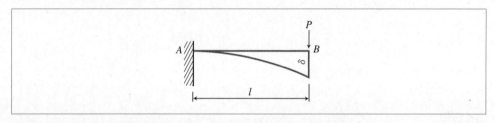

① l의 약 1.2배가 되어야 한다.
② l의 약 1.6배가 되어야 한다.
③ l의 약 2.0배가 되어야 한다.
④ l의 약 2.2배가 되어야 한다.
⑤ l의 약 2.4배가 되어야 한다.

30 식수대 구간이 있는 어떤 도로의 차도경계석과 분리경계석의 폭이 각각 0.22m, 0.15m일 때 전체 식수대의 최소 폭은?

① 0.63m
② 0.78m
③ 1m
④ 1.15m
⑤ 1.37m

31 다음 그림에서 y축에 대한 단면 2차 모멘트의 값은?

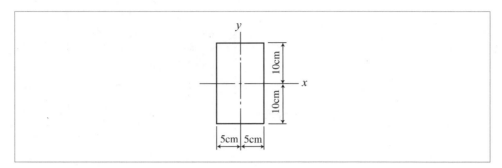

① 약 $6,666\text{cm}^4$

② 약 $3,333\text{cm}^4$

③ 약 $1,667\text{cm}^4$

④ 약 $1,416\text{cm}^4$

⑤ 약 $1,102\text{cm}^4$

32 다음 보에서 지점 A부터 최대 휨모멘트가 생기는 단면은?

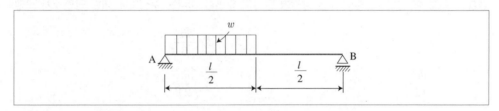

① $\dfrac{1}{3}l$

② $\dfrac{1}{4}l$

③ $\dfrac{2}{5}l$

④ $\dfrac{3}{7}l$

⑤ $\dfrac{3}{8}l$

33 다음 그림에서 작용하는 네 힘의 합력이 A점으로부터 오른쪽으로 4m 떨어진 곳에 하방향으로 300kg일 때, F와 P는 각각 얼마인가?

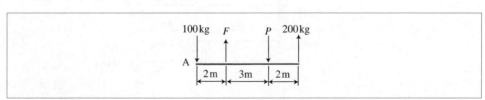

① $F=300\text{kg}$, $P=400\text{kg}$

② $F=400\text{kg}$, $P=200\text{kg}$

③ $F=200\text{kg}$, $P=400\text{kg}$

④ $F=400\text{kg}$, $P=300\text{kg}$

⑤ $F=200\text{kg}$, $P=300\text{kg}$

34 다음 구조물에서 CB 부재의 부재력은 얼마인가?

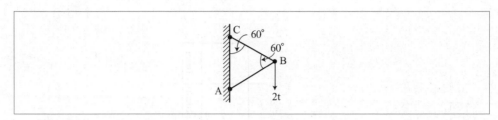

① $2\sqrt{3}\,t$

② 2t

③ 1t

④ $\sqrt{3}\,t$

⑤ $\dfrac{1}{2}\,t$

35 다음 중 밑변 b, 높이 h인 삼각형 단면의 밑변을 지나는 수평축에 대한 단면 2차 모멘트값은?

① $\dfrac{bh^3}{3}$

② $\dfrac{bh^3}{6}$

③ $\dfrac{bh^3}{12}$

④ $\dfrac{bh^3}{24}$

⑤ $\dfrac{bh^3}{36}$

36 다음 그림은 게르버(Gerber)보의 GB 구간에 등분포 하중이 작용할 때의 전단력도이다. 등분포 하중 w의 크기는?

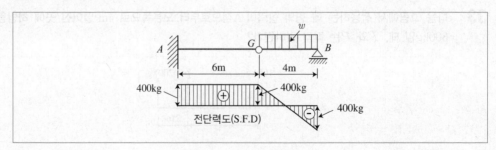

① 250kg/m

② 200kg/m

③ 150kg/m

④ 100kg/m

⑤ 50kg/m

37 $V = 6t$을 받는 다음 그림과 같은 단면의 빔에서 $a - a'$ 단면의 최대 전단응력은?

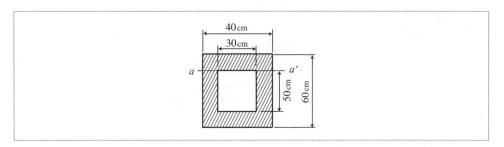

① 8.10kg/cm^2 ② 6.06kg/cm^2

③ 5.10kg/cm^2 ④ 4.04kg/cm^2

⑤ 2.02kg/cm^2

38 다음 보 구조물의 B지점에서의 모멘트는 얼마인가?

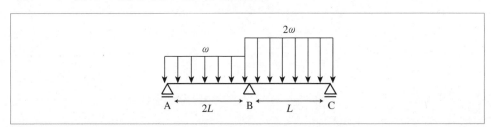

① $M_B = \dfrac{\omega L^2}{4}$ ② $M_B = \dfrac{3\omega L^2}{4}$

③ $M_B = \dfrac{5\omega L^2}{12}$ ④ $M_B = \dfrac{7\omega L^2}{12}$

⑤ $M_B = \dfrac{11\omega L^2}{12}$

39 다음과 같은 내민보에서 C단에 힘 $P = 2,400\text{kg}$의 하중이 150°의 경사로 작용하고 있다. A단의 연직 반력 R_A를 0으로 하려면 AB 구간에 작용될 등분포하중 w의 크기는?

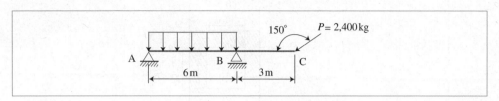

① 300kg/m
② 224.42kg/m
③ 200kg/m
④ 186.41kg/m
⑤ 150kg/m

40 최대 휨모멘트 8,000kg/m를 받는 목재보의 직사각형 단면에서 폭 $b = 25\text{cm}$일 때, 높이 h는 얼마인가?(단, 자중은 무시하고, 허용 휨응력 $\sigma_a = 120\text{kg/cm}^2$ 이다)

① 40cm
② 42cm
③ 44cm
④ 46cm
⑤ 48cm

PART 3

최종점검 모의고사

제1회
최종점검 모의고사

■ 취약영역 분석

번호	O/×	영역	번호	O/×	영역	번호	O/×	영역
01			21			41		
02			22			42		문제해결능력
03			23			43		
04			24			44		
05			25		수리능력	45		
06			26			46		
07			27			47		
08		의사소통능력	28			48		
09			29			49		
10			30			50		
11			31			51		
12			32			52		
13			33			53		정보능력
14			34			54		
15			35			55		
16			36		문제해결능력	56		
17			37			57		
18		수리능력	38			58		
19			39			59		
20			40			60		

평가문항	60문항	평가시간	60분
시작시간	:	종료시간	:
취약영역			

🕐 응시시간 : 60분   📋 문항 수 : 60문항

정답 및 해설 p.072

01 다음 기사의 제목으로 가장 적절한 것은?

> 올 여름 휴가철 고속도로를 이용해 수도권에서 출발하는 차량은 다음 달 3 ~ 4일, 수도권으로 돌아오는 차량은 5일에 가장 많아 교통 혼잡이 심할 것으로 예상된다. 국토교통부는 오는 25일부터 내달 12일까지 19일간을 '하계 휴가철 특별교통대책 기간'으로 정하고 원활한 교통편의 제공을 위해 특별교통대책을 마련·시행할 계획이라고 24일 밝혔다.
>
> 혼잡이 예상되는 구간은 갓길차로 운영, 우회도로 안내, 실시간 교통정보 제공 등으로 교통량을 분산하고, 동해안 이동 고속도로 노선과 주요 휴가지 인근 고속도로 영업소의 교통관리도 강화해 나갈 예정이다. 또한 안전에 지장이 없는 범위 내에서 버스·열차·항공기·연안 여객선 등 대중교통 수송력을 최대한 확충하여 이용을 활성화할 예정이다.
>
> 대책 기간 동안 교통수요 분석 결과를 살펴보면, 올해 하계 휴가 특별교통대책 기간 동안 1일 평균 483만 명, 총 9,180만 명이 이동해 작년 대책 기간의 일평균 대비 0.3%, 평시 대비 27.6%가 증가할 것으로 예상된다. 정부는 먼저 휴가기간 이동객의 원활한 수송을 위해 특별교통대책 기간 동안 1일 평균 고속버스 324회, 철도 6회, 항공기 7편, 선박 179회를 더 운행하기로 하였다.
>
> 또한 교통안내전광판(VMS) 등을 활용한 실시간 교통정보를 제공하는 한편 상습정체구간 우회도로, 교통 집중기간 및 혼잡구간 등에 대한 교통정보를 제공하는 등 사전 홍보도 강화한다. 아울러 스마트폰 앱, 인터넷, 방송 등 다양한 홍보매체를 통해 실시간 도로소통 상황과 우회도로 정보를 제공해 교통수요 분산을 유도할 예정이다. 더불어 고속도로 신규 개통, 고속도로 갓길의 효율적 운용과 교통수요 관리, 피서지 주변도로 교통대책 등 다양한 교통소통대책이 시행된다.
>
> 또한 갓길차로제(35개 구간, 246.1km)를 운영하고, 고속도로 이용이 집중될 것으로 예상되는 내달 1일부터 5일까지 승용차 임시 갓길차로(5개 구간, 12.4km) 운영 및 진출부 감속차로 연장운영(2개 구간, 1.4km)을 통해 교통 정체를 완화하고 교통 흐름의 연속성을 확보한다. 이와 더불어 고속도로 휴게소·졸음쉼터 등에 화장실을 확충하고, 졸음쉼터 198곳에 그늘막을 설치해 이용객 편의를 증진시키기로 하였다.

① 휴가철, 이용객 편의를 위한 특별교통대책 시행
② 휴가철, VMS를 활용한 실시간 교통정보 제공
③ 휴가철, 승용차 임시 갓길차로제 도입
④ 휴가철, 고속버스 및 철도 등 대중교통 수송력 확대

02 다음 글을 읽고 추론할 수 있는 내용으로 가장 적절한 것은?

10월 9일은 오늘의 한글을 창제해서 세상에 펴낸 것을 기념하고, 한글의 우수성을 기리기 위한 국경일이다. 한글은 인류가 사용하는 문자 중에서 창제자와 창제연도가 명확히 밝혀진 문자임은 물론, 체계적이고 과학적인 원리로 어린아이도 배우기 쉬운 문자이다. 한글의 우수성은 한자나 영어와 비교해 봐도 쉽게 알 수 있다. 기본적인 생활을 하기 위해서 3,000자에서 5,000자 정도의 수많은 문자의 모양과 의미를 외워야 하는 표의문자인 한자와는 달리, 한글은 소리를 나타내는 표음문자이기 때문에 24개의 문자만 익히면 쉽게 조합하여 학습할 수 있다.

한글의 이러한 과학적인 부분은 실제로 세계 학자들 사이에서도 찬탄을 받는다. 한글이 세계 언어학계에 본격적으로 알려진 것은 1960년대이다. 영국의 저명한 언어학자인 샘프슨(G. Sampson) 교수는 "한글은 세계에서 과학적인 원리로 창제된 가장 훌륭한 글자"라고 평가한다. 그는 특히 "발성 기관이 소리를 내는 모습을 따라 체계적으로 창제된 점이 과학적이며 문자 자체가 소리의 특징을 반영했다는 점이 놀랍다."라고 평가한다. 동아시아 역사가 라이샤워(O. Reichaurer)도 "한글은 전적으로 독창적이고 놀라운 음소문자로, 세계의 어떤 나라의 일상 문자에서도 볼 수 없는 가장 과학적인 표기 체계이다."라고 찬탄하고 있으며, 미국의 다이아몬드(J. Diamond) 교수 역시 "세종이 만든 28자는 세계에서 가장 훌륭한 알파벳이자 가장 과학적인 표기법 체계"라고 평가한다.

이러한 점을 반영하여 유네스코에서는 한글을 문화유산으로 등록함은 물론, 세계적으로 문맹 퇴치에 이바지한 사람에게 '세종대왕'의 이름을 붙인 상을 주고 있다. 이처럼 세계적으로 인정받는 우리의 독창적이고 고유한 글자인 '한글'에 대해 우리는 더욱더 큰 자긍심을 느껴야 할 것이다.

① 한글을 배우기 위해서는 문자의 모양과 의미를 외워야 한다.
② 한글은 소리를 나타내는 표음문자이기 때문에 한자와 달리 문자를 따로 익힐 필요는 없다.
③ 한글 창제에 담긴 세종대왕의 정신을 기리기 위해 유네스코에서는 세계적으로 문맹 퇴치에 이바지한 사람에게 '세종대왕상'을 수여한다.
④ 영국의 저명한 언어학자인 샘프슨(G. Sampson) 교수는 '세종이 만든 28자는 세계에서 가장 훌륭한 알파벳'이라고 평가했다.

03 다음 글의 빈칸에 들어갈 내용으로 가장 적절한 것은?

MZ세대 직장인을 중심으로 '조용한 사직'이 유행하고 있다. '조용한 사직'이라는 신조어는 2022년 7월 한 미국인이 SNS에 소개하면서 큰 호응을 얻은 것으로, 실제로 퇴사하진 않지만 최소한의 일만 하는 업무 태도를 말한다. 실제로 MZ세대 직장인은 '적당히 하자'라는 생각으로 주어진 업무는 하되 더 찾아서 하거나 스트레스 받을 수준으로 많은 일을 맡지 않고, 사내 행사도 꼭 필요할 때만 참여해 일과 삶을 철저히 분리하고 있다.

한 채용플랫폼의 설문조사 결과에 따르면 직장인 10명 중 7명이 '월급 받는 만큼만 일하면 끝'이라고 답했고, 20대 응답자 중 78.5%, 30대 응답자 중 77.1%가 '받은 만큼만 일한다.'라고 답했다. 설문조사 결과 연령대가 높아질수록 그 비율은 감소해 젊은 층을 중심으로 이 같은 인식이 확산하고 있음을 짐작할 수 있다.

이러한 인식이 확산하는 데는 인플레이션으로 인한 임금 감소, '돈을 많이 모아도 집 한 채를 살 수 있을까?' 등 전반적인 경제적 불만이 기저에 있다고 전문가들은 말했다. 또 MZ세대가 '노력에 상응하는 보상을 받고 있는지'에 민감하게 반응하는 특성을 가지고 있는 것도 한 몫 하고 있다.

문제점은 이러한 '조용한 사직' 분위기가 기업의 전반적인 생산성 저하로 이어지고 있는 것이다. 이에 맞서 기업도 '조용한 사직'으로 대응해 게으른 직원에게 업무를 주지 않는 '조용한 해고'를 하는 상황이 발생하고 있다. 이에 전문가들은 MZ세대 직장인을 나태하다고 구분 짓는 사고방식은 잘못되었다고 지적하며, 기업 차원에서는 "＿＿＿＿＿＿＿＿＿＿＿＿＿＿"이, 개인 차원에서는 "스스로 일과 삶을 잘 조율하는 현명함을 만드는 것"이 필요하다고 언급했다.

① 직원이 일한 만큼 급여를 올려주는 것
② 직원이 스트레스를 받지 않게 적당량의 업무를 배당하는 것
③ 젊은 세대의 채용을 신중히 하는 것
④ 젊은 세대가 함께할 수 있도록 분위기를 만드는 것

04 다음 제시된 문단에 이어질 내용을 논리적 순서대로 바르게 나열한 것은?

> 연금 제도의 금융 논리와 관련하여 결정적으로 중요한 원리는 중세에서 비롯된 신탁 원리다. 12세기 영국에서는 미성년 유족(遺族)에게 토지에 대한 권리를 합법적으로 이전할 수 없었다. 그럼에도 불구하고 영국인들은 유언을 통해 자식에게 토지 재산을 물려주고 싶어 했다.

> (가) 이런 상황에서 귀족들이 자신의 재산을 미성년 유족이 아닌, 친구나 지인 등 제3자에게 맡기기 시작하면서 신탁 제도가 형성되기 시작했다. 여기서 재산을 맡긴 성인 귀족, 재산을 물려받은 미성년 유족, 그리고 미성년 유족을 대신해 그 재산을 관리·운용하는 제3자로 구성되는 관계, 즉 위탁자, 수익자, 그리고 수탁자로 구성되는 관계가 등장했다.
>
> (나) 연금 제도가 이 신탁 원리에 기초해 있는 이상, 연금 가입자는 연기금 재산의 운용에 대해 영향력을 행사하기 어렵게 된다. 왜냐하면 신탁의 본질상 공·사 연금을 막론하고 신탁 원리에 기반을 둔 연금 제도에서는 수익자인 연금 가입자의 적극적인 권리 행사가 허용되지 않기 때문이다.
>
> (다) 이 관계에서 주목해야 할 것은 미성년 유족은 성인이 될 때까지 재산권을 온전히 인정받지는 못했다는 점이다. 즉, 신탁 원리에서 수익자는 재산에 대한 운용 권리를 모두 수탁자인 제3자에게 맡기도록 되어 있었기 때문에 수익자의 지위는 불안정했다.
>
> (라) 결국 신탁 원리는 수익자의 연금 운용 권리를 현저히 약화시키는 것을 기본으로 한다. 그 대신 연금 운용을 수탁자에게 맡기면서 '수탁자 책임'이라는, 논란이 분분하고 불분명한 책임이 부과된다. 수탁자 책임 이행의 적절성을 어떻게 판단할 수 있는가에 대해 많은 논의가 있었지만, 수탁자 책임의 내용에 대해서 실질적인 합의가 이루어지지는 못했다.

① (가) – (다) – (나) – (라) ② (가) – (라) – (나) – (다)
③ (나) – (가) – (다) – (라) ④ (나) – (라) – (가) – (다)

05 D회사는 채용 절차 중 토론 면접을 진행하고 있다. 토론 주제는 '공공 자전거 서비스 제도'이며, 다음은 토론 면접의 일부이다. 이에 대한 추론으로 적절하지 않은 것은?

사회자 : 최근 사람들의 교통 편의를 위해 공공 자전거 서비스를 제공하는 지방 자치 단체가 늘고 있습니다. 공공 자전거 서비스 제도는 지방 자치 단체에서 사람들에게 자전거를 무상으로 빌려주어 일상생활에서 이용하게 하는 제도입니다. 이에 대해 '공공 자전거 서비스 제도를 시행해야 한다.'라는 논제로 토론을 하고자 합니다. 먼저 찬성 측 입론해 주십시오.

A씨 : 최근 회사나 학교 주변의 교통 체증이 심각한 상황입니다. 특히, 출퇴근 시간이나 등하교 시간에는 많은 자동차가 한꺼번에 쏟아져 나와 교통 혼잡이 더욱 가중되고 있습니다. 공공 자전거 서비스 제도를 도입하여 많은 사람이 자전거를 이용하여 출퇴근하게 되면 출퇴근이나 등하교 시의 교통 체증 문제를 완화할 수 있을 것입니다. 또한 공공 자전거 서비스 제도를 시행하면 자동차의 배기가스로 인한 대기 오염을 줄일 수 있고, 경제적으로도 교통비가 절감되어 가계에 도움이 될 것입니다.

사회자 : 반대 측에서 반대 질의해 주십시오.

B씨 : 공공 자전거 서비스 제도를 실시하면 교통 체증 문제를 완화할 수 있다고 하셨는데, 그럴 경우 도로에 자전거와 자동차가 섞이게 되어 오히려 교통 혼잡 문제가 발생하지 않을까요?

A씨 : 자전거 전용 도로를 만들면 자전거와 자동차가 뒤섞여 빚는 교통 혼잡을 막을 수 있어서 말씀하신 문제점을 해결할 수 있습니다.

사회자 : 이번에는 반대 측에서 입론해 주십시오.

B씨 : 공공 자전거 서비스 제도가 도입되면 자전거를 구입하거나 유지하는 데 드는 비용, 자전거 대여소를 설치하고 운영하는 데 드는 경비 등을 모두 지방 자치 단체에서 충당해야 합니다. 그런데 이 비용들은 모두 사람들의 세금으로 마련되는 것입니다. 따라서 자전거를 이용하지 않는 사람들도 공공 자전거 서비스에 필요한 비용을 지불해야 하기 때문에 형평성의 문제가 발생할 수 있습니다. 자신의 세금 사용에 대해 문제를 제기할 수 있는 사람들의 요구를 고려하여 신중한 접근이 필요하다고 봅니다.

사회자 : 그러면 이번에는 찬성 측에서 반대 질의해 주십시오.

A씨 : 공공 자전거 서비스 제도의 운용 경비를 모두 지방 자치 단체에서 충당해야 한다고 하셨는데, 통계 자료에 따르면 공공 자전거 서비스 제도를 시행하고 있는 지방 자치 단체 열 곳 중 여덟 곳이 공공 자전거 대여소를 무인으로 운영하고 있으며, 운영 경비의 70%를 정부로부터 지원받고 있다고 합니다. 이런 점에서 지방 자치 단체가 운영 경비를 모두 부담한다고 보기 어렵지 않나요? 그리고 공공 자전거 서비스는 사람들 모두가 이용할 수 있는 혜택이므로 세금 사용의 형평성 문제가 발생한다고 보기 어렵다고 생각합니다.

B씨 : 물론 그렇게 볼 수도 있습니다만, 정부의 예산도 국민의 세금에서 지출되는 것입니다. 공공 자전거 무인 대여소 설치에 들어가는 비용은 얼마나 되는지, 우리 구에 정부 예산이 얼마나 지원될 수 있는지 등을 더 자세하게 살펴봐야 합니다.

---

① 반대 측은 형평성을 근거로 공공 자전거 서비스 제도에 대해 문제를 제기하고 있다.

② 반대 측은 찬성 측의 주장을 일부 인정하고 있다.

③ 찬성 측은 공공 자전거 서비스 제도의 효과에 대해 구체적인 근거를 제시하고 있다.

④ 반대 측은 예상되는 상황을 제시해서 찬성 측의 주장에 대해 의문을 제기하고 있다.

※ 다음 글을 읽고 이어지는 질문에 답하시오. [6~7]

> 인지부조화는 한 개인이 가지는 둘 이상의 사고, 태도, 신념, 의견 등이 서로 일치하지 않거나 상반될 때 생겨나는 심리적인 긴장상태를 의미한다. 인지부조화는 불편함을 유발하기 때문에 사람들은 이것을 감소시키려고 한다. 인지부조화를 감소시키는 방법은 서로 모순관계에 있어서 양립할 수 없는 인지들 가운데 하나 이상의 인지가 갖는 내용을 바꾸어 양립할 수 있게 만들거나, 서로 모순되는 인지들 간의 차이를 좁힐 수 있는 새로운 인지를 추가하여 부조화된 인지상태를 조화된 상태로 전환하는 것이다.
>
> 그런데 실제로 부조화를 감소시키는 행동은 비합리적인 면이 있다. 그 이유는 그러한 행동들이 사람들로 하여금 중요한 사실을 배우지 못하게 하고 자신들의 문제에 대해서 실제적인 해결책을 찾지 못하도록 할 수 있기 때문이다. 부조화를 감소시키려는 행동은 자기방어적인 행동이고, 부조화를 감소시킴으로써 우리는 자신의 긍정적인 이미지, 즉 자신이 선하고 현명하며 상당히 가치 있는 인물이라는 긍정적인 측면의 이미지를 유지하게 된다. 비록 자기방어적인 행동이 유용한 것으로 생각될 수 있지만, 이러한 행동은 부정적인 결과를 초래할 수 있다.
>
> 한 실험에서 연구자는 인종차별 문제에 대해서 확고한 입장을 보이는 사람들을 선정하였다. 일부는 차별에 찬성하였고, 다른 일부는 차별에 반대하였다. 선정된 사람들에게 인종차별에 대한 찬성과 반대 의견이 실린 글을 모두 읽게 하였는데, 어떤 글은 지극히 논리적이고 그럴듯하였고, 다른 글은 터무니없고 억지스러운 것이었다. 실험에서는 참여자들이 과연 어느 글을 기억할 것인지에 관심이 있었다. 인지부조화 이론에 따르면, 사람들은 현명한 사람을 자기 편, 우매한 사람을 다른 편이라 생각할 때 마음이 편안해질 것이다. 그렇다면 이 실험에서 인지부조화 이론은 다음과 같은 ㉠ 결과를 예측할 것이다.

06 다음 중 윗글의 내용으로 가장 적절한 것은?

① 사람들은 인지부조화가 일어날 경우 이것을 무시하고 방치하려는 경향이 있다.
② 부조화를 감소시키는 행동은 합리적인 면과 비합리적인 면이 함께 나타난다.
③ 부조화를 감소시키는 행동의 비합리적인 면 때문에 문제에 대한 본질적인 해결책을 찾지 못할 수 있다.
④ 부조화의 감소는 사람들로 하여금 자신의 긍정적인 이미지를 유지할 수 있게 하고, 부정적인 이미지를 감소시킨다.

07 다음 중 밑줄 친 ㉠에 해당하는 내용으로 가장 적절한 것은?

① 참여자들은 자신의 의견과 동일한 주장을 하는 모든 글과 자신의 의견과 반대되는 주장을 하는 모든 글을 기억한다.
② 참여자들은 자신의 의견과 동일한 주장을 하는 모든 글과 자신의 의견과 반대되는 주장을 하는 모든 글을 기억하지 못한다.
③ 참여자들은 자신의 의견과 동일한 주장을 하는 형편없는 글과 자신의 의견과 반대되는 주장을 하는 형편없는 글을 기억한다.
④ 참여자들은 자신의 의견과 동일한 주장을 하는 논리적인 글과 자신의 의견과 반대되는 주장을 하는 형편없는 글을 기억한다.

08 다음 기사의 제목으로 가장 적절한 것은?

한국도로공사는 극심한 미세먼지가 연일 계속되고 국민들의 걱정이 높아지는 가운데, 고속도로 미세먼지를 줄이기 위한 다양한 대책을 시행하고 있다.

한국도로공사는 3월 7일부터 9일간을 집중 청소 주간으로 정하고, 전국 고속도로 노면과 휴게소를 대대적으로 청소한다. 이번 집중 청소는 예년보다 2주일가량 앞당겨 실시하는 것으로, 지난해까지는 제설작업이 끝나는 3월 중순부터 노면 청소를 실시했다. 고속도로 노면 및 휴게소 집중 청소에는 총 4,000여 명의 인원과 2,660여 대의 장비가 동원되며, 지난해 청소 결과로 미루어 볼 때 약 660t 이상의 퇴적물이 제거될 것으로 보인다. 또한 올해부터는 연간 노면 청소의 횟수도 2배가량 늘려 연간 10 ~ 15회(월 2회 이상) 노면 청소를 실시하고, 미세먼지가 '나쁨' 수준일 때는 비산먼지를 발생시키는 공사도 자제할 계획이다.

미세먼지 농도가 더 높은 고속도로 터널 내부는 한국도로공사가 자체 기술로 개발한 무동력 미세먼지 저감 시설을 추가로 설치할 계획이다. 미세먼지 저감 시설은 터널 천장에 대형 롤 필터를 설치하여 차량통행으로 자연스럽게 발생하는 교통풍*을 통해 이동하는 미세먼지를 거르는 방식으로 별도의 동력이 필요 없으며, 비슷한 처리용량의 전기 집진기와 비교했을 때 설치비는 1/13 수준으로 유지관리도 경제적이다. 지난해 10월 서울 외곽고속도로 수리터널에 시범 설치해 운영한 결과 연간 190kg의 미세먼지를 제거할 수 있었고, 하루 공기 정화량은 450만㎥로 도로분진흡입청소차 46대를 운영하는 것과 같은 효과를 보였다. 한국도로공사는 터널 미세먼지 저감 시설을 현재 1개소 외 올해 3개소를 추가로 설치할 계획이다.

한편 고속도로 휴게소의 경우 미세먼지 발생을 최소화하고 외부 공기로부터 고객들을 보호할 방안을 추진한다. 매장 내에는 공기청정기와 공기정화 식물을 확대 비치하고, 외부의 열린 매장에는 임시차단막을 설치하여 매장을 내부화할 계획이다. 또한 휴게소 매장 주방에는 일산화탄소와 미세먼지의 발생 위험이 있는 가스레인지 대신 인덕션을 도입할 계획이다.

한국도로공사는 이 밖에도 요금수납원들에게 지난해와 올해 미세먼지 방지 마스크 8만 매를 무상지원하고 요금소 근무 시 마스크 착용을 권고하고 있으며, 건강검진 시 폐활량 검사를 의무적으로 시행하도록 하는 등 고속도로 근무자들의 근무환경 개선을 위한 노력도 기울이고 있다.

한국도로공사 사장은 "최근 계속되는 미세먼지로 국민들이 야외 활동을 하지 못하는 심각한 상황"이라며, "고객들이 안심하고 고속도로를 이용할 수 있도록 모든 노력을 기울이겠다."라고 말했다.

* 교통풍 : 차량 통행에 의해 주변 공기가 밀려나면서 발생하는 바람을 말하며, 통행이 원활한 경우 초속 4 ~ 8m 이상의 교통풍이 상시 존재한다.

① 미세먼지 주범을 찾아라.　　　　② 고속도로 미세먼지를 줄여라.
③ 봄철 미세먼지, 무엇이 문제인가?　　④ 고속도로 휴게소 이렇게 바뀝니다

09 다음 중 맞춤법이 옳지 않은 것은?

① 오늘은 웬일인지 지호가 나에게 웃으며 인사해 주었다.

② 그녀의 집은 살림이 넉넉지 않다.

③ 분위기에 걸맞은 옷차림이다.

④ 영희한테 들었는데 이 집 자장면이 그렇게 맛있데.

10 다음 문단을 논리적 순서대로 바르게 나열한 것은?

> (가) 그뿐 아니라, 자신을 알아주는 이, 즉 지기자(知己者)를 위해서라면 기꺼이 자신의 전부를 버릴 수 있어야 하며, 더불어 은혜는 은혜대로, 원수는 원수대로 자신이 받은 만큼 되갚기 위해 진력하여야 한다.
>
> (나) 무공이 높다고 하여 반드시 협객으로 인정되지 않는 이유는 바로 이런 원칙에 위배되는 경우가 심심치 않게 발생하기 때문이다. 요컨대 협이란 사생취의(捨生取義)의 정신에 입각하여 살신성명(殺身成名)의 의지를 실천하는 것, 또는 그러한 실천을 기꺼이 감수할 준비가 되어 있는 상태를 뜻한다고 할 수 있다.
>
> (다) 협으로 인정받기 위해서는 무엇보다도 절개와 의리를 숭상하여야 하며, 개인의 존엄을 중시하고 간악함을 제거하기 위해 노력해야만 한다. 신의(信義)를 목숨보다도 중히 여길 것도 강조되는데, 여기서의 신의란 상대방을 향한 것인 동시에 스스로에게 해당되는 것이기도 하다.
>
> (라) 무(武)와 더불어 보다 신중하게 다루어야 할 것이 '협(俠)'의 개념이다. 무협 소설에서 문제가 되는 협이란 무덕(武德), 즉 무인으로서의 덕망이나 인격과 관계가 되는 것으로, 이는 곧 무공 사용의 전제가 되는 기준 내지는 원칙이라고 할 수 있다.

① (다) – (나) – (가) – (라)

② (다) – (나) – (라) – (가)

③ (라) – (가) – (다) – (나)

④ (라) – (다) – (가) – (나)

11 다음 글의 빈칸 (가) ~ (다)에 들어갈 문장을 순서대로 바르게 나열한 것은?

> 언젠가부터 우리 바닷속에 해파리나 불가사리와 같이 특정한 종들만이 번창하고 있다는 우려의 말이 들린다. 한마디로 다양성이 크게 줄었다는 이야기다. 척박한 환경에서는 몇몇 특별한 종들만이 득세한다는 점에서 자연 생태계와 우리 사회는 닮은 것 같다. 어떤 특정 집단이나 개인들에게 앞으로 어려워질 경제 상황은 새로운 기회가 될지도 모른다.
>
> _____(가)_____ 왜냐하면 자원과 에너지 측면에서 보더라도 이들 몇몇 집단들만 존재하는 세계에서는 이들이 쓰다 남은 물자와 이용하지 못한 에너지는 고스란히 버려질 수밖에 없고, 따라서 효율성이 극히 낮기 때문이다.
>
> 다양성 확보는 사회 집단의 생존과도 무관하지 않다. 조류 독감이 발생할 때마다 해당 양계장은 물론 그 주변 양계장의 닭까지 모조리 폐사시켜야 하는 참혹한 현실을 본다. 단 한 마리의 닭이 조류 독감에 걸려도 그렇게 많은 닭들을 죽여야 하는 이유는 인공적인 교배로 인해 이들 모두가 똑같은 유전자를 가졌기 때문이다. _____(나)_____
>
> 이처럼 다양성의 확보는 자원의 효율적 사용과 사회 안정에 중요하지만, 많은 비용이 들기도 한다. 예를 들어 출산 휴가를 주고, 노약자를 배려하고, 장애인에게 보조 공학 기기와 접근성을 제공하는 것을 비롯해 다문화 가정, 외국인 노동자를 위한 행정 제도 개선 등은 결코 공짜가 아니다. _____(다)_____

보기

ⓐ 따라서 다양한 유전 형질을 확보하는 길만이 재앙의 확산을 막고 피해를 줄이는 길이다.

ⓑ 하지만 이는 사회 전체로 볼 때 그다지 바람직한 현상이 아니다.

ⓒ 그럼에도 불구하고 다양성 확보가 중요한 이유는 우리가 미처 깨닫고 있지 못하는 넓은 이해와 사랑에 대한 기회를 사회 구성원 모두에게 제공하기 때문이다.

	(가)	(나)	(다)
①	ⓐ	ⓑ	ⓒ
②	ⓐ	ⓒ	ⓑ
③	ⓑ	ⓒ	ⓐ
④	ⓑ	ⓐ	ⓒ

카셰어링이란 차를 빌려 쓰는 방법의 하나로, 기존의 방식과는 다르게 시간 또는 분 단위로 필요한 만큼만 자동차를 빌려 사용할 수 있다. 이러한 카셰어링은 비용 절감 효과와 더불어 환경적·사회적 측면에서 현재 세계적으로 주목받고 있는 사업 모델이다. 호주 멜버른시의 조사 자료에 따르면, 카셰어링 차 한 대당 도로 상의 개인 소유 차량 9대를 줄이는 효과가 있으며, 실제 카셰어링을 이용하는 사람은 해당 서비스 가입 이후 자동차 사용을 50%까지 줄였다고 한다. 또한 자동차 이용량이 줄어들면 주차 문제를 해결할 수 있으며, 카셰어링 업체에서 제공하는 친환경 차량을 통해 온실가스의 배출을 감소시키는 효과도 기대할 수 있다. 호주 카셰어링 업체 차량의 60% 정도는 경차 또는 하이브리드 차량인 것으로 조사되었다.

호주의 카셰어링 시장규모는 8,360만 호주 달러로, 지난 5년간 연평균 21.7%의 급격한 성장률을 보이고 있다. 전문가들은 호주의 카셰어링 시장이 앞으로도 가파르게 성장해 5년 후에는 현재보다 약 2.5배 증가한 2억 1,920만 호주 달러에 이를 것이며, 이용자 수도 10년 안에 150만 명까지 폭발적으로 늘어날 것이라고 예측하고 있다.

이처럼 호주에서 카셰어링 서비스가 많은 회원을 확보하며 급격한 성장세를 나타내는 데는 비용 측면의 이유가 가장 크다고 볼 수 있다. 호주에서 차량을 소유할 경우 주유비, 서비스비, 보험료, 주차비 등의 부담이 크기 때문이다. 발표 자료에 의하면 차량 2대를 소유한 가족이 구매 금액을 비롯하여 차량 유지비에 쓰는 비용만 연간 12,000호주 달러에서 18,000호주 달러에 이른다고 한다. 호주 자동차 산업에서 경제적·환경적·사회적인 변화에 따라 호주 카셰어링 시장이 폭발적인 성장세를 보이는 것에 주목할 필요가 있다. 전문가들은 카셰어링으로 인해 자동차 산업에 나타나는 변화의 정도를 '위험한 속도'로까지 비유하기도 한다. 카셰어링 차량의 주차공간을 마련하기 위해서 정부의 역할이 매우 중요한 만큼 호주는 정부 차원에서도 카셰어링 서비스를 지원하는 데 적극적으로 움직이고 있다. 호주는 카셰어링 서비스가 발달한 미국, 캐나다, 유럽 대도시에 비하면 아직 뒤처져 있지만, 성장 가능성이 높아 국내기업에서도 차별화된 서비스와 플랫폼을 개발한다면 진출을 시도해 볼 수 있다.

12 다음 중 윗글의 제목으로 가장 적절한 것은?

① 호주의 카셰어링 성장 배경과 전망
② 호주 카셰어링 서비스의 장·단점
③ 카셰어링 사업의 세계적 성장 가능성
④ 카셰어링 사업의 성공을 위한 호주 정부의 노력

13 다음 중 윗글의 내용으로 적절하지 않은 것은?

① 호주에서 카셰어링 서비스를 이용하는 사람의 경우 가입 이후 자동차 사용률이 50% 감소하였다.
② 호주의 카셰어링 업체가 소유한 차량의 약 60%는 경차 또는 하이브리드 자동차이다.
③ 호주의 한 가족이 1년간 카셰어링 서비스를 이용할 경우 최대 18,000호주 달러가 사용된다.
④ 호주의 카셰어링 시장은 지난 5년간 급격하게 성장하여 현재 8,360만 호주 달러의 규모를 이루고 있다.

14 다음 글의 내용으로 적절하지 않은 것은?

> 프로이센의 철학자인 임마누엘 칸트는 근대 계몽주의를 정점에 올려놓음은 물론 독일 관념철학의 기초를 세운 것으로 유명하다. 그는 인식론을 다룬 저서, 종교와 법, 역사에 관해서도 중요한 책을 썼는데, 특히 칸트가 만년에 출간한 『실천이성 비판』은 이후 윤리학과 도덕 철학 분야에 지대한 영향을 끼쳤다.
> 이 책에 따르면 악은 단순히 이 세상의 행복을 얻으려는 욕심의 지배를 받아 이를 실천의 원리로 삼는 것이며, 선은 이러한 욕심의 지배에서 벗어나 내부에서 우러나오는 단호한 도덕적 명령을 받는 것이다. 순수하게 도덕적 명령을 따른다는 것은, 오직 의무를 누구나 지켜야만 할 의무이기에 이행한다는 태도, 즉 형식적 태도를 의미한다. 칸트는 태초에 선과 악이 처음에 원리가 결정되는 것이 아니라 그 반대라는 것을 선언한 것이다.

① 임마누엘 칸트는 독일 관념철학의 기초를 세웠다.
② 임마누엘 칸트는 철학은 물론 종교와 법, 역사에 관한 책을 저술했다.
③ 임마누엘 칸트는 만년에 『실천이성 비판』을 출간했다.
④ 임마누엘 칸트는 행복을 악으로, 도덕적 명령을 선으로 규정했다.

15 다음 중 빈칸에 들어갈 단어로 적절한 것은?

> • 그 분교의 학생은 다섯 명에 ㉠ 불과 / 불가했다.
> • 이 나라는 선진국 대열에 ㉡ 진척 / 진입했다.
> • 교육 문제를 경제 문제에 ㉢ 연관 / 간구해서 생각해야 한다.

	㉠	㉡	㉢
①	불가	진입	연관
②	불과	진입	연관
③	불가	진척	연관
④	불가	진척	간구

16 농도가 5%인 소금물 800g에서 물이 증발한 후 소금 30g을 더 넣었더니 14%의 소금물이 되었다. 이때, 증발한 물의 양은 몇 g인가?

① 270g   ② 290g

③ 310g   ④ 330g

17 D지역의 사람 중 폐렴 보균자일 확률은 20%이고, 항생제 내성이 있을 확률은 75%이다. 이 지역에서 항생제 내성이 있는 사람들 중 폐렴 보균자인 사람의 확률은?(단, 두 사건은 독립사건이다)

① 20%   ② 25%

③ 30%   ④ 35%

18 어른 3명과 어린아이 3명이 함께 식당에 갔다. 자리가 6개인 원탁에 앉는다고 할 때 앉을 수 있는 경우의 수는?(단, 아이들은 어른들 사이에 앉힌다)

① 8가지   ② 12가지

③ 16가지   ④ 20가지

19 서울에서 부산까지의 거리는 400km이고 서울에서 부산까지 가는 기차는 120km/h의 속력으로 달리며, 역마다 10분씩 정차한다. 서울에서 9시에 출발하여 부산에 13시 10분에 도착했다면, 기차는 가는 도중 몇 개의 역에 정차하였는가?

① 4개   ② 5개

③ 6개   ④ 7개

20 가현이는 강의 A지점에서 B지점까지 일정한 속력으로 수영하여 왕복하였다. 가현이가 강물이 흐르는 방향으로 수영을 하면서 걸린 시간은 반대방향으로 거슬러 올라가며 걸린 시간의 0.2배라고 한다. 가현이가 수영한 속력은 강물의 속력의 몇 배인가?

① 0.5배   ② 1배

③ 1.5배   ④ 2배

21 다음 중 빈칸 (가), (나)에 들어갈 값을 순서대로 바르게 나열한 것은?

〈팀별 인원수 및 평균점수〉

(단위 : 명, 점)

구분	A	B	C
인원수	( )	( )	( )
평균 점수	40.0	60.0	90.0

※ 각 참가자는 A, B, C팀 중 하나의 팀에만 속하고, 개인별로 점수를 획득함

※ (팀 평균점수) $=\dfrac{\text{(해당 팀 참가자 개인별 점수의 합)}}{\text{(해당 팀 참가자 인원수)}}$

〈팀 연합 인원수 및 평균점수〉

(단위 : 명, 점)

구분	A+B	B+C	C+A
인원수	80	120	(가)
평균 점수	52.5	77.5	(나)

※ A+B는 A팀과 B팀, B+C는 B팀과 C팀, C+A는 C팀과 A팀의 인원을 합친 팀 연합임

※ (팀 연합 평균점수) $=\dfrac{\text{(해당 팀 연합 참가자 개인별 점수의 합)}}{\text{(해당 팀 연합 참가자 인원수)}}$

	(가)	(나)
①	90	72.5
②	90	75.0
③	100	72.5
④	100	75.0

※ 다음은 D국 중학교 졸업자의 그 해 진로에 대한 조사 결과이다. 이어지는 질문에 답하시오. **[22~23]**

〈D국 중학교 졸업자의 진로〉

(단위 : 명)

구분	성별		중학교 종류		
	남	여	국립	공립	사립
중학교 졸업자	908,388	865,323	11,733	1,695,431	66,547
고등학교 진학자	861,517	838,650	11,538	1,622,438	66,146
진학 후 취업자	6,126	3,408	1	9,532	1
직업학교 진학자	17,594	11,646	106	29,025	109
진학 후 취업자	133	313	0	445	1
취업자(진학자 제외)	21,639	8,913	7	30,511	34
실업자	7,523	6,004	82	13,190	255
사망, 실종	155	110	0	222	3

22 다음 중 남자와 여자의 고등학교 진학률은 각각 얼마인가?

	남자	여자
①	약 94.8%	약 96.9%
②	약 94.8%	약 94.9%
③	약 95.9%	약 96.9%
④	약 95.9%	약 94.9%

23 다음 중 공립 중학교를 졸업한 남자 중 취업자는 몇 %인가?

① 50%   ② 60%

③ 70%   ④ 알 수 없음

24 다음은 수도권 지역의 기상실황표이다. 이에 대한 설명으로 옳지 않은 것은?

〈기상실황표〉

구분	시정 (km)	현재기온 (℃)	이슬점 온도 (℃)	불쾌지수	습도 (%)	풍향	풍속 (m/s)	기압 (hPa)
서울	6.9	23.4	14.6	70	58	동	1.8	1012.7
백령도	0.4	16.1	15.2	61	95	동남동	4.4	1012.6
인천	10	21.3	15.3	68	69	서남서	3.8	1012.9
수원	7.7	23.8	16.8	72	65	남서	1.8	1012.9
동두천	10.1	23.6	14.5	71	57	남남서	1.5	1012.6
파주	20	20.9	14.7	68	68	남남서	1.5	1013.1
강화	4.2	20.7	14.8	67	67	남동	1.7	1013.3
양평	6.6	22.7	14.5	70	60	동남동	1.4	1013
이천	8.4	23.7	13.8	70	54	동북동	1.4	1012.8

① 시정이 가장 좋은 곳은 파주이다.
② 이슬점 온도가 가장 높은 지역은 불쾌지수 또한 가장 높다.
③ 불쾌지수가 70을 초과한 지역은 2곳이다.
④ 현재기온이 가장 높은 지역은 이슬점 온도와 습도 또한 가장 높다.

25 다음은 2019년부터 2024년까지 소유자별 국토면적을 나타낸 자료이다. 이에 대한 설명으로 옳지 않은 것은?

〈소유자별 국토면적〉

(단위 : km²)

구분	2019년	2020년	2021년	2022년	2023년	2024년
전체	99,646	99,679	99,720	99,828	99,897	100,033
민유지	56,457	55,789	54,991	54,217	53,767	53,357
국유지	23,033	23,275	23,460	23,705	23,891	24,087
도유지	2,451	2,479	2,534	2,580	2,618	2,631
군유지	4,741	4,788	4,799	4,838	4,917	4,971
법인	5,207	5,464	5,734	5,926	6,105	6,287
비법인	7,377	7,495	7,828	8,197	8,251	8,283
기타	380	389	374	365	348	417

① 국유지 면적은 매년 증가하였고, 민유지 면적은 매년 감소하였다.
② 전년 대비 2020 ~ 2024년 군유지 면적의 증가량은 2023년에 가장 많다.
③ 2019년과 2024년을 비교했을 때, 법인보다 국유지 면적의 차이가 크다.
④ 전체 국토면적은 매년 조금씩 증가하고 있다.

26 다음은 2021 ~ 2024년 행정기관들의 고충민원 접수처리 현황 자료이다. 〈보기〉 중 이에 대한 설명으로 옳은 것을 모두 고르면?(단, 소수점 셋째 자리에서 반올림한다)

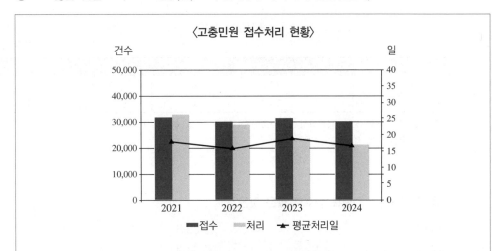

〈고충민원 접수처리 현황〉

〈고충민원 접수처리 항목별 세부현황〉

(단위 : 건)

구분		2021년	2022년	2023년	2024년
접수		31,681	30,038	31,308	30,252
처리		32,737	28,744	23,573	21,080
인용	시정권고	277	257	205	212
	제도개선	–	–	–	–
	의견표명	467	474	346	252
	조정합의	2,923	2,764	2,644	2,567
	소계	3,667	3,495	3,195	3,031
단순안내		12,396	12,378	10,212	9,845
기타처리		16,674	12,871	10,166	8,204
평균처리일		18일	16일	19일	17일

보기

ㄱ. 기타처리 건수의 전년 대비 감소율은 매년 증가하였다.
ㄴ. 처리 건수 중 인용 건수 비율은 2024년이 2021년에 비해 3% 이상 높다.
ㄷ. 조정합의 건수의 처리 건수 대비 비율은 2022년이 2023년보다 높다.
ㄹ. 평균처리일이 짧은 해일수록 조정합의 건수 대비 의견표명 건수 비율이 높다.

① ㄱ

② ㄴ

③ ㄱ, ㄷ

④ ㄴ, ㄹ

※ D사 인사팀에 근무하고 있는 A대리는 다른 부서의 B과장과 C대리의 승진심사를 위해 다음 표를 작성하였다. 이어지는 질문에 답하시오. **[27~28]**

〈승진심사 점수〉

(단위 : 점)

구분	기획력	업무실적	조직 성과업적	청렴도	승진심사 평점
B과장	80	72	78	70	
C대리	60	70	48		63.6

※ 승진심사 평점은 기획력 30%, 업무실적 30%, 조직 성과업적 25%, 청렴도 15%로 계산함
※ 부문별 만점 기준점수는 100점임

27 다음 중 C대리의 청렴도 점수로 옳은 것은?

① 81점   ② 82점

③ 83점   ④ 84점

28 D사에서 과장이 승진후보에 오르기 위해서는 승진심사 평점이 80점 이상이어야 한다. B과장이 승진후보가 되려면 몇 점이 더 필요한가?

① 4.2점   ② 4.4점

③ 4.6점   ④ 4.8점

※ 다음은 K공사의 직원 평균보수 현황이다. 이어지는 질문에 답하시오. [29~30]

〈직원 평균보수 현황〉

(단위 : 천 원, 명, 월)

구분	2019년 결산	2020년 결산	2021년 결산	2022년 결산	2023년 결산	2024년 결산
월 급여(A+B+C+D+E+F)	71,740	74,182	73,499	70,575	71,386	69,663
기본급(A)	53,197	53,694	53,881	53,006	53,596	53,603
고정수당(B)	859	824	760	696	776	789
실적수당(C)	6,620	7,575	7,216	5,777	5,712	6,459
급여성 복리후생비(D)	866	963	967	1,094	1,118	1,291
경영평과 성과급(E)	1,508	1,828	1,638	1,462	1,566	0
기타 성과상여금(F)	8,690	9,298	9,037	8,540	8,618	7,521
1인당 평균 보수액	70,232	72,354	71,861	69,113	69,821	69,665
(남성)	0	0	79,351	76,332	77,142	69,665
(여성)	0	0	56,802	55,671	57,250	69,665
상시 종업원 수	505.66	500.13	522.06	554.40	560.92	580.00
(남성)	0	0	348.66	360.67	354.49	367.00
(여성)	0	0	173.40	193.73	206.43	213.00
평균근속연수	205.32	202.68	196.08	191.76	189.95	188.80
(남성)	0	0	220.68	221.64	224.72	230.67
(여성)	0	0	135.72	139.32	132.55	143.32

※ 경영평가 성과급의 경우 당해 연도 예산은 경영평가 결과 미확정으로 0으로 기재함
※ 현재는 2024년임

29 다음 중 자료에 대한 설명으로 옳은 것은?

① 5천만 원이 넘는 기본급이 2019년 이후 지속적으로 증가하고 있다.
② 1인당 평균 보수액은 남성 직원이 여성 직원보다 매년 많다.
③ 기본급의 1.5배를 뛰어넘는 1인당 평균 보수액이 2019년 이후 지속적으로 증가하고 있다.
④ 평균근속연수가 2019년 이후 지속적으로 감소하고 있으며, 남성 직원이 여성 직원보다 재직기간 이 긴 편이다.

30 월 급여에서 A ~ F 각 항목이 각각 차지하는 구성비를 나타내는 차트를 작성하려고 한다. 활용하기 에 가장 적절한 그래프의 형태는 무엇인가?

① 점 그래프
② 방사형 그래프
③ 원 그래프
④ 막대 그래프

31 D사는 직원들의 복리 증진을 위해 다음과 같이 복지제도를 검토하여 도입하고자 한다. 다음 〈조건〉이 모두 참일 때, 항상 옳은 것은?

D사는 다음 중 최대 2개의 복지제도를 도입하고자 한다.
• 동호회행사비 지원
• 출퇴근교통비 지원
• 연차 추가제공
• 주택마련자금 지원

조건
• 연차를 추가제공하지 않거나 출퇴근교통비를 지원한다면, 주택마련자금 지원을 도입한다.
• 동호회행사비 지원을 도입할 때에만 연차 추가제공을 도입한다.
• 출퇴근교통비 지원을 도입하지 않는다면, 동호회행사비 지원을 도입한다.
• 출퇴근교통비 지원을 도입하거나 연차 추가제공을 도입하지 않으면, 동호회행사비 지원을 도입하지 않는다.
• 주택마련자금 지원을 도입한다면 다른 복지제도는 도입할 수 없다.

① 출퇴근교통비 지원이 도입된다.
② 연차 추가제공은 도입되지 않는다.
③ 동호회행사비 지원은 도입되지 않는다.
④ 출퇴근교통비 지원과 연차 추가제공 중 1가지만 도입된다.

※ 상반기에 연수를 마친 A ~ E 5명은 다음 〈조건〉에 따라 세계 각국에 있는 해외사업본부로 배치될 예정이다. 이어지는 질문에 답하시오. [32~33]

조건
- A ~ E는 인도네시아, 미국 서부, 미국 남부, 칠레, 노르웨이에 있는 서로 다른 해외사업본부로 배치된다.
- C와 D 중 한 명은 미국 서부에 배치된다.
- B는 칠레에 배치되지 않는다.
- E는 노르웨이로 배치된다.
- 미국 서부에는 회계직이 배치된다.
- C가 인도네시아에 배치되면 A는 칠레에 배치된다.
- A가 미국 남부에 배치되면 B는 인도네시아에 배치된다.
- A, D, E는 회계직이고, B, C는 기술직이다.

32 다음 중 D가 배치될 해외사업본부는 어디인가?

① 인도네시아 　　　　　② 미국 서부
③ 미국 남부 　　　　　　④ 칠레

33 다음 〈보기〉 중 옳은 것을 모두 고르면?

보기
㉠ C가 인도네시아에 배치되면 B는 미국 남부에 배치된다.
㉡ A가 미국 남부에 배치되면 C는 인도네시아에 배치된다.
㉢ A는 반드시 칠레에 배치된다.
㉣ 노르웨이에는 회계직이 배치된다.

① ㉠, ㉡ 　　　　　　　② ㉠, ㉣
③ ㉡, ㉢ 　　　　　　　④ ㉢, ㉣

※ 다음은 A ~ D사원의 6월 근태 현황 중 일부를 나타낸 자료이다. 이어지는 질문에 답하시오. **[34~35]**

〈6월 근태 현황〉

(단위 : 회)

구분	A사원	B사원	C사원	D사원
지각	1			1
결근				
야근				2
근태 총 점수(점)	0	−4	−2	0

〈6월 근태 정보〉

• 근태는 지각(−1), 결근(−1), 야근(+1)으로 이루어져 있다.
• A, B, C, D사원의 근태 총 점수는 각각 0점, −4점, −2점이다.
• A, B, C사원은 지각, 결근, 야근을 각각 최소 1회, 최대 3회 하였고 각 근태 횟수는 모두 달랐다.
• A사원은 지각을 1회 하였다.
• 야근은 A사원이 가장 많이 했다.
• 지각은 B사원이 C사원보다 적게 했다.

34 다음 중 항상 옳은 것은?

① 지각을 제일 많이 한 사람은 C사원이다.
② B사원은 결근을 2회 했다.
③ C사원은 야근을 1회 했다.
④ A사원은 결근을 3회 했다.

35 다음 중 지각보다 결근을 많이 한 사람은?

① A사원, B사원
② A사원, C사원
③ B사원, C사원
④ C사원, D사원

36 철수는 장미에게 "43 41 54"의 문자를 전송하였다. 장미는 문자가 16진법으로 표현된 것을 발견하고 아래의 아스키 코드표를 이용하여 해독을 진행하려고 한다. 철수가 장미에게 보낸 문자의 의미는 무엇인가?

문자	아스키	문자	아스키	문자	아스키	문자	아스키
A	65	H	72	O	79	V	86
B	66	I	73	P	80	W	87
C	67	J	74	Q	81	X	88
D	68	K	75	R	82	Y	89
E	69	L	76	S	83	Z	90
F	70	M	77	T	84	–	–
G	71	N	78	U	85	–	–

① CAT
③ BEE

② SIX
④ CUP

37 월요일부터 금요일까지 진료를 하는 의사는 다음 〈조건〉에 따라 진료일을 정한다. 의사가 목요일에 진료를 하지 않았다면, 월요일부터 금요일 중 진료한 날은 총 며칠인가?

> **조건**
> • 월요일에 진료를 하면 수요일에는 진료를 하지 않는다.
> • 월요일에 진료를 하지 않으면 화요일이나 목요일에 진료를 한다.
> • 화요일에 진료를 하면 금요일에는 진료를 하지 않는다.
> • 수요일에 진료를 하지 않으면 목요일 또는 금요일에 진료를 한다.

① 0일
③ 2일

② 1일
④ 3일

PART 3

38 다음은 가스 관련 사업에 대한 SWOT 분석 자료이다. 〈보기〉 중 옳은 것을 모두 고르면?

<SWOT 분석 결과>

구분	분석 결과
강점(Strength)	• 해외 가스공급기관 대비 높은 LNG 구매력 • 세계적으로 우수한 배관 인프라
약점(Weakness)	• 타 연료 대비 높은 단가
기회(Opportunity)	• 북아시아 가스관 사업 추진 논의 지속 • 수소 자원 개발 고도화 추진중
위협(Threat)	• 천연가스에 대한 수요 감소 추세 • 원전 재가동 확대 전망에 따른 에너지 점유율 감소 가능성

보기

ㄱ. 해외 기관 대비 LNG 확보가 용이하다는 점을 근거로 북아시아 가스관 사업 추진 시 우수한 효율을 이용하는 것은 SO전략에 해당한다.

ㄴ. 지속적으로 감소할 것으로 전망되는 천연가스 수요를 북아시아 가스관 사업을 통해 확보하는 것은 ST전략에 해당한다.

ㄷ. 수소 자원 개발을 고도화하여 다른 연료 대비 상대적으로 높았던 공급단가를 낮추려는 R&D 사업 추진은 WO전략에 해당한다.

ㄹ. 높은 LNG 확보 능력을 이용해 상대적으로 높은 가스 공급단가가 더욱 상승하는 것을 방지하는 것은 WT전략에 해당한다.

① ㄱ, ㄴ 　　　　　　　　② ㄱ, ㄷ

③ ㄴ, ㄷ 　　　　　　　　④ ㄷ, ㄹ

39 D공사는 직원 20명에게 나눠 줄 설 선물 품목을 조사하였다. 다음은 유통업체별 품목 가격과 직원들의 품목 선호도를 나타낸 자료이다. 〈조건〉을 토대로 D공사에서 구매하는 물품과 업체를 바르게 연결한 것은?

〈업체별 품목 금액〉

구분		1세트당 가격	혜택
A업체	돼지고기	37,000원	10세트 이상 주문 시 배송 무료
	건어물	25,000원	
B업체	소고기	62,000원	20세트 주문 시 10% 할인
	참치	31,000원	
C업체	스팸	47,000원	50만 원 이상 주문 시 배송 무료
	김	15,000원	

〈구성원 품목 선호도〉

순위	품목	순위	품목
1	소고기	2	참치
3	돼지고기	4	스팸
5	건어물	6	김

> **조건**
> • 1 ~ 3순위 품목에서 배송비를 제외한 총금액이 80만 원 이하인 품목을 택한다(할인 혜택 적용 가격).
> • 모든 업체의 배송비는 1세트당 2,000원이다.
> • 차순위 상품의 총금액이 30만 원 이상 저렴할 경우 차순위로 준비한다.
> • 선택된 품목의 배송비를 제외한 총금액이 50만 원 미만일 경우 6순위 품목과 함께 준비한다.

```
    업체          상품
① B            참치
② C            스팸, 김
③ B, C         참치, 김
④ A, C         돼지고기, 김
```

제1회 최종점검 모의고사 • **133**

40 다음은 A와 B의 시계조립 작업지시서이다. 〈조건〉에 따라 작업할 때, B의 최종 완성 시간과 유휴 시간은 각각 얼마인가?(단, 이동 시간은 고려하지 않는다)

〈작업지시서〉

• 각 공작 기계 및 소요 시간
  1. 앞면 가공용 A공작 기계 : 20분
  2. 뒷면 가공용 B공작 기계 : 15분
  3. 조립 : 5분

• 공작 순서
  시계는 각 1대씩 만들며 A는 앞면부터 가공하여 뒷면 가공 후 조립하고, B는 뒷면부터 가공하여 앞면 가공 후 조립하기로 하였다.

조건

• A, B공작 기계는 각 1대씩이며 모두 사용해야 하고, 두 명이 동시에 작업을 시작한다.
• 조립은 가공이 이루어진 후 즉시 실시한다.
• 완성된 시계는 작동하기 전에 조립에 걸리는 시간만큼 유휴 시간을 가진다.

	최종 완성 시간	유휴 시간
①	40분	5분
②	45분	5분
③	45분	10분
④	50분	5분

41 신혜와 유민이는 친구의 집에 놀러가서 사과와 포도, 딸기가 담긴 접시를 받았다. 다음 〈조건〉을 바탕으로 할 때, 옳은 것은?

조건

• 사과, 포도, 딸기 중에는 각자 좋아하는 과일이 반드시 있다.
• 신혜는 사과와 포도를 싫어한다.
• 유민이가 좋아하는 과일은 신혜가 싫어하는 과일이다.

① 유민이는 포도를 싫어한다.
② 유민이가 딸기를 좋아하는지 알 수 없다.
③ 신혜는 딸기를 좋아한다.
④ 유민이와 신혜가 같이 좋아하는 과일이 있다.

※ 면접 시험장에 대기 중인 A ~ F 총 여섯 명은 1번부터 6번까지의 번호를 부여받아 번호 순서대로 면접을 보게 된다. 면접 순서에 대한 〈조건〉이 다음과 같을 때, 이어지는 질문에 답하시오. **[42~44]**

> **조건**
> • 1, 2, 3번은 오전에 면접을 보고, 4, 5, 6번은 오후에 면접을 보게 된다.
> • C, F는 오전에 면접을 본다.
> • C 다음에는 A가, A 다음에는 D가 차례로 면접을 본다.
> • B는 2번이 아니면 6번이다.

42 다음 중 면접 순서로 가능한 경우의 수는 모두 몇 가지인가?

① 1가지   ② 2가지
③ 3가지   ④ 4가지

43 다음 중 항상 옳은 것은?

① D는 B보다 일찍 면접을 본다.
② C는 두 번째로 면접을 본다.
③ A는 E보다 늦게 면접을 본다.
④ F는 C보다 일찍 면접을 본다.

44 다음 중 항상 오후에 면접을 보는 사람은 누구인가?

① A   ② B
③ D   ④ F

45 다음은 18세기 조선의 직업별 연봉 및 품목별 가격에 대한 자료이다. 이에 대한 설명으로 옳지 않은 것은?

〈18세기 조선의 직업별 연봉〉

구분		곡물(섬)		면포(필)	현재 원화가치(원)
		쌀	콩		
관료	정1품	25	3	–	5,854,400
	정5품	17	1	–	3,684,800
	종9품	7	1	–	1,684,800
궁녀	상궁	11	1	–	( )
	나인	5	1	–	1,284,800
군인	기병	7	2	9	( )
	보병	3	–	9	1,500,000

〈18세기 조선의 품목별 가격〉

품목	곡물(1섬)		면포(1필)	소고기(1근)	집(1칸)	
	쌀	콩			기와집	초가집
가격	5냥	7냥 1전 2푼	2냥 5전	7전	21냥 6전 5푼	9냥 5전 5푼

※ 1냥=10전=100푼

① 18세기 조선의 1푼의 가치는 현재 원화가치로 환산할 경우 400원과 같다.

② 기병 연봉은 종9품 연봉보다 많고 정5품 연봉보다 적다.

③ 정1품 관료의 12년치 연봉은 100칸 기와집의 가격보다 적다.

④ 상궁 연봉은 보병 연봉의 2배 이상이다.

※ D공사의 A사원은 지점별 매출 및 매입 현황을 정리하고 있다. 이어지는 질문에 답하시오. **[46~47]**

	A	B	C	D	E	F
1	지점명	매출	매입			
2	주안점	2,500,000	1,700,000			
3	동암점	3,500,000	2,500,000		최대 매출액	
4	간석점	7,500,000	5,700,000		최소 매출액	
5	구로점	3,000,000	1,900,000			
6	강남점	4,700,000	3,100,000			
7	압구정점	3,000,000	1,500,000			
8	선학점	2,500,000	1,200,000			
9	선릉점	2,700,000	2,100,000			
10	교대점	5,000,000	3,900,000			
11	서초점	3,000,000	1,900,000			
12	합계					

46 다음 중 [F3] 셀을 구하는 함수식으로 옳은 것은?

① =MIN(B2:B11)

② =MAX(B2:C11)

③ =MIN(C2:C11)

④ =MAX(B2:B11)

47 다음 중 매출과 매입의 합계를 구할 때 사용할 함수는?

① REPT ② CHOOSE

③ SUM ④ AVERAGE

48 다음 프로그램의 실행 결과로 옳은 것은?

```
public class test {
        public static void main(String[] args) {
                int i = 0;
                int sum = 0;

                while(i < 10) {
                    i ++;
                    if(i%2 == 1)
                                continue;
                    sum += i;
                }
                System.out.println(sum);
        }
}
```

① 10   ② 20

③ 30   ④ 40

49 다음 중 온라인에서의 개인정보 오남용으로 인한 피해를 예방하기 위한 행동으로 옳지 않은 것은?

① 회원가입을 하거나 개인정보를 제공할 때 개인정보 취급방침 및 약관을 꼼꼼히 살핀다.

② 회원가입 시 비밀번호를 타인이 유추하기 어렵도록 설정하고 이를 주기적으로 변경한다.

③ 온라인에 자료를 올릴 때 개인정보가 포함되지 않도록 한다.

④ 금융거래 시 금융정보 등은 암호화하여 저장하고, 되도록 PC방, 공용 컴퓨터 등 개방 환경을 이용한다.

D사 마케팅팀 김사원은 자신의 팀 홍보영상을 간단하게 편집하여 <u>뮤직비디오</u> 형태로 만들고자 한다. 그래서 정보를 검색한 결과, 다양한 프로그램이 나와 어떤 프로그램을 사용할지에 대해 고민하고 있다. 특히 자신은 편집에 대해서 경험이 없기 때문에 간단하게 앞, 뒤를 자르고 음악을 입히는 것, 화면에 글자가 나오도록 하는 기능만 사용할 수 있으면 좋겠다고 생각하고 있다.

50 다음 〈보기〉 중 김사원이 원하는 방향에 맞춰 활용하기에 적합한 프로그램을 모두 고르면?

> **보기**
> ㉠ 다음 팟 인코더 　　　　　㉡ 무비메이커
> ㉢ 프리미어 프로 　　　　　㉣ 베가스 프로
> ㉤ 스위시 맥스

① ㉠, ㉡ 　　　　　　　　　② ㉠, ㉢
③ ㉡, ㉣ 　　　　　　　　　④ ㉣, ㉤

51 다음 중 윗글에서 밑줄 친 비디오 데이터에 대한 설명으로 옳지 않은 것은?

① MS Window의 표준 동영상 파일 형식은 AVI 파일이다.
② 인텔이 개발한 동영상 압축 기술로 멀티미디어 분야의 동영상 기술로 발전한 것은 DVI이다.
③ MPEG-4와 Mp3를 재조합한 비표준 동영상 파일 형식은 DivX이다.
④ 애플사가 개발한 동영상 압축 기술로 JPEG 방식을 사용하여 Windows에서도 재생이 가능한 것은 MPEG 파일이다.

PART 3

※ 다음은 자료, 정보, 지식에 대한 내용이다. 이어지는 질문에 답하시오. [52~53]

<table>
<tr><td colspan="5" align="center">〈자료, 정보, 지식에 대한 구분〉</td></tr>
<tr><td>자료
(Data)</td><td>⇨</td><td>객관적 실제의 반영이며, 그것을 전달할 수 있도록 기호화한 것</td><td>⇨</td><td>예
• 고객의 휴대폰 기종
• 고객의 휴대폰 활용 횟수</td></tr>
<tr><td colspan="5">⇩</td></tr>
<tr><td>정보
(Information)</td><td>⇨</td><td>자료를 특정한 목적과 문제해결에 도움이 되도록 가공한 것</td><td>⇨</td><td>예
• 중년층의 휴대폰 기종
• 중년층의 휴대폰 활용 횟수</td></tr>
<tr><td colspan="5">⇩</td></tr>
<tr><td>지식
(Knowledge)</td><td>⇨</td><td>정보를 집적하고 체계화하여 장래의 일반적인 사항에 대비해 보편성을 갖도록 한 것</td><td>⇨</td><td>예
• 휴대폰 디자인에 대한 중년층의 취향
• 중년층을 주요 타깃으로 신종 휴대폰 개발</td></tr>
</table>

52 다음 〈보기〉 중 정보(Information)에 해당하는 것을 모두 고르면?

> **보기**
> ㉠ 라면 종류별 전체 판매량　　　　　　㉡ 1인 가구의 인기 음식
> ㉢ 남성을 위한 고데기 개발　　　　　　㉣ 다큐멘터리와 예능 시청률
> ㉤ 만보기 사용 횟수　　　　　　　　　㉥ 5세 미만 아동들의 선호 색상

① ㉠, ㉢　　　　　　　　　　　　　② ㉡, ㉣
③ ㉡, ㉥　　　　　　　　　　　　　④ ㉢, ㉥

53 다음 자료(Data)를 통해 추론할 수 있는 지식(Knowledge)으로 적절하지 않은 것은?

> • 연령대별 선호 운동　　　　　　　　• 직장인 평균 퇴근 시간
> • 실내운동과 실외운동의 성별 비율　　• 운동의 목적에 대한 설문조사 자료
> • 선호하는 운동 부위의 성별 비율　　• 운동의 실패 원인에 대한 설문조사 자료

① 퇴근 후 부담 없이 운동 가능한 운동기구 개발
② 20・30대 남성들을 위한 실내체육관 개설 계획
③ 요일마다 특정 운동부위 발달을 위한 운동 가이드 채널 편성
④ 다이어트에 효과적인 식이요법 자료 발행

54 사원코드 두 번째 자리의 숫자에 따라 팀이 구분된다. 1은 홍보팀, 2는 기획팀, 3은 교육팀이라고 할 때, 팀명을 구하기 위한 함수로 옳은 것은?

▲	A	B	C	D	E
1	직원명단				
2	이름	사원코드	직급	팀명	입사년도
3	강민희	J1023	부장		1980
4	김범민	J1526	과장		1982
5	조현진	J3566	과장		1983
6	최진석	J3523	부장		1978
7	한기욱	J3214	대리		1998
8	정소희	J1632	부장		1979
9	김은별	J2152	대리		1999
10	박미옥	J1125	대리		1997

① CHOOSE, MID   ② CHOOSE, RIGHT

③ COUNTIF, MID   ④ IF, MATCH

55 다음 〈보기〉 중 데이터베이스의 필요성에 대한 설명으로 옳지 않은 것을 모두 고르면?

> 보기
> ㉠ 데이터베이스를 이용하면 데이터 관리상의 보안을 높일 수 있다.
> ㉡ 데이터베이스 도입만으로 특정 자료 검색을 위한 효율이 높아진다고 볼 수는 없다.
> ㉢ 데이터베이스를 이용하면 데이터 관리 효율은 높일 수 있지만, 데이터의 오류를 수정하기가 어렵다.
> ㉣ 데이터가 양적으로 방대하다고 해서 반드시 좋은 것은 아니다. 데이터베이스를 형성해 중복된 데이터를 줄여야 한다.

① ㉠, ㉡   ② ㉠, ㉢

③ ㉡, ㉢   ④ ㉢, ㉣

56 다음 프로그램의 실행 결과로 옳은 것은?

```
#include ⟨stdio.h⟩
int main()
{
    int sum = 0;
    int x;
    for(x = 1;x < = 100;x++)
        sum+=x;
    printf("1 + 2 + ... + 100 = %d\n", sum);
        return 0;
}
```

① 5020
② 5030
③ 5040
④ 5050

57 다음은 회사 게시판을 관리하는 A사원과 B사원의 대화이다. 빈칸에 들어갈 내용으로 적절하지 않은 것은?

> A사원 : 요즘 회사 게시판을 이용하면서 네티켓을 지키지 않는 사람들이 많은 것 같아.
> B사원 : 맞아. 게시판에 올린 글은 많은 사람들이 보고 있다는 것을 인식하면 좋을 텐데.
> A사원 : 회사 게시판 사용 네티켓을 안내하는 것은 어떨까?
> B사원 : 좋은 생각이야. 게시판 사용 네티켓으로는 _____는 내용이 포함되어야 해.

① 글의 내용은 길게 작성하기보다 간결하게 요점만 작성한다
② 게시판의 주제와 관련 없는 내용은 올리지 않는다
③ 글을 쓰기 전에 이미 같은 내용의 글이 없는지 확인한다
④ 글의 제목에는 함축된 단어를 가급적 사용하지 않는다

58 다음 〈보기〉 중 정보 검색 연산자의 검색조건에 대한 내용으로 옳지 않은 것을 모두 고르면?

보기

연번	기호	연산자	검색조건
ㄱ	*, &	AND	두 단어가 모두 포함된 문서를 검색함
ㄴ	−, !	OR	두 단어가 모두 포함되거나, 두 단어 중 하나만 포함된 문서를 검색함
ㄷ	l	NOT	'−' 기호나 '!' 기호 다음에 오는 단어는 포함하지 않는 문서를 검색함
ㄹ	~, near	인접검색	앞/뒤의 단어가 가깝게 인접해 있는 문서를 검색함

① ㄱ, ㄴ　　　　　　　　　　② ㄱ, ㄷ
③ ㄴ, ㄷ　　　　　　　　　　④ ㄷ, ㄹ

59 다음 〈보기〉 중 응용 소프트웨어의 특성에 대한 설명으로 옳은 것을 모두 고르면?

보기

ㄱ. 여러 형태의 문서를 작성, 편집, 저장, 인쇄할 수 있는 프로그램을 스프레드 시트(Spread Sheet)
　 라 한다.
ㄴ. 유틸리티 프로그램은 대표적인 응용 소프트웨어로, 크기가 작고 기능이 단순하다는 특징을 가
　 지고 있다.
ㄷ. 워드프로세서의 주요 기능으로는 입력 기능, 표시 기능, 저장 기능, 편집 기능, 인쇄 기능이 있다.
ㄹ. 스프레드 시트의 구성단위는 셀, 열, 행, 영역 4가지이다.

① ㄱ, ㄴ　　　　　　　　　　② ㄱ, ㄷ
③ ㄴ, ㄷ　　　　　　　　　　④ ㄷ, ㄹ

60 다음 〈보기〉 중 개인정보에 속하는 것을 모두 고르면?

보기

ㄱ. 가족 관계　　　　　　　　　ㄴ. 최종 학력
ㄷ. 보험 가입 현황　　　　　　　ㄹ. 전과 기록

① ㄱ, ㄷ　　　　　　　　　　② ㄴ, ㄷ
③ ㄱ, ㄷ, ㄹ　　　　　　　　　④ ㄱ, ㄴ, ㄷ, ㄹ

제2회
최종점검 모의고사

※ 한국도로공사 최종점검 모의고사는 2024년 채용 공고 및 시험 후기를 기준으로 구성한 것으로 실제 시험과 다를 수 있습니다.

■ 취약영역 분석

번호	O/×	영역	번호	O/×	영역	번호	O/×	영역
01			21			41		
02			22			42		
03			23			43		문제해결능력
04			24			44		
05			25			45		
06			26		수리능력	46		
07			27			47		
08		의사소통능력	28			48		
09			29			49		
10			30			50		
11			31			51		
12			32			52		
13			33			53		정보능력
14			34			54		
15			35			55		
16			36		문제해결능력	56		
17			37			57		
18		수리능력	38			58		
19			39			59		
20			40			60		

평가문항	60문항	평가시간	60분
시작시간	:	종료시간	:
취약영역			

🕐 응시시간 : 60분   ◫ 문항 수 : 60문항   정답 및 해설 p.084

01 다음 글의 내용으로 가장 적절한 것은?

> 미국의 사회이론가이자 정치학자인 로버트 액설로드의 저서 『협력의 진화』에서 언급된 팃포탯(Tit for Tat) 전략은 '죄수의 딜레마'를 해결할 유력한 전략으로 더욱 잘 알려져 있다.
>
> 죄수의 딜레마는 게임 이론에서 가장 유명한 사례 중 하나로, 두 명의 실험자가 참여하는 비제로섬 게임(Non Zero-sum Game)의 일종이다. 두 명의 실험자는 각각 다른 방에 들어가 심문을 받는데, 둘 중 하나가 배신하여 죄를 자백한다면 자백한 사람은 즉시 석방되는 대신 나머지 한 사람이 10년을 복역하게 된다. 다만 두 사람 모두가 배신하여 죄를 자백할 경우는 5년을 복역하며, 두 사람 모두 죄를 자백하지 않는다면 각자 6개월을 복역하게 된다.
>
> 죄수의 딜레마에서 실험자들은 개인에게 있어 이익이 최대화된다는 가정 아래 움직이기 때문에 결과적으로는 모든 참가자가 배신을 선택하는 결과가 된다. 즉, 자신의 최대 이익을 노리려던 선택이 오히려 둘 모두에게 배신하지 않는 선택보다 나쁜 결과를 불러오는 것이다.
>
> 팃포탯 전략은 1979년 액설로드가 죄수의 딜레마를 해결하기 위해 개최한 1·2차 리그 대회에서 우승한 프로그램의 짧고 간단한 핵심 전략이다. 캐나다 토론토 대학의 심리학자인 아나톨 라포트 교수가 만든 팃포탯은 상대가 배신한다면 나도 배신을, 상대가 의리를 지킨다면 의리로 대응한다는 내용을 담고 있다. 이 단순한 전략을 통해 팃포탯은 총 200회의 거래에서 유수의 컴퓨터 프로그램을 제치고 우승을 차지할 수 있었다.
>
> 대회가 끝난 후 액설로드는 참가한 모든 프로그램들의 전략을 '친절한 전략'과 '비열한 전략'으로 나누었는데, 친절한 전략으로 분류된 팃포탯을 포함해 대체적으로 친절한 전략을 사용한 프로그램들이 좋은 성적을 냈다는 사실을 확인할 수 있었다. 그리고 그중에서도 팃포탯이 두 차례 모두 우승할 수 있었던 것은 비열한 전략을 사용하는 프로그램에게는 마찬가지로 비열한 전략으로 대응했기 때문임을 알게 되었다.

① 액설로드가 만든 팃포탯은 죄수의 딜레마에서 우승할 수 있는 가장 유력한 전략이다.

② 죄수의 딜레마에서 자신의 이득이 최대로 나타나는 경우는 죄를 자백하지 않는 것이다.

③ 팃포탯 전략이 우승한 것은 비열한 전략에 마찬가지로 비열하게 대응했기 때문이다.

④ 액설로드는 리그 대회를 통해 팃포탯과 같은 대체로 비열한 전략을 사용하는 프로그램이 좋은 성적을 냈다는 사실을 알아냈다.

02 다음 글의 빈칸 ㉠, ㉡에 들어갈 접속사를 순서대로 바르게 나열한 것은?

> 평화로운 시대에 시인의 존재는 문화의 비싼 장식일 수 있다. ㉠ 시인의 조국이 비운에 빠졌거나 통일을 잃었을 때 시인은 장식의 의미를 떠나 민족의 예언가가 될 수 있고, 민족혼을 불러일으키는 선구자적 지위에 놓일 수도 있다. 예를 들면 스스로 군대를 가지지 못한 채 제정 러시아의 가혹한 탄압 아래 있던 폴란드 사람들은 시인의 존재를 민족의 재생을 예언하고 굴욕스러운 현실을 탈피하도록 격려하는 예언자로 여겼다. ㉡ 통일된 국가를 가지지 못하고 이산되어 있던 이탈리아 사람들은 시성 단테를 유일한 '이탈리아'로 숭앙했고, 제1차 세계대전 때 독일군의 잔혹한 압제에 있었던 벨기에 사람들은 베르하렌을 조국을 상징하는 시인으로 추앙하였다.

	㉠	㉡
①	따라서	또한
②	즉	그럼에도 불구하고
③	그러나	또한
④	그래도	그래서

03 다음 문단을 논리적 순서대로 바르게 나열한 것은?

> (가) 정해진 극본대로 연기를 하는 연극의 서사는 논리적이고 합리적이다. 그러나 연극 밖의 현실은 비합리적이고, 그 비합리성을 개인의 합리에 맞게 해석한다. 연극 밖에서도 각자의 합리성에 맞춰 연극을 하고 있는 것이다.
> (나) 사전적 의미로 불합리한 것, 이치에 맞지 않는 것을 의미하는 부조리는 실존주의 철학에서는 현실에서는 전혀 삶의 의미를 발견할 가능성이 없는 절망적인 한계상황을 나타내는 용어이다.
> (다) 이것이 비합리적인 세계에 대한 자신의 합목적적인 희망이라는 사실을 깨달았을 때, 삶은 허망해지고 인간은 부조리를 느끼게 된다.
> (라) 부조리라는 개념을 처음 도입한 대표적인 철학자인 알베르 카뮈는 연극에 비유하여 부조리에 대해 설명한다.

① (나) – (가) – (다) – (라) ② (나) – (다) – (가) – (라)
③ (나) – (라) – (가) – (다) ④ (라) – (가) – (나) – (다)

04 다음은 한국도로공사 안전보건관리예규의 일부 내용이다. 이 내용으로 적절하지 않은 것은?

〈안전보건관리예규〉

사고발생 시 처리절차(제51조)
① 공사는 사고발생 시 적극적으로 사고확대 방지와 재해자 응급구호를 위한 적절한 조치를 하여야 하고, 피해 최소화를 위해 노력하여야 한다.
② 사고발생 최초 목격자나 최초 발견자는 해당 관리감독자 등에게 보고하고, 직상급자 및 차상급 기관에 보고하여야 한다.
③ 사고발생 현장은 사고조사가 마무리될 때까지 원형대로 보존되어야 한다. 중대재해의 경우는 관계 행정기관의 조사가 마무리될 때까지 변형하거나 훼손하여서는 아니 된다.
④ 관계 법령에서 정하는 바에 따라 행정기관에 신고하여야 하는 사고에 해당하는 경우는 절차에 따라 관련 행정기관에 신고하여야 한다.
⑤ 사고조사 시 근로자대표의 요청이 있는 경우 근로자대표를 입회시켜야 한다.
⑥ 사고발생 시 긴급조치, 처리절차 등에 관하여 별도로 정할 수 있다.
⑦ 사고대책본부나 사고조사위원회를 별도로 구성·운영할 수 있다.
⑧ 사고조사가 마무리된 경우 재해자가 산재보상보험법에 따라 조속하게 보상을 받을 수 있도록 적극 지원한다.

사고원인조사 및 대책수립(제52조)
① 사고발생 원인조사는 신속하고 중립적인 자세로 사고발생 사유에 대한 근본적인 원인을 발굴하고 대책을 수립하여 동종사고 재발 방지 및 사고 예방을 할 수 있도록 하여야 한다. 이 경우 중대재해인 경우에는 산업안전보건위원회의 심의·의결을 거쳐야 한다.
② 공사는 사고발생원인과 재발방지대책을 수립하여 관련 부서에 개선대책, 추진일정 등을 포함한 개선요구서를 통보하여야 한다.
③ 개선요구서를 받은 관련 부서장은 모든 일에 우선하여 개선하는 등의 조치를 하여야 한다.
④ 공사는 개선일정과 사후점검 일정에 맞추어 개선여부를 확인하고 안전보건관리책임자에게 보고한다.
⑤ 사내 게시판, 홍보물 등을 통하여 사고사례, 동종재해예방대책, 개선내용 등을 공지한다.

재해발생현황분석 및 종합대책수립(제53조)
① 공사는 정기적으로 재해발생현황을 총괄 분석하고 이에 대한 대책을 수립하여 시행한다. 이 경우 근로자대표의 요구가 있는 경우 이에 협조한다.
② 공사는 매 이듬해 1월 중에 전년도의 재해를 총괄 분석하고 재해다발원인을 분석하고 이에 대한 대책을 수립·시행하여야 한다.
③ 분기별 또는 연간 재해분석 결과는 각 부서에 통보하여야 한다.

---

① 중대재해에 대한 재발방지대책은 산업안전보건위원회의 심의·의결을 거쳐야 한다.
② 사고를 최초로 목격한 사람은 반드시 사고발생 사실을 관리감독자와 직상급자 및 차상급 기관에 보고하여야 한다.
③ 한국도로공사는 사고조사가 마무리될 때까지 사고발생 현장을 보존하여야 하고, 사고조사가 마무리된 경우에는 재해자가 조속하게 보상을 받을 수 있도록 지원하여야 한다.
④ 한국도로공사가 재발방지대책을 수립하여 관련 부서에 개선요구서를 통보하면, 관련 부서장은 개선여부를 확인하고 이를 안전보건관리책임자에게 보고하여야 한다.

05 다음 중 밑줄 친 부분의 맞춤법이 옳지 않은 것은?

① 얼굴이 햇볕에 <u>가무잡잡하게</u> 그을렸다.

② 아버지는 그 사람을 사윗감으로 <u>마뜩찮게</u> 생각하였다.

③ 딸의 뺨이 <u>불그스름하게</u> 부어 있었다.

④ 아무도 그의 과거를 <u>괘념하지</u> 않았다.

06 다음 글의 제목으로 가장 적절한 것은?

우리 고유의 발효식품이자 한식 제1의 반찬인 김치는 천년이 넘는 역사를 함께해 온 우리 삶의 일부이다. 채소를 오래 보관하여 먹기 위한 절임 음식으로 시작된 김치는 양념을 버무리고 숙성시키는 우리만의 발효과학 식품으로 변신하였고, 김장은 우리 민족의 가장 중요한 행사 중 하나가 되었다. 다른 나라에도 소금 등에 채소를 절인 절임 음식이 존재하지만, 절임 후 양념으로 2차 발효시키는 음식으로는 우리 김치가 유일하다. 김치는 발효과정을 통해 원재료보다 영양이 한층 더 풍부해지며, 암과 노화, 비만 등의 예방과 억제에 효과적인 기능성을 보유한 슈퍼 발효 음식이 된다.

김치는 지역마다, 철마다, 또 특별한 의미를 담아 다양하게 변신하여 300가지가 넘는 종류로 탄생한다. 기후와 지역 등에 따라서 다채로운 맛을 담은 김치들이 있으며, 주재료로 채소뿐만 아니라 수산물이나 육류를 이용한 독특한 김치도 있고, 같은 김치라도 사람에 따라 특별한 김치로 재탄생된다. 지역과 집안마다 저마다의 비법으로 담그기 때문에 유서 깊은 종가의 비법으로 만든 특별한 김치가 전해오며, 김치를 담그고 먹는 일도 수행의 연속이라 여기는 사찰에서는 오신채를 사용하지 않은 김치가 존재한다.

우리 문화의 정수이자 자존심인 김치는 현대에 들어서는 문화와 전통이 결합한 복합 산업으로 펼쳐지고 있다. 김치에 들어가는 수많은 재료와 관련된 산업의 생산액은 3.3조 원이 넘으며, 주로 배추김치로 형성된 김치 생산은 약 2.3조 원의 시장을 형성하고 있고, 시판 김치의 경우 대기업의 시장 주도력이 증가하고 있다. 소비자 요구에 맞춘 다양한 포장 김치가 등장하고, 김치냉장고는 1.1조 원의 시장을 형성하고 있다. 또한 정성과 기다림을 상징하는 김치는 문화산업의 소재로 활용되며, 김치 문화는 관광 관련 산업으로 활성화되고 있다. 김치의 영양 기능성과 김치 유산균을 활용한 여러 기능성 제품이 개발되고, 부식뿐 아니라 새로운 요리의 식재료로써 김치는 39조 원의 외식산업 시장을 뒷받침하고 있다.

① 김치의 탄생

② 김치산업의 활성화 방안

③ 우리 민족의 축제, 김장

④ 우리 민족의 전통이자 자존심, 김치

07 다음 글을 읽고 '밀그램 실험'을 〈보기〉와 같이 요약하였다. 빈칸에 들어갈 단어로 가장 적절한 것은?

사람이 얼마나 권위 있는 잔인한 명령에 복종하는지를 알아보는 악명 높은 실험이 있었다. 사회심리학자인 스탠리 밀그램(Stanley Milgram)이 1961년 예일대학교 교수로 재직 중에 한 실험이다. 권위를 가진 주체가 말을 하면 아주 잔인한 명령이라도 기꺼이 복종하는 것을 알아보는, 인간의 연약함과 악함을 보여주는 그런 종류의 실험이다.

밀그램 실험에서는 피실험자에게 매우 강력한 전기충격을 가해야 한다는 명령을 내린다. 그 전기충격의 강도는 최고 450볼트로, 사람에게 치명적인 피해를 입힐 수 있다. 물론 이 실험에서 실제로 전기가 통하게 하지는 않았다. 전기충격을 받은 사람은 고통스럽게 비명을 지르며 그만하라고 소리치게 했지만, 이 역시 전문 배우가 한 연극이었다. 밀그램은 실험참가자에게 과학적 발전을 위한 실험이며, 4달러를 제공하고, 중간에 중단해서는 안 된다는 지침을 내렸다.

인간성에 대한 근원적인 의문을 탐구하기 위해 밀그램은 특수한 실험장치를 고안했다. 실험에 참가한 사람들은 실험자의 명령에 따라 옆방에 있는 사람에게 전기충격을 주는 버튼을 누르도록 했다. 30개의 버튼은 비교적 해가 안되는 15볼트에서 시작해 최고 450볼트까지 올라간다. 450볼트까지 높아지면 사람들은 치명적인 상처를 입는데, 실험참가자들은 그러한 위험성에 대한 주의를 받았다. 실제로는 전기충격 버튼을 눌러도 약간의 무서운 소리와 빛이 번쩍이는 효과만 날 뿐 실제로 전기가 흐르지는 않았다. 다만 옆방에서 전기충격을 받는 사람은 실험참가자들이 전기버튼을 누를 때마다 마치 진짜로 감전되는 것 같이 소리를 지르고 대가를 받는 훈련된 배우였다.

밀그램 실험에 참가한 40명 중 65%는 명령에 따라 가장 높은 450볼트의 버튼을 눌렀다. 감전된 것처럼 연기한 배우가 고통스럽게 소리를 지르면서 그만하라고 소리를 지르는데도 말이다. 일부 사람들은 실험실에서 나와서는 이같은 잔인한 실험을 계속하는 데 대해 항의했다. 밀그램은 실험 전에는 단 0.1%만이 450볼트까지 전압을 올릴 것이라 예상했으나, 실제 실험결과는 무려 65%의 참가자들이 450볼트까지 전압을 올렸다. 이들은 상대가 죽을 수 있다는 걸 알고 있었고, 비명도 들었으나 모든 책임은 연구원이 지겠다는 말에 복종했다.

> **보기**
>
> 밀그램이 시행한 전기충격 실험은 사람들이 권위를 가진 명령에 어디까지 복종하는지를 알아보기 위한 실험이다. 실험 결과 밀그램이 예상한 것과 달리 아주 일부의 사람만 _____ 을/를 하였다.

① 이타적 행동　　　　　　② 순응
③ 고민　　　　　　　　　　④ 불복종

08 다음 글의 내용으로 적절하지 않은 것은?

> 인류의 역사를 석기시대, 청동기시대 그리고 철기시대로 구분한다면 현대는 '플라스틱시대'라고 할 수 있을 만큼 플라스틱은 현대사회에서 가장 혁명적인 물질 중 하나이다. "플라스틱은 현대 생활의 뼈, 조직, 피부가 되었다."라는 미국의 과학 저널리스트 수잔 프라인켈(Susan Freinkel)의 말처럼 플라스틱은 인간의 생활에 많은 부분을 차지하고 있다. 저렴한 가격과 필요에 따라 내구성, 강도, 유연성 등을 조절할 수 있는 장점 덕분에 일회용 컵부터 옷, 신발, 가구 등 플라스틱이 아닌 것이 거의 없을 정도이다. 그러나 플라스틱에는 치명적인 단점이 있다. 플라스틱이 지닌 특성 중 하나인 영속성(永續性)이다. 즉, 인간이 그동안 생산한 플라스틱은 바로 분해되지 않고 어딘가에 계속 존재하고 있어 플라스틱은 환경오염의 원인이 된 지 오래이다.
>
> 치약, 화장품, 피부 각질제거제 등 생활용품과 화장품에 들어 있는 작은 알갱이의 성분은 '마이크로비드(Microbead)'라는 플라스틱이다. 크기가 1mm보다 작은 플라스틱을 '마이크로비드'라고 하는데 이 알갱이는 정수처리과정에서 걸러지지 않고 생활 하수구에서 강으로, 바다로 흘러간다. 조그만 알갱이들은 바다를 떠돌면서 생태계의 먹이사슬을 통해 동식물 체내에 축적되어 면역체계 교란, 중추신경계 손상 등의 원인이 되는 잔류성 유기 오염물질(Persistent Organic Pollutants)을 흡착한다. 그리고 물고기, 새 등 여러 생물은 마이크로비드를 먹이로 착각해 섭취한다. 마이크로비드를 섭취한 해양생물은 다시 인간의 식탁에 올라온다. 즉, 우리가 버린 플라스틱을 우리가 다시 먹게 되는 셈이다. 플라스틱 포크로 음식을 먹고, 플라스틱 컵으로 물을 마시는 등 플라스틱을 음식을 먹기 위한 수단으로만 생각했지 직접 먹게 되리라고는 상상도 못 했을 것이다. 우리가 먹은 플라스틱이 우리 몸에 남아 분해되지 않고 큰 질병을 키우게 될 것이다.

① 플라스틱은 필요에 따라 유연성, 강도 등을 조절할 수 있고, 값이 싼 장점이 있다.

② 플라스틱은 바로 분해되지 않고 어딘가에 존재한다.

③ 마이크로비드는 크기가 작기 때문에 정수처리과정에서 걸러지지 않고 바다로 유입된다.

④ 마이크로비드는 잔류성 유기 오염물질을 분해하는 역할을 한다.

09 다음은 D공사의 해외공항 사업에 대한 기사이다. 빈칸에 들어갈 내용으로 가장 적절한 것은?

올해 초 제2터미널의 성공적 개장, 쿠웨이트공항 사업 수주 등 세계적인 공항 건설·운영 노하우를 연달아 입증한 D공사가 해외사업 확대에 다시 한번 박차를 가하고 있다. D공사는 필리핀의 B기업과 '필리핀 마닐라 신공항 개발 사업 추진을 위한 양해각서(MOU)'를 체결했다고 밝혔다.

필리핀 재계 1위인 B기업은 마닐라 신공항 개발 사업의 우선제안자 지위를 갖고 있다. 마닐라 신공항 사업은 현재 수도 공항인 니노이 아키노 공항의 시설 포화 문제*를 해결하기 위해 필리핀 불라칸 지역(마닐라에서 북서쪽으로 40km)에 신공항을 건설하는 프로젝트이다. 사업 방식은 B기업이 필리핀 정부에 사업을 제안하는 '민간 제안 사업' 형태로 추진되고 있다.

필리핀의 경우 대규모 인프라 개발 사업에서 '민간 제안 사업' 제도를 운영하고 있다. 사업을 제안한 민간 사업자는 우선제안자의 지위를 가지며, 정부는 제안 사업의 타당성 검토와 사업 승인 절차를 거쳐 제3자 공고(60일) 및 제안서 평가 후 최종사업자를 선정한다. B기업은 지난 2016년 9월 필리핀 정부에 마닐라 신공항 사업을 제안했으며, 필리핀 경제개발청(NEDA)의 사업타당성 조사를 거쳐 올해 사업 승인을 받았다.

마닐라 신공항은 연간 여객 처리 용량 1억 명 규모에 여객터미널 8동, 활주로 4본을 갖춘 초대형 공항으로 설계되었으며, 총사업비는 17조 5,000억 원, 1단계 사업비만 7조 원에 달하는 대규모 공항 개발 사업이다. 최종사업자로 선정된 민간 사업자는 향후 50년간 신공항을 독점적으로 운영하게 된다.

마닐라 신공항은 바다를 매립해 건설하는 수도권 신공항 사업이라는 점에서 한국 I공항의 건설 및 개항 과정과 유사한 점이 많다. D공사는 1992년 11월 부지 조성 공사 기공식 이후 8년 4개월의 대역사를 거쳐 2001년 3월 I공항을 성공적으로 개항했다. D공사가 마닐라 신공항 사업에 참여하게 되면 I공항 개항으로 축적한 공항 건설과 운영 노하우를 충분히 활용할 수 있게 된다. 그뿐만 아니라 필리핀은 한국인들이 즐겨 찾는 대표적인 관광지로, D공사가 마닐라 신공항 사업에 참여하게 되면

---

* 니노이 아키노 공항의 연간 여객은 4,200만 명(2017년 기준)으로, 연간 여객 처리 용량(3,100만 명)을 초과했음(2012년부터 시설 포화 문제가 누적·심화)

① 필리핀의 항공 수요가 연평균 5.7%가량 성장할 것이다.
② 단기간에 D공사 해외사업 확대의 기폭제 역할을 할 것이다.
③ 필리핀을 찾는 한국인 관광객들의 편의도 한층 개선될 전망이다.
④ 필리핀 전체 관광객 중 한국인 관광객은 감소할 것으로 예상된다.

10 다음 글을 읽고 추론한 내용으로 적절하지 않은 것은?

우리말은 오랜 역사 속에서 꿋꿋이 발전해 왔다. 우리말을 적는 우리글, 한글 역시 어려운 역사 속에서 지켜 왔다. 그런데 우리 말글의 역사 가운데 가장 어려웠던 시기를 꼽자면 바로 일제 강점기라 하겠다. 일제 강점기에 일본은 국토를 병합하고 나서 우리 민족을 저들에 통합시키고 문화를 빼앗으려 했고 그 문화의 알맹이라 할 우리말을 쓰지 못하게 했다. 이러한 상황이니 우리 선조들은 우리 민족을 지키기 위해, 우리 문화를 지키기 위해 우리 말글을 지키려 그 어느 때보다도 더 큰 힘을 쏟았다. 이러한 중심에 조선어학회가 있었다.

지금의 한글학회인 조선어학회는 민족혼을 지키기 위해 우리말을 연구할 목적으로 1908년 8월 31일 주시경, 김정진 선생 등이 창립한 국어연구학회를 모체로 한다. 조선어학회 학자들은 일본의 식민 통치 아래 나라와 민족을 되찾고 문화를 되살리기 위한 길은 오로지 우리 말글을 지키는 데 있다는 것에 뜻을 함께했다. 그 일을 펼치고자 한글날을 만들고(1926년), 조선어사전편찬회를 조직해 『우리말큰사전』을 편찬하기로 하고(1928년), 이를 위해 한글맞춤법통일안을 제정하고(1933년), 표준말을 사정하고(1936년), 외래어표기법통일안도 제정했다(1940년).

그러나 침략전쟁에 광분하고 있었던 1940년대의 일본은 조선에 대한 식민 통치를 더욱 강화하면서 민족 말살 정책을 추진했다. 조선인의 이름과 성을 일본식으로 바꾸도록 하고 조선말을 쓰지 못하게 하고 학교에서 조선어 교육을 폐지했다. 이러한 암담한 상황에서 조선어학회 선열들은 핍박과 감시를 받아가며 우리 말글을 지키고 가꾸는 투쟁을 이어갔다.

조선어학회가 『우리말큰사전』 편찬에 밤낮을 가리지 않던 1942년, 함흥 영생고등여학교 학생 박영옥이 기차 안에서 친구들과 조선말로 대화하다가 경찰에 발각돼 취조를 받게 된 사건이 일어났다. 경찰은 조사 결과 학생들에게 민족혼을 일깨운 이가 조선어학회에서 사전을 편찬하고 있는 정태진 선생이라는 사실을 알았다. 그해 9월 5일에 정태진 선생을 연행했고, 조사 후 조선어학회가 민족주의 단체로서 독립운동을 목적으로 하고 있다고 보고, 10월 1일부터 조선어학회 선열들을 검거하기 시작해 사전 편찬에 직접 참여했거나 재정적으로 후원한 분을 검거하니 1943년 4월 1일까지 모두 서른세 분에 이르렀다.

① 민족을 지키고자 하면 우리말과 글을 지켜야 한다.
② 자주독립을 향한 한글학자들의 노력을 독립운동으로 기억해야 한다.
③ 우리말을 지키고자 한 조선어학회의 투쟁은 말글 투쟁으로 한정된다.
④ 우리말은 곧 우리 겨레가 가진 정신적 및 물리적 재산의 총목록이다.

11 다음 글에 대한 내용으로 적절하지 않은 것은?

> **〈보건용 마스크 고르는 법〉**
>
> 의약외품으로 허가된 '보건용 마스크' 포장에는 입자차단 성능을 나타내는 'KF80', 'KF94', 'KF99'가 표시되어 있는데, 'KF' 문자 뒤에 붙은 숫자가 클수록 미세입자 차단 효과가 더 크다. 다만 숨쉬기가 어렵거나 불편할 수 있으므로 황사·미세먼지 발생 수준, 사람별 호흡량 등을 고려해 적당한 제품을 선택하는 것이 바람직하다.
>
> 약국, 마트, 편의점 등에서 보건용 마스크를 구입하는 경우에는 제품의 포장에서 '의약외품'이라는 문자와 KF80, KF94, KF99 표시를 반드시 확인해야 한다.
>
> 아울러 보건용 마스크는 세탁하면 모양이 변형되어 기능을 유지할 수 없으므로 세탁하지 않고 사용해야 하며, 사용한 제품은 먼지나 세균에 오염되어 있을 수 있으므로 재사용하지 말아야 한다. 또한 수건이나 휴지 등을 덧댄 후 마스크를 사용하면 밀착력이 감소해 미세입자 차단 효과가 떨어질 수 있으므로 주의해야 하고, 착용 후에는 마스크 겉면을 가능하면 만지지 말아야 한다.

① KF 뒤에 붙은 숫자가 클수록 미세입자 차단 효과가 더 크다.

② 수건이나 휴지 등을 덧댄 후 마스크를 사용하는 것은 이중 차단 효과를 준다.

③ 보건용 마스크는 세탁하면 모양이 변형되어 기능을 유지할 수 없다.

④ 사용한 제품은 먼지나 세균에 오염되어 있을 수 있으므로 재사용하지 말아야 한다.

12 다음 ㉠ ~ ㉢ 중 맥락에 맞는 단어를 순서대로 바르게 나열한 것은?

> 음향은 종종 인물의 생각이나 심리를 극적으로 ㉠ 표시(表示) / 제시(提示) 하는 데 활용된다. 화면을 가득 채운 얼굴과 함께 인물의 목소리를 들려주면 인물의 속마음이 효과적으로 표현된다. 인물의 표정은 드러내지 않은 채 심장 소리만을 크게 들려줌으로써 인물의 불안정한 심정을 ㉡ 표출(表出) / 표명(表明)하는 예도 있다. 이처럼 음향은 영화의 장면 및 줄거리와 밀접한 관계를 유지하며 주제나 감독의 의도를 ㉢ 실현(實現) / 구현(具縣)하는 중요한 요소이다.

	㉠	㉡	㉢
①	제시	표명	실현
②	제시	표출	실현
③	제시	표출	구현
④	표시	표명	구현

13 다음 글의 내용으로 적절하지 않은 것은?

사람의 눈이 원래 하나였다면 세계를 입체적으로 지각할 수 있었을까? 입체 지각은 대상까지의 거리를 인식하여 세계를 3차원으로 파악하는 과정을 말한다. 입체 지각은 눈으로 들어오는 시각 정보로부터 다양한 단서를 얻어 이루어지는데, 이를 양안 단서와 단안 단서로 구분할 수 있다.

양안 단서는 양쪽 눈이 함께 작용하여 얻어지는 것으로, 양쪽 눈에서 보내오는 시차(視差)가 있는 유사한 상이 대표적이다. 단안 단서는 한쪽 눈으로 얻을 수 있는 것인데, 사람은 단안 단서만으로도 이전의 경험으로부터 추론에 의하여 세계를 3차원으로 인식할 수 있다. 망막에 맺히는 상은 2차원이지만 그 상들 사이의 깊이의 차이를 인식하게 해 주는 다양한 실마리들을 통해 입체 지각이 이루어진다.

동일한 물체가 크기가 다르게 시야에 들어오면 우리는 더 큰 시각(視角)을 가진 쪽이 더 가까이 있다고 인식한다. 이렇게 물체의 상대적 크기는 대표적인 단안 단서이다. 또 다른 단안 단서로는 '직선 원근'이 있다. 우리는 앞으로 뻗은 길이나 레일이 만들어 내는 평행선의 폭이 좁은 쪽이 넓은 쪽보다 멀리 있다고 인식한다. 또 하나의 단안 단서인 '결 기울기'는 같은 대상이 집단적으로 어떤 면에 분포할 때, 시야에 동시에 나타나는 대상들의 연속적인 크기 변화로 얻어진다. 예를 들면 들판에 만발한 꽃을 보면 앞쪽은 꽃이 크고 뒤로 가면서 서서히 꽃이 작아지는 것으로 보이는데 이러한 시각적 단서가 쉽게 원근감을 일으킨다.

어떤 경우에는 운동으로부터 단안 단서를 얻을 수 있다. '운동 시차'는 관찰자가 운동할 때 정지한 물체들이 얼마나 빠르게 움직이는 것처럼 보이는지가 물체들까지의 상대적 거리에 대한 실마리를 제공하는 것이다. 예를 들어 기차를 타고 가다 창밖을 보면 가까이에 있는 나무는 빨리 지나가고 멀리 있는 산은 거의 정지해 있는 것처럼 보인다.

① 세계를 입체적으로 지각하기 위해서는 단서가 되는 다양한 시각 정보가 필요하다.
② 단안 단서에는 물체의 상대적 크기, 직선 원근, 결 기울기, 운동 시차 등이 있다.
③ 사고로 한쪽 눈의 시력을 잃은 사람은 입체 지각이 불가능하다.
④ 대상까지의 거리를 인식할 수 있어야 세계를 입체적으로 지각할 수 있다.

14 다음 글의 빈칸에 들어갈 내용으로 가장 적절한 것은?

> 발전은 항상 변화를 내포하고 있다. 그러나 모든 형태의 변화가 전부 발전에 해당하는 것은 아니다. 이를테면 교통신호등이 빨강에서 파랑으로, 파랑에서 빨강으로 바뀌는 변화를 발전으로 생각할 수는 없다. 즉 _____ 좀 더 구체적으로 말해, 사태의 진전 과정에서 나중에 나타나는 것은 적어도 그 이전 단계에 내재적으로나마 존재했던 것의 전개에 해당한다는 것이다. 이렇게 볼 때, 발전은 선적(線的)인 특성이 있다. 순전한 반복의 과정으로 보이는 것을 발전이라고 규정하지 않는 이유는 그 때문이다. 반복과정에서는 최후에 명백히 나타나는 것이 처음에 존재했던 것과 거의 다르지 않다. 그러나 또 한편으로 우리는 비록 반복의 경우라도 때때로 그 과정 중의 특정 단계를 따로 떼어서 그것을 발견이라고 생각하기도 한다. 즉, 전체 과정에서 어떤 종류의 질이 그 시기에 특정의 수준까지 진전한 경우를 말한다.

① 변화는 특정한 방향으로 발전하는 것을 의미한다.
② 발전은 불특정 방향으로 일어나는 변모라는 의미이다.
③ 발전은 어떤 특정한 반복으로 일어나는 변화라는 의미로 사용된다.
④ 발전은 어떤 특정한 방향으로 일어나는 변화라는 의미를 내포하고 있다.

15 다음 문단을 논리적 순서대로 바르게 나열한 것은?

> (가) '인력이 필요해서 노동력을 불렀더니 사람이 왔더라.'라는 말이 있다. 인간을 경제적 요소로만 단순하게 생각했으나, 이에 따른 인권문제, 복지문제, 내국인과 이민자와의 갈등 등이 수반된다는 말이다. 프랑스처럼 우선 급하다고 이민자를 선별하지 않고 받으면 인종 갈등과 이민자의 빈곤화 등 많은 사회비용이 발생한다.
>
> (나) 이제 다문화정책의 패러다임을 전환해야 한다. 한국에 들어온 다문화가족을 적극적으로 지원해야 한다. 다문화가족과 더불어 살면서 다양성과 개방성을 바탕으로 상생의 발전을 도모해야 한다. 그리고 결혼이민자만 다문화가족으로 볼 것이 아니라 외국인 근로자와 유학생, 북한이탈주민까지 큰 틀에서 함께 보는 것도 필요하다.
>
> (다) 다문화정책의 핵심은 두 가지이다. 첫째, 새로운 사회에 적응하려는 의지가 강해서 언어 배우기, 일자리, 문화 이해에 매우 적극적인 태도를 지닌 좋은 인력을 선별해서 입국하도록 하는 것이다. 둘째, 이민자가 새로운 사회에 잘 정착할 수 있도록 사회통합에 주력해야 하는 것이다. 해외 인구 유입 초기부터 사회 비용을 절약할 수 있는 사람들을 들어오게 하는 것이 중요하기 때문이다.
>
> (라) 또한, 이미 들어온 이민자에게는 적극적인 지원을 해야 한다. 언어와 문화, 환경이 모두 낯선 이민자에게는 이민 초기에 세심한 배려가 필요하다. 특히 중요한 것은 다문화가족이 그들이 가지고 있는 강점을 활용하여 취약 계층이 아닌 주류층으로 설 수 있도록 지원해야 한다. 뿐만 아니라 이민자에 대한 지원 시기를 놓치거나 차별과 편견으로 내국인에게 증오감을 갖게 해서는 안 된다.

① (가) – (나) – (다) – (라) 　　② (가) – (라) – (다) – (나)
③ (다) – (가) – (라) – (나) 　　④ (다) – (나) – (라) – (가)

16 D공사의 출근 시간은 오전 9시이다. D공사는 지하철역에서 D공사 정문까지 셔틀버스를 운행한다. 정문에 셔틀버스가 출근 시간에 도착할 확률은 $\frac{1}{2}$, 출근 시간보다 늦게 도착할 확률은 $\frac{1}{8}$, 출근 시간보다 일찍 도착할 확률은 $\frac{3}{8}$ 이다. 지하철역에서 3대가 동시에 출발할 때, 2대의 버스는 출근 시간보다 일찍 도착하고, 1대의 버스는 출근 시간에 도착할 확률은?

① $\frac{1}{128}$ ② $\frac{3}{128}$

③ $\frac{9}{128}$ ④ $\frac{27}{128}$

17 철수와 영희가 5 : 3 비율의 속력으로 A지점에서 출발하여 B지점으로 향했다. 영희가 30분 먼저 출발했을 때 철수가 영희를 따라잡은 시간은 철수가 출발하고 나서 몇 분 만인가?

① 30분 ② 35분

③ 40분 ④ 45분

18 D사에서 환경미화를 위해 올해에도 실내공기 정화식물을 구입하기로 하였다. 작년에 구입한 식물은 올해 구입할 식물 수보다 2.5배 많으며, 16%가 시들었다. 작년에 시든 식물이 20그루라고 할 때, 올해 구입할 실내공기 정화식물의 수는?

① 45그루 ② 50그루

③ 55그루 ④ 60그루

19 농도가 10%인 소금물 200g에 농도가 15%인 소금물을 섞어서 농도가 13%인 소금물을 만들려고 한다. 이때 필요한 농도가 15%인 소금물의 양은?

① 150g ② 200g

③ 250g ④ 300g

20 다음은 대형마트 이용자를 대상으로 소비자 만족도를 조사한 결과이다. 이에 대한 설명으로 옳은 것은?(단, 소수점 셋째 자리에서 반올림한다)

〈대형마트 업체별 소비자 만족도〉

(단위 : 점/5점 만점)

업체명	종합 만족도	서비스 품질					서비스 쇼핑 체험
		쇼핑 체험 편리성	상품 경쟁력	매장환경 / 시설	고객접점 직원	고객관리	
A마트	3.72	3.97	3.83	3.94	3.70	3.64	3.48
B마트	3.53	3.84	3.54	3.72	3.57	3.58	3.37
C마트	3.64	3.96	3.73	3.87	3.63	3.66	3.45
D마트	3.56	3.77	3.75	3.44	3.61	3.42	3.33

〈대형마트 인터넷 · 모바일쇼핑 소비자 만족도〉

(단위 : %, 점/5점 만점)

분야별 이용 만족도	이용률	A마트	B마트	C마트	D마트
인터넷쇼핑	65.4	3.88	3.80	3.88	3.64
모바일쇼핑	34.6	3.95	3.83	3.91	3.69

① 인터넷쇼핑과 모바일쇼핑의 소비자 만족도가 가장 큰 차이를 보이는 곳은 D마트이다.

② 종합만족도는 5점 만점에 평균 3.61점이며, 업체별로는 A마트가 가장 높고, C마트, B마트, D마트 순서로 나타났다.

③ 서비스 품질 부문에 있어 대형마트는 쇼핑 체험 편리성에 대한 만족도가 상대적으로 가장 높게 평가되었으며, 반대로 고객접점직원 서비스가 가장 낮게 평가되었다.

④ 대형마트를 이용하면서 느낀 감정이나 기분을 반영한 서비스 쇼핑 체험 부문의 만족도는 평균 3.41점으로 서비스 품질 부문들보다 낮았다.

21 다음은 지난달 봉사 장소별 봉사자 수를 연령별로 조사한 자료이다. 〈보기〉 중 이에 대한 설명으로 옳은 것을 모두 고르면?

〈봉사 장소의 연령대별 봉사자 수〉

구분	10대	20대	30대	40대	50대	전체
보육원	148명	197명	405명	674명	576명	2,000명
요양원	65명	42명	33명	298명	296명	734명
무료급식소	121명	201명	138명	274명	381명	1,115명
노숙자쉼터	0명	93명	118명	242명	347명	800명
유기견보호소	166명	117명	56명	12명	0명	351명
전체	500명	650명	750명	1,500명	1,600명	5,000명

보기
ⓐ 노숙자쉼터 봉사자 중 30대는 15% 미만이다.
ⓑ 전체 봉사자 중 40대의 비율은 20대의 3배이다.
ⓒ 전체 무료급식소 봉사자 중 40~50대는 절반 이상이다.
ⓓ 전체 보육원 봉사자 중 30대 이하가 차지하는 비율은 36% 이하이다.

① ㉠, ㉢
② ㉠, ㉣
③ ㉡, ㉢
④ ㉢, ㉣

※ 다음은 연도별 차량기지 견학 안전체험 건수 및 인원 현황이다. 이어지는 질문에 답하시오. [22~23]

〈차량기지 견학 안전체험 건수 및 인원 현황〉

(단위 : 건, 명)

구분	계		2020년		2021년		2022년		2023년		2024년	
	건수	인원	건수	인원	건수	인원	건수	인원	건수	인원	건수	인원
고덕	649	5,252	24	611	36	897	33	633	21	436	17	321
도봉	358	6,304	30	644	31	761	24	432	28	566	25	336
방화	363	6,196	64	1,009	(ㄴ)	978	51	978	(ㄹ)	404	29	525
신내	287	3,662	49	692	49	512	31	388	17	180	25	385
천왕	336	6,450	68	(ㄱ)	25	603	32	642	30	566	29	529
모란	257	6,175	37	766	27	643	31	561	20	338	22	312
총계	2,250	34,039	272	4,588	241	4,394	(ㄷ)	3,634	145	2,490	147	2,408

22 다음 중 빈칸 (ㄱ) ~ (ㄹ)에 들어갈 수치가 바르게 연결된 것은?

① (ㄱ) : 846

② (ㄴ) : 75

③ (ㄷ) : 213

④ (ㄹ) : 29

23 다음 중 자료에 대한 설명으로 옳은 것을 〈보기〉에서 모두 고르면?

> **보기**
>
> ㄱ. 방화 차량기지 견학 안전체험 건수는 2021년부터 2024년까지 전년 대비 매년 감소하였다.
> ㄴ. 2022년 고덕 차량기지의 안전체험 건수 대비 인원수는 2022년 도봉 차량기지의 안전체험 건수 대비 인원수보다 크다.
> ㄷ. 2021년부터 2023년까지 고덕 차량기지의 안전체험 건수와 인원수의 증감 추이는 동일하다.
> ㄹ. 2024년 신내 차량기지의 안전체험 인원수는 2020년 대비 50% 이상 감소하였다.

① ㄱ, ㄴ

② ㄱ, ㄷ

③ ㄴ, ㄷ

④ ㄷ, ㄹ

24 다음은 저작물 구입 경험이 있는 초·중·고등학생 각각 1,000명을 대상으로 저작물 구입 실태에 대한 설문조사를 실시한 결과이다. 이에 대한 보고서의 내용 중 옳은 것을 모두 고르면?(단, 설문 참여자는 모든 문항에 응답하였다)

〈표 1〉 저작물 구입 경험 현황

(단위 : %)

종류 ＼ 학교급	초등학교	중학교	고등학교
음악	29.3	41.5	58.6
영화, 드라마, 애니메이션 등 영상물	31.2	34.3	39.6
컴퓨터 프로그램	45.6	45.2	46.7
게임	58.9	57.7	56.8
사진	16.2	20.5	27.3
만화 / 캐릭터	73.2	53.3	62.6
책	68.8	66.3	82.8
지도, 도표	11.8	14.6	15.0

※ 설문조사에서는 구입 경험이 있는 모든 저작물 종류를 선택하도록 하였음

〈표 2〉 정품 저작물 구입 현황

(단위 : %)

정품 구입 횟수 비율 ＼ 학교급	초등학교	중학교	고등학교
10회 중 10회	35.3	55.9	51.8
10회 중 8~9회	34.0	27.2	25.5
10회 중 6~7회	15.8	8.2	7.3
10회 중 4~5회	7.9	4.9	6.8
10회 중 2~3회	3.3	1.9	5.0
10회 중 0~1회	3.7	1.9	3.6
전체	100.0	100.0	100.0

〈보고서〉

본 조사결과에 따르면, ㉠ 전반적으로 '만화 / 캐릭터'는 초등학생이 중학생이나 고등학생보다 구입 경험의 비율이 높은 것으로 나타났으며, '컴퓨터 프로그램'이나 '게임'은 학교급 간의 차이가 모두 2%p 미만이다. ㉡ 위 세 종류를 제외한 나머지 항목에서는 모두 고등학생이 중학생이나 초등학생에 비하여 구입 경험의 비율이 높았다. ㉢ 초·중·고 각각 응답자의 절반 이상이 모두 정품만을 구입했다고 응답하였다. 특히, ㉣ 모두 정품으로 구입했다고 응답한 학생의 비율은 중학교에서 가장 높다.

① ㉠, ㉡

② ㉠, ㉣

③ ㉡, ㉢

④ ㉡, ㉣

※ 다음은 현 직장 만족도에 대하여 조사한 자료이다. 이어지는 질문에 답하시오. [25~26]

<현 직장 만족도>

만족분야별	직장유형별	2023년	2024년
전반적 만족도	기업	6.9	6.3
	공공연구기관	6.7	6.5
	대학	7.6	7.2
임금과 수입	기업	4.9	5.1
	공공연구기관	4.5	4.8
	대학	4.9	4.8
근무시간	기업	6.5	6.1
	공공연구기관	7.1	6.2
	대학	7.3	6.2
사내분위기	기업	6.3	6.0
	공공연구기관	5.8	5.8
	대학	6.7	6.2

25 2023년 3개 기관의 전반적 만족도의 합은 2024년 3개 기관의 임금과 수입 만족도의 합의 몇 배인가?(단, 소수점 둘째 자리에서 반올림한다)

① 1.4배
② 1.6배
③ 1.8배
④ 2.0배

26 다음 중 자료에 대한 설명으로 옳지 않은 것은?

① 현 직장에 대한 전반적 만족도는 대학 유형에서 가장 높다.
② 2024년 근무시간 만족도에서는 공공연구기관과 대학의 만족도가 동일하다.
③ 2024년에 모든 유형의 직장에서 임금과 수입의 만족도는 전년 대비 증가했다.
④ 사내분위기 측면에서 2023년과 2024년 공공연구기관의 만족도는 동일하다.

27 다음은 시도별 자전거도로 현황에 대한 자료이다. 이에 대한 설명으로 옳은 것은?

〈시도별 자전거도로 현황〉

(단위 : km)

구분	합계	자전거전용도로	자전거보행자 겸용도로	자전거전용차로	자전거우선도로
전국	21,176	2,843	16,331	825	1,177
서울특별시	869	104	597	55	113
부산광역시	425	49	374	1	1
대구광역시	885	111	758	12	4
인천광역시	742	197	539	6	–
광주광역시	638	109	484	18	27
대전광역시	754	73	636	45	–
울산광역시	503	32	408	21	42
세종특별자치시	207	50	129	6	22
경기도	4,675	409	4,027	194	45
강원도	1,498	105	1,233	62	98
충청북도	1,259	202	824	76	157
충청남도	928	204	661	13	50
전라북도	1,371	163	1,042	112	54
전라남도	1,262	208	899	29	126
경상북도	1,992	414	1,235	99	244
경상남도	1,844	406	1,186	76	176
제주특별자치도	1,324	7	1,299	–	18

① 제주특별자치도는 전국에서 다섯 번째로 자전거도로가 길다.

② 광주광역시를 볼 때, 전국 대비 자전거전용도로의 비율이 자전거보행자겸용도로의 비율보다 낮다.

③ 경상남도의 모든 자전거도로는 전국에서 각각 9% 이상의 비율을 가진다.

④ 전국에서 자전거전용도로의 비율은 약 13.4%의 비율을 차지한다.

28 다음은 궁능원 관람객 수 추이에 대한 자료이다. 문화재 관광 콘텐츠의 개발방향을 찾기 위해 옳지 않은 설명을 한 사람은?

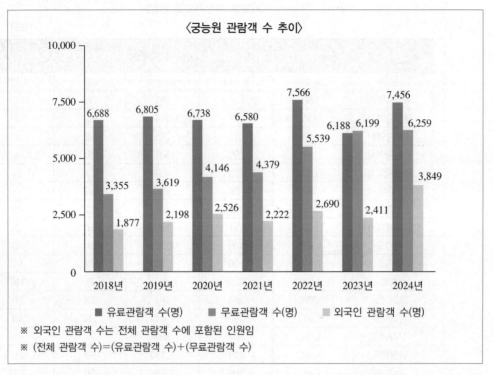

〈궁능원 관람객 수 추이〉

※ 외국인 관람객 수는 전체 관람객 수에 포함된 인원임
※ (전체 관람객 수)=(유료관람객 수)+(무료관람객 수)

① A씨 : 2024년 외국인 관광객 수는 2018년에 비해 102% 이상 증가했네요. 외국인 관광객에 대한 콘텐츠 개발을 더욱더 확충했으면 좋겠어요.

② B씨 : A씨의 의견이 맞는 것 같아요. 2024년의 전체 관람객 수에서 외국인 관람객이 차지한 비중이 2018년에 비해 10% 이상 증가했네요. 외국인 관람객을 위한 외국어 안내문과 팸플릿을 개선했으면 좋겠네요.

③ C씨 : 유료관람객은 2023년을 제외하고 항상 많은 비중을 차지하고 있어요. 유료관람객 확대 유치를 위한 콘텐츠가 필요해요.

④ D씨 : C씨의 의견에 덧붙이자면, 유료관람객 수는 2018년 이후로 증가와 감소가 반복되고 있어요. 유료관람객 수의 지속적인 증가를 위해 지역주민에 대한 할인, 한복업체와 연계한 생활한복 무료대여 행사같이 여러 가지 이벤트를 개발했으면 좋겠어요.

29 다음은 우리나라 지역별 가구 수와 1인 가구 수를 나타낸 자료이다. 이에 대한 설명으로 옳은 것은?

〈지역별 가구 수 및 1인 가구 수〉

(단위 : 천 가구)

구분	전체 가구	1인 가구
서울특별시	3,675	1,012
부산광역시	1,316	367
대구광역시	924	241
인천광역시	1,036	254
광주광역시	567	161
대전광역시	596	178
울산광역시	407	97
경기도	4,396	1,045
강원특별자치도	616	202
충청북도	632	201
충청남도	866	272
전라북도	709	222
전라남도	722	242
경상북도	1,090	365
경상남도	1,262	363
제주특별자치도	203	57
합계	19,017	5,279

① 전체 가구 대비 1인 가구의 비율이 가장 높은 지역은 충청북도이다.

② 서울특별시 · 인천광역시 · 경기도의 1인 가구는 전체 1인 가구의 40% 이상을 차지한다.

③ 도 지역의 가구 수 총합보다 서울시 및 광역시의 가구 수 총합이 더 크다.

④ 경기도를 제외한 도 지역 중 1인 가구 수가 가장 많은 지역이 전체 가구 수도 제일 많다.

30 다음은 한반도 지역별 지진발생 횟수에 대한 자료이다. 이에 대한 설명으로 옳은 것은?

〈한반도 지역별 지진발생 횟수〉

(단위 : 회)

구분	2022년	2023년	2024년
서울·경기·인천	1	1	1
부산·울산·경남	1	6	5
대구·경북	6	179	121
광주·전남	1	1	6
전북	1	1	2
대전·충남·세종	2	6	3
충북	1	0	2
강원	1	1	1
제주	0	1	0
서해	7	6	19
남해	12	11	18
동해	8	16	20
북한	3	23	25
합계	44	252	223

※ 수도권은 서울·경기·인천 지역을 의미함

① 연도별로 전체 지진발생 횟수 중 가장 많은 비중을 차지하는 지역은 2022년부터 2024년까지 매년 동일하다.

② 전체 지진발생 횟수 중 북한의 지진발생 횟수가 차지하는 비중은 2023년에 비해 2024년에 5% 이상 증가하였다.

③ 2022년 전체 지진발생 횟수 중 대전·충남·세종이 차지하는 비중은 2023년 전체 지진발생 횟수 중 동해가 차지하는 비중보다 크다.

④ 2023년에 지진이 발생하지 않은 지역을 제외하고 2023년 대비 2024년 지진발생 횟수의 증가율이 두 번째로 높은 지역은 서해이다.

31 다음은 D공사의 고객의 소리 운영 규정의 일부이다. 고객서비스 업무를 담당하고 있는 1년 차 사원인 A씨는 9월 18일 월요일에 어느 한 고객으로부터 질의 민원을 접수받았다. 그러나 부득이한 사유로 기간 내 처리가 불가능할 것으로 보여 본사 총괄부서장의 승인을 받고 처리기간을 연장하였다. 해당 민원은 늦어도 언제까지 처리가 완료되어야 하는가?

목적(제1조)
이 규정은 D공사에서 고객의 소리 운영에 필요한 사항에 대하여 규정함을 목적으로 한다.

정의(제2조)
"고객의 소리(Voice Of Customer)"라 함은 D공사 직무와 관련된 행정 처리에 대한 이의신청, 진정 등 민원과 D공사의 제도, 서비스 등에 대하여 불만이나 불편사항, 건의 · 단순 질의 등 모든 고객의 의견을 말한다.

처리기간(제7조)
① 고객의 소리는 다른 업무에 우선하여 처리하여야 하며 처리기간이 남아있음 등의 이유로 처리를 지연시켜서는 아니 된다.
② 고객의 소리 처리기간은 24시간으로 한다. 다만, 서식민원은 별도로 한다.

처리기간의 연장(제8조)
① 부득이한 사유로 기간 내에 처리하기 곤란한 경우 중간 답변을 하여야 하며, 이 경우 처리기간은 48시간으로 한다.
② 중간 답변을 하였음에도 기간 내에 처리하기 어려운 사항은 1회에 한하여 본사 총괄부서장의 승인을 받고 추가로 연장할 수 있다. 이 경우 추가되는 연장시간은 48시간으로 한다.
③ 업무의 성격이나 중요도, 본사 총괄부서의 처리시간에 임박한 재배정 등으로 제1항 내지 제2항의 기간 내에 처리할 수 없는 사항은 부서장 또는 소속장이 본사 총괄부서장에게 특별 기간연장을 요구할 수 있다.

---

① 9월 19일
② 9월 20일
③ 9월 21일
④ 9월 22일

32 K공사 직원들이 이번 달 성과급에 대해 이야기를 나누고 있다. 성과급은 반드시 늘거나 줄어들었고, 직원 중 1명만 거짓말을 하고 있을 때, 항상 참인 것은?

> A직원 : 나는 이번에 성과급이 늘어났어. 그래도 B만큼은 오르지는 않았네.
> B직원 : 맞아. 난 성과급이 좀 늘어났지. D보다 조금 더 늘었어.
> C직원 : 좋겠다. 오, E도 성과급이 늘어났네.
> D직원 : 무슨 소리야. E는 C와 같이 성과급이 줄어들었는데.
> E직원 : 그런 것보다 D가 A보다 성과급이 조금 올랐는데.

① 직원 E의 성과급 순위를 알 수 없다.
② 직원 D의 성과급이 가장 많이 올랐다.
③ 직원 A의 성과급이 오른 사람 중 가장 적다.
④ 직원 C는 성과급이 줄어들었다.

33 다음 글의 내용이 참일 때, 가해자인 것이 확실한 사람과 가해자가 아닌 것이 확실한 사람으로 바르게 연결된 것은?

> 폭력 사건의 용의자로 A, B, C가 지목되었다. 조사 과정에서 A, B, C가 다음과 같이 진술하였는데, 이들 가운데 가해자는 거짓만을 진술하고 가해자가 아닌 사람은 참만을 진술한 것으로 드러났다.
> A : 우리 셋 중 정확히 한 명이 거짓말을 하고 있다.
> B : 우리 셋 중 정확히 두 명이 거짓말을 하고 있다.
> C : A, B 중 정확히 한 명이 거짓말을 하고 있다.

	가해자인 것이 확실	가해자가 아닌 것이 확실
①	A	C
②	B	없음
③	B	A, C
④	A, C	B

※ D공사에서는 정보보안을 위해 직원의 컴퓨터 암호를 아래와 같은 규칙으로 지정했다. 이어지는 질문에 답하시오. [34~35]

〈규칙〉

1. 자음과 모음의 배열은 국어사전의 배열 순서에 따른다.
   - 자음
     - 국어사전 배열 순서에 따라 알파벳 소문자(a, b, c, …)로 치환하여 사용한다.
     - 받침으로 사용되는 자음의 경우 대문자로 구분한다.
     - 겹받침일 경우, 먼저 쓰인 순서대로 알파벳을 나열한다.
   - 모음
     - 국어사전 배열 순서에 따라 숫자(1, 2, 3, …)로 치환하여 사용한다.
2. 비밀번호는 임의의 세 글자로 구성하되 마지막 음절 뒤 한 자리 숫자는 다음의 규칙에 따라 지정한다.
   - 음절에 사용된 각 모음의 합으로 구성한다.
   - 모음의 합이 두 자리 이상일 경우엔 각 자릿수를 다시 합하여 한 자리 수가 나올 때까지 더한다.
   - '–'을 사용하여 단어와 구별한다.

34 다음 중 송주임 컴퓨터의 암호 'l15Cd5r14F–7'을 바르게 풀이한 것은?

① 워크숍   ② 원더풀

③ 온누리   ④ 올림픽

35 다음 중 김사원 컴퓨터의 비밀번호 '자전거'를 암호로 바르게 치환한 것은?

① m1m3ca5–9   ② m1m5Ca5–2

③ n1n5ca3–9   ④ m1m3Ca3–7

※ D공사는 다음과 같은 기준으로 사원번호를 부여한다. 이어지는 질문에 답하시오. **[36~37]**

〈사원번호 부여 기준〉

• 사원번호 순서 : [성별] – [부서] – [입사연도] – [입사월] – [입사순서]
• 성별

남성	여성
M	W

• 부서

총무부	인사부	기획부	영업부	생산부
01	02	03	04	05

• 입사연도 : 연도별 끝자리를 두 자리 숫자로 기재(예 2025년 – 25)
• 입사월 : 두 자리 숫자로 기재(예 5월 – 05)
• 입사순서 : 해당 월의 누적 입사순서를 두 자리 숫자로 기재(예 3번째 입사자 – 03)
 ※ D공사에 같은 날 입사자는 없음

36 다음 중 사원번호가 'W05240401'인 사원에 대한 설명으로 옳지 않은 것은?

① 생산부서 최초의 여직원이다.
② 2024년에 입사하였다.
③ 4월에 입사한 여성이다.
④ 'M03180511'인 사원보다 입사일이 빠르다.

37 다음 D공사의 2024년 하반기 신입사원 명단을 참고할 때, 기획부에 입사한 여성은 모두 몇 명인가?

M01240903	W03241005	M05240912	W05240913	W01241001	W04241009
W02240901	M04241101	W01240905	W03240909	M02241002	W03241007
M03240907	M01240904	W02240902	M04241008	M05241107	M01241103
M03240908	M05240910	M02241003	M01240906	M05241106	M02241004
M04241101	M05240911	W03241006	W05241105	W03241104	M05241108

① 2명   ② 3명
③ 4명   ④ 5명

38 다음은 국가별 와인 상품과 와인 세트에 대한 자료이다. 세트 가격을 한도로 할 때, 구입할 수 있는 국가별 와인 상품을 바르게 연결한 것은?

〈국가별 와인 상품〉

와인	생산지	인지도	풍미	당도	가격(원)
A	이탈리아	5	4	3	50,000
B	프랑스	5	2	4	60,000
C	포르투갈	4	3	5	45,000
D	독일	4	4	4	70,000
E	벨기에	2	2	1	80,000
F	네덜란드	3	1	2	55,000
G	영국	5	5	4	65,000
H	스위스	4	3	3	40,000
I	스웨덴	3	2	1	75,000

※ 인지도, 풍미, 당도는 '5'가 가장 높고, '1'이 가장 낮음

〈와인 세트〉

1세트	2세트
프랑스 와인 1병 외 다른 국가 와인 1병	이탈리아 와인 1병 외 다른 국가 와인 1병
인지도가 높고 풍미가 좋은 와인 구성	당도가 높은 와인 구성
포장비 : 10,000원	포장비 : 20,000원
세트 가격 : 130,000원	세트 가격 : 160,000원

※ 반드시 세트로 구매해야 하며, 세트 가격에는 포장비가 포함되어 있지 않음
※ 같은 조건이면 인지도, 풍미, 당도가 더 높은 와인으로 세트를 구성함

① 1세트 : 프랑스, 독일
② 1세트 : 프랑스, 영국
③ 2세트 : 이탈리아, 스위스
④ 2세트 : 이탈리아, 포르투갈

※ 다음은 D공사 입사시험 성적 결과표와 직원 채용 규정이다. 이어지는 질문에 답하시오. [39~40]

〈입사시험 성적 결과표〉

(단위 : 점)

구분	대학 졸업유무	서류점수	필기시험 점수	면접시험 점수		영어시험 점수
				개인	그룹	
이선빈	유	84	86	35	34	78
유미란	유	78	88	32	38	80
김지은	유	72	92	31	40	77
최은빈	무	80	82	40	39	78
이유리	유	92	80	38	35	76

〈직원 채용 규정〉

- 위 응시자 중 규정에 따라 최종 3명을 채용한다.
- 대학 졸업자 중 (서류점수)+(필기시험 점수)+(개인 면접시험 점수)의 합이 높은 2명을 경영지원실에 채용한다.
- 경영지원실 채용 후 나머지 응시자 3명 중 그룹 면접시험 점수와 영어시험 점수의 합이 가장 높은 1명을 기획조정실에 채용한다.

39 다음 중 직원 채용 규정에 따른 불합격자 2명이 바르게 짝지어진 것은?

① 이선빈, 김지은 ② 이선빈, 최은빈
③ 김지은, 최은빈 ④ 최은빈, 이유리

40 직원 채용 규정을 다음과 같이 변경한다고 할 때, 불합격자 2명이 바르게 짝지어진 것은?

〈직원 채용 규정 변경〉

- 응시자 중 [서류점수(50%)]+(필기시험 점수)+[면접시험 점수(개인과 그룹 중 높은 점수)]의 환산점수가 높은 3명을 채용한다.

① 이선빈, 유미란 ② 이선빈, 최은빈
③ 이선빈, 이유리 ④ 유미란, 최은빈

※ D공사의 인사팀 팀원 6명이 회식을 하기 위해 이탈리안 레스토랑에 갔다. 다음 〈조건〉을 바탕으로 이어지는 질문에 답하시오. [41~42]

조건

- 인사팀은 토마토 파스타 2개, 크림 파스타 1개, 토마토 리소토 1개, 크림 리소토 2개, 콜라 2잔, 사이다 2잔, 주스 2잔을 주문했다.
- 인사팀은 K팀장, L과장, M대리, S대리, H사원, J사원으로 구성되어 있는데, 같은 직급끼리는 같은 소스가 들어가는 요리를 주문하지 않았고, 같은 음료도 주문하지 않았다.
- 각자 좋아하는 요리가 있으면 그 요리를 주문하고, 싫어하는 요리나 재료가 있으면 주문하지 않았다.
- K팀장은 토마토 파스타를 좋아하고, S대리는 크림 리소토를 좋아한다.
- L과장과 H사원은 파스타면을 싫어한다.
- 대리들 중에 콜라를 주문한 사람은 없다.
- 크림 파스타를 주문한 사람은 사이다도 주문했다.
- 토마토 파스타나 토마토 리소토와 주스는 궁합이 안 맞는다고 하여 함께 주문하지 않았다.

41 다음 중 주문한 결과로 옳지 않은 것은?

① 사원들 중 한 사람은 주스를 주문했다.
② L과장은 크림 리소토를 주문했다.
③ K팀장은 콜라를 주문했다.
④ 토마토 리소토를 주문한 사람은 콜라를 주문했다.

42 다음 중 같은 요리와 음료를 주문한 사람을 바르게 연결한 것은?

① S대리, J사원
② L과장, H사원
③ L과장, S대리
④ K팀장, M대리

43 다음은 D은행에 대한 SWOT 분석 결과이다. 빈칸 ㉠ ~ ㉢에 들어갈 전략으로 옳지 않은 것은?

〈SWOT 분석 결과〉

구분	분석 결과
강점(Strength)	• 안정적 경영상태 및 자금흐름 • 풍부한 오프라인 인프라
약점(Weakness)	• 담보 중심의 방어적 대출 운영으로 인한 혁신기업 발굴 및 투자 가능성 저조 • 은행업계의 저조한 디지털 전환 적응력
기회(Opportunity)	• 테크핀 기업들의 성장으로 인해 협업 기회 풍부
위협(Threat)	• 핀테크 및 테크핀 기업들의 금융업 점유율 확대

구분	강점(S)	약점(W)
기회(O)	• 안정적 자금상태를 기반으로 혁신적 기술을 갖춘 테크핀과의 협업을 통해 실적 증대	• 테크핀 기업과의 협업을 통해 혁신적 문화를 학습하여 디지털 전환을 위한 문화적 개선 추진 • ____㉠____
위협(T)	• ____㉡____	• 전당포식 대출 운영 기조를 변경하여 혁신금융 기업으로부터 점유율 방어 • ____㉢____

① ㉠ : 테크핀 기업의 기업운영 방식을 벤치마킹 후 현재 운영 방식에 융합하여 디지털 전환에 필요한 혁신 동력 배양

② ㉠ : 금융혁신 기업과의 협업을 통해 혁신기업의 특성을 파악하고 이를 조기에 파악할 수 있는 안목을 키워 도전적 대출 운영에 반영

③ ㉡ : 신생 금융기업에 비해 풍부한 오프라인 인프라를 바탕으로, 아직 오프라인 채널을 주로 이용하는 고령층 고객에 대한 점유율 우위 선점

④ ㉢ : 풍부한 자본을 토대로 한 온라인 채널 투자를 통해 핀테크 및 테크핀 기업의 점유율 확보로부터 방어

44 서울에서 열린 관광채용박람회의 해외채용관에는 8개의 부스가 마련되어 있다. A호텔, B호텔, C항공사, D항공사, E여행사, F여행사, G면세점, H면세점이 〈조건〉에 따라 8개의 부스에 각각 위치하고 있을 때, 다음 중 항상 참이 되는 것은?

〈부스 위치〉			
1	2	3	4
복도			
5	6	7	8

조건
- 업종이 같은 종류의 기업은 같은 라인에 위치할 수 없다.
- A호텔과 B호텔은 복도를 사이에 두고 마주 보고 있다.
- G면세점과 H면세점은 양 끝에 위치하고 있다.
- E여행사 반대편에 위치한 H면세점은 F여행사와 나란히 위치하고 있다.
- C항공사는 가장 앞 번호의 부스에 위치하고 있다.

① A호텔은 면세점 옆에 위치하고 있다.
② B호텔은 여행사 옆에 위치하고 있다.
③ C항공사는 여행사 옆에 위치하고 있다.
④ D항공사는 E여행사와 나란히 위치하고 있다.

45 D회사 사무실에 도둑이 들었다. 범인은 2명이고, 용의자로 지목된 A ~ E가 다음과 같이 진술했다. 이 중 2명이 거짓말을 하고 있다고 할 때, 동시에 범인이 될 수 있는 사람을 나열한 것은?

A : B나 C 중에 한 명만 범인이에요.
B : 저는 확실히 범인이 아닙니다.
C : 제가 봤는데 E가 범인이에요.
D : A가 범인이 확실해요.
E : 사실은 제가 범인이에요.

① A, B
② B, C
③ C, D
④ D, E

※ 다음은 D기업의 자체 데이터베이스에 대한 내용이다. 이어지는 질문에 답하시오. [46~47]

D기업은 사회 이슈에 대해 보고서를 발간하며, 모든 자료는 사내 데이터베이스에 보관하고 있다. 데이터베이스를 구축한지 오랜 시간이 흐르고, 축적한 자료도 많아 원하는 자료를 일일이 찾기엔 어려워 D기업에서는 데이터베이스 이용 시 검색 명령을 활용하라고 권장하고 있다.

〈데이터베이스 검색 명령어〉

구분	내용
*	두 단어가 모두 포함된 문서를 검색
OR	두 단어가 모두 포함되거나 두 단어 중에서 하나만 포함된 문서를 검색
|	OR 대신 사용할 수 있는 명령어
!	! 기호 뒤에 오는 단어는 포함하지 않는 문서를 검색
~	앞 / 뒤에 단어가 가깝게 인접해 있는 문서를 검색

46 D기업의 최윤오 사원은 기업의 성과관리에 대한 보고서를 작성하려고 한다. 이전에도 성과관리를 주제로 보고서를 작성한 적이 있어, 자신이 작성한 보고서는 제외하고 관련 자료를 데이터베이스에서 검색하려고 한다. 다음 중 최윤오 사원이 입력할 검색어로 옳은 것은?

① 성과관리 * 최윤오
② 성과관리 OR 최윤오
③ 성과관리 ! 최윤오
④ 성과관리 ~ 최윤오

47 D기업의 최윤오 사원은 기업의 성과관리에 대한 보고서를 작성하던 중, 임금체계와 성과급에 대한 자료가 필요해 이를 데이터베이스에서 찾으려고 한다. 임금체계와 성과관리가 모두 언급된 자료를 검색하기 위한 검색 키워드로 '임금체계'와 '성과급'을 입력했을 때, 최윤오 사원이 활용할 수 있는 검색 명령어를 〈보기〉에서 모두 고르면?

보기
ㄱ *   ㄴ OR
ㄷ !   ㄹ ~

① ㄱ
② ㄱ, ㄷ
③ ㄱ, ㄴ, ㄷ
④ ㄱ, ㄴ, ㄹ

48 다음 중 운영체제(OS)의 역할에 대한 설명으로 옳지 않은 것은?

① 컴퓨터와 사용자 사이에서 시스템을 효율적으로 운영할 수 있도록 인터페이스 역할을 담당한다.

② 사용자가 시스템에 있는 응용 프로그램을 편리하게 사용할 수 있다.

③ 하드웨어의 성능을 최적화할 수 있도록 한다.

④ 운영체제의 기능에는 제어기능, 기억기능, 연산기능 등이 있다.

49 다음 중 SSD와 HDD의 비교에 대한 설명으로 옳지 않은 것은?

① SSD는 HDD에 비해 전력 소모량이 적고 발열이 적다.

② 장기간 데이터를 보존하려면 SSD보다 HDD가 더 유리하다.

③ SSD는 내구성이 높아 충격이나 진동에 덜 민감하지만, HDD는 이에 민감하여 외부 충격에 의해 데이터가 손실될 수 있다.

④ SSD는 기계적인 방식을 사용하여 데이터를 읽고 쓰는 반면, HDD는 전기적인 방식으로 데이터를 저장한다.

50 다음 글의 빈칸에 들어갈 용어로 가장 적절한 것은?

> _____은/는 웹 서버에 대용량의 저장 기능을 갖추고 인터넷을 통하여 이용할 수 있게 하는 서비스를 뜻한다. 초기에는 대용량의 파일 작업을 하는 디자이너, 설계사, 건축가들이 빈번하게 이루어지는 공동 작업과 자료 교환을 용이하게 하기 위해 각 회사 나름대로 해당 시스템을 구축하게 되었는데, 이와 똑같은 시스템을 사용자에게 무료로 제공하는 웹 사이트들이 생겨나기 시작하면서, 일반인들도 이용하게 되었다.

① RFID

② 인터넷 디스크(Internet Harddisk)

③ 이더넷(Ethernet)

④ 유비쿼터스 센서 네트워크(USN)

※ 다음은 C언어의 반복문과 제어식에 대한 설명이다. 이어지는 질문에 답하시오. [51~53]

for (초기식;조건식;증감식) { 명령 };   – 조건식이 참인 동안 {} 안의 명령을 계속 반복한다.
while (조건식) { 명령 };   – 조건식이 참인 동안 {} 안의 명령을 계속 반복한다.
switch (조건 값) {   case 값1: 명령1; break;   ....   case 값n: 명령n; break;   default: 명령; break;   – switch는 설정한 조건값에 따라 각기 다른 명령을 수행한다.
goto Lable;　Lable: – Lable이 지정된 곳으로 무조건 점프하는 제어문이다.
break;   – 루프를 강제로 벗어날 때 사용한다.
continue;   – 루프의 나머지 부분을 무시하고 조건 점검부로 점프하여 루프의 다음 값을 실행하도록 하는 명령이다.

51 다음 프로그램의 실행 결과로 옳은 것은?

```
#include <stdio.h>
int main( ) {
    int i, sum;
    sum = 0;
    for (i = 0; i <= 10; i = i + 2) {
        sum = sum + i;
    }
    printf("num = %d",sum);
}
```

① 15　　　　　　　　　　　　　② 20

③ 25　　　　　　　　　　　　　④ 30

52 다음 프로그램의 실행 결과로 옳은 것은?

```c
#include <stdio.h>
int main( ) {
  int num = 0;
  switch (3) {
  case 1: num += 6;
  case 2: num = 5;
  case 3: num++;
  case 4: num += 4;
  case 5: num += 3;
     break;
  case 6: num += 2;
  default: num--;
     break;
   }

  printf("%d", num);
}
```

① 4   ② 6
③ 8   ④ 10

53 다음 프로그램의 실행 결과로 옳은 것은?

```c
#include <stdio.h>
int main( ) {
   int i = 1;
   while (i <= 50) {
      if (i > 30) {
         break;
      }
      i = i + i;
   }
   printf("%d", i);
}
```

① 32   ② 31
③ 30   ④ 0

54 다음 시트에서 [B1] 셀에 〈보기〉의 (가) ~ (라) 함수를 입력하였을 때, 표시되는 결괏값이 다른 것은?

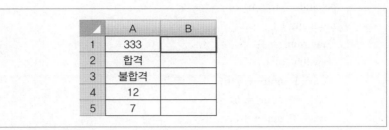

◢	A	B
1	333	
2	합격	
3	불합격	
4	12	
5	7	

보기

(가) 「=ISNUMBER(A1)」   (나) 「=ISNONTEXT(A2)」
(다) 「=ISTEXT(A3)」   (라) 「=ISEVEN(A4)」

① (가)   ② (나)
③ (다)   ④ (라)

55 왼쪽 워크시트의 성명 데이터를 오른쪽 워크시트와 같이 성과 이름, 두 개의 열로 분리하기 위해 [텍스트 나누기] 기능을 사용하고자 한다. 다음 중 [텍스트 나누기]의 분리 방법으로 옳은 것은?

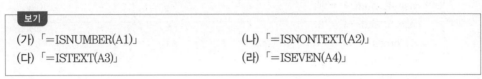

◢	A
1	김철수
2	박선영
3	최영희
4	한국인

◢	A	B
1	김	철수
2	박	선영
3	최	영희
4	한	국인

① 열 구분선을 기준으로 내용 나누기

② 구분 기호를 기준으로 내용 나누기

③ 공백을 기준으로 내용 나누기

④ 탭을 기준으로 내용 나누기

56 다음 〈보기〉 중 정보화 사회의 정보통신 기술 활용 사례와 그 내용이 바르게 연결된 것을 모두 고르면?

> **보기**
>
> ㄱ. 유비쿼터스 기술(Ubiquitous Technology) : 장소에 제한받지 않고 네트워크에 접속된 컴퓨터를 자신의 컴퓨터와 동일하게 활용하는 기술이다.
> ㄴ. 임베디드 컴퓨팅(Embedded Computing) : 네트워크의 이동성을 극대화하여 특정장소가 아닌 어디서든 컴퓨터를 사용할 수 있게 하는 기술이다.
> ㄷ. 감지 컴퓨팅 (Sentient Computing) : 센서를 통해 사용자의 상황을 인식하여 사용자가 필요한 정보를 적시에 제공해 주는 기술이다.
> ㄹ. 사일런트 컴퓨팅 (Silent Computing) : 장소, 사물, 동식물 등에 심어진 컴퓨터들이 사용자가 의식하지 않은 상태에서 사용자의 요구에 의해 일을 수행하는 기술이다.
> ㅁ. 노매딕 컴퓨팅(Nomadic Computing) : 제품에서 특정 작업을 수행할 수 있도록 탑재되는 솔루션이나 시스템이다.

① ㄱ, ㄴ
② ㄱ, ㄷ
③ ㄴ, ㅁ
④ ㄱ, ㄷ, ㄹ

PART 3

57 다음 글에서 설명하는 용어는?

> 직접 접근 기억장치를 사용하는 파일로 데이터가 임의로 들어있으며, 그것에 주소가 붙어 있어, 처음부터 차례차례 조사하는 것이 아니라 찾고자 하는 데이터를 직접 찾을 수 있다.

① 직접 접근 파일
② 주소 참조 파일
③ 포인터 파일
④ 직접 참조 파일

58 다음은 D공사의 1차, 2차 면접 결과를 정리한 표이다. [E2:E7]에 최종 점수를 구하고자 할 때, 필요한 함수로 옳은 것은?

	A	B	C	D	E
1	이름	1차	2차	평균	최종 점수
2	유○○	96.45	45.67	71.16	71.1
3	전○○	89.67	34.77	62.22	62.2
4	강○○	88.76	45.63	67.195	67.2
5	신○○	93.67	43.56	68.615	68.6
6	김○○	92.56	38.45	65.505	65.5
7	송○○	95.78	43.65	69.715	69.7

① INT
② ABS
③ TRUNC
④ ROUND

59 다음 시트에서 [E2:E7] 영역처럼 표시하려고 할 때, [E2] 셀에 입력할 수식으로 옳은 것은?

	A	B	C	D	E
1	순번	이름	주민등록번호	생년월일	백넘버
2	1	박민석 11	831121-1092823	831121	11
3	2	최성영 20	890213-1928432	890213	20
4	3	이형범 21	911219-1223457	911219	21
5	4	임정호 26	870211-1098432	870211	26
6	5	박준영 28	850923-1212121	850923	28
7	6	김민욱 44	880429-1984323	880429	44

① =MID(B2,5,2)
② =LEFT(B2,2)
③ =RIGHT(B2,5,2)
④ =MID(B2,5)

60 D공사의 A사원은 최근 회사 내 업무용 개인 컴퓨터의 보안을 강화하기 위하여 다음과 같은 메일을 받았다. 메일 내용을 토대로 A사원이 취해야 할 행동으로 옳지 않은 것은?

발신 : 전산보안팀

수신 : 전 임직원

제목 : 업무용 개인 컴퓨터 보안대책 공유

내용 :
안녕하십니까. 전산팀 ○○○ 팀장입니다.
최근 개인정보 유출 등 전산보안 사고가 자주 발생하고 있어 각별한 주의가 필요한 상황입니다. 이에 따라 자사에서도 업무상 주요 정보가 유출되지 않도록 보안프로그램을 업그레이드하는 등 전산보안을 더욱 강화하고 있습니다. 무엇보다 업무용 개인 컴퓨터를 사용하는 분들이 특히 신경을 많이 써주셔야 철저한 보안이 실천됩니다. 번거로우시더라도 아래와 같은 사항을 따라 주시길 바랍니다.

• 인터넷 익스플로러를 종료할 때마다 검색기록이 삭제되도록 설정해 주세요.
• 외출 또는 외근으로 장시간 컴퓨터를 켜두어야 하는 경우에는 인터넷 검색기록을 직접 삭제해 주세요.
• 인터넷 검색기록 삭제 시 기본 설정되어 있는 항목 외에도 '다운로드 기록', '양식 데이터', '암호', '추적방지, ActiveX 필터링 및 Do Not Track 데이터'를 모두 체크하여 삭제해 주세요(단, 즐겨찾기 웹 사이트 데이터 보존 부분은 체크 해제할 것).
• 인터넷 익스플로러에서 방문한 웹 사이트 목록을 저장하는 기간을 5일로 변경해 주세요.
• 자사에서 제공 중인 보안프로그램은 항상 업데이트하여 최신 상태로 유지해 주세요.

위 사항을 적용하는 데 어려움이 있을 경우에는 아래 첨부파일에 이미지와 함께 친절하게 설명되어 있으니 참고하시기 바랍니다.

〈첨부〉 업무용 개인 컴퓨터 보안대책 적용 방법 설명(이미지).zip

---

① 자사의 보안프로그램을 실행하고 [설정]에서 업데이트를 실행한다.
② 검색기록 삭제 시 [인터넷 옵션]의 '일반' 카테고리에 있는 [삭제]를 클릭하여 기존에 설정되어 있는 항목을 포함한 모든 항목을 체크하여 삭제한다.
③ [인터넷 옵션]의 '일반' 카테고리 중 검색기록 부분에서 [설정]을 클릭하고, '기록' 카테고리의 [페이지 보관일수]를 5일로 설정한다.
④ 인터넷 익스플로러에서 [도구(또는 톱니바퀴 모양)]를 클릭하여 [인터넷 옵션]의 '일반' 카테고리에 있는 [종료할 때 검색기록 삭제]를 체크한다.

우리 인생의 가장 큰 영광은 절대 넘어지지 않는 데 있는 것이 아니라
넘어질 때마다 일어서는 데 있다.

– 넬슨 만델라 –

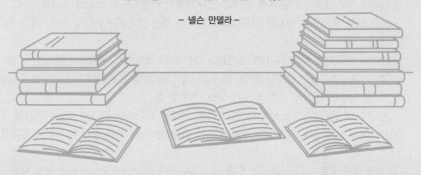

PART 4

채용 가이드

1. 블라인드 채용이란?

채용 과정에서 편견이 개입되어 불합리한 차별을 야기할 수 있는 출신지, 가족관계, 학력, 외모 등의 편견요인은 제외하고, 직무능력만을 평가하여 인재를 채용하는 방식입니다.

2. 블라인드 채용의 필요성

- 채용의 공정성에 대한 사회적 요구
  - 누구에게나 직무능력만으로 경쟁할 수 있는 균등한 고용기회를 제공해야 하나, 아직도 채용의 공정성에 대한 불신이 존재
  - 채용상 차별금지에 대한 법적 요건이 권고적 성격에서 처벌을 동반한 의무적 성격으로 강화되는 추세
  - 시민의식과 지원자의 권리의식 성숙으로 차별에 대한 법적 대응 가능성 증가
- 우수인재 채용을 통한 기업의 경쟁력 강화 필요
  - 직무능력과 무관한 학벌, 외모 위주의 선발로 우수인재 선발기회 상실 및 기업경쟁력 약화
  - 채용 과정에서 차별 없이 직무능력중심으로 선발한 우수인재 확보 필요
- 공정한 채용을 통한 사회적 비용 감소 필요
  - 편견에 의한 차별적 채용은 우수인재 선발을 저해하고 외모 · 학벌 지상주의 등의 심화로 불필요한 사회적 비용 증가
  - 채용에서의 공정성을 높여 사회의 신뢰수준 제고

3. 블라인드 채용의 특징

편견요인을 요구하지 않는 대신 직무능력을 평가합니다.

※ 직무능력중심 채용이란?
기업의 역량기반 채용, NCS기반 능력중심 채용과 같이 직무수행에 필요한 능력과 역량을 평가하여 선발하는 채용방식을 통칭합니다.

4. 블라인드 채용의 평가요소

직무수행에 필요한 지식, 기술, 태도 등을 과학적인 선발기법을 통해 평가합니다.

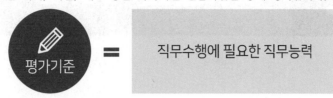

※ 과학적 선발기법이란?
직무분석을 통해 도출된 평가요소를 서류, 필기, 면접 등을 통해 체계적으로 평가하는 방법으로 입사지원서, 자기소개서, 직무수행능력평가, 구조화 면접 등이 해당됩니다.

5. 블라인드 채용 주요 도입 내용

• 입사지원서에 인적사항 요구 금지
- 인적사항에는 출신지역, 가족관계, 결혼여부, 재산, 취미 및 특기, 종교, 생년월일(연령), 성별, 신장 및 체중, 사진, 전공, 학교명, 학점, 외국어 점수, 추천인 등이 해당
- 채용 직무를 수행하는 데 있어 반드시 필요하다고 인정될 경우는 제외
예 특수경비직 채용 시 : 시력, 건강한 신체 요구
연구직 채용 시 : 논문, 학위 요구 등
• 블라인드 면접 실시
- 면접관에게 응시자의 출신지역, 가족관계, 학교명 등 인적사항 정보 제공 금지
- 면접관은 응시자의 인적사항에 대한 질문 금지

6. 블라인드 채용 도입의 효과성

• 구성원의 다양성과 창의성이 높아져 기업 경쟁력 강화
- 편견을 없애고 직무능력 중심으로 선발하므로 다양한 직원 구성 가능
- 다양한 생각과 의견을 통하여 기업의 창의성이 높아져 기업경쟁력 강화
• 직무에 적합한 인재선발을 통한 이직률 감소 및 만족도 제고
- 사전에 지원자들에게 구체적이고 상세한 직무요건을 제시함으로써 허수 지원이 낮아지고, 직무에 적합한 지원자 모집 가능
- 직무에 적합한 인재가 선발되어 직무이해도가 높아져 업무효율 증대 및 만족도 제고
• 채용의 공정성과 기업이미지 제고
- 블라인드 채용은 사회적 편견을 줄인 선발 방법으로 기업에 대한 사회적 인식 제고
- 채용과정에서 불합리한 차별을 받지 않고 실력에 의해 공정하게 평가를 받을 것이라는 믿음을 제공하고, 지원자들은 평등한 기회와 공정한 선발과정 경험

01 채용공고문

1. 채용공고문의 변화

기존 채용공고문	변화된 채용공고문
• 취업준비생에게 불충분하고 불친절한 측면 존재 • 모집분야에 대한 명확한 직무관련 정보 및 평가기준 부재 • 해당분야에 지원하기 위한 취업준비생의 무분별한 스펙 쌓기 현상 발생	• NCS 직무분석에 기반한 채용공고를 토대로 채용전형 진행 • 지원자가 입사 후 수행하게 될 업무에 대한 자세한 정보 공지 • 직무수행내용, 직무수행 시 필요한 능력, 관련된 자격, 직업기초능력 제시 • 지원자가 해당 직무에 필요한 스펙만을 준비할 수 있도록 안내
• 모집부문 및 응시자격 • 지원서 접수 • 전형절차 • 채용조건 및 처우 • 기타사항	• 채용절차 • 채용유형별 선발분야 및 예정인원 • 전형방법 • 선발분야별 직무기술서 • 우대사항

2. 지원 유의사항 및 지원요건 확인

채용 직무에 따른 세부사항을 공고문에 명시하여 지원자에게 적격한 지원 기회를 부여함과 동시에 채용과정에서의 공정성과 신뢰성을 확보합니다.

구성	내용	확인사항
모집분야 및 규모	고용형태(인턴 계약직 등), 모집분야, 인원, 근무지역 등	채용직무가 여러 개일 경우 본인이 해당되는 직무의 채용규모 확인
응시자격	기본 자격사항, 지원조건	지원을 위한 최소자격요건을 확인하여 불필요한 지원을 예방
우대조건	법정·특별·자격증 가점	본인의 가점 여부를 검토하여 가점 획득을 위한 사항을 사실대로 기재
근무조건 및 보수	고용형태 및 고용기간, 보수, 근무지	본인이 생각하는 기대수준에 부합하는지 확인하여 불필요한 지원을 예방
시험방법	서류·필기·면접전형 등의 활용방안	전형방법 및 세부 평가기법 등을 확인하여 지원전략 준비
전형일정	접수기간, 각 전형 단계별 심사 및 합격자 발표일 등	본인의 지원 스케줄을 검토하여 차질이 없도록 준비
제출서류	입사지원서(경력·경험기술서 등), 각종 증명서 및 자격증 사본 등	지원요건 부합 여부 및 자격 증빙서류 사전에 준비
유의사항	임용취소 등의 규정	임용취소 관련 법적 또는 기관 내부 규정을 검토하여 해당여부 확인

02 직무기술서

직무기술서란 직무수행의 내용과 필요한 능력, 관련 자격, 직업기초능력 등을 상세히 기재한 것으로 입사 후 수행하게 될 업무에 대한 정보가 수록되어 있는 자료입니다.

1. 채용분야

설명

NCS 직무분류 체계에 따라 직무에 대한 「대분류 – 중분류 – 소분류 – 세분류」 체계를 확인할 수 있습니다. 채용 직무에 대한 모든 직무기술서를 첨부하게 되며 실제 수행 업무를 기준으로 세부적인 분류정보를 제공합니다.

채용분야	분류체계			
사무행정	대분류	중분류	소분류	세분류
분류코드	02. 경영 · 회계 · 사무	03. 재무 · 회계	01. 재무	01. 예산
				02. 자금
			02. 회계	01. 회계감사
				02. 세무

2. 능력단위

설명

직무분류 체계의 세분류 하위능력단위 중 실질적으로 수행할 업무의 능력만 구체적으로 파악할 수 있습니다.

능력단위	(예산)	03. 연간종합예산수립 05. 확정예산 운영	04. 추정재무제표 작성 06. 예산실적 관리
	(자금)	04. 자금운용	
	(회계감사)	02. 자금관리 05. 회계정보시스템 운용 07. 회계감사	04. 결산관리 06. 재무분석
	(세무)	02. 결산관리 07. 법인세 신고	05. 부가가치세 신고

3. 직무수행내용

설명

세분류 영역의 기본정의를 통해 직무수행내용을 확인할 수 있습니다. 입사 후 수행할 직무내용을 구체적으로 확인할 수 있으며, 이를 통해 입사서류 작성부터 면접까지 직무에 대한 명확한 이해를 바탕으로 자신의 희망직무 인지 아닌지, 해당 직무가 자신이 알고 있던 직무가 맞는지 확인할 수 있습니다.

직무수행내용	(예산) 일정기간 예상되는 수익과 비용을 편성, 집행하며 통제하는 일
	(자금) 자금의 계획 수립, 조달, 운용을 하고 발생 가능한 위험 관리 및 성과평가
	(회계감사) 기업 및 조직 내 · 외부에 있는 의사결정자들이 효율적인 의사결정을 할 수 있도록 유용한 정보를 제공, 제공된 회계정보의 적정성을 파악하는 일
	(세무) 세무는 기업의 활동을 위하여 주어진 세법범위 내에서 조세부담을 최소화시키는 조세전략을 포함하고 정확한 과세소득과 과세표준 및 세액을 산출하여 과세당국에 신고 · 납부하는 일

4. 직무기술서 예시

태도	(예산) 정확성, 분석적 태도, 논리적 태도, 타 부서와의 협조적 태도, 설득력
	(자금) 분석적 사고력
	(회계 감사) 합리적 태도, 전략적 사고, 정확성, 적극적 협업 태도, 법률준수 태도, 분석적 태도, 신속성, 책임감, 정확한 판단력
	(세무) 규정 준수 의지, 수리적 정확성, 주의 깊은 태도
우대 자격증	공인회계사, 세무사, 컴퓨터활용능력, 변호사, 워드프로세서, 전산회계운용사, 사회조사분석사, 재경관리사, 회계관리 등
직업기초능력	의사소통능력, 문제해결능력, 자원관리능력, 대인관계능력, 정보능력, 조직이해능력

5. 직무기술서 내용별 확인사항

항목	확인사항
모집부문	해당 채용에서 선발하는 부문(분야)명 확인 예 사무행정, 전산, 전기
분류체계	지원하려는 분야의 세부직무군 확인
주요기능 및 역할	지원하려는 기업의 전사적인 기능과 역할, 산업군 확인
능력단위	지원분야의 직무수행에 관련되는 세부업무사항 확인
직무수행내용	지원분야의 직무군에 대한 상세사항 확인
전형방법	지원하려는 기업의 신입사원 선발전형 절차 확인
일반요건	교육사항을 제외한 지원 요건 확인(자격요건, 특수한 경우 연령)
교육요건	교육사항에 대한 지원요건 확인(대졸 / 초대졸 / 고졸 / 전공 요건)
필요지식	지원분야의 업무수행을 위해 요구되는 지식 관련 세부항목 확인
필요기술	지원분야의 업무수행을 위해 요구되는 기술 관련 세부항목 확인
직무수행태도	지원분야의 업무수행을 위해 요구되는 태도 관련 세부항목 확인
직업기초능력	지원분야 또는 지원기업의 조직원으로서 근무하기 위해 필요한 일반적인 능력사항 확인

1. 입사지원서의 변화

기존지원서		능력중심 채용 입사지원서
직무와 관련 없는 학점, 개인신상, 어학점수, 자격, 수상경력 등을 나열하도록 구성	VS	해당 직무수행에 꼭 필요한 정보들을 제시할 수 있도록 구성

기존지원서		능력중심 채용 입사지원서	
직무기술서	→	인적사항	성명, 연락처, 지원분야 등 작성 (평가 미반영)
직무수행내용		교육사항	직무지식과 관련된 학교교육 및 직업교육 작성
요구지식 / 기술		자격사항	직무관련 국가공인 또는 민간자격 작성
관련 자격증		경력 및 경험사항	조직에 소속되어 일정한 임금을 받거나(경력) 임금 없이(경험) 직무와 관련된 활동 내용 작성
사전직무경험			

2. 교육사항

- 지원분야 직무와 관련된 학교 교육이나 직업교육 혹은 기타교육 등 직무에 대한 지원자의 학습 여부를 평가하기 위한 항목입니다.
- 지원하고자 하는 직무의 학교 전공교육 이외에 직업교육, 기타교육 등을 기입할 수 있기 때문에 전공 제한 없이 직업교육과 기타교육을 이수하여 지원이 가능하도록 기회를 제공합니다.

(기타교육 : 학교 이외의 기관에서 개인이 이수한 교육과정 중 지원직무와 관련이 있다고 생각되는 교육내용)

구분	교육과정(과목)명	교육내용	과업(능력단위)

3. 자격사항

- 채용공고 및 직무기술서에 제시되어 있는 자격 현황을 토대로 지원자가 해당 직무를 수행하는 데 필요한 능력을 가지고 있는지를 평가하기 위한 항목입니다.
- 채용공고 및 직무기술서에 기재된 직무관련 필수 또는 우대자격 항목을 확인하여 본인이 보유하고 있는 자격사항을 기재합니다.

자격유형	자격증명	발급기관	취득일자	자격증번호

4. 경력 및 경험사항

- 직무와 관련된 경력이나 경험 여부를 표현하도록 하여 직무와 관련한 능력을 갖추었는지를 평가하기 위한 항목입니다.
- 해당 기업에서 직무를 수행함에 있어 필요한 사항만을 기록하게 되어 있기 때문에 직무와 무관한 스펙을 갖추지 않아도 됩니다.
- 경력 : 금전적 보수를 받고 일정기간 동안 일했던 경우
- 경험 : 금전적 보수를 받지 않고 수행한 활동
  ※ 기업에 따라 경력 / 경험 관련 증빙자료 요구 가능

구분	조직명	직위 / 역할	활동기간(년 / 월)	주요과업 / 활동내용

Tip

입사지원서 작성 방법
○ 경력 및 경험사항 작성
  - 직무기술서에 제시된 지식, 기술, 태도와 지원자의 교육사항, 경력(경험)사항, 자격사항과 연계하여 개인의 직무역량에 대해 스스로 판단 가능
○ 인적사항 최소화
  - 개인의 인적사항, 학교명, 가족관계 등을 노출하지 않도록 유의

부적절한 입사지원서 작성 사례
- 학교 이메일을 기입하여 학교명 노출
- 거주지 주소에 학교 기숙사 주소를 기입하여 학교명 노출
- 자기소개서에 부모님이 재직 중인 기업명, 직위, 직업을 기입하여 가족관계 노출
- 자기소개서에 석·박사 과정에 대한 이야기를 언급하여 학력 노출
- 동아리 활동에 대한 내용을 학교명과 더불어 언급하여 학교명 노출

1. 자기소개서의 변화

- 기존의 자기소개서는 지원자의 일대기나 관심 분야, 성격의 장·단점 등 개괄적인 사항을 묻는 질문으로 구성되어 지원자가 자신의 직무능력을 제대로 표출하지 못합니다.
- 능력중심 채용의 자기소개서는 직무기술서에 제시된 직업기초능력(또는 직무수행능력)에 대한 지원자의 과거 경험을 기술하게 함으로써 평가 타당도의 확보가 가능합니다.

1. 우리 회사와 해당 지원 직무분야에 지원한 동기에 대해 기술해 주세요.
2. 자신이 경험한 다양한 사회활동에 대해 기술해 주세요.
3. 지원 직무에 대한 전문성을 키우기 위해 받은 교육과 경험 및 경력사항에 대해 기술해 주세요.
4. 인사업무 또는 팀 과제 수행 중 발생한 갈등을 원만하게 해결해 본 경험이 있습니까? 당시 상황에 대한 설명과 갈등의 대상이 되었던 상대방을 설득한 과정 및 방법을 기술해 주세요.
5. 과거에 있었던 일 중 가장 어려웠던(힘들었었던) 상황을 고르고, 어떤 방법으로 그 상황을 해결했는지를 기술해 주세요.

PART 4

자기소개서 작성 방법

① 자기소개서 문항이 묻고 있는 평가 역량 추측하기

> [예시]
>
> • 팀 활동을 하면서 갈등 상황 시 상대방의 니즈나 의도를 명확히 파악하고 해결하여 목표 달성에 기여했던 경험에 대해서 작성해 주시기 바랍니다.
> • 다른 사람이 생각해내지 못했던 문제점을 찾고 이를 해결한 경험에 대해 작성해 주시기 바랍니다.

② 해당 역량을 보여줄 수 있는 소재 찾기(시간×역량 매트릭스)

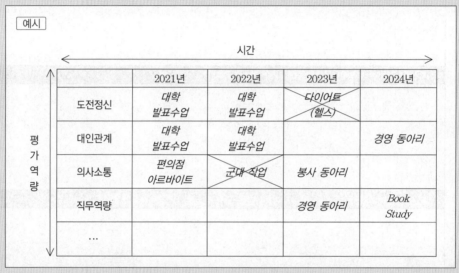

[예시]

		2021년	2022년	2023년	2024년
평가역량	도전정신	대학 발표수업	대학 발표수업	~~다이어트 (헬스)~~	
	대인관계	대학 발표수업	대학 발표수업		경영 동아리
	의사소통	편의점 아르바이트	~~군대 작업~~	봉사 동아리	
	직무역량			경영 동아리	Book Study
	…				

③ 자기소개서 작성 Skill 익히기
• 두괄식으로 작성하기
• 구체적 사례를 사용하기
• '나'를 중심으로 작성하기
• 직무역량 강조하기
• 경험 사례의 차별성 강조하기

인성검사 소개 및 모의테스트

---

01 인성검사 유형

인성검사는 지원자의 성격특성을 객관적으로 파악하고 그것이 각 기업에서 필요로 하는 인재상과 가치에 부합하는가를 평가하기 위한 검사입니다. 인성검사는 KPDI(한국인재개발진흥원), K-SAD(한국사회적성개발원), KIRBS(한국행동과학연구소), SHR(에스에이치알) 등의 전문기관을 통해 각 기업의 특성에 맞는 검사를 선택하여 실시합니다. 대표적인 인성검사의 유형에는 크게 다음과 같은 세 가지가 있으며, 채용 대행업체에 따라 달라집니다.

1. KPDI 검사

조직적응성과 직무적합성을 알아보기 위한 검사로 인성검사, 인성역량검사, 인적성검사, 직종별 인적성 검사 등의 다양한 검사 도구를 구현합니다. KPDI는 성격을 파악하고 정신건강 상태 등을 측정하고, 직무 검사는 해당 직무를 수행하기 위해 기본적으로 갖추어야 할 인지적 능력을 측정합니다. 역량검사는 특정 직무 역할을 효과적으로 수행하는 데 직접적으로 관련 있는 개인의 행동, 지식, 스킬, 가치관 등을 측정합니다.

2. KAD(Korea Aptitude Development) 검사

K-SAD(한국사회적성개발원)에서 실시하는 적성검사 프로그램입니다. 개인의 성향, 지적 능력, 기호, 관심, 흥미도를 종합적으로 분석하여 적성에 맞는 업무가 무엇인가 파악하고, 직무수행에 있어서 요구되는 기초능력과 실무능력을 분석합니다.

3. SHR 직무적성검사

직무수행에 필요한 종합적인 사고 능력을 다양한 적성검사(Paper and Pencil Test)로 평가합니다. SHR의 모든 직무능력검사는 표준화 검사입니다. 표준화 검사는 표본집단의 점수를 기초로 규준이 만들어진 검사이므로 개인의 점수를 규준에 맞추어 해석·비교하는 것이 가능합니다. S(Standardized Tests), H(Hundreds of Version), R(Reliable Norm Data)을 특징으로 하며, 직군·직급별 특성과 선발 수준에 맞추어 검사를 적용할 수 있습니다.

02   인성검사와 면접

인성검사는 특히 면접질문과 관련성이 높습니다. 면접관은 지원자의 인성검사 결과를 토대로 질문을 하기 때문입니다. 일반적이고 이상적인 답변을 하는 것이 가장 좋지만, 실제 시험은 매우 복잡하여 전문가라 해도 일정 성격을 유지하면서 답변을 하는 것이 힘듭니다. 또한, 인성검사에는 라이 스케일(Lie Scale) 설문이 전체 설문 속에 교묘하게 섞여 들어가 있으므로 겉치레적인 답을 하게 되면 회답태도의 허위성이 그대로 드러나게 됩니다. 예를 들어 '거짓말을 한 적이 한 번도 없다.'에 '예'로 답하고, '때로는 거짓말을 하기도 한다.'에 '예'라고 답하여 라이 스케일의 득점이 올라가게 되면 모든 회답의 신빙성이 사라지고 '자신을 돋보이게 하려는 사람'이라는 평가를 받을 수 있으므로 주의해야 합니다. 따라서 모의테스트를 통해 인성검사의 유형과 실제 시험 시 어떻게 문제를 풀어야 하는지 연습해 보고 체크한 부분 중 자신의 단점과 연결되는 부분은 면접에서 질문이 들어왔을 때 어떻게 대처해야 하는지 생각해 보는 것이 좋습니다.

03   유의사항

1. 기업의 인재상을 파악하라!

인성검사를 통해 개인의 성격 특성을 파악하고 그것이 기업의 인재상과 가치에 부합하는지를 평가하는 시험이기 때문에 해당 기업의 인재상을 먼저 파악하고 시험에 임하는 것이 좋습니다. 모의테스트에서 인재상에 맞는 가상의 인물을 설정하고 문제에 답해 보는 것도 많은 도움이 됩니다.

2. 일관성 있는 대답을 하라!

짧은 시간 안에 다양한 질문에 답을 해야 하는데, 그 안에는 중복되는 질문이 여러 번 나옵니다. 이때 앞서 자신이 체크했던 대답을 잘 기억해뒀다가 일관성 있는 답을 하는 것이 중요합니다.

3. 모든 문항에 대답하라!

많은 문제를 짧은 시간 안에 풀려다 보니 다 못 푸는 경우도 종종 생깁니다. 하지만 대답을 누락하거나 끝까지 다 못했을 경우 좋지 않은 결과를 가져올 수도 있으니 최대한 주어진 시간 안에 모든 문항에 답할 수 있도록 해야 합니다.

※ 모의테스트는 질문 및 답변 유형 연습을 위한 것으로 실제 시험과 다를 수 있습니다.
※ 인성검사는 정답이 따로 없는 유형의 검사이므로 결과지를 제공하지 않습니다.

번호	내용	예	아니요
001	나는 솔직한 편이다.	☐	☐
002	나는 리드하는 것을 좋아한다.	☐	☐
003	법을 어겨서 말썽이 된 적이 한 번도 없다.	☐	☐
004	거짓말을 한 번도 한 적이 없다.	☐	☐
005	나는 눈치가 빠르다.	☐	☐
006	나는 일을 주도하기보다는 뒤에서 지원하는 것을 선호한다.	☐	☐
007	앞일은 알 수 없기 때문에 계획은 필요하지 않다.	☐	☐
008	거짓말도 때로는 방편이라고 생각한다.	☐	☐
009	사람이 많은 술자리를 좋아한다.	☐	☐
010	걱정이 지나치게 많다.	☐	☐
011	일을 시작하기 전 재고하는 경향이 있다.	☐	☐
012	불의를 참지 못한다.	☐	☐
013	처음 만나는 사람과도 이야기를 잘 한다.	☐	☐
014	때로는 변화가 두렵다.	☐	☐
015	나는 모든 사람에게 친절하다.	☐	☐
016	힘든 일이 있을 때 술은 위로가 되지 않는다.	☐	☐
017	결정을 빨리 내리지 못해 손해를 본 경험이 있다.	☐	☐
018	기회를 잡을 준비가 되어 있다.	☐	☐
019	때로는 내가 정말 쓸모없는 사람이라고 느낀다.	☐	☐
020	누군가 나를 챙겨주는 것이 좋다.	☐	☐
021	자주 가슴이 답답하다.	☐	☐
022	나는 내가 자랑스럽다.	☐	☐
023	경험이 중요하다고 생각한다.	☐	☐
024	전자기기를 분해하고 다시 조립하는 것을 좋아한다.	☐	☐

025	감시받고 있다는 느낌이 든다.	☐	☐
026	난처한 상황에 놓이면 그 순간을 피하고 싶다.	☐	☐
027	세상엔 믿을 사람이 없다.	☐	☐
028	잘못을 빨리 인정하는 편이다.	☐	☐
029	지도를 보고 길을 잘 찾아간다.	☐	☐
030	귓속말을 하는 사람을 보면 날 비난하고 있는 것 같다.	☐	☐
031	막무가내라는 말을 들을 때가 있다.	☐	☐
032	장래의 일을 생각하면 불안하다.	☐	☐
033	결과보다 과정이 중요하다고 생각한다.	☐	☐
034	운동은 그다지 할 필요가 없다고 생각한다.	☐	☐
035	새로운 일을 시작할 때 좀처럼 한 발을 떼지 못한다.	☐	☐
036	기분 상하는 일이 있더라도 참는 편이다.	☐	☐
037	업무능력은 성과로 평가받아야 한다고 생각한다.	☐	☐
038	머리가 맑지 못하고 무거운 느낌이 든다.	☐	☐
039	가끔 이상한 소리가 들린다.	☐	☐
040	타인이 내게 자주 고민상담을 하는 편이다.	☐	☐

※ 모의테스트는 질문 및 답변 유형 연습을 위한 것으로 실제 시험과 다를 수 있습니다.
※ 인성검사는 정답이 따로 없는 유형의 검사이므로 결과지를 제공하지 않습니다.

※ 이 성격검사의 각 문항에는 서로 다른 행동을 나타내는 네 개의 문장이 제시되어 있습니다. 이 문장들을 비교하여, 자신의 평소 행동과 가장 가까운 문장을 'ㄱ'열에 표기하고, 가장 먼 문장을 'ㅁ'열에 표기하십시오.

01 나는 _____

	ㄱ	ㅁ
A. 실용적인 해결책을 찾는다.	☐	☐
B. 다른 사람을 돕는 것을 좋아한다.	☐	☐
C. 세부 사항을 잘 챙긴다.	☐	☐
D. 상대의 주장에서 허점을 잘 찾는다.	☐	☐

02 나는 _____

	ㄱ	ㅁ
A. 매사에 적극적으로 임한다.	☐	☐
B. 즉흥적인 편이다.	☐	☐
C. 관찰력이 있다.	☐	☐
D. 임기응변에 강하다.	☐	☐

03 나는 _____

	ㄱ	ㅁ
A. 무서운 영화를 잘 본다.	☐	☐
B. 조용한 곳이 좋다.	☐	☐
C. 가끔 울고 싶다.	☐	☐
D. 집중력이 좋다.	☐	☐

04 나는 _____

	ㄱ	ㅁ
A. 기계를 조립하는 것을 좋아한다.	☐	☐
B. 집단에서 리드하는 역할을 맡는다.	☐	☐
C. 호기심이 많다.	☐	☐
D. 음악을 듣는 것을 좋아한다.	☐	☐

05 나는 _____

	ㄱ	ㅁ
A. 타인을 늘 배려한다.	☐	☐
B. 감수성이 예민하다.	☐	☐
C. 즐겨하는 운동이 있다.	☐	☐
D. 일을 시작하기 전에 계획을 세운다.	☐	☐

06 나는 _____

	ㄱ	ㅁ
A. 타인에게 설명하는 것을 좋아한다.	☐	☐
B. 여행을 좋아한다.	☐	☐
C. 정적인 것이 좋다.	☐	☐
D. 남을 돕는 것에 보람을 느낀다.	☐	☐

07 나는 _____

	ㄱ	ㅁ
A. 기계를 능숙하게 다룬다.	☐	☐
B. 밤에 잠이 잘 오지 않는다.	☐	☐
C. 한 번 간 길을 잘 기억한다.	☐	☐
D. 불의를 보면 참을 수 없다.	☐	☐

08 나는 _____

	ㄱ	ㅁ
A. 종일 말을 하지 않을 때가 있다.	☐	☐
B. 사람이 많은 곳을 좋아한다.	☐	☐
C. 술을 좋아한다.	☐	☐
D. 휴양지에서 편하게 쉬고 싶다.	☐	☐

09 나는 _____

	ㄱ	ㅁ
A. 뉴스보다는 드라마를 좋아한다.	☐	☐
B. 길을 잘 찾는다.	☐	☐
C. 주말엔 집에서 쉬는 것이 좋다.	☐	☐
D. 아침에 일어나는 것이 힘들다.	☐	☐

10 나는 _____

	ㄱ	ㅁ
A. 이성적이다.	☐	☐
B. 할 일을 종종 미룬다.	☐	☐
C. 어른을 대하는 게 힘들다.	☐	☐
D. 불을 보면 매혹을 느낀다.	☐	☐

11 나는 _____

	ㄱ	ㅁ
A. 상상력이 풍부하다.	☐	☐
B. 예의 바르다는 소리를 자주 듣는다.	☐	☐
C. 사람들 앞에 서면 긴장한다.	☐	☐
D. 친구를 자주 만난다.	☐	☐

12 나는 _____

	ㄱ	ㅁ
A. 나만의 스트레스 해소 방법이 있다.	☐	☐
B. 친구가 많다.	☐	☐
C. 책을 자주 읽는다.	☐	☐
D. 활동적이다.	☐	☐

PART 4

01 면접유형 파악

1. 면접전형의 변화

기존 면접전형에서는 일상적이고 단편적인 대화나 지원자의 첫인상 및 면접관의 주관적인 판단 등에 의해서 입사 결정 여부를 판단하는 경우가 많았습니다. 이러한 면접전형은 면접 내용의 일관성이 결여되거나 직무 관련 타당성이 부족하였고, 면접에 대한 신뢰도에 영향을 주었습니다.

기존 면접(전통적 면접)	능력중심 채용 면접(구조화 면접)

• 일상적이고 단편적인 대화
• 인상, 외모 등 외부 요소의 영향
• 주관적인 판단에 의존한 총점 부여
 	
⇩
 	
• 면접 내용의 일관성 결여
• 직무관련 타당성 부족
• 주관적인 채점으로 신뢰도 저하
	• 일관성
	  – 직무관련 역량에 초점을 둔 구체적 질문 목록
	  – 지원자별 동일 질문 적용
	• 구조화
	  – 면접 진행 및 평가 절차를 일정한 체계에 의해 구성
	• 표준화
	  – 평가 타당도 제고를 위한 평가 Matrix 구성
	  – 척도에 따라 항목별 채점, 개인 간 비교
	• 신뢰성
	  – 면접진행 매뉴얼에 따라 면접위원 교육 및 실습

(VS)

2. 능력중심 채용의 면접 유형

① 경험 면접
- 목적 : 선발하고자 하는 직무 능력이 필요한 과거 경험을 질문합니다.
- 평가요소 : 직업기초능력과 인성 및 태도적 요소를 평가합니다.

② 상황 면접
- 목적 : 특정 상황을 제시하고 지원자의 행동을 관찰함으로써 실제 상황의 행동을 예상합니다.
- 평가요소 : 직업기초능력과 인성 및 태도적 요소를 평가합니다.

③ 발표 면접
- 목적 : 특정 주제와 관련된 지원자의 발표와 질의응답을 통해 지원자 역량을 평가합니다.
- 평가요소 : 직무수행능력과 인지적 역량(문제해결능력)을 평가합니다.

④ 토론 면접
- 목적 : 토의과제에 대한 의견수렴 과정에서 지원자의 역량과 상호작용능력을 평가합니다.
- 평가요소 : 직무수행능력과 팀워크를 평가합니다.

1. 경험 면접

① 경험 면접의 특징

- 주로 직업기초능력에 관련된 지원자의 과거 경험을 심층 질문하여 검증하는 면접입니다.
- 직무능력과 관련된 과거 경험을 평가하기 위해 심층 질문을 하며, 이 질문은 지원자의 답변에 대하여 '꼬리에 꼬리를 무는 형식'으로 진행됩니다.

- 능력요소, 정의, 심사 기준
  - 평가하고자 하는 능력요소, 정의, 심사기준을 확인하여 면접위원이 해당 능력요소 관련 질문을 제시합니다.
- Opening Question
  - 능력요소에 관련된 과거 경험을 유도하기 위한 시작 질문을 합니다.
- Follow-up Question
  - 지원자의 경험 수준을 구체적으로 검증하기 위한 질문입니다.
  - 경험 수준 검증을 위한 상황(Situation), 임무(Task), 역할 및 노력(Action), 결과(Result) 등으로 질문을 구분합니다.

경험 면접의 형태

[면접관 1] [면접관 2] [면접관 3]   [면접관 1] [면접관 2] [면접관 3]

[지원자]   [지원자 1] [지원자 2] [지원자 3]
〈일대다 면접〉   〈다대다 면접〉

② 경험 면접의 구조

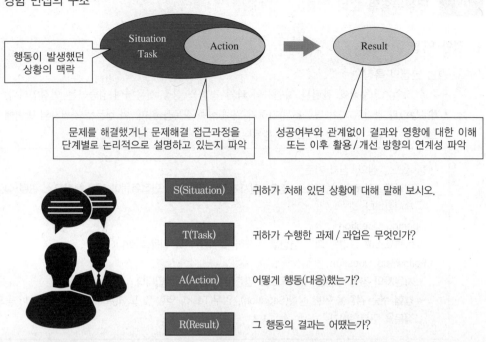

행동이 발생했던 상황의 맥락

문제를 해결했거나 문제해결 접근과정을 단계별로 논리적으로 설명하고 있는지 파악

성공여부와 관계없이 결과와 영향에 대한 이해 또는 이후 활용 / 개선 방향의 연계성 파악

S(Situation)	귀하가 처해 있던 상황에 대해 말해 보시오.
T(Task)	귀하가 수행한 과제 / 과업은 무엇인가?
A(Action)	어떻게 행동(대응)했는가?
R(Result)	그 행동의 결과는 어땠는가?

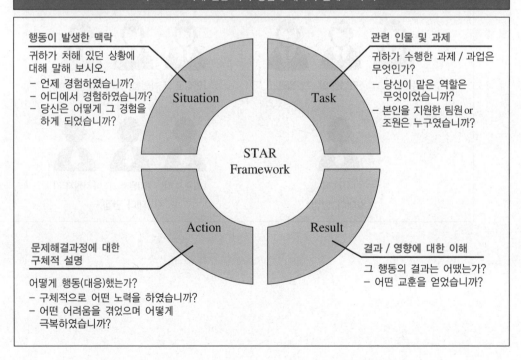

( )에 관한 과거 경험에 대하여 말해 보시오.

행동이 발생한 맥락
귀하가 처해 있던 상황에 대해 말해 보시오.
– 언제 경험하였습니까?
– 어디에서 경험하였습니까?
– 당신은 어떻게 그 경험을 하게 되었습니까?

관련 인물 및 과제
귀하가 수행한 과제 / 과업은 무엇인가?
– 당신이 맡은 역할은 무엇이었습니까?
– 본인을 지원한 팀원 or 조원은 누구였습니까?

STAR Framework

Situation Task
Action Result

문제해결과정에 대한 구체적 설명
어떻게 행동(대응)했는가?
– 구체적으로 어떤 노력을 하였습니까?
– 어떤 어려움을 겪었으며 어떻게 극복하였습니까?

결과 / 영향에 대한 이해
그 행동의 결과는 어땠는가?
– 어떤 교훈을 얻었습니까?

③ 경험 면접 질문 예시(직업윤리)

시작 질문	
1	남들이 신경 쓰지 않는 부분까지 고려하여 절차대로 업무(연구)를 수행하여 성과를 낸 경험을 구체적으로 말해 보시오.
2	조직의 원칙과 절차를 철저히 준수하며 업무(연구)를 수행한 것 중 성과를 향상시킨 경험에 대해 구체적으로 말해 보시오.
3	세부적인 절차와 규칙에 주의를 기울여 실수 없이 업무(연구)를 마무리한 경험을 구체적으로 말해 보시오.
4	조직의 규칙이나 원칙을 고려하여 성실하게 일했던 경험을 구체적으로 말해 보시오.
5	타인의 실수를 바로잡고 원칙과 절차대로 수행하여 성공적으로 업무를 마무리하였던 경험에 대해 말해 보시오.

후속 질문		
상황 (Situation)	상황	구체적으로 언제, 어디에서 경험한 일인가?
		어떤 상황이었는가?
	조직	어떤 조직에 속해 있었는가?
		그 조직의 특성은 무엇이었는가?
		몇 명으로 구성된 조직이었는가?
	기간	해당 조직에서 얼마나 일했는가?
		해당 업무는 몇 개월 동안 지속되었는가?
	조직규칙	조직의 원칙이나 규칙은 무엇이었는가?
임무 (Task)	과제	과제의 목표는 무엇이었는가?
		과제에 적용되는 조직의 원칙은 무엇이었는가?
		그 규칙을 지켜야 하는 이유는 무엇이었는가?
	역할	당신이 조직에서 맡은 역할은 무엇이었는가?
		과제에서 맡은 역할은 무엇이었는가?
	문제의식	규칙을 지키지 않을 경우 생기는 문제점 / 불편함은 무엇인가?
		해당 규칙이 왜 중요하다고 생각하였는가?
역할 및 노력 (Action)	행동	업무 과정의 어떤 장면에서 규칙을 철저히 준수하였는가?
		어떻게 규정을 적용시켜 업무를 수행하였는가?
		규정은 준수하는 데 어려움은 없었는가?
	노력	그 규칙을 지키기 위해 스스로 어떤 노력을 기울였는가?
		본인의 생각이나 태도에 어떤 변화가 있었는가?
		다른 사람들은 어떤 노력을 기울였는가?
	동료관계	동료들은 규칙을 철저히 준수하고 있었는가?
		팀원들은 해당 규칙에 대해 어떻게 반응하였는가?
		규칙에 대한 태도를 개선하기 위해 어떤 노력을 하였는가?
		팀원들의 태도는 당신에게 어떤 자극을 주었는가?
	업무추진	주어진 업무를 추진하는 데 규칙이 방해되진 않았는가?
		업무수행 과정에서 규정을 어떻게 적용하였는가?
		업무 시 규정을 준수해야 한다고 생각한 이유는 무엇인가?

결과 (Result)	평가	규칙을 어느 정도나 준수하였는가?
		그렇게 준수할 수 있었던 이유는 무엇이었는가?
		업무의 성과는 어느 정도였는가?
		성과에 만족하였는가?
		비슷한 상황이 온다면 어떻게 할 것인가?
	피드백	주변 사람들로부터 어떤 평가를 받았는가?
		그러한 평가에 만족하는가?
		다른 사람에게 본인의 행동이 영향을 주었다고 생각하는가?
	교훈	업무수행 과정에서 중요한 점은 무엇이라고 생각하는가?
		이 경험을 통해 느낀 바는 무엇인가?

2. 상황 면접

① 상황 면접의 특징

직무 관련 상황을 가정하여 제시하고 이에 대한 대응능력을 직무관련성 측면에서 평가하는 면접입니다.

- 상황 면접 과제의 구성은 크게 2가지로 구분
  - 상황 제시(Description) / 문제 제시(Question or Problem)
- 현장의 실제 업무 상황을 반영하여 과제를 제시하므로 직무분석이나 직무전문가 워크숍 등을 거쳐 현장성을 높임
- 문제는 상황에 대한 기본적인 이해능력(이론적 지식)과 함께 실질적 대응이나 변수 고려능력(실천적 능력) 등을 고르게 질문해야 함

상황 면접의 형태

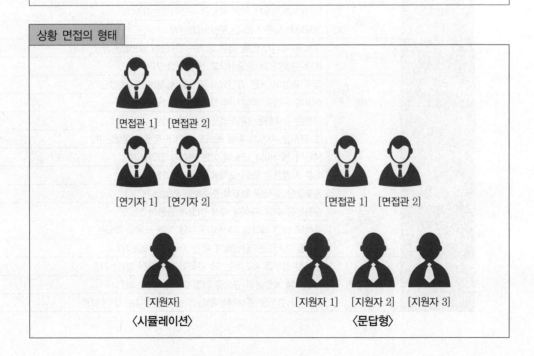

② 상황 면접 예시

	인천공항 여객터미널 내에는 다양한 용도의 시설(사무실, 통신실, 식당, 전산실, 창고 면세점 등)이 설치되어 있습니다.	실제 업무 상황에 기반함
상황 제시	금년에 소방배관의 누수가 잦아 메인 배관을 교체하는 공사를 추진하고 있으며, 당신 은 이번 공사의 담당자입니다.	배경 정보
	주간에는 공항 운영이 이루어져 주로 야간에만 배관 교체 공사를 수행하던 중, 시공하 는 기능공의 실수로 배관 연결 부위를 잘못 건드려 고압배관의 소화수가 누출되는 사고가 발생하였으며, 이로 인해 인근 시설물에 누수에 의한 피해가 발생하였습니다.	구체적인 문제 상황
문제 제시	일반적인 소방배관의 배관연결(이음)방식과 배관의 이탈(누수)이 발생하는 원인 에 대해 설명해 보시오.	문제 상황 해결을 위한 기본 지식 문항
	담당자로서 본 사고를 현장에서 긴급히 처리하는 프로세스를 제시하고, 보수완료 후 사후적 조치가 필요한 부분 및 재발방지 방안에 대해 설명해 보시오.	문제 상황 해결을 위한 추가 대응 문항

3. 발표 면접

① 발표 면접의 특징
- 직무관련 주제에 대한 지원자의 생각을 정리하여 의견을 제시하고, 발표 및 질의응답을 통해 지원자의 직무능력을 평가하는 면접입니다.
- 발표 주제는 직무와 관련된 자료로 제공되며, 일정 시간 후 지원자가 보유한 지식 및 방안에 대한 발표 및 후속 질문을 통해 직무적합성을 평가합니다.

> - 주요 평가요소
>   - 설득적 말하기 / 발표능력 / 문제해결능력 / 직무관련 전문성
> - 이미 언론을 통해 공론화된 시사 이슈보다는 해당 직무분야에 관련된 주제가 발표면접의 과제로 선정되는 경우가 최근 들어 늘어나고 있음
> - 짧은 시간 동안 주어진 과제를 빠른 속도로 분석하여 발표문을 작성하고 제한된 시간 안에 면접관에게 효과적인 발표를 진행하는 것이 핵심

발표 면접의 형태

[면접관 1] [면접관 2]   [면접관 1] [면접관 2]

[지원자]   [지원자 1] [지원자 2] [지원자 3]

〈개별 과제 발표〉   〈팀 과제 발표〉

※ 면접관에게 시각적 효과를 사용하여 메시지를 전달하는 쌍방향 커뮤니케이션 방식
※ 심층면접을 보완하기 위한 방안으로 최근 많은 기업에서 적극 도입하는 추세

② 발표 면접 예시

1. 지시문

> 당신은 현재 A사에서 직원들의 성과평가를 담당하고 있는 팀원이다. 인사팀은 지난주부터 사내 조직문화관련 인터뷰를 하던 도중 성과평가제도에 관련된 개선 니즈가 제일 많다는 것을 알게 되었다. 이에 팀장님은 인터뷰 결과를 종합하려 성과평가제도 개선 아이디어를 A4용지에 정리하여 신속 보고할 것을 지시하셨다. 당신에게 남은 시간은 1시간이다. 자료를 준비하는 대로 당신은 팀원들이 모인 회의실에서 5분 간 발표할 것이며, 이후 질의응답을 진행할 것이다.

2. 배경자료

> 〈성과평가제도 개선에 대한 인터뷰〉
>
> 최근 A사는 회사 사세의 급성장으로 인해 작년보다 매출이 두 배 성장하였고, 직원 수 또한 두 배로 증가하였다. 회사의 성장은 임금, 복지에 대한 상승 등 긍정적인 영향을 주었으나 업무의 불균형 및 성과보상의 불평등 문제가 발생하였다. 또한 수시로 입사하는 신입직원과 경력직원, 퇴사하는 직원들까지 인원들의 잦은 변동으로 인해 평가해야 할 대상이 변경되어 현재의 성과평가제도로는 공정한 평가가 어려운 상황이다.
>
> [생산부서 김상호]
> 우리 팀은 지난 1년 동안 생산량이 급증했기 때문에 수십 명의 신규인력이 급하게 채용되었습니다. 이 때문에 저희 팀장님은 신규 입사자들의 이름조차 기억 못할 때가 많이 있습니다. 성과평가를 제대로 하고 있는지 의문이 듭니다.
>
> [마케팅 부서 김흥민]
> 개인의 성과평가의 취지는 충분히 이해합니다. 그러나 현재 평가는 실적기반이나 정성적인 평가가 많이 포함되어 있어 객관성과 공정성에는 의문이 드는 것이 사실입니다. 이러한 상황에서 평가제도를 재수립하지 않고, 인센티브에 계속 반영한다면, 평가제도에 대한 반감이 커질 것이 분명합니다.
>
> [교육부서 홍경민]
> 현재 교육부서는 인사팀과 밀접하게 일하고 있습니다. 그럼에도 인사팀에서 실시하는 성과평가제도에 대한 이해가 부족한 것 같습니다.
>
> [기획부서 김경호 차장]
> 저는 저의 평가자 중 하나가 연구부서의 팀장님인데, 일 년에 몇 번 같이 일하지 않는데 어떻게 저를 평가할 수 있을까요? 특히 연구팀은 저희가 예산을 배정하는데, 저에게는 좋지만….

4. 토론 면접

① 토론 면접의 특징
- 다수의 지원자가 조를 편성해 과제에 대한 토론(토의)을 통해 결론을 도출해가는 면접입니다.
- 의사소통능력, 팀워크, 종합인성 등의 평가에 용이합니다.

- 주요 평가요소
  - 설득적 말하기, 경청능력, 팀워크, 종합인성
- 의견 대립이 명확한 주제 또는 채용분야의 직무 관련 주요 현안을 주제로 과제 구성
- 제한된 시간 내 토론을 진행해야 하므로 적극적으로 자신 있게 토론에 임하고 본인의 의견을 개진할 수 있어야 함

토론 면접의 형태

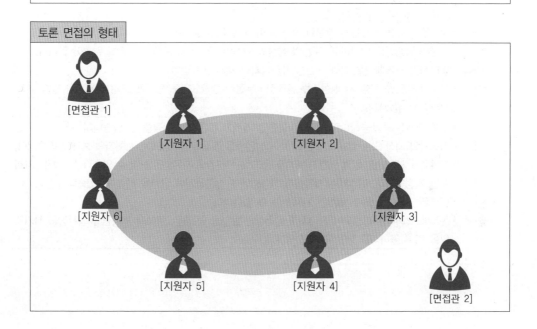

[면접관 1]
[지원자 1]
[지원자 2]
[지원자 6]
[지원자 3]
[지원자 5]
[지원자 4]
[면접관 2]

② 토론 면접 예시

고객 불만 고충처리

1. 들어가며

최근 우리 상품에 대한 고객 불만의 증가로 고객고충처리 TF가 만들어졌고 당신은 여기에 지원해 배치받았다. 당신의 업무는 불만을 가진 고객을 만나서 애로사항을 듣고 처리해 주는 일이다. 주된 업무로는 고객의 니즈를 파악해 방향성을 제시해 주고 그 해결책을 마련하는 일이다. 하지만 경우에 따라서 고객의 주관적인 의견으로 인해 제대로 된 방향으로 의사결정을 하지 못할 때가 있다. 이럴 경우 설득이나 논쟁을 해서라도 의견을 관철시키는 것이 좋을지 아니면 고객의 의견대로 진행하는 것이 좋을지 결정해야 할 때가 있다. 만약 당신이라면 이러한 상황에서 어떤 결정을 내릴 것인지 여부를 자유롭게 토론해 보시오.

2. 1분 자유 발언 시 준비사항

• 당신은 의견을 자유롭게 개진할 수 있으며 이에 따른 불이익은 없습니다.

• 토론의 방향성을 이해하고, 내용의 장점과 단점이 무엇인지 문제를 명확히 말해야 합니다.

• 합리적인 근거에 기초하여 개선방안을 명확히 제시해야 합니다.

• 제시한 방안을 실행 시 예상되는 긍정적·부정적 영향요인도 동시에 고려할 필요가 있습니다.

3. 토론 시 유의사항

• 토론 주제문과 제공해드린 메모지, 볼펜만 가지고 토론장에 입장할 수 있습니다.

• 사회자의 지정 또는 발표자가 손을 들어 발언권을 획득할 수 있으며, 사회자의 통제에 따릅니다.

• 토론회가 시작되면, 팀의 의견과 논거를 정리하여 1분간의 자유발언을 할 수 있습니다. 순서는 사회자가 지정합니다. 이후에는 자유롭게 상대방에게 질문하거나 답변을 하실 수 있습니다.

• 핸드폰, 서적 등 외부 매체는 사용하실 수 없습니다.

• 논제에 벗어나는 발언이나 지나치게 공격적인 발언을 할 경우, 위에서 제시한 유의사항을 지키지 않을 경우 불이익을 받을 수 있습니다.

1. 면접 Role Play 편성

- 교육생끼리 조를 편성하여 면접관과 지원자 역할을 교대로 진행합니다.
- 지원자 입장과 면접관 입장을 모두 경험해 보면서 면접에 대한 적응력을 높일 수 있습니다.

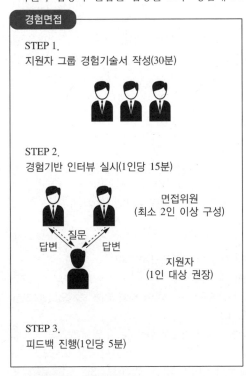

경험면접

STEP 1.
지원자 그룹 경험기술서 작성(30분)

STEP 2.
경험기반 인터뷰 실시(1인당 15분)

면접위원
(최소 2인 이상 구성)

질문

답변   답변

지원자
(1인 대상 권장)

STEP 3.
피드백 진행(1인당 5분)

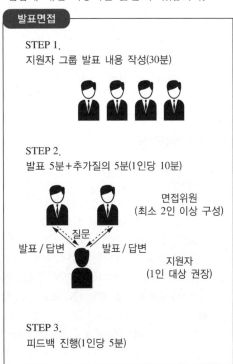

발표면접

STEP 1.
지원자 그룹 발표 내용 작성(30분)

STEP 2.
발표 5분+추가질의 5분(1인당 10분)

면접위원
(최소 2인 이상 구성)

질문

발표 / 답변   발표 / 답변

지원자
(1인 대상 권장)

STEP 3.
피드백 진행(1인당 5분)

Tip

면접 준비하기
1. 면접 유형 확인 필수
   - 기업마다 면접 유형이 상이하기 때문에 해당 기업의 면접 유형을 확인하는 것이 좋음
   - 일반적으로 실무진 면접, 임원면접 2차례에 거쳐 면접을 실시하는 기업이 많고 실무진 면접과 임원 면접에서 평가요소가 다르기 때문에 유형에 맞는 준비방법이 필요
2. 후속 질문에 대한 사전 점검
   - 블라인드 채용 면접에서는 주요 질문과 함께 후속 질문을 통해 지원자의 직무능력을 판단
     → STAR 기법을 통한 후속 질문에 미리 대비하는 것이 필요

한국도로공사의 면접전형은 실무진 면접전형과 경영진 면접전형으로 이루어진다. 실무진 면접전형은 필기전형 합격자를 대상으로 PT면접과 그룹토론면접으로 진행한다. 경영진 면접전형은 실무진 면접전형 및 인성검사 합격자를 대상으로 인성 및 기본역량을 전반적으로 평가한다.

1. 실무진 면접전형

[PT면접]
- 비탈면 사고에서 가장 중요한 문제점이 무엇이라고 생각하는지 말해 보시오. [2024년]
- 사방댐에 대해 아는 대로 설명해 보시오. [2024년]
- 드론의 한계점에 대해 말해 보시오. [2024년]
- 옹벽 안전성에서 중요한 것이 무엇이라고 생각하는지 말해 보시오. [2023년]
- 터널의 종류를 아는 대로 설명해 보시오. [2023년]
- 재해의 종류를 아는 대로 설명하고, 가장 위험하다고 생각하는 재해에 대해 말해 보시오. [2023년]
- 5G 주파수 대역에 대해 아는 대로 설명해 보시오. [2023년]
- 명절에 고속도로 이용료를 무료로 시행하자는 의견에 대해 어떻게 생각하는지 말해 보시오.
- 인공지능이 발달하고 자동화될수록 톨게이트에서의 일자리가 사라질 수 있을지 말해 보시오.
- 한국도로공사가 운영하는 고속도로와 민자 고속도로의 차이에 대해 설명해 보시오.
- 공기업에 근무하면서 지녀야 할 덕목은 무엇이라고 생각하는지 말해 보시오.
- 기업이 추구하는 가치와 개인의 가치가 충돌할 때 어떻게 할 것인지 말해 보시오.
- KTX와 같은 철도는 한국도로공사와 경쟁관계에 있는데, 앞으로 한국도로공사가 경쟁에서 어떨 것 같은지 말해 보시오.
- 자율무인자동차의 발전이 고속도로에 미치는 영향과 그에 따른 한국도로공사의 역할과 대응에 대해 말해 보시오.
- 졸음운전 방지 대책에 대해 말해 보시오.
- 로드킬의 원인 및 대책 방안에 대해 말해 보시오.
- 한국도로공사에서 환경에 기울이고 있는 노력에 대해 어떻게 하면 좋을지 말해 보시오.
- 회사의 방침과 자신의 생각이 다를 경우, 어떻게 그 간격을 좁혀나갈 것인지 말해 보시오.
- BCG 매트릭스와 GE 매트릭스의 차이에 대해 설명해 보시오.
- 통일이 된 이후 북한의 도로건설 방안에 대해 말해 보시오.
- 무인차가 고속도로에 미치는 영향과 이에 따른 대응 방안에 대해 말해 보시오.
- 한국도로공사에서 관리하는 시설물의 종류와 이를 어떻게 관리하면 좋을지 말해 보시오.
- 휴게소에 대한 이용객들의 불만과 수요 감소에 따른 해결 방안에 대해 말해 보시오.
- 관내 휴게소 개선 방안에 대해 말해 보시오.

- 유휴부지를 어떻게 활용할 것인지 그에 대한 특징과 장단점에 대해 설명해 보시오.
- 지원한 직무에서 한국도로공사가 개선해야 할 점은 무엇이라고 생각하는지 말해 보시오.
- 상사가 부당한 지시를 한다면 어떻게 할 것인지 말해 보시오.
- 종교에 대한 신념과 법이 상반된다면 어떤 것을 우선으로 할 것인지 말해 보시오.
- 청년실업 해소 방안에 대해 말해 보시오.
- 고속도로 입체화 방안에 대해 말해 보시오.
- 사회적 가치 실현 방안에 대해 말해 보시오.
- 공공기관의 사회적 책임 강화 방법에 대해 말해 보시오.
- 자율주행자동차 시행의 문제점과 개선 방안에 대해 말해 보시오.
- 한국도로공사의 사회적 가치 실현 방법에 대해 말해 보시오.
- 빅데이터를 활용한 고속도로의 안전성 개선 방안에 대해 말해 보시오.
- 고속도로 터널 내 화재 시 재난대처 방안에 대해 말해 보시오.
- 현재 한국도로공사에서 시행하고 있는 CSR 활동은 무엇인지 아는 대로 설명해 보시오.
- 고속도로를 이용하면서 불편했던 점에 대해 말해 보시오.
- 한국도로공사 입사를 위해 어떤 노력을 했는지 말해 보시오.
- 4차 산업혁명에서 한국도로공사의 역할은 무엇이라고 생각하는지 말해 보시오.
- 재난 시 이용하는 장비들의 문제점은 무엇이고, 이를 기술적으로 어떻게 개선할 수 있는지 말해 보시오.
- 기계직 업무가 무엇인지 아는 대로 설명해 보시오.
- 설계할 때 어려운 점과 그것을 극복했던 경험에 대해 말해 보시오.
- 과적차량을 검문하는 과정에서 사용할 수 있는 기술적인 아이디어를 말해 보시오.

[그룹토론면접]
- 노후 교량의 재건축 및 유지보수에 대해 토론하시오. [2024년]
- 사이버 위협의 대응 방안에 대해 토론하시오. [2023년]
- 해외사업 활성화 방안에 대해 토론하시오. [2023년]
- 유휴부지 활용 방안에 대해 토론하시오.
- 고속도로 이용률을 높일 수 있는 방안에 대해 토론하시오.
- 고속도로에서 개선해야 할 점과 그 방안에 대해 토론하시오.
- 비정규직의 정규직화 방안에 대해 토론하시오.
- 고속도로 유지관리에 IT기술을 접목하려고 할 때, 그 아이디어에 대해 토론하시오.
- 터널사고 예방 및 대응 방안에 대해 토론하시오.
- 휴게소의 낮은 이용률을 높일 수 있는 방안에 대해 토론하시오.
- 근로자 지원 프로그램 활성화 방안에 대해 토론하시오.
- 재난 대처 실효성과 타당성에 대해 토론하시오.

2. 경영진 면접전형

- 갈등을 해결한 경험에 대해 말해 보시오. [2024년]
- 적응하지 못하는 팀원을 설득하거나 함께 협력한 경험에 대해 말해 보시오. [2024년]
- 한국도로공사에 입사하기 위해 노력한 점에 대해 말해 보시오. [2024년]
- 조직생활에 가장 필요한 역량이 무엇이라고 생각하는지 말해 보시오. [2023년]
- 살면서 가장 큰 도전을 했던 경험에 대해 말해 보시오. [2023년]
- 가장 힘들었던 경험에 대해 말해 보시오.
- 의사소통을 했던 경험에 대해 말해 보시오.
- 한국도로공사에 지원한 동기에 대해 말해 보시오.
- 협력했던 경험에 대해 말해 보시오.
- 어떤 일을 성취했던 경험에 대해 말해 보시오.
- 선임이 적극적으로 일하지 않는다면 어떻게 대처할지 말해 보시오.
- 업무수행 시 필요한 역량이 무엇이라고 생각하는지 말해 보시오.
- 같이 일하기 싫은 유형의 사람에 대해 말해 보시오.
- 실제로 민원인을 응대해 본 경험에 대해 말해 보시오.
- 한국도로공사가 진행하는 사업에 대해 아는 대로 설명해 보시오.
- 고속도로의 장점과 단점에 대해 말해 보시오.
- 성과와 원칙 중 어느 것이 더 중요한지 말해 보시오.
- 1분 자기소개를 해 보시오.
- 원칙을 지켰던 경험에 대해 말해 보시오.
- 직무와 관련하여 어떤 일을 하고 싶은지 말해 보시오.
- 본인만의 스트레스 관리법은 무엇인지 말해 보시오.
- 상사의 횡령 등 비리행위 목격 시 어떻게 대처할 것인지 말해 보시오.
- 상대방에게 설득당한 경험에 대해 말해 보시오.
- 규율을 지킨 경험에 대해 말해 보시오.
- 시간과 예산이 부족할 때 어떻게 프로젝트를 수행할 것인지 말해 보시오.
- 조직 내에서 상사와의 갈등이 발생했을 때 어떻게 극복해 나갈 것인지 경험을 토대로 말해 보시오.
- 대학 때 했던 활동 중 기억에 남는 활동을 말해 보시오.
- 한국도로공사의 서비스 중 이용해 본 것은 무엇인지 말해 보시오.
- 자기 개발은 어떤 것을 하고 있는지 말해 보시오.
- 고객의 불만을 해결했던 경험에 대해 말해 보시오.
- 살면서 어려웠던 경험에 대해 말해 보시오.
- 어떤 일을 추진 중에 포기하고 싶었던 경험에 대해 말해 보시오.
- 도전적인 일을 해 본 경험에 대해 말해 보시오.
- 어떤 수준 높은 요구에 대응해 본 경험에 대해 말해 보시오.
- 기계직으로서 사고를 줄이고 능동적으로 현장에 대처할 수 있는 아이디어를 말해 보시오.
- 학교생활 이외에 가장 자랑하고 싶은 경험에 대해 말해 보시오.

- 조직에 처음 들어가서 적응해 본 경험에 대해 말해 보시오.
- 어디서든 1등을 해 본 경험에 대해 말해 보시오.
- 주변 사람이 본인에게 불만을 제기한 적이 있는지 말해 보시오.
- 불합리한 관습에 대한 경험을 말해 보시오.

"오늘 당신의 노력은 아름다운 꽃의 물이 될 것입니다."

그러나, 이 꽃을 볼 때 사람들은 이 꽃의 아름다움과 향기만을 사랑하고 칭찬하였지, 이 꽃을 그렇게 아름답게 어여쁘게 만들어 주는 병 속의 물은 조금도 생각지 않는 것이 보통입니다.

만일 이 꽃병 속에 들어 있는 물을 죄다 쏟아 버리고 빈 병에다 이 꽃을 꽂아 보십시오.

아무리 아름답고 어여쁜 꽃이기로서니 단 한 송이의 꽃을 피울 수 있으며, 단 한 번이라도 꽃 향기를 날릴 수 있겠습니까?

우리는 여기서 아무리 본바탕이 좋고 아름다운 꽃이라도 보이지 않는 물의 숨은 힘이 없으면 도저히 그 빛과 향기를 자랑할 수 없는 것을 알았습니다.

- 방정환의 「우리 뒤에 숨은 힘」 중 -

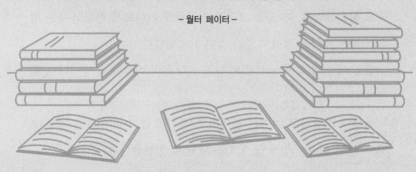

우리가 해야 할 일은 끊임없이 호기심을 갖고
새로운 생각을 시험해 보고 새로운 인상을 받는 것이다.

- 월터 페이터 -

답안채점 ● 성적분석 서비스

모바일
OMR

 → → → → → → →

도서 내 모의고사
우측 상단에 위치한
QR코드 찍기

로그인
하기

'시작하기'
클릭

'응시하기'
클릭

나의 답안을
모바일 OMR
카드에 입력

'성적분석 & 채점결과'
클릭

현재 내 실력
확인하기

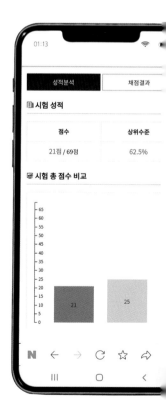

도서에 수록된 모의고사에 대한
객관적인 결과(정답률, 순위)를
종합적으로 분석하여 제공합니다.

※OMR 답안채점 / 성적분석 서비스는 등록 후 30일간 사용 가능합니다.

시대에듀

공기업 취업을 위한 NCS 직업기초능력평가 시리즈

2025
최신판

S

기출복원문제부터
대표기출유형 및
모의고사까지

한 권으로
마무리!

한국
도로공사

정답 및 해설

NCS + 전공 + 최종점검 모의고사 4회

편저 | SDC(Sidae Data Center)

SDC
SDC는 시대에듀 데이터 센터의 약자로
약 30만 개의 NCS · 적성 문제 데이터를
바탕으로 최신 출제경향을 반영하여
문제를 출제합니다.

SD

시대에듀

Add+

특별부록

01	02	03	04	05	06	07	08	09	10	11	12	13	14	15	16	17	18	19	20
②	③	④	③	⑤	③	③	③	④	④	③	⑤	③	④	②	①	③	④	⑤	④
21	22	23	24	25	26	27	28	29	30	31	32	33	34	35	36	37	38	39	40
③	④	③	②	⑤	⑤	⑤	③	③	③	①	①	③	①	②	①	④	③	④	④
41	42	43	44	45	46	47	48	49	50										
④	③	⑤	③	①	④	④	④	②	②										

01

정답 ②

(영업이익률)$=\dfrac{(영업이익)}{(매출액)}\times100$이고, 영업이익을 구하기 위해서는 매출총이익을 먼저 계산해야 한다. 따라서 2022년 4분기의 매출총이익은 $60-80=-20$십억 원이고, 영업이익은 $-20-7=-27$십억 원이므로 영업이익률은 $-\dfrac{27}{60}\times100=-45\%$이다.

02

정답 ③

1시간은 3,600초이므로 36초는 $36초\times\dfrac{1시간}{3,600초}=0.01$시간이다. 그러므로 무빙워크의 전체 길이는 $5\times0.01=0.05$km이다.

따라서 무빙워크와 같은 방향으로 4km/h의 속력으로 걸을 때의 속력은 $5+4=9$km/h이므로 걸리는 시간은 $\dfrac{0.05}{9}=\dfrac{5}{900}=\dfrac{5}{900}\times\dfrac{3,600초}{1시간}=20$초이다.

03

정답 ④

쉼이란 대화 도중에 잠시 침묵하는 것을 말한다. 쉼을 사용하는 대표적인 경우는 다음과 같다.
• 이야기의 전이 시(흐름을 바꾸거나 다른 주제로 넘어갈 때)
• 양해, 동조, 반문의 경우
• 생략, 암시, 반성의 경우
• 여운을 남길 때
위와 같은 목적으로 쉼을 활용함으로써 논리성, 감정 제고, 동질감 등을 확보할 수 있다.
반면, 연단공포증은 면접이나 발표 등 청중 앞에서 이야기할 때 가슴이 두근거리고, 입술이 타고, 식은땀이 나고, 얼굴이 달아오르는 생리적인 현상으로, 쉼과는 관련이 없다. 연단공포증은 90% 이상의 사람들이 호소하는 불안이므로 극복하기 위해서는 연단공포증에 대한 걱정을 떨쳐내고 이러한 심리현상을 잘 통제하여 의사 표현하는 것을 연습해야 한다.

04

미국의 심리학자인 도널드 키슬러는 대인관계 의사소통 방식을 체크리스트로 평가하여 8가지 유형으로 구분하였다. 이 중 친화형은 따뜻하고 배려심이 깊으며, 타인과의 관계를 중시하는 유형이다. 또한 협동적이고 조화로운 성격으로, 자기희생적인 경향이 강하다.

> **키슬러의 대인관계 의사소통 유형**
> - 지배형 : 자신감이 있고 지도력이 있으나 논쟁적이고 독단이 강하여 대인 갈등을 겪을 수 있으므로 타인의 의견을 경청하고 수용하는 자세가 필요하다.
> - 실리형 : 이해관계에 예민하고 성취 지향적으로 경쟁적인 데다 자기중심적이어서 타인의 입장을 배려하고 관심을 갖는 자세가 필요하다.
> - 냉담형 : 이성적인 의지력이 강하고 타인의 감정에 무관심하며 피상적인 대인관계를 유지하므로 타인의 감정 상태에 관심을 가지고 긍정적인 감정을 표현하는 것이 필요하다.
> - 고립형 : 혼자 있는 것을 선호하고 사회적 상황을 회피하며 지나치게 자신의 감정을 억제하므로 대인관계의 중요성을 인식하고 타인에 대한 비현실적인 두려움의 근원을 성찰하는 것이 필요하다.
> - 복종형 : 수동적이고 의존적이며 자신감이 없으므로 적극적인 자기표현과 주장이 필요하다.
> - 순박형 : 단순하고 솔직하며 자기주관이 부족하므로 자기주장을 하는 노력이 필요하다.
> - 친화형 : 따뜻하고 인정이 많고 자기희생적이나 타인의 요구를 거절하지 못하므로 타인과의 정서적인 거리를 유지하는 노력이 필요하다.
> - 사교형 : 외향적이고 인정하는 욕구가 강하며, 타인에 대한 관심이 많아서 간섭하는 경향이 있고 흥분을 잘 하므로 심리적 안정과 지나친 인정욕구에 대한 성찰이 필요하다.

05

철도사고는 달리는 도중에도 발생할 수 있으므로 먼저 인터폰을 통해 승무원에게 사고를 알리고, 열차가 멈춘 후에 안내방송에 따라 비상핸들이나 비상콕크를 돌려 문을 열고 탈출해야 한다. 만일 화재가 발생했을 경우에는 승무원에게 사고를 알리고 곧바로 119에도 신고를 해야 한다.

오답분석

① 침착함을 잃고 패닉에 빠지게 되면, 적절한 행동요령에 따라 대피하기 어렵다. 따라서 사고현장에서 대피할 때는 승무원의 안내에 따라 질서 있게 대피해야 한다.
② 화재사고 발생 시 승객들은 여유가 있을 경우 전동차 양 끝에 비치된 소화기를 통해 초기 진화를 시도해야 한다.
③ 역이 아닌 곳에서 열차가 멈췄을 경우 감전의 위험이 있으므로 반드시 승무원의 안내에 따라 반대편 선로의 열차 진입에 유의하며 대피 유도등을 따라 침착하게 비상구로 대피해야 한다.
④ 전동차에서 대피할 때는 부상자, 노약자, 임산부 등 탈출이 어려운 사람부터 먼저 대피할 수 있도록 배려하고 도와주어야 한다.

06

하향식 읽기 모형은 독자의 배경지식을 바탕으로 글의 맥락을 먼저 파악하는 읽기 전략이다. ③의 경우 제품 설명서를 통해 세부 기능과 버튼별 용도를 파악하고 기계를 작동시켰으므로 상향식 읽기를 수행한 사례이다. 제품 설명서를 하향식으로 읽는다면 제품 설명서를 읽기 전 제품을 보고 배경지식을 바탕으로 어떤 기능이 있는지 예측하고, 해당 기능을 수행하는 세부 방법을 제품 설명서를 통해 찾아봐야 한다.

오답분석

① 회의의 주제에 대한 배경지식을 가지고 회의 안건을 예상한 후 회의 자료를 파악하였으므로 하향식 읽기 모형에 해당한다.
② 헤드라인을 먼저 읽어 배경지식을 바탕으로 전체적인 내용을 파악하고 상세 내용을 읽었으므로 하향식 읽기 모형에 해당한다.
④ 요리에 대한 경험과 지식을 바탕으로 요리 과정을 파악하였으므로 하향식 읽기 모형에 해당한다.
⑤ 해당 분야에 대한 기본적인 지식을 바탕으로 서문이나 목차를 통해 책의 전체적인 흐름을 파악하였으므로 하향식 읽기 모형에 해당한다.

07

농도가 15%인 소금물 200g의 소금의 양은 $200 \times \frac{15}{100} = 30g$이고, 농도가 20%인 소금물 300g의 소금의 양은 $300 \times \frac{20}{100} = 60g$이다. 따라서 두 소금물을 섞었을 때의 농도는 $\frac{30+60}{200+300} \times 100 = \frac{90}{500} \times 100 = 18\%$이다.

08

여직원끼리 인접하지 않는 경우는 남직원과 여직원이 번갈아 앉는 경우뿐이다. 이때 여직원 D의 자리를 기준으로 남직원 B가 옆에 앉는 경우를 다음과 같이 나눌 수 있다.

• 첫 번째, 여섯 번째 자리에 여직원 D가 앉는 경우
  남직원 B가 여직원 D 옆에 앉는 경우는 1가지뿐으로, 남은 자리에 남직원, 여직원이 번갈아 앉아 경우의 수는 $2 \times 1 \times 2! \times 2! = 8$가지이다.

• 두 번째, 세 번째, 네 번째, 다섯 번째 자리에 여직원 D가 앉는 경우
  각 경우에 대하여 남직원 B가 여직원 D 옆에 앉는 경우는 2가지이다. 남은 자리에 남직원, 여직원이 번갈아 앉으므로 경우의 수는 $4 \times 2 \times 2! \times 2! = 32$가지이다.

따라서 구하고자 하는 경우의 수는 $8+32=40$가지이다.

09

제시된 수열은 홀수 항일 때 +12, +24, +48, …씩 증가하고, 짝수 항일 때 +20씩 증가하는 수열이다.

따라서 빈칸에 들어갈 수는 $13+48=61$이다.

10

2022년에 중학교에서 고등학교로 진학한 학생의 비율은 99.7%이고, 2023년 중학교에서 고등학교로 진학한 학생의 비율은 99.6%이다. 따라서 진학한 비율이 감소하였으므로 중학교에서 고등학교로 진학하지 않은 학생의 비율은 증가하였음을 알 수 있다.

[오답분석]

① 중학교의 취학률이 가장 낮은 해는 97.1%인 2020년이다. 이는 97% 이상이므로 중학교의 취학률은 매년 97% 이상이다.
② 매년 초등학교의 취학률이 가장 높다.
③ 고등교육기관의 취학률은 2020년 이후로 계속해서 70% 이상을 기록하였다.
⑤ 고등교육기관의 취학률이 가장 낮은 해는 2016년이고, 고등학교의 상급학교 진학률이 가장 낮은 해 또한 2016년이다.

11

[오답분석]

① B기업의 매출액이 가장 많은 때는 2024년 3월이지만, 그래프에서는 2024년 4월의 매출액이 가장 많은 것으로 나타났다.
② 2024년 2월에는 A기업의 매출이 더 많지만, 그래프에서는 B기업이 더 많은 것으로 나타났다.
④ A기업의 매출액이 가장 적은 때는 2024년 4월이지만, 그래프에서는 2024년 3월의 매출액이 가장 적은 것으로 나타났다.
⑤ A기업과 B기업의 매출액의 차이가 가장 큰 때는 2024년 1월이지만, 그래프에서는 2024년 5월과 6월의 매출액 차이가 더 큰 것으로 나타났다.

12

정답 ⑤

스마트 팜 관련 정부 사업 참여 경험은 K사의 강점 요인이다. 또한 정부의 적극적인 지원은 스마트 팜 시장 성장에 따른 기회 요인이다. 따라서 스마트 팜 관련 정부 사업 참여 경험을 바탕으로 정부의 적극적인 지원을 확보하는 것은 내부의 강점을 통해 외부의 기회 요인을 극대화하는 SO전략에 해당한다.

[오답분석]

①·②·③·④ 외부의 기회를 이용하여 내부의 약점을 보완하는 WO전략에 해당한다.

13

정답 ③

A~F 모두 문맥을 무시하고 일부 문구에만 집착하여 뜻을 해석하고 있으므로 '과대해석의 오류'를 범하고 있다. 과대해석의 오류는 전체적인 상황이나 맥락을 고려하지 않고 특정 단어나 문장에만 집착하여 의미를 해석하는 오류로, 글의 의미를 지나치게 확대하거나 축소하여 생각하고, 문자 그대로의 의미에만 너무 집착하여 다른 가능성이나 해석을 배제하게 되는 논리적 오류이다.

[오답분석]

① 무지의 오류 : '신은 존재하지 않는다가 증명되지 않았으므로 신은 존재한다.'처럼 증명되지 않았다고 해서 그 반대의 주장이 참이라고 생각하는 오류이다.

② 연역법의 오류 : '조류는 날 수 있다. 펭귄은 조류이다. 따라서 펭귄은 날 수 있다.'처럼 잘못된 삼단논법에 의해 발생하는 논리적 오류이다.

④ 허수아비 공격의 오류 : '저 사람은 과거에 거짓말을 한 적이 있으니 이번에 일어난 사기 사건의 범인이다.'처럼 개별적 인과관계를 입증하지 않고 전혀 상관없는 별개의 논리를 만들어 공격하는 논리적 오류이다.

⑤ 권위나 인신공격에 의존한 논증 : '제정신을 가진 사람이면 그런 주장을 할 수가 없다.'처럼 상대방의 주장 대신 인격을 공격하거나, '최고 권위자인 A교수도 이런 말을 했습니다.'처럼 자신의 논리적인 약점을 권위자를 통해 덮으려는 논리적 오류이다.

14

정답 ④

A~E열차의 운행시간 단위를 시간 단위로, 평균 속력의 단위를 시간당 운행거리로 통일하여 정리하면 다음과 같다.

구분	운행시간	평균 속력	운행거리
A열차	900분=15시간	$50\text{m/s}=(50\times60\times60)\text{m/h}=180\text{km/h}$	$15\times180=2,700\text{km}$
B열차	10시간 30분=10.5시간	150km/h	$10.5\times150=1,575\text{km}$
C열차	8시간	$55\text{m/s}=(55\times60\times60)\text{m/h}=198\text{km/h}$	$8\times198=1,584\text{km}$
D열차	720분=12시간	$2.5\text{km/min}=(2.5\times60)\text{km/h}=150\text{km/h}$	$12\times150=1,800\text{km}$
E열차	10시간	$2.7\text{km/min}=(2.7\times60)\text{m/h}=162\text{km/h}$	$10\times162=1,620\text{km}$

따라서 C열차의 운행거리는 네 번째로 길다.

15

정답 ②

K대학교 기숙사 운영위원회는 단순히 '기숙사에 문제가 있다.'라는 큰 문제에서 벗어나 식사, 시설, 통신환경이라는 세 가지 주요 문제를 파악하고 문제별로 다시 세분화하여 더욱 구체적으로 인과관계 및 구조를 파악하여 분석하고 있다. 따라서 제시문에서 나타난 문제해결 절차는 '문제 도출'이다.

> **문제해결 절차 5단계**
> 1. 문제 인식 : 해결해야 할 전체 문제를 파악하여 우선순위를 정하고 선정 문제에 대한 목표를 명확히 하는 단계
> 2. 문제 도출 : 선정된 문제를 분석하여 해결해야 할 것이 무엇인지를 명확히 하는 단계로, 현상에 대한 문제를 분해하여 인과관계 및 구조를 파악하는 단계
> 3. 원인 분석 : 파악된 핵심 문제에 대한 분석을 통해 근본 원인을 도출해 내는 단계
> 4. 해결안 개발 : 문제로부터 도출된 근본 원인을 효과적으로 해결할 수 있는 최적의 해결 방안을 수립하는 단계
> 5. 실행 및 평가 : 해결안 개발을 통해 만들어진 실행 계획을 실제 상황에 적용하는 단계로, 해결안을 통해 문제의 원인들을 제거해 나가는 단계

16

정답 ①

공공사업을 위해 투입된 세금을 본래의 목적에 사용하지 않고 무단으로 다른 곳에 쓴 상황이므로 '예정되어 있는 곳에 쓰지 아니하고 다른 데로 돌려서 씀'을 의미하는 '전용(轉用)'이 가장 적절한 단어이다.

[오답분석]

② 남용(濫用) : 일정한 기준이나 한도를 넘어서 함부로 씀
③ 적용(適用) : 알맞게 이용하거나 맞추어 씀
④ 활용(活用) : 도구나 물건 따위를 충분히 잘 이용함
⑤ 준용(遵用) : 그대로 좇아서 씀

17

정답 ③

시조새는 비대칭형 깃털을 가진 최초의 동물로, 현대의 날 수 있는 조류처럼 바람을 맞는 곳의 깃털은 짧고, 뒤쪽은 긴 형태로 이루어졌으며, 이와 같은 비대칭형 깃털이 양력을 제공하여 짧은 거리의 활강을 가능하게 하였다. 따라서 비행을 하기 위한 시조새의 신체 조건은 날개의 깃털이 비대칭 구조로 형성되어 있는 것이다.

[오답분석]

① 제시문에서 언급하지 않은 내용이다.
②·④ 세 개의 갈고리 발톱과 척추뼈가 꼬리까지 이어지는 구조는 공룡의 특징을 보여주는 신체 조건이다.
⑤ 시조새는 현대 조류처럼 가슴뼈가 비행에 최적화된 형태로 발달되지 않았다고 언급하고 있다.

18

정답 ④

제시문은 서양의학에 중요한 영향을 준 히포크라테스와 갈레노스에 대해 소개하고 있다. 히포크라테스는 자연적 관찰을 통해 의사를 과학적인 기반 위의 직업으로 만들었으며, 히포크라테스 선서와 같이 전문직업으로써의 윤리적 기준을 마련한 서양의학의 상징이라고 소개하고 있으며, 갈레노스는 실제 해부와 임상 실험을 통해 의학 이론을 증명하고 방대한 저술을 남겨 후대 의학 발전에 큰 영향을 주었음을 설명하고 있다. 따라서 '히포크라테스와 갈레노스가 서양의학에 끼친 영향과 중요성'이 제시문의 주제이다.

[오답분석]

① 갈레노스의 의사로서의 이력은 언급하고 있지만, 생애에 대해 구체적으로 밝히는 글은 아니다.
② 갈레노스가 해부와 실험을 통해 의학 이론을 증명하였음을 설명할 뿐이며, 해부학의 발전 과정에 대해 설명하는 글은 아니다.
③ 히포크라테스 선서는 히포크라테스가 서양의학에 남긴 중요한 윤리적 기준이지만, 이를 중심으로 설명하는 글은 아니다.
⑤ 히포크라테스와 갈레노스 모두 4체액설과 같은 부분에서는 현대 의학과는 거리가 있었음을 밝히고 있다.

19

정답 ⑤

'비상구'는 '화재나 지진 따위의 갑작스러운 사고가 일어날 때에 급히 대피할 수 있도록 특별히 마련한 출입구'이다. 따라서 이와 가장 비슷한 단어는 '갇힌 곳에서 빠져나가거나 도망하여 나갈 수 있는 출구'를 의미하는 '탈출구'이다.

오답분석
① 진입로 : 들어가는 길
② 출입구 : 나갔다가 들어왔다가 하는 어귀나 문
③ 돌파구 : 가로막은 것을 쳐서 깨뜨려 통과할 수 있도록 뚫은 통로나 목
④ 여울목 : 여울물(강이나 바다 따위의 바닥이 얕거나 폭이 좁아 물살이 세게 흐르는 곳의 물)이 턱진 곳

20

정답 ④

A열차의 속력을 V_a, B열차의 속력을 V_b라 하고, 터널의 길이를 l, 열차의 전체 길이를 x라 하자.

A열차가 터널을 진입하고 빠져나오는 데 걸린 시간은 $\dfrac{l+x}{V_a}=14$초이다. B열차가 A열차보다 5초 늦게 진입하고 5초 빠르게 빠져나

왔으므로 터널을 진입하고 빠져나오는 데 걸린 시간은 $14-5-5=4$초이다. 그러므로 $\dfrac{l+x}{V_b}=4$초이다.

따라서 $V_a=14(l+x)$, $V_b=4(l+x)$이므로 $\dfrac{V_a}{V_b}=\dfrac{14(l+x)}{4(l+x)}=3.5$배이다.

21

정답 ③

A팀은 5일마다, B팀은 4일마다 회의실을 사용하므로 두 팀이 회의실을 사용하고자 하는 날은 20일마다 겹친다. 첫 번째 겹친 날에 A팀이 먼저 사용했으므로 20일 동안 A팀이 회의실을 사용한 횟수는 4회이다. 두 번째 겹친 날에는 B팀이 사용하므로 40일 동안 A팀이 회의실을 사용한 횟수는 7회이고, 세 번째로 겹친 날에는 A팀이 회의실을 사용하므로 60일 동안 A팀은 회의실을 11회 사용하였다. 이를 표로 정리하면 다음과 같다.

겹친 횟수	첫 번째	두 번째	세 번째	네 번째	다섯 번째	⋯	$(n-1)$번째	n번째
회의실 사용 팀	A팀	B팀	A팀	B팀	A팀	⋯	A팀	B팀
A팀의 회의실 사용 횟수	4회	7회	11회	14회	18회	⋯		

겹친 날을 기준으로 A팀은 9회, B팀은 8회를 사용하였으므로 다음으로는 B팀이 회의실을 사용할 순서이다. 이때, B팀이 m번째로 회의실을 사용할 순서라면 A팀이 이때까지 회의실을 사용한 횟수는 $7m$회이다. 따라서 B팀이 겹친 날을 기준으로 회의실을 8회까지 사용하였고, 9번째로 사용할 순서이므로 이때까지 A팀이 회의실을 사용한 횟수는 최대 $7\times9=63$회이다.

22

정답 ④

마지막 조건에 따라 광물 B는 인회석이고, 광물 B로 광물 C를 긁었을 때 긁힘 자국이 생기므로 광물 C는 인회석보다 무른 광물이다. 한편, 광물 A로 광물 C를 긁었을 때 긁힘 자국이 생기므로 광물 A는 광물 C보다 단단하고, 광물 A로 광물 B를 긁었을 때 긁힘 자국이 생기지 않으므로 광물 A는 광물 B보다는 무른 광물이다. 따라서 가장 단단한 광물은 B이며, 그다음으로 A, C 순으로 단단하다.

오답분석
① 광물 C는 인회석보다 무른 광물이므로 석영이 아니다.
② 광물 A는 인회석보다 무른 광물이지만, 방해석인지는 확인할 수 없다.
③ 가장 무른 광물은 C이다.
⑤ 광물 B는 인회석이므로 모스 굳기 단계는 5단계이다.

23

에너지바우처를 신청하기 위해서는 소득기준과 세대원 특성기준을 모두 충족해야 한다. C는 생계급여 수급자이므로 소득기준을 충족하고, 65세 이상이므로 세대원 특성기준도 충족한다. 그러나 C의 경우 보장시설인 양로시설에 거주하는 보장시설 수급자이므로 지원 제외 대상이다. 따라서 C는 에너지바우처를 신청할 수 없다.

[오답분석]

① A의 경우 의료급여 수급자이므로 소득기준을 충족하고, 7세 이하의 영유아가 있으므로 세대원 특성기준도 충족한다. 따라서 에너지바우처를 신청할 수 있다.

② B의 경우 교육급여 수급자이므로 소득기준을 충족하고, 한부모가족이므로 세대원 특성기준도 충족한다. 또한 4인 이상 세대에 해당하므로 바우처 지원금액은 716,300원으로 70만 원 이상이다.

④ 동절기 에너지바우처 지원방법은 요금차감과 실물카드 2가지 방법이 있다. 이 중 D의 경우 연탄보일러를 이용하고 있으므로 실물카드를 받아 연탄을 직접 결제하는 방식으로 지원받아야 한다.

⑤ E의 경우 생계급여 수급자이므로 소득기준을 충족하고, 희귀질환을 앓고 있는 어머니가 세대원으로 있으므로 세대원 특성기준도 충족한다. 또한 2인 세대에 해당하므로 하절기 바우처 지원금액인 73,800원이 지원된다. 이때, 하절기는 전기요금 고지서에서 요금을 자동으로 차감해 주므로 전기비에서 73,800원이 차감될 것이다.

24

A가족과 B가족 모두 소득기준과 세대원 특성기준이 에너지바우처 신청기준을 충족한다. A가족의 경우 5명이므로 총 716,300원을 지원받을 수 있다. 그러나 이미 연탄쿠폰을 발급받았으므로 동절기 에너지바우처는 지원받을 수 없다. 따라서 하절기 지원금액인 117,000원을 지원받는다. B가족의 경우 2명이므로 총 422,500원을 지원받을 수 있으며, 지역난방을 이용 중이므로 하절기와 동절기 모두 요금차감의 방식으로 지원받는다. 따라서 두 가족의 에너지바우처 지원 금액은 117,000+422,500=539,500원이다.

25

J공사의 지점 근무 인원이 71명이므로 가용 인원수가 부족한 B오피스는 제외된다. 또한, 시설 조건에서 스튜디오와 회의실이 필요하다고 했으므로 스튜디오가 없는 D오피스도 제외된다. 나머지 A, C, E오피스는 모두 교통 조건을 충족하므로 임대비용만 비교하면 된다. A, C, E오피스의 5년 임대비용은 다음과 같다.

• A오피스 : 600만×71×5=213,000만 원 → 21억 3천만 원
• C오피스 : 3,600만×12×5=216,000만 원 → 21억 6천만 원
• E오피스 : (3,800만×12×0.9)×5=205,200만 원 → 20억 5천 2백만 원

따라서 사무실 이전 조건을 바탕으로 가장 저렴한 공유 오피스인 E오피스로 이전한다.

26

제시된 프로그램은 'result'의 초기 값을 0으로 정의한 후 'result' 값이 2를 초과할 때까지 하위 명령을 실행하는 프로그램이다. 이때 'result' 값을 1 증가시킨 후 그 값을 출력하고, 다시 1을 빼므로 0 → 1 → 1 출력 → 0 → 1 → 1 출력 → 0 → 1 → 1 출력 → … 과정을 무한히 반복하게 된다. 따라서 1이 무한히 출력된다.

27

ROUND 함수는 인수를 지정한 자릿수로 반올림한 값을 구하는 함수로, 「=ROUND(인수,자릿수)」로 표현한다. 이때 자릿수는 다음과 같이 나타낸다.

만의 자리	천의 자리	백의 자리	십의 자리	일의 자리	소수점 첫째 자리	소수점 둘째 자리	소수점 셋째 자리
-4	-3	-2	-1	0	1	2	3

따라서 「=ROUND(D2,-1)」는 [D2] 셀에 입력된 117.3365의 값을 십의 자리로 반올림하여 나타내므로, 출력되는 값은 120이다.

28

제시문은 ADHD의 원인과 치료 방법에 대한 글이다. 첫 번째 문단에서는 ADHD가 유전적 원인에 의해 발생한다고 설명하고, 두 번째 문단에서는 환경적 원인에 의해 발생한다고 설명하고 있다. 이를 종합하면 ADHD가 다양한 원인이 복합적으로 작용하는 질환임을 알 수 있다. 또한 빈칸 뒤에서도 다양한 원인에 부합하는 맞춤형 치료와 환경 조성이 필요하다고 하였으므로 빈칸에 들어갈 내용으로 가장 적절한 것은 ③이다.

29

정답 ③

~율/률의 앞 글자가 'ㄱ' 받침을 가지고 있으므로 '출석률'이 옳은 표기이다.

> **~율과 ~률의 구별**
> • ~율 : 앞 글자의 받침이 없거나 받침이 'ㄴ'인 경우 → 비율, 환율, 백분율
> • ~률 : 앞 글자의 받침이 있는 경우(단, 'ㄴ' 받침 제외) → 능률, 출석률, 이직률, 합격률

30

정답 ③

남성 합격자 수와 여성 합격자 수의 비율이 $2:3$이므로 여성 합격자는 48명이다.
남성 불합격자 수와 여성 불합격자 수가 모두 a명이라 하면 다음과 같이 정리할 수 있다.

(단위 : 명)

구분	합격자	불합격자	전체 지원자
남성	$2b=32$	a	$a+2b$
여성	$3b=48$	a	$a+3b$

남성 전체 지원자 수는 $(a+32)$명이고, 여성 전체 지원자 수는 $(a+48)$명이다.
$(a+32):(a+48)=6:7$
→ $6\times(a+48)=7\times(a+32)$
→ $a=(48\times6)-(32\times7)$
∴ $a=64$
따라서 전체 지원자 수는 $2a+5b=(64\times2)+(16\times5)=128+80=208$명이다.

31

정답 ①

A씨는 2023년에는 9개월 동안 K공사에 근무하였다. (건강보험료)=(보수월액)×(건강보험료율)이고, 2023년 1월 1일 이후 (장기요양보험료)=(건강보험료)×$\frac{(장기요양보험료율)}{(건강보험료율)}$이므로 (장기요양보험료)=(보수월액)×(건강보험료율)×$\frac{(장기요양보험료율)}{(건강보험료율)}$이다.

그러므로 (보수월액)=$\frac{(장기요양보험료)}{(장기요양보험료율)}$이다.

따라서 A씨의 2023년 장기요양보험료는 35,120원이므로 보수월액은 $\frac{35,120}{0.9082\%}=\frac{35,120}{0.9082}\times100≒3,866,990$원이다.

32

정답 ①

'가명처리'란 개인정보의 일부를 삭제하거나 일부 또는 전부를 대체하는 등의 방법으로 추가 정보가 없이는 특정 개인을 알아볼 수 없도록 처리하는 것을 말한다(개인정보보호법 제2조 제1의2호).

[오답분석]
② 개인정보보호법 제2조 제3호에 해당한다.
③ 개인정보보호법 제2조 제1호 가목에 해당한다.
④ 개인정보보호법 제2조 제2호에 해당한다.

33

정답 ③

「=COUNTIF(범위,조건)」 함수는 조건을 만족하는 범위 내 인수의 개수를 셈하는 함수이다. 이때, 열 전체에 적용하려면 해당 범위에서 숫자를 제외하면 된다. 따라서 B열에서 값이 100 이하인 셀의 개수를 구하는 함수는 「=COUNTIF(B:B,"<=100")」 이다.

34

정답 ①

• 초등학생의 한 달 용돈의 합계는 B열부터 E열까지 같은 행에 있는 금액의 합이다. 따라서 (A)에 들어갈 함수는 「=SUM(B2:E2)」이다.
• 한 달 용돈이 150,000원 이상인 학생 수는 [F2] 셀부터 [F7] 셀까지 금액이 150,000원 이상인 셀의 개수로 구할 수 있다. 따라서 (B)에 들어갈 함수는 「=COUNTIF(F2:F7,">=150,000")」이다.

35

정답 ②

빅데이터 분석을 기획하고자 할 때는 먼저 범위를 설정한 다음 프로젝트를 정의해야 한다. 그 후에 수행 계획을 수립하고 위험 계획을 수립해야 한다.

36

정답 ①

㉠ 짜깁기 : 기존의 글이나 영화 따위를 편집하여 하나의 완성품으로 만드는 일
㉡ 뒤처지다 : 어떤 수준이나 대열에 들지 못하고 뒤로 처지거나 남게 되다.

[오답분석]
• 짜집기 : 짜깁기의 비표준어형
• 뒤쳐지다 : 물건이 뒤집혀서 젖혀지다.

37

정답 ④

공문서에서 날짜를 작성할 때 날짜 다음에 괄호를 사용할 경우에는 마침표를 찍지 않아야 한다.

공문서 작성 시 유의사항
• 한 장에 담아내는 것이 원칙이다.
• 마지막엔 반드시 '끝'자로 마무리한다.
• 날짜 다음에 괄호를 사용할 경우에는 마침표를 찍지 않는다.
• 복잡한 내용은 항목별로 구분한다('-다음-', 또는 '-아래-').
• 대외문서이며 장기간 보관되는 문서이므로 정확하게 기술한다.

38

정답 ③

영서가 1시간 동안 빚을 수 있는 만두의 수를 x개, 어머니가 1시간 동안 빚을 수 있는 만두의 수를 y개라 할 때 다음 식이 성립한다.

$\frac{2}{3}(x+y)=60 \cdots$ ㉠

$y=x+10 \cdots$ ㉡

㉠$\times\frac{3}{2}$에 ㉡을 대입하면

$x+(x+10)=90$

→ $2x=80$

∴ $x=40$

따라서 영서는 혼자서 1시간 동안 40개의 만두를 빚을 수 있다.

39

정답 ④

• 1,000 이상 10,000 미만

맨 앞과 맨 뒤의 수가 같은 경우는 1 ~ 9의 수가 올 수 있으므로 9가지이고, 각각의 경우에 따라 두 번째 수와 네 번째 수로 0 ~ 9의 수가 올 수 있으므로 경우의 수는 10가지이다. 그러므로 모든 네 자리 대칭수의 개수는 $9\times10=90$개이다.

• 10,000 이상 50,000 미만

맨 앞과 맨 뒤의 수가 같은 경우는 1, 2, 3, 4의 수가 올 수 있으므로 4가지이고, 각각의 경우에 따라 두 번째 수와 네 번째 수로 0 ~ 9의 수가 올 수 있으므로 경우의 수는 10가지, 그 각각의 경우에 따라 세 번째에 올 수 있는 수 또한 0 ~ 9의 수가 올 수 있으므로 경우의 수는 10가지이다. 그러므로 10,000 ~ 50,000 사이의 대칭수의 개수는 $4\times10\times10=400$개이다.

따라서 1,000 이상 50,000 미만의 모든 대칭수의 개수는 $90+400=490$개이다.

40

정답 ④

어떤 자연수의 모든 자릿수의 합이 3의 배수일 때, 그 자연수는 3의 배수이다. 그러므로 $2+5+\square$의 값이 3의 배수일 때, 25$\square$는 3의 배수이다. $2+5=7$이므로, $7+\square$의 값이 3의 배수가 되도록 하는 $\square$의 값은 2, 5, 8이다. 따라서 가능한 모든 수의 합은 $2+5+8=15$이다.

41

정답 ④

바이올린(V), 호른(H), 오보에(O), 플루트(F) 중 첫 번째 조건에 따라 호른과 바이올린을 묶었을 때 가능한 경우는 3!=6가지로 다음과 같다.

• (HV) − O − F
• (HV) − F − O
• F − (HV) − O
• O − (HV) − F
• F − O − (HV)
• O − F − (HV)

이때 두 번째 조건에 따라 오보에는 플루트 왼쪽에 위치하지 않으므로 (HV) − O − F, O − F − (HV) 2가지는 제외된다.

따라서 왼쪽에서 두 번째 칸에는 바이올린, 호른, 오보에만 위치할 수 있으므로 플루트는 배치할 수 없다.

42

사회적 기업은 수익 창출을 통해 자립적인 운영을 추구하고, 사회적 문제 해결과 경제적 성장을 동시에 달성하려는 특징을 가진 기업 모델로, 영리 조직에 해당한다.

영리 조직과 비영리 조직
- 영리 조직 : 이윤 추구를 주된 목적으로 하는 집단으로, 일반적인 사기업이 해당된다.
- 비영리 조직 : 사회적 가치 실현을 위해 공익을 추구하는 집단으로 자선단체, 의료기관, 교육기관, 비정부기구(NGO) 등이 해당된다.

43

정답 ⑤

제시된 순서도는 result 값이 6을 초과할 때까지 2씩 증가하고, result 값이 6을 초과하면 그 값을 출력하는 순서도이다. 따라서 result 값이 5일 때 2를 더하여 5+2=7이 되어 6을 초과하므로 출력되는 값은 7이다.

44

정답 ③

방문 사유 → 파손 관련(NO) → 침수 관련(NO) → 데이터 복구 관련(YES) → ◎ 출력 → STOP
따라서 출력되는 도형은 ◎이다.

45

정답 ①

상품코드의 맨 앞 자릿수가 '9'이므로 2 ~ 7번째 자릿수의 이진코드 변환 규칙은 'ABBABA'를 따른다. 이를 변환하면 다음과 같다.

3	8	7	6	5	5
A	B	B	A	B	A
0111101	0001001	0010001	0101111	0111001	0110001

따라서 주어진 수를 이진코드로 바르게 변환한 것은 ①이다.

46

정답 ④

안전 스위치를 누르는 동안에만 스팀이 나온다고 하였으므로 안전 스위치를 누르는 등의 외부 입력이 없다면 스팀은 발생하지 않는다.

[오답분석]
① 기본형 청소구로 카펫을 청소하면 청소 효율이 떨어질 뿐이며, 카펫 청소는 가능하다고 언급되어 있다.
② 스팀 청소 완료 후 충분히 식지 않은 상태에서 통을 분리하면 뜨거운 물이 새어 나와 화상의 위험이 있다고 언급되어 있다.
③ 기본형 청소구의 돌출부를 누른 상태에서 잡아당기면 좁은 흡입구를 꺼낼 수 있다고 언급되어 있다.
⑤ 스팀 청소구의 물통에 물을 채우는 작업, 걸레판에 걸레를 부착하는 작업 모두 반드시 전원을 분리한 상태에서 진행해야 한다고 언급되어 있다.

47

정답 ④

바닥에 물이 남는다면 스팀 청소구를 좌우로 자주 기울이지 않도록 주의하거나 젖은 걸레를 교체해야 한다.

48

팀 목표를 달성하도록 팀원을 격려하는 환경을 조성하기 위해서는 동료의 피드백이 필요하다. 긍정이든 부정이든 피드백이 없다면 팀원들은 개선을 이루거나 탁월한 성과를 내고자 하는 노력을 게을리하게 된다.

> **동료의 피드백을 장려하는 4단계**
> 1. 간단하고 분명한 목표와 우선순위를 설정하라.
> 2. 행동과 수행을 관찰하라.
> 3. 즉각적인 피드백을 제공하라.
> 4. 뛰어난 수행성과에 대해 인정하라.

49

업무적으로 내적 동기를 유발하기 위해서는 업무 관련 교육을 꾸준히 하여야 한다.

> **내적 동기를 유발하는 방법**
> • 긍정적 강화법 활용하기
> • 새로운 도전의 기회 부여하기
> • 창의적인 문제해결법 찾기
> • 자신의 역할과 행동에 책임감 갖기
> • 팀원들을 지도 및 격려하기
> • 변화를 두려워하지 않기
> • 지속적인 교육 실시하기

50

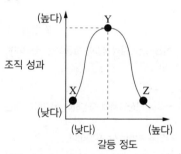

갈등 정도와 조직 성과에 대한 그래프에서 갈등이 X점 수준일 때에는 조직 내부의 의욕이 상실되고 환경의 변화에 대한 적응력도 떨어져 조직 성과가 낮아진다. 갈등이 Y점 수준일 때에는 갈등의 순기능이 작용하여 조직 내부에 생동감이 넘치고 변화 지향적이며 문제해결능력이 발휘되어 조직 성과가 높아진다. 반면, 갈등이 Z점 수준일 때에는 오히려 갈등의 역기능이 작용하여 조직 내부에 혼란과 분열이 발생하고 조직 구성원들이 비협조적이 되어 조직 성과는 낮아지게 된다.

01 행정(경영)

01	02	03	04	05	06	07	08	09	10	11	12	13	14	15	16	17	18	19	20
③	⑤	④	③	⑤	④	③	③	①	①	④	②	①	⑤	②	①	④	③	①	④
21	22	23	24	25	26	27	28	29	30	31	32	33	34	35	36	37	38	39	40
③	③	④	④	③	③	③	④	④	④	④	③	①	③	④	④	⑤	①	④	③

01

정답 ③

테일러의 과학적 관리법은 하루 작업량을 과학적으로 설정하고 과업 수행에 따른 임금을 차별적으로 설정하는 차별적 성과급제를 시행한다.

오답분석

① · ② 시간연구와 동작연구를 통해 표준 노동량을 정하고 해당 노동량에 따라 임금을 지급하여 생산성을 향상시킨다.
④ 각 과업을 전문화하여 관리한다.
⑤ 근로자가 노동을 하는 데 필요한 최적의 작업조건을 유지한다.

02

정답 ⑤

기능목록제도는 종업원별로 기능보유색인을 작성하여 데이터베이스에 저장하여 인적자원관리 및 경력개발에 활용하는 제도이며, 근로자의 직무능력 평가에 있어 필요한 정보를 파악하기 위해 개인능력평가표를 활용한다.

오답분석

① 자기신고제도 : 근로자에게 본인의 직무내용, 능력수준, 취득자격 등에 대한 정보를 직접 자기신고서에 작성하여 신고하게 하는 제도이다.
② 직능자격제도 : 직무능력을 자격에 따라 등급화하고 해당 자격을 취득하는 경우 직위를 부여하는 제도이다.
③ 평가센터제도 : 근로자의 직무능력을 객관적으로 발굴 및 육성하기 위한 제도이다.
④ 직무순환제도 : 담당직무를 주기적으로 교체함으로써 직무 전반에 대한 이해도를 높이는 제도이다.

03

정답 ④

데이터베이스 마케팅(DB 마케팅)은 고객별로 맞춤화된 서비스를 제공하기 위해 정보 기술을 이용하여 고객의 정보를 데이터베이스로 구축하여 관리하는 마케팅 전략이다. 이를 위해 고객의 성향, 이력 등 관련 정보가 필요하므로 기업과 고객 간 양방향 의사소통을 통해 1:1 관계를 구축하게 된다.

04

정답 ③

공정성 이론에 따르면 공정성 유형은 크게 절차적 공정성, 상호작용적 공정성, 분배적 공정성으로 나누어진다.
• 절차적 공정성 : 과정통제, 접근성, 반응속도, 유연성, 적정성
• 상호작용적 공정성 : 정직성, 노력, 감정이입
• 분배적 공정성 : 형평성, 공평성

05

정답 ⑤

e−비즈니스 기업은 비용절감 등을 통해 더 낮은 가격으로 우수한 품질의 상품 및 서비스를 제공할 수 있다는 장점이 있다.

06

정답 ④

조직시민행동은 조직 구성원의 내재적 만족으로 인해 촉발되므로 구성원에 대한 처우가 합리적일수록 자발적으로 일어난다.

07

정답 ③

협상을 통해 공동의 이익을 확대(Win − Win)하는 것은 통합적 협상의 특징이다.

분배적 협상과 통합적 협상의 비교
• 분배적 협상
  − 고정된 자원을 대상으로 합리적인 분배를 위해 진행하는 협상이다.
  − 한정된 자원량으로 인해 제로섬 원칙이 적용되어 갈등이 발생할 가능성이 많다.
  − 당사자 간 이익 확보를 목적으로 하며, 협상 참여자 간 관계는 단기적인 성격을 나타낸다.
• 통합적 협상
  − 당사자 간 이해관계를 조율하여 더 큰 이익을 추구하기 위해 진행하는 협상이다.
  − 협상을 통해 확보할 수 있는 자원량이 변동될 수 있어 갈등보다는 문제해결을 위해 노력한다.
  − 협상 참여자의 이해관계, 우선순위 등이 달라 장기적인 관계를 가지고 통합적인 문제해결을 추구한다.

08

정답 ③

워크 샘플링법은 전체 작업과정에서 무작위로 많은 관찰을 실시하여 직무활동에 대한 정보를 얻는 방법으로, 여러 직무활동을 동시에 기록하기 때문에 전체 직무의 모습을 파악할 수 있다.

[오답분석]
① 관찰법 : 조사자가 직접 조사대상과 생활하면서 관찰을 통해 자료를 수집하는 방법이다.
② 면접법 : 조사자가 조사대상과 직접 대화를 통해 자료를 수집하는 방법이다.
④ 질문지법 : 설문지로 조사내용을 작성하고 자료를 수집하는 방법이다.
⑤ 연구법 : 기록물, 통계자료 등을 토대로 자료를 수집하는 방법이다.

09

정답 ①

가구, 가전제품 등은 선매품에 해당한다. 전문품에는 명품제품, 자동차, 아파트 등이 해당한다.

10

연속생산은 동일제품을 대량생산하기 때문에 규모의 경제가 적용되어 여러 가지 제품을 소량생산하는 단속생산에 비해 단위당 생산원가가 낮다.

오답분석

② 연속생산의 경우, 표준화된 상품을 대량으로 생산함에 따라 운반에 따른 자동화 비율이 매우 높고, 속도가 빨라 운반비용이 적게 소요된다.

③·④ 제품의 수요가 다양하거나 제품의 수명이 짧은 경우 단속생산 방식이 적합하다.

⑤ 연속생산은 작업자의 숙련도와 관계없이 작업에 참여가 가능하다.

11

정답 ④

ELS는 주가연계증권으로, 사전에 정해진 조건에 따라 수익률이 결정되며 만기가 있다.

오답분석

① 주가연계펀드(ELF)에 대한 설명이다.

② 주가연계파생결합사채(ELB)에 대한 설명이다.

③ 주가지수연동예금(ELD)에 대한 설명이다.

⑤ 주가연계신탁(ELT)에 대한 설명이다.

12

정답 ②

브룸은 동기 부여에 대해 기대이론을 적용하여 기대감, 수단성, 유의성을 통해 구성원의 직무에 대한 동기 부여를 결정한다고 주장하였다.

오답분석

① 로크의 목표설정이론에 대한 설명이다.

③ 매슬로의 욕구 5단계이론에 대한 설명이다.

④ 맥그리거의 XY이론에 대한 설명이다.

⑤ 허즈버그의 2요인이론에 대한 설명이다.

13

정답 ①

시장세분화 단계에서는 시장을 기준에 따라 세분화하고, 각 세분시장의 고객 프로필을 개발하여 차별화된 마케팅을 실행한다.

오답분석

②·③ 표적시장 선정 단계에서는 각 세분시장의 매력도를 평가하여 표적시장을 선정한다.

④ 포지셔닝 단계에서는 각각의 시장에 대응하는 포지셔닝을 개발하고 전달한다.

⑤ 재포지셔닝 단계에서는 자사와 경쟁사의 경쟁위치를 분석하여 포지셔닝을 조정한다.

14

정답 ⑤

가격탄력성이 1보다 크면 탄력적이라고 할 수 있다.

오답분석

①·② 수요의 가격탄력성은 가격의 변화에 따른 수요의 변화를 의미하는 것으로, 분모는 상품 가격의 변화량을 상품 가격으로 나눈 값이고, 분자는 수요량의 변화량을 수요량으로 나눈 값이다.

③ 대체재가 많을수록 해당 상품 가격 변동에 따른 수요의 변화는 더 크게 반응하게 된다.

15

GDP 디플레이터는 명목 GDP를 실질 GDP로 나누어 물가상승 수준을 예측할 수 있는 물가지수로, 국내에서 생산된 모든 재화와 서비스 가격을 반영한다. 따라서 GDP 디플레이터를 구하는 계산식은 (명목 GDP)÷(실질 GDP)×100이다.

16

한계소비성향은 소비의 증가분을 소득의 증가분으로 나눈 값으로, 소득이 1,000만 원 늘었을 때 현재 소비자들의 한계소비성향이 0.7이므로 소비는 700만 원이 늘었다고 할 수 있다. 따라서 소비의 변화폭은 700이다.

17

변혁적 리더십에서 구성원의 성과 측정뿐만 아니라 구성원들을 리더로 얼마나 육성했는지도 중요한 평가 요소라 할 수 있다.

18

수익이 많고 안정적이어서 현상을 유지하는 것이 필요한 사업은 현금젖소(Cash Cow)이다. 스타(Star)는 성장률과 시장 점유율이 모두 높아 추가적인 자금흐름을 통해 성장시킬 필요가 있는 사업을 의미한다.

> **BCG 매트릭스의 영역**
> • 물음표(Question) : 성장률은 높으나 점유율이 낮아 수익이 적고 현금흐름이 마이너스인 사업이다.
> • 스타(Star) : 성장률과 시장 점유율이 모두 높아 수익이 많고, 더 많은 투자를 통해 수익을 증대하는 사업이다.
> • 현금젖소(Cash Cow) : 성장률은 낮으나 점유율이 높아 안정적인 수익이 확보되는 사업으로, 투자 금액이 유지·보수 차원에서 머물게 되어 자금 투입보다 자금 산출이 많다.
> • 개(Dog) : 성장률과 시장 점유율이 모두 낮아 수익이 적거나 마이너스인 사업이다.

19

감정적 치유는 서번트 리더십의 구성요소에 해당한다.

> **변혁적 리더십의 구성요소**
> • 카리스마 : 변혁적 리더십의 가장 핵심적인 구성요소로, 명확한 비전을 제시하고 집합적인 행동을 위해 동기를 부여하며, 환경 변화에 민감하게 반응하는 일련의 과정을 의미한다.
> • 영감적 동기화 : 구성원에게 영감을 주고 격려를 통해 동기를 부여하는 것을 의미한다.
> • 지적 자극 : 구성원들이 기존 조직의 가치관, 신념, 기대 등에 대해 끊임없이 의문을 가지도록 지원하는 것을 의미한다.
> • 개별 배려 : 구성원을 개별적으로 관리하며, 개인적인 욕구, 관심 등을 파악하여 만족시키고자 하는 것을 의미한다.

20

매트릭스 조직은 기존의 기능별 조직구조 상태를 유지하면서 특정한 프로젝트를 수행할 때는 다른 부서의 인력과도 함께 일하는 조직설계 방식으로, 서로 다른 부서 구성원이 함께 일하면서 효율적인 자원 사용과 브레인스토밍을 통한 창의적인 대안 도출도 가능하다.

[오답분석]
① 매트릭스 조직은 조직 목표와 외부 환경 간 발생하는 갈등이 내재하여 갈등과 혼란을 초래할 수 있다.
② 복수의 상급자를 상대해야 하므로 역할에 대한 갈등 등으로 구성원이 심한 스트레스에 노출될 수 있다.
③ 힘의 균형이 치우치게 되면 조직의 구성이 깨지기 때문에 경영자의 개입 등으로 힘의 균형을 유지하기 위한 노력이 필요하다.

21
정답 ③

가치사슬(Value Chain)은 기업의 경쟁적 지위를 파악하고 이를 향상할 수 있는 지점을 찾기 위해 사용하는 모형으로, 고객에게 가치를 제공함에 있어서 부가가치 창출에 직·간접적으로 관련된 일련의 활동·기능·프로세스의 연계를 뜻한다. 가치사슬의 각 단계에서 가치를 높이는 활동을 어떻게 수행할 것인지, 비즈니스 과정이 어떻게 개선될 수 있는지를 조사·분석하여야 한다.

가치사슬 분석의 효과
- 프로세스 혁신 : 생산, 물류, 서비스 등 기업의 전반적 경영활동을 혁신할 수 있다.
- 원가 절감 : 낭비요소를 사전에 파악하여 제거함으로써 원가를 절감할 수 있다.
- 품질 향상 : 기술개발 등을 통해 더욱 양질의 제품을 생산할 수 있다.
- 기간 단축 : 조달, 물류, CS 등을 분석하여 고객에게 제품을 더욱 빠르게 납품할 수 있다.

22
정답 ③

- (당기순이익)=(총수익)-(총비용)=35억-20억=15억 원
- (기초자본)=(기말자본)-(당기순이익)=65억-15억=50억 원
- (기초부채)=(기초자산)-(기초자본)=100억-50억=50억 원

23
정답 ④

상위에 있는 욕구를 충족시키지 못하면 하위에 있는 욕구는 더욱 크게 증가하여, 하위욕구를 충족시키기 위해 훨씬 더 많은 노력이 필요하게 된다.

오답분석
① 심리학자 앨더퍼가 인간의 욕구에 대해 매슬로의 욕구 5단계설을 발전시켜 주장한 이론이다.
②·③ 존재욕구를 기본적 욕구로 정의하며, 관계욕구, 성장욕구로 계층화하였다.

24
정답 ④

사업 다각화는 무리하게 추진할 경우 수익성에 악영향을 줄 수 있다는 단점이 있다.

오답분석
① 지속적인 성장을 추구하여 미래 유망산업에 참여하고, 구성원에게 더 많은 기회를 줄 수 있다.
② 기업이 한 가지 사업만 영위하는 데 따르는 위험에 대비할 수 있다.
③ 보유자원 중 남는 자원을 활용하여 범위의 경제를 실현할 수 있다.

25
정답 ③

종단분석은 시간과 비용의 제약으로 인해 표본 규모가 작을수록 좋으며, 횡단분석은 집단의 특성 또는 차이를 분석해야 하므로 표본이 일정 규모 이상일수록 정확하다.

26
정답 ③

채권이자율이 시장이자율보다 높아지면 채권가격은 액면가보다 높은 가격에 거래된다. 단, 만기에 가까워질수록 채권가격이 하락하여 가격위험에 노출된다.

오답분석
①·②·④ 채권이자율이 시장이자율보다 낮은 할인채에 대한 설명이다.

27

정답 ③

(한계비용)=(총비용 변화분)÷(생산량 변화분)
- 생산량이 50일 때 총비용 : 16(평균비용)×50(생산량)=800
- 생산량이 100일 때 총비용 : 15(평균비용)×100(생산량)=1,500

따라서 한계비용은 700÷50=14이다.

28

정답 ④

물음표(Question Mark) 사업은 신규 사업 또는 현재 시장점유율은 낮으나, 향후 성장 가능성이 높은 사업이다. 기업 경영 결과에 따라 개(Dog) 사업 또는 스타(Star) 사업으로 바뀔 수 있다.

[오답분석]

① 스타(Star) 사업 : 성장 가능성과 시장점유율이 모두 높아서 계속 투자가 필요한 유망 사업이다.
② 현금젖소(Cash Cow) 사업 : 높은 시장점유율로 현금창출은 양호하나, 성장 가능성은 낮은 사업이다.
③ 개(Dog) 사업 : 성장 가능성과 시장점유율이 모두 낮아 철수가 필요한 사업이다.

29

정답 ④

테일러의 과학적 관리법에서는 작업에 사용하는 도구 등을 표준화하여 관리 비용을 낮추고 효율성을 높이는 것을 추구한다.

[오답분석]

① 과학적 관리법의 특징 중 동기부여에 대한 설명이다.
② 과학적 관리법의 특징 중 표준화에 대한 설명이다.
③ 과학적 관리법의 특징 중 통제에 대한 설명이다.

30

정답 ④

A국은 노트북을 생산할 때 기회비용이 더 크기 때문에 TV 생산에 비교우위가 있고, B국은 TV를 생산할 때 기회비용이 더 크기 때문에 노트북 생산에 비교우위가 있다.

구분	노트북 1대	TV 1대
A국	TV 0.75	노트북 1.33
B국	TV 1.25	노트북 0.8

31

정답 ④

다이내믹 프라이싱의 단점은 소비자 후생이 감소해 소비자의 만족도가 낮아진다는 것이다. 이로 인해 기업이 소비자의 불만에 직면할 수 있다는 리스크가 발생한다.

32

정답 ③

ⓒ 빅맥 지수는 동질적으로 판매되는 상품의 가치는 동일하다는 가정에서 나라별 화폐로 해당 제품의 가격을 평가하여 구매력을 비교하는 것이다.
ⓒ 맥도날드의 대표적 햄버거인 빅맥 가격을 기준으로 한 이유는 전 세계에서 가장 동질적으로 판매되고 있기 때문이며, 이처럼 품질, 크기, 재료가 같은 물건이 세계 여러 나라에서 팔릴 때 나라별 물가를 비교하기 수월하다.

[오답분석]

㉠ 빅맥 지수는 영국 경제지인 이코노미스트에서 최초로 고안하였다.
㉣ 빅맥 지수에 사용하는 빅맥 가격은 제품 가격만 반영하고 서비스 가격은 포함하지 않기 때문에 나라별 환율에 대한 상대적 구매력 평가 외에 다른 목적으로 사용하기에는 측정값이 정확하지 않다.

33

정답 ①

확장적 통화정책은 국민소득을 증가시켜 이에 따른 보험료 인상 등 세수확대 요인으로 작용한다.

오답분석

② 이자율이 하락하고, 소비 및 투자가 증가한다.
③·④ 긴축적 통화정책이 미치는 영향이다.

34

정답 ③

토지, 설비 등이 부족하면 한계 생산가치가 떨어지기 때문에 노동자를 많이 고용하는 게 오히려 손해이다. 따라서 노동 수요곡선은
왼쪽으로 이동한다.

오답분석

① 노동 수요는 재화에 대한 수요가 아닌 재화를 생산하기 위해 파생되는 수요이다.
② 상품 가격이 상승하면 기업은 더 많은 제품을 생산하기 위해 노동자를 더 많이 고용한다.
④ 노동에 대한 인식이 긍정적으로 변화하면 노동시장에 더 많은 노동력이 공급된다.

35

정답 ④

S씨가 달리기를 선택할 경우 (기회비용)=1(순편익)+8(암묵적 기회비용)=9로 기회비용이 가장 작다.

오답분석

① 헬스를 선택할 경우
   (기회비용)=2(순편익)+8(암묵적 기회비용)=10
② 수영을 선택할 경우
   (기회비용)=5(순편익)+8(암묵적 기회비용)=13
③ 자전거를 선택할 경우
   (기회비용)=3(순편익)+7(암묵적 기회비용)=10

36

정답 ④

㉠ 환율이 상승하면 제품을 수입하기 위해 더 많은 원화를 필요로 하고, 이에 따라 수입이 감소하게 되므로 순수출이 증가한다.
㉡ 국내이자율이 높아지면 국내자산 투자수익률이 좋아져 해외로부터 자본유입이 확대되고, 이에 따라 환율은 하락한다.
㉢ 국내물가가 상승하면 상대적으로 가격이 저렴한 수입품에 대한 수요가 늘어나 환율은 상승한다.

37

정답 ⑤

독점적 경쟁시장은 광고, 서비스 등 비가격경쟁이 가격경쟁보다 더 활발히 진행된다.

38

정답 ①

케인스학파는 경기침체 시 정부가 적극적으로 개입하여 총수요의 증대를 이끌어야 한다고 주장하였다.

오답분석

② 고전학파의 거시경제론에 대한 설명이다.
③ 케인스학파의 거시경제론에 대한 설명이다.
④ 고전학파의 이분법에 대한 설명이다.
⑤ 케인스학파의 화폐중립성에 대한 설명이다.

39

오답분석

① 매몰비용의 오류 : 이미 투입한 비용과 노력 때문에 경제성이 없는 사업을 지속하여 손실을 키우는 것을 의미한다.
② 감각적 소비 : 제품을 구입할 때, 품질, 가격, 기능보다 디자인, 색상, 패션 등을 중시하는 소비 패턴을 의미힌다.
③ 보이지 않는 손 : 개인의 사적 영리활동이 사회 전체의 공적 이익을 증진시키는 것을 의미한다.
⑤ 희소성 : 사람들의 욕망에 비해 그 욕망을 충족시켜 주는 재화나 서비스가 부족한 현상을 의미한다.

40

정답 ③

- (실업률)=(실업자)÷(경제활동인구)×100
- (경제활동인구)=(취업자)+(실업자)
- ∴ $5,000÷(20,000+5,000)×100=20\%$

02 행정(법정)

01	02	03	04	05	06	07	08	09	10	11	12	13	14	15	16	17	18	19	20
④	①	③	⑤	②	④	④	③	④	③	②	④	②	②	④	①	②	②	②	②
21	22																		
①	②																		

01

정답 ④

근로자참여 및 협력증진에 관한 법은 집단적 노사관계법으로, 노동조합과 사용자단체 간의 노사관계를 규율한 법이다. 노동조합 및 노동관계조정법, 근로자참여 및 협력증진에 관한 법, 노동위원회법, 교원의 노동조합설립 및 운영 등에 관한 법률, 공무원직장협의회법 등이 이에 해당한다.
나머지는 근로자와 사용자의 근로계약을 체결하는 관계에 대해 규율한 법으로, 개별적 근로관계법이라고 한다. 근로기준법, 최저임금법, 산업안전보건법, 직업안정법, 남녀고용평등법, 선원법, 산업재해보상보험법, 고용보험법 등이 이에 해당한다.

02

정답 ①

용익물권은 타인의 토지나 건물 등 부동산의 사용가치를 지배하는 제한물권으로, 민법상 지상권, 지역권, 전세권이 이에 속한다.

용익물권의 종류
- 지상권 : 타인의 토지에 건물이나 수목 등을 설치하여 사용하는 물권
- 지역권 : 타인의 토지를 자기 토지의 편익을 위하여 이용하는 물권
- 전세권 : 전세금을 지급하고 타인의 토지 또는 건물을 사용·수익하는 물권

03

정답 ③

- 선고유예 : 형의 선고유예를 받은 날로부터 2년이 경과한 때에는 면소된 것으로 간주한다(형법 제60조).
- 집행유예 : 양형의 조건을 참작하여 그 정상에 참작할 만한 사유가 있는 때에는 1년 이상 5년 이하의 기간 형의 집행을 유예할 수 있다(형법 제62조 제1항).

CHAPTER 02 2024 ~ 2023년 주요 공기업 전공 기출복원문제 • 21

04
정답 ⑤

몰수의 대상(형법 제48조 제1항)
1. 범죄행위에 제공하였거나 제공하려고 한 물건
2. 범죄행위로 인하여 생겼거나 취득한 물건
3. 제1호 또는 제2호의 대가로 취득한 물건

05
정답 ②

상법상 법원에는 상사제정법(상법전, 상사특별법령, 상사조약), 상관습법, 판례, 상사자치법(회사의 정관, 이사회 규칙), 보통거래약관, 조리 등이 있다. 조례는 해당되지 않는다.

06
정답 ④

목적세는 통일성의 원칙에 대한 예외이다. 통일성의 원칙에 대한 예외로는 특별회계, 기금, 목적세, 수입대체경비, 수입금마련지출이 있다.

오답분석
① 단일성의 원칙에 대한 예외로는 추가경정예산, 특별회계, 기금이 있다.
② 사전의결의 원칙에 대한 예외로는 준예산, 사고이월, 예비비 지출, 전용, 긴급재정경제처분이 있다.
③ 한계성의 원칙에 대한 예외로는 예산의 이용, 전용, 국고채무부담행위, 계속비, 이월(명시이월, 사고이월), 지난 연도 수입, 지난 연도 지출, 조상충용, 추가경정예산, 예비비가 해당된다.

07
정답 ④

정책의 대략적인 방향을 정책결정자가 정하고 정책집행자들은 이 목표의 구체적인 집행에 필요한 폭넓은 재량권을 위임받아 정책을 집행하는 유형은 재량적 실험가형에 해당한다.

08
정답 ③

현대에는 민주주의의 심화 및 분야별 전문 민간기관의 성장에 따라 정부 등 공식적 참여자보다 비공식적 참여자의 중요도가 높아지고 있다.

오답분석
① 의회와 지방자치단체는 정부, 사법부 등과 함께 대표적인 공식적 참여자에 해당된다.
② 정당과 NGO, 언론 등은 비공식적 참여자에 해당된다.
④ 사회적 의사결정에서 정부의 역할이 줄어들면 비공식적 참여자가 해당 역할을 대체하므로 중요도가 높아진다.

09
정답 ④

효율 증대에 따른 이윤 추구라는 경제적 결정이 중심인 기업경영의 의사결정에 비해, 정책문제는 사회효율 등 수단적 가치뿐만 아니라 형평성, 공정성 등 목적적 가치들도 고려가 필요하므로 고려사항이 더 많고 복잡하다는 특성을 갖는다.

10

회사모형은 사이어트와 마치가 주장한 의사결정 모형으로, 준독립적이고 느슨하게 연결되어 있는 조직들의 상호 타협을 통해 의사결정이 이루어진다고 설명한다.

오답분석

① 드로어는 최적모형에 따른 의사결정 모형을 제시했다.
② 합리적 결정과 점증적 결정이 누적 및 혼합되어 의사결정이 이루어진다고 본 것은 혼합탐사모형이다.
④ 정책결정 단계를 초정책결정 단계, 정책결정 단계, 후정책결정 단계로 구분하여 설명한 것은 최적모형이다.

11

ㄱ. 호혜조직의 1차적 수혜자는 조직 구성원이 맞으나, 은행, 유통업체는 사업조직에 해당되며, 노동조합, 전문가단체, 정당, 사교클럽, 종교단체 등이 호혜조직에 해당된다.
ㄷ. 봉사조직의 1차적 수혜자는 이들과 접촉하는 일반적인 대중이다.

12

특수한 경우를 제외하고 일반적으로 해당 구성원 간 동일한 인사 및 보수 체계를 적용받는 구분은 직급이다.

13

실적주의에서는 개인의 역량, 자격에 따라 인사행정이 이루어지기 때문에 정치적 중립성 확보가 강조되지만, 엽관주의에서는 정치적 충성심 및 기여도에 따라 인사행정이 이루어지기 때문에 조직 수반에 대한 정치적 정합성이 더 강조된다.

오답분석

③ 공공조직에서 엽관주의적 인사가 이루어지는 경우 정치적 충성심에 따라 구성원이 변경되므로, 정치적 사건마다 조직 구성원들의 신분유지 여부에 변동성이 생겨 불안정해진다.

14

발생주의 회계는 거래가 발생한 기간에 기록하는 원칙으로, 영업활동 관련 기록과 현금 유출입이 일치하지 않지만, 수익 및 비용을 합리적으로 일치시킬 수 있다는 장점이 있다.

오답분석

①·③·④·⑤ 현금흐름 회계에 대한 설명이다.

15

ㄴ. X이론에서는 부정적인 인간관을 토대로 보상과 처벌, 권위적이고 강압적인 지도성을 경영전략으로 강조한다.
ㄹ. Y이론의 적용을 위한 대안으로 권한의 위임 및 분권화, 직무 확대, 업무수행능력의 자율적 평가, 목표 관리전략 활용, 참여적 관리 등을 제시하였다.

오답분석

ㄷ. Y이론에 따르면 인간은 긍정적이고 적극적인 존재이므로, 직접적 통제보다는 자율적 통제가 더 바람직한 경영전략이라고 보았다.

16

정답 ①

독립합의형 중앙인사기관의 위원들은 임기를 보장받으며, 각 정당의 추천인사나 초당적 인사로 구성되는 등 중립성을 유지하기 유리하다는 장점을 지닌다. 이로 인해 행정부 수반에 의하여 임명된 기관장 중심의 비독립단독형 인사기관에 비해 엽관주의 영향을 최소화하고, 실적 중심의 인사행정을 실현하기에 유리하다.

[오답분석]

② 비독립단독형 인사기관은 합의에 따른 의사결정 과정을 거치지 않으므로, 의견 불일치 시 조율을 하는 시간이 불필요하여 상대적으로 의사결정이 신속히 이루어진다.
③ 비독립단독형 인사기관은 기관장의 의사가 강하게 반영되는 만큼 책임소재가 분명한 데 비해, 독립합의형 인사기관은 다수의 합의에 따라 의사결정이 이루어지므로 책임소재가 불분명하다.
④ 독립합의형 인사기관의 개념에 대한 옳은 설명이다.

17

정답 ②

㉠ 정부가 시장에 대해 충분한 정보를 확보하는 데 실패함으로써 정보 비대칭에 따른 정부실패가 발생한다.
㉢ 정부행정은 단기적 이익을 중시하는 정치적 이해관계의 영향을 받아 사회에서 필요로 하는 바보다 단기적인 경향을 보인다. 이처럼 정치적 할인율이 사회적 할인율보다 높기 때문에 정부실패가 발생한다.

[오답분석]

㉡ 정부는 독점적인 역할을 수행하기 때문에 경쟁에 따른 개선효과가 미비하여 정부실패가 발생한다.
㉣ 정부의 공공재 공급은 사회적 무임승차를 유발하여 지속가능성을 저해하기 때문에 정부실패가 발생한다.

18

정답 ②

공익, 자유, 복지는 행정의 본질적 가치에 해당한다.

> **행정의 가치**
> • 본질적 가치(행정을 통해 실현하려는 궁극적인 가치) : 정의, 공익, 형평, 복지, 자유, 평등
> • 수단적 가치(본질적 가치 달성을 위한 수단적인 가치) : 합법성, 능률성, 민주성, 합리성, 효과성, 가외성, 생산성, 신뢰성, 투명성

19

정답 ②

영국의 대처주의와 미국의 레이거노믹스는 경쟁과 개방, 위임의 원칙을 강조하는 신공공관리론에 입각한 정치기조이다.

[오답분석]

① 뉴거버넌스는 시민 및 기업의 참여를 통한 공동생산을 지향하며, 민영화와 민간위탁을 통한 서비스의 공급은 뉴거버넌스가 제시되기 이전 거버넌스의 내용이다.
③ 뉴거버넌스는 정부가 사회의 문제해결을 주도하는 것이 아니라, 민간 주체들이 논의를 주도할 수 있도록 조력자의 역할을 하는 것을 추구한다.
④ 신공공관리론은 정부실패의 대안으로 등장하였으며, 작고 효율적인 시장지향적 정부를 추구한다.

20

네트워크를 통한 기기 간의 연결을 활용하지 않으므로 사물인터넷을 사용한 것이 아니다.

[오답분석]

① 스마트 팜을 통해 각종 센서를 기반으로 온도와 습도, 토양 등에 대한 정보를 정확하게 확인하고 필요한 영양분(물, 비료, 농약 등)을 시스템이 알아서 제공해 주는 것은 사물인터넷을 활용한 경우에 해당된다.
③ 커넥티드 카는 사물인터넷 기술을 통해 통신망에 연결된 차량으로, 가속기, 브레이크, 속도계, 주행 거리계, 바퀴 등에서 운행 데이터를 수집하여 운전자 행동과 차량 상태를 모두 모니터링할 수 있다.

21

ㄱ. 강임은 현재보다 낮은 직급으로 임명하는 것으로, 수직적 인사이동에 해당한다.
ㄴ. 승진은 직위가 높아지는 것으로, 수직적 인사이동에 해당한다.

[오답분석]

ㄷ. 전보는 동일 직급 내에서 다른 관직으로 이동하는 것으로, 수평적 인사이동에 해당한다.
ㄹ. 전직은 직렬을 변경하는 것으로, 수평적 인사이동에 해당한다.

22

국립공원 입장료는 2007년에 폐지되었다.

[오답분석]

ㄱ. 2023년 5월에 문화재보호법이 개정되면서 국가지정문화재 보유자 및 기관에 대해 정부 및 지방자치단체가 해당 비용을 지원할 수 있게 되어, 많은 문화재에 대한 관람료가 면제되었다. 그러나 이는 요금제가 폐지된 것이 아니라 법규상 유인책에 따라 감면된 것에 해당된다. 원론적으로 국가지정문화재의 소유자가 관람자로부터 관람료를 징수할 수 있음은 유효하기도 했다. 2023년 8월 새로운 개정을 통해 해당 법에서 칭하던 '국가지정문화재'가 '국가지정문화유산'으로 확대되었다.

01	02	03	04	05	06	07	08	09	10	11	12	13	14	15	16	17	18	19	20
②	⑤	③	④	④	②	③	②	⑤	①	①	③	④	④	③	①	⑤	④	④	④
21	22	23	24	25	26	27	28	29	30	31	32	33	34						
④	③	②	③	①	④	④	②	①	③	③	④	④	②						

01

정답 ②

길이가 L인 단순보에 등분포하중 w가 작용할 때, 중앙점에서의 최대처짐량(δ)는 $\dfrac{5wL^4}{384\,EI}$이다. 따라서 $k=\dfrac{5}{384}$이다.

02

정답 ⑤

평면선형의 구성요소로는 크게 직선, 원곡선, 완화곡선으로 나뉜다. 이때 배향곡선과 복합곡선은 원곡선의 종류 중 하나이다.

03

정답 ③

콘크리트구조 사용성 설계기준(KDS 14 20 30)

부재	최소 두께(mm)			
	단순 지지	1단 연속	양단 연속	캔틸레버
1방향 슬래브	$\dfrac{l}{20}$	$\dfrac{l}{24}$	$\dfrac{l}{28}$	$\dfrac{l}{10}$
보 리브가 있는 1방향 슬래브	$\dfrac{l}{16}$	$\dfrac{l}{18.5}$	$\dfrac{l}{21}$	$\dfrac{l}{8}$

04

정답 ④

Terzaghi 지지력(q_u)

$q_u = \alpha c N_c + \beta \gamma_1 B N_r + \gamma_2 D_f N_q$

• 기초형상에 따른 형상계수 α, β

단면형상	연속	정사각형	직사각형	원형
α	1	1.3	$1+0.3\dfrac{B}{L}$	1.3
β	0.5	0.4	$0.5-0.1\dfrac{B}{L}$	0.3

• 편심하중이 작용할 때 유효폭(B')

[편심거리(e)]$=\dfrac{M}{Q}$, [유효폭(B')]$=B-2e$

• γ_1 : 기초저면 하부의 흙의 단위중량
• γ_2 : 기초저면 상부의 흙의 단위중량
• D_f : 근입깊이
• N_c, N_r, N_q : 지지력계수(내부마찰각 ϕ에 따라 다르다)

05

$\sigma = \dfrac{P}{\dfrac{\pi d^2}{4}} = \dfrac{4P}{\pi d^2}$ 이고, $\sigma = E \varepsilon = E \dfrac{\triangle d}{L}$ 이므로

$\dfrac{4P}{\pi d^2} = E \dfrac{\triangle d}{L}$ 에서 $L = \dfrac{\pi d^2 E \triangle d}{4P}$ 이다.

따라서 강봉의 처음 길이는

$L = \dfrac{\pi \times (5 \times 10^{-2})^2 \times (170 \times 10^6) \times 75 \times 10^{-3}}{4 \times (10 \times 10^3)} \fallingdotseq 2.5 \text{m}$ 이다.

06

집중하중 P에 의한 B지점에서의 작용 모멘트는

$M_{\text{B},1} = \dfrac{P \times a^2 \times b}{L^2}$ 이다.

등분포하중 w에 의한 B지점에서의 작용 모멘트는

$M_{\text{B},2} = \dfrac{wL^2}{12}$ 이다.

따라서 중첩의 원리에 의해 B지점에서 작용하는 전체 모멘트는 $M_{\text{B},1} + M_{\text{B},2} = \dfrac{P \times a^2 \times b}{L^2} + \dfrac{wL^2}{12} = \dfrac{12Pa^2 b + wL^4}{12L^2}$ 이다.

07

카스틸리아노의 정리는 변형에너지와 하중(모멘트), 처짐량(처짐각)의 관계에 대한 법칙이다. 변형에너지가 변위만의 함수일 때, 하중은 변형에너지를 변위에 대해 편미분한 값이다. 또한 변형에너지가 하중(휨모멘트)만의 함수일 때, 처짐량(처짐각)은 변형에너지를 하중(휨모멘트)에 대해 편미분한 값이다.

08

A, B지점의 반력을 R_A, R_B라고 하면 다음 식이 성립한다.

$R_\text{A} + R_\text{B} - (5 \times 6) - 20 = 0 \cdots$ ㉠

$M_\text{A} = (5 \times 6 \times 3) + (20 \times 7) - R_\text{B} \times (7+3) = 0 \cdots$ ㉡

㉡에서 $R_\text{B} = \dfrac{90 + 140}{10} = 23 \text{kN}$ 이므로,

$R_\text{A} = 50 - 23 = 27 \text{kN}$ 이다.

이에 대한 전단력선도는 다음과 같다.

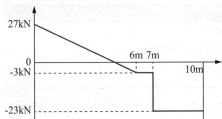

A지점이 원점이고 오른쪽으로 x만큼 떨어져 있다고 할 때, $0 \le x \le 6$ 구간에서 전단력은 $V(x) = 27 - 5x$ 이다.

따라서 $V(x) = 27 - 5x = 0$ 에서 $x = \dfrac{27}{5}$ 이므로 전단력이 0인 지점은 A지점으로부터 $\dfrac{27}{5} = 5.4 \text{m}$ 떨어져 있다.

09

오답분석

① 삼각측량 : 삼각형의 한 변의 길이와 두 각을 측정하여 다른 두 변의 길이를 산정하는 측량이다.
② 수준측량 : 레벨과 표적 등을 이용하여 지표 위에 있는 점의 표고를 측정하는 측량이다.
③ 측지측량 : 지구의 형상, 크기, 곡률을 고려하여 반경 11km를 초과하는 구간을 측정하는 측량으로, 1등 삼각측량이 이에 속한다.
④ 평면측량 : 지구의 형상, 크기, 곡률을 고려하지 않고 반경 11km 이내인 구간을 평면으로 가정하여 실시하는 측량이다.

10

표고가 1,000m, 해발이 3,000m이므로 촬영고도는 $3,000-1,000=2,000$m이다. 이때, 초점거리가 200mm인 사진기를 이용하므로 사진축척은 $m=\dfrac{H}{f}=\dfrac{2,000}{0.2}=10,000$이고, 유효면적은 $A=\{(10,000\times0.2)\times(1-0.5)\}\times\{(10,000\times0.2)\times(1-0.4)\}=1,200,000m^2$이다. 따라서 안전율이 0.2이고 사진 매수가 180매이므로 $180=\dfrac{F}{1,200,000}\times(1+0.2)$이다. 따라서 실제면적 $F=180\times\dfrac{1,200,000}{1.2}=180,000,000m^2=180km^2$이다.

11

FCM 공법은 교량 하부에 동바리를 설치하지 않고 특수한 장비를 이용하여 좌우 평형을 맞춰가며 경간을 구성하는 방식으로, 홍수의 위험이 크거나 공사 현장이 거리, 철도 등을 통과하는 등 동바리 사용이 불가능한 곳에 적용할 수 있다. 단면변화 적응성이 양호하고 공정관리 또한 양호하지만, 가설 시 추가단면이 필요하고 모멘트의 불균형에 대한 대책을 세워야 한다.

오답분석

② FSM 공법 : 콘크리트를 타설하는 경간 전체에 콘크리트의 강도가 적당히 확보될 때까지 동바리를 가설하여 지지하는 방식으로, 교량 높이가 높지 않고 지반이 양호한 곳에 적합하지만, 동바리의 조립 및 해체로 인해 시공속도가 늦고 콘크리트 타설 중 편심하중의 우려가 있다.
③ ILM 공법 : 교량의 상부구조를 포스트텐션을 적용하여 생산한 후 교축 방향으로 밀어내어 점진적으로 교량을 가설하는 방식으로, 계곡, 해상 등에서도 시공이 가능하고 외부 기후조건에 의한 영향을 덜 받으나, 균일한 구조물의 높이가 보장되어야 한다.
④ MSS 공법 : 거푸집이 부착된 특수 비계를 이용하여 경간 하나씩 시공하는 방식으로, 하천 등 연약지반에 제약을 크게 받지 않으나, 비계의 중량이 커 제작비가 비싸고 부재의 이음부 설계에 주의를 기울여야 한다.
⑤ PSM 공법 : 장대교량의 공사기간을 단축하기 위해 별도의 공장에서 몰드를 이용하여 경간을 제작한 후 공사 현장으로 운반하여 시공하는 방식으로, 경간의 균일한 품질이 보장되고, 하중구조 특성에 대한 대응이 확실하다.

12

모래다짐말뚝 공법(Sand Compaction Pile)의 장단점

장점	단점
• 지반이 균질화된다. • 압밀시간 및 압밀침하량이 적다. • 지반의 전단강도가 증가한다. • 지반의 액상화를 방지할 수 있다.	• 공사 비용이 비교적 고가이다. • 진동이 매우 크게 발생한다.

13

정답 ④

지중연속벽 또는 지하연속벽은 굴착작업 시 굴착면의 붕괴를 방지하고 지하수의 유입을 차단하기 위해 벤토나이트를 공급하여 지하에 구조체를 형성하는 공법이다. 지하실, 지하주차장 등의 구조물부터 지하철, 지하변전소, 댐의 차수벽까지 구조물의 일부 또는 그 자체를 이용한다. 작업 시 발생하는 소음은 적은 편이지만, 설치를 위한 대규모 부지가 필요하여 공사비가 고가이며, 선단부는 최소 암반층 1m를 굴착하여 시공하여야 안전한 효과를 기대할 수 있다.

14

정답 ④

세장비는 압축재의 좌굴길이를 회전반경으로 나눈 값으로, 값이 클수록 기둥은 잘 구부러진다. 이때, 세장비가 30 이하인 기둥을 단주, 100 이상인 기둥을 장주라고 한다.

15

정답 ③

일반 콘크리트 표준 시방서에 따르면 고강도 콘크리트의 설계기준압축강도는 보통 콘크리트에서 40MPa 이상, 경량콘크리트에서 27MPa 이상인 콘크리트를 말한다.

16

정답 ①

설계기준압축강도(f_{ck})가 40MPa 이하인 콘크리트의 극한변형률은 0.0033으로 하며, 설계기준압축강도가 40MPa 이상일 때에는 10MPa 증가할 때마다 0.0001씩 감소시킨다(KDS 14 20 20).
따라서 $0.0033 - \{0.0001 \times (60-40) \div 10\} = 0.0031$이다.

17

정답 ⑤

포장 아스팔트의 파손 원인
• 과적 차량의 통행으로 인한 피로 파괴
• 혼합물의 다짐온도 불량
• 혼합물의 입도 불량
• 아스팔트 배합설계 불량
• 눈, 비 등의 강수 시 배수 불량
• 노상, 보조기층 다짐 불량
• 포장 두께 부족
• 포장 재료의 불량
• 포장 자체의 노후화

18

정답 ④

강우로 인한 표면유출은 수문곡선을 상승시키게 된다.

19

정답 ④

$$\tau = \gamma \cdot \frac{D}{4} \frac{h_L}{l} = 10 \times \frac{0.3}{4} \times \frac{0.3}{1} = 0.225 \text{kN/m}^2 = 225 \text{N/m}^2$$

20　정답 ④

에너지 보정계수(α)와 운동량 보정계수(β)는 각각 운동 에너지(속도수두)와 운동량을 보정하기 위한 무차원 상수이다.
관수로 내에서 실제유체의 흐름이 층류일 때 $\alpha=2$, $\beta=\dfrac{4}{3}$ 이고, 난류일 때 $\alpha=1.01\sim1.05$, $\beta=1\sim1.05$의 값을 가지며,
이상유체일 때 $\alpha=\beta=1$이다.

21　정답 ④

콘크리트용 골재의 조립율은 잔골재에서 $2.3\sim3.1$, 굵은 골재에서 $6.0\sim8.0$ 정도가 적당하다.

22　정답 ③

[현장의 건조단위중량(γ_d)] $= \dfrac{(\text{다짐도})}{100} \times \gamma_{dmax} = \dfrac{95}{100} \times 1.76 \fallingdotseq 1.67\text{t/m}^3$

[상대밀도(D_r)] $= \dfrac{\gamma_{dmax}}{\gamma_d} \cdot \dfrac{\gamma_d - \gamma_{dmin}}{\gamma_{dmax} - \gamma_{dmin}} \times 100 = \dfrac{1.76}{1.67} \cdot \dfrac{1.67-1.5}{1.76-1.5} \times 100 \fallingdotseq 69\%$

상대밀도(D_r) 구하는 식
- 간극비 이용

$$D_r = \dfrac{e_{\max} - e}{e_{\max} - e_{\min}} \times 100$$

- 건조단위중량 이용

$$D_r = \dfrac{\gamma_{dmax}}{\gamma_d} \cdot \dfrac{\gamma_d - \gamma_{dmin}}{\gamma_{dmax} - \gamma_{dmin}} \times 100$$

23　정답 ②

보강토 공법은 지진피해가 적으며, 지반이 연약해도 시공이 가능하다.

24　정답 ③

BOD(Biochemical Oxygen Demand)란 물속에 있는 오염물질을 분해하기 위해 필요한 산소의 양이다. BOD 수치가 높다는 것은 필요한 산소량이 많다는 뜻이고, 이는 물속에 미생물이 많은 오염된 물이라는 의미이다.

25　정답 ①

$$Q = \dfrac{\pi K(H^2 - h_0^2)}{\ln(R/r_o)} \fallingdotseq \dfrac{3.14 \times 0.038 \times (7^2 - 5^2)}{\ln\dfrac{1,000}{1}} = \dfrac{3.14 \times 0.038 \times (7^2 - 5^2)}{3\ln 10} = \dfrac{3.14 \times 0.038 \times (7^2 - 5^2)}{3 \times 2.3} \fallingdotseq 0.0415\text{m}^3/\text{s}$$

26　정답 ④

관정접합은 평탄한 지형에서는 낙차가 많이 발생하여 관거의 매설 깊이가 증가한다. 하수의 흐름은 원활하지만, 굴착 깊이가 깊어 시공비가 비싸고 펌프 배수 시 펌프양정이 증가하는 단점이 있다.

27 정답 ④

DAD(Depth − Area − Duration) 해석에는 강우깊이, 유역면적, 지속기간이 관련되어 있다.

28 정답 ②

(정사각형의 면적)$=h^2$, (원의 면적)$=\dfrac{\pi D^2}{4}$

정사각형과 원의 단면적이 같으므로 식을 정리하면 다음과 같다.

$$h^2=\frac{\pi D^2}{4} \;\rightarrow\; h=\frac{\sqrt{\pi}\,D}{2}$$

$$Z_1=\frac{bh^2}{6}=\frac{h^3}{6}=\frac{\left(\dfrac{\sqrt{\pi}\,D}{2}\right)^3}{6}=\frac{\pi\sqrt{\pi}\,D^3}{48}, \;\; Z_2=\frac{\pi D^3}{32}$$

$$\therefore \; Z_1 : Z_2=\frac{\pi\sqrt{\pi}\,D^3}{48} : \frac{\pi D^3}{32}=\frac{\sqrt{\pi}}{48} : \frac{1}{32} \fallingdotseq 1 : 0.85$$

29 정답 ①

펌프의 비교회전도

터빈펌프	$100 \sim 250$
원심력펌프	$100 \sim 750$
사류펌프	$700 \sim 1,200$
축류펌프	$1,100 \sim 2,000$

30 정답 ③

비교회전도란 임펠러가 유량 $1\text{m}^3/\text{min}$을 1m 양수하는 데 필요한 회전수를 말한다.

$$N_s=N\cdot\frac{Q^{\frac{1}{2}}}{H^{\frac{3}{4}}}=1,100\times\frac{10^{\frac{1}{2}}}{50^{\frac{3}{4}}}\fallingdotseq 185$$

따라서 비교회전도(N_s)는 약 185이다.

31 정답 ③

엘리데이드를 이용한 간접 수준측량은 엘리데이드의 구조에 따라 $100 : n=D : h$의 비례식에 의해 높이차를 구한 후 기계고와 타깃의 높이를 고려하는 것이다.

$$H=i+\frac{n\cdot D}{100}-z=1.2+\frac{8.4\times34}{100}-2=2.056\text{m}$$

따라서 두 점 간의 고저차는 2.056m이다.

32

정답 ④

사진측량의 특징
- 장점
  - 넓은 지역을 대상으로 하므로 대상지를 동일한 정확도로 해석이 가능하다.
  - 동체 측정이 가능하다.
  - 접근이 곤란한 대상물의 측량이 가능하다.
  - 축적 변경이 용이하다.
  - 작업이 분업화되어 있어 작업효율이 높다.
  - 종래의 측량 방법에 비해 경제적이다.
- 단점
  - 비용이 많이 든다.
  - 식별이 곤란한 경우에는 현지 측량이 요구된다.
  - 기상 조건, 태양 고도 등의 영향을 받는다.

33

정답 ④

$Q = A_1 V_1 = A_2 V_2$

$\dfrac{\pi D_1^2}{4} \times V_1 = \dfrac{\pi \times D_2^2}{4} \times V_2$

$V_2 = \left(\dfrac{D_1}{D_2}\right)^2 V_1 = \left(\dfrac{0.2}{0.1}\right)^2 \times 0.5 = 2\text{m/s}$

$\therefore h_c = f_c \cdot \dfrac{V^2}{2g} = 0.36 \times \dfrac{2^2}{2 \times 9.8} ≒ 0.073\text{m} = 7.3\text{cm}$

34

정답 ②

[직사각형의 비틀림전단응력(τ)] $= \dfrac{T}{2t_1 A_m}$

$T = 550\text{kN} \cdot \text{m} = 550\text{N} \cdot \text{mm}$

$t_1 = 1.5\text{cm} = 15\text{mm}$

$A_m = \left(800 - 15 \times \dfrac{2}{2}\right) \times \left(600 - 20 \times \dfrac{2}{2}\right) = 455,300\text{mm}^2$ (두께가 얇은 관에 대한 비틀림전단 고려 시 A는 폐단면 두께의 중앙선 내부면적)

$\therefore \tau = \dfrac{550 \times 10^6}{2 \times 15 \times 455,300} ≒ 40.27\text{N/mm}^2 = 40.27\text{MPa}$

PART 1

직업기초능력평가

대표기출유형 01 기출응용문제

01
정답 ④

제시문은 분자 상태의 수소와 산소가 결합하여 물이 되는 과정을 설명하는 글이다. 제시문에 따르면 수소 분자와 산소 분자가 원자로 분해되고, 분해된 산소 원자 하나와 수소 원자 두 개가 결합하여 물이라는 화합물이 생성되므로 산소 분자와 수소 분자가 각각 새로운 화합물이 된다는 내용은 적절하지 않다.

02
정답 ④

'서도(書道)라든가 다도(茶道)라든가 꽃꽂이라든가 하는 일을 과외로 즐길 줄 아는 사람을 우리는 생활의 멋을 아는 사람이라고 말한다.'라는 내용을 통해 알 수 있다.

오답분석

① 제시문에서 언급되지 않은 내용이다.
② 값비싸고 화려한 복장을 한 사람이라고 해서 공리적 계산을 하는 사람은 아니다.
③ 소탈한 생활 태도는 경우에 따라 멋있게 생각될 수 있을 뿐, 가장 중요한 것은 아니다.

03
정답 ②

한국도로공사뿐만 아니라 지방자치단체가 건설하고 관리하는 일반 유료도로도 있다.

04
정답 ③

ㄱ. 응급처치 시 주의사항에 따르면 부상자에게 부상 정도에 대하여 이야기하지 않고 안심시켜야 한다.
ㄴ. 응급처치의 순서에 따르면 부상자를 먼저 안전한 장소로 이동시킨 후 응급처치를 하여야 한다.

오답분석

ㄷ. 응급처치 시 주의사항에 따르면 부상자의 신원 및 모든 부상 상태를 파악하기 위하여 노력하여야 한다.

대표기출유형 02　기출응용문제

01

제시문은 정혜사 약수를 덮고 있는 보호각에 쓰인 '불유각'이라는 현판에 대해 서술하고 있다. 따라서 글의 제목으로 가장 적절한 것은 ③이다.

02

제시문의 핵심 내용은 '반대는 필수불가결한 것이다.', '자유의지를 가진 국민의 범국가적 화합은 정부의 독단과 반대당의 혁명적 비타협성을 무력화시키는 정치권력의 충분한 균형에 의존하고 있다.', '그 균형이 더 이상 존재하지 않는다면 민주주의는 사라지고 만다.'로 요약할 수 있다. 따라서 글의 제목으로 가장 적절한 것은 ②이다.

03

제시문에서는 근대건축물이 방치되고 있는 상황과 함께 지속적인 관리의 필요성을 설명하고 있다. 또한, 기존 관리 체계의 한계점을 지적하며, 이를 위한 해결책으로 공공의 역할을 강조하고 있다. 따라서 글의 중심 내용으로 가장 적절한 것은 ②이다.

04

제시된 기사는 대기업과 중소기업 간의 상생경영의 중요성을 강조하는 글로, 기존에는 대기업이 시혜적 차원에서 중소기업에게 베푸는 느낌이 강했지만, 현재는 협력사의 경쟁력 향상이 곧 기업의 성장으로 이어질 것으로 보고 상생경영의 중요성을 높이고 있다고 하였다. 또한 대기업이 지원해 준 업체의 기술력 향상으로 더 큰 이득을 보상받는 등 상생 협력이 대기업과 중소기업 모두에게 효과적임을 알 수 있다. 따라서 '시혜적 차원에서의 대기업 지원의 중요성'은 기사의 제목으로 적절하지 않다.

대표기출유형 03　기출응용문제

01

제시문은 현대 건축가 르 코르뷔지에의 업적에 대해 설명하는 글이다. 따라서 (라) 현대 건축의 거장으로 불리는 르 코르뷔지에에 대한 소개 – (가) 르 코르뷔지에가 만든 도미노 이론의 정의 – (다) 도미노 이론에 대한 설명 – (나) 도미노 이론에 대한 연구와 이를 적용한 다양한 건물에 대한 소개의 순서로 나열해야 한다.

02

제시문은 음악을 쉽게 복제할 수 있는 환경이 되었으며 이를 비판하는 시각이 등장했음을 소개하고, 비판적 시각에 대한 반박을 하면서 미래에 대한 기대를 나타내는 내용의 글이다. 따라서 (다) 음악을 쉽게 변모시킬 수 있게 된 환경 – (가) 음악 복제에 대한 비판적인 시선의 등장 – (라) 이를 반박하는 복제품 음악의 의의 – (나) 복제품으로 새롭게 등장한 전통에 대한 기대 순서로 나열해야 한다.

01

제시문에서는 관상의 원리가 받아들일 만하다면, 얼굴이 검붉은 사람은 육체적 고생을 하지만, 실제로 주위에서 얼굴이 검붉지만 육체적 고생을 하지 않고 편하게 살아가는 사람을 얼마든지 볼 수 있다고 말한다. 따라서 제시문을 통해 '관상의 원리는 받아들일 만한 것이 아니다.'라고 주장하고 있음을 추론할 수 있다.

[오답분석]

ㄴ・ㄷ. 관상의 원리가 받아들일 만하다고 생각하는 사람에게는 적절하지 않은 내용이다.

02

[오답분석]

① 정상 과학의 시기에는 이미 이론의 핵심 부분들은 정립되어 있으며 이 시기에는 새로움을 좇아가기보다는 기존 연구의 세부 내용이 깊어진다. 따라서 다양한 학설과 이론의 등장은 적절하지 않다.

② 어떤 현상의 결과가 충분히 예측된다 할지라도 그 세세한 과정은 의문 속에 있기 마련이다. 정상 과학의 시기에 과학자들의 열정과 헌신성은 예측 결과와 실제의 현상을 일치시키기 위한 연구로 유지될 수 있다.

④ 과학적 사고방식과 관습, 기법 등이 하나의 기반으로 통일되어 있을 뿐이며 해결해야 할 과제가 없는 것은 아니다. 따라서 완성된 과학이라고 부를 수 없다.

03

갑과 을의 수치가 같다면 양분비율이나 백분율의 비율이 같기 때문에 적절한 판단이다.

[오답분석]

㉠ 기존 믿음의 정도들이 달라졌다고 해도 변화된 수치를 양분해서 적용시키는 방법과 변화된 수치를 적용된 기존 수치의 백분율에 따라 배분하는 방법에 의해 수정되기 때문에 각 수치의 변동률은 같게 나오게 된다.

㉡ '갑이 범인'과 '을이 범인'에 대한 믿음의 정도의 차이는 방법 A를 이용한 결과와 방법 B를 이용한 결과의 최대치를 놓고 보아도 달라지지 않는다. 첫 번째 방법은 양분을 하는 것이므로 평균치에 가까워지는 반면, 두 번째 방법은 기존 비율에 비례하게 배분하는 것이므로 비율의 차이는 커지게 된다.

01

- 첫 번째 빈칸 : ㉠은 빈칸 앞 문장의 '백라이트에 사용되는 엘이디'의 단점을 이야기하고 있다. 이때, 빈칸 뒤의 '백색을 내기 위해 청색 엘이디에 노란색 형광 물질을 씌운다.'는 내용을 통해 ㉠으로 인해 '스마트폰의 백라이트에서 필연적으로 청색광이 발생한다.'는 것을 알 수 있다. 따라서 ㉠이 가장 적절하다.
- 두 번째 빈칸 : 빈칸 앞 문장에서는 자외선에 가까운 빛인 청색광이 파장이 짧고 강한 에너지를 가진다고 하였으므로 빈칸에는 이러한 강한 에너지가 눈의 세포를 강하게 자극하여 눈의 피로감을 유발한다는 내용의 ㉢이 가장 적절하다.
- 세 번째 빈칸 : 현대인은 스마트폰으로부터 자유로워지기 어렵다는 빈칸 앞의 내용과 스마트폰의 청색광 감소 기능을 사용하여 청색광을 줄일 수 있다는 빈칸 뒤의 내용을 통해 빈칸에는 스마트폰의 화면을 조절하는 것만으로도 눈의 부담을 줄일 수 있다는 내용의 ㉡이 가장 적절하다.

02

정답 ②

제시문의 경우 글을 잘 쓰기 위한 방법은 글을 읽는 독자에게서 찾을 수 있음을 서술한 글이다. 그러므로 독자가 필요로 하는 것이 무엇인지 알아야 하며, 독자가 필요로 하는 것을 알기 위해서는 구어체로 적어보고, 독자를 구체적으로 한 사람 정해놓고 쓰는 게 좋다는 내용이다. 또한, 빈칸의 뒤 문장에서 '대상이 막연하지 않기 때문에 읽는 사람이 공감할 확률이 높아진다.'라고 하였으므로 빈칸에 들어갈 내용으로 ②가 가장 적절하다.

03

정답 ②

갑돌이의 성품이 탁월하다고 볼 수 있는 것은 그의 성품이 곧고 자신감이 충만하며, 다수의 옳지 않은 행동에 대하여 비판의 목소리를 낼 것이고 그렇게 하는 데 별 어려움을 느끼지 않을 것이기 때문이다. 또한, 세 번째 문단에 따르면 탁월한 성품은 올바른 훈련을 통해 올바른 일을 바르고 즐겁게 그리고 어려워하지 않으며 처리할 수 있는 능력을 뜻한다. 따라서 아리스토텔레스의 입장에서는 '엄청난 의지를 발휘'하고 자신과의 '힘든 싸움'을 해야 했던 병식이보다는 잘못된 일에 '별 어려움' 없이 '비판의 목소리'를 내는 갑돌이의 성품을 탁월하다고 여길 것이다.

대표기출유형 06 ┃ 기출응용문제

01

정답 ②

- 첫 번째 빈칸 : '특히'는 '보통과 다르게'라는 뜻으로, 냉면 중에서도 메밀면이 유명하다는 문장 앞에 들어가기에 적절하다.
- 두 번째 빈칸 : '왜냐하면'은 뒤 문장이 앞 문장의 원인이 될 때 쓰이는 것으로, 빈칸 뒤 문장이 빈칸 앞의 냉면집에서 가위가 없는 원인이 되기 때문에 '왜냐하면'이 들어가기에 적절하다.
- 세 번째 빈칸 : '그런데'는 화제를 앞의 내용과 연관시키면서 다른 방향으로 이끌어 나갈 때 쓰이며, '그런데' 이후 문장이 냉면의 가격이 저렴한 이유에 대해 논하고 있으므로 '그런데'가 들어가기에 적절하다.

따라서 빈칸에는 순서대로 '특히', '왜냐하면', '그런데'가 들어가야 한다.

02

정답 ②

'썩이다'는 '걱정이나 근심으로 몹시 괴로운 상태가 되게 하다.'라는 뜻으로, 주어진 문장의 맥락에 따라 '물건이나 사람 또는 사람의 재능 따위가 쓰여야 할 곳에 제대로 쓰이지 못하고 내버려진 상태에 있게 하다.'라는 뜻의 '썩히다'로 써야 한다.

03

정답 ④

제시문의 '사이'는 '어떤 일에 들이는 시간적인 여유나 겨를'이라는 의미로 쓰였으며, 이와 같은 의미로 사용된 것은 ④이다.

[오답분석]
① 어떤 한정된 모임이나 범위 안
② 사람과 사람과의 관계
③ 어떤 때에서 다른 한때까지의 시간적인 동안

대표기출유형 01 기출응용문제

01

정답 ②

퍼낸 소금물의 양을 xg, 농도 2% 소금물의 양을 yg이라고 하면 다음과 같은 식이 성립한다.

$200 - x + x + y = 320$

$\therefore y = 120$

소금물을 퍼내고 같은 양의 물을 부으면 농도 8%의 소금물에 있는 소금의 양은 같으므로 다음과 같은 식이 성립한다.

$\dfrac{8}{100}(200 - x) + \dfrac{2}{100} \times 120 = \dfrac{3}{100} \times 320$

$\rightarrow 1,600 - 8x + 240 = 960$

$\rightarrow 8x = 880$

$\therefore x = 110$

따라서 퍼낸 소금물의 양은 110g이다.

02

정답 ③

수민이가 오후 6시부터 야근을 시작하여 일한 시간은 총 4시간 48분이므로, 이를 분수로 환산하면 $\dfrac{24}{5}$ 시간이다.

수민이와 현정이가 함께 일한 시간을 x시간이라 하면 다음과 같은 식이 성립한다.

$\left(\dfrac{1}{8} + \dfrac{1}{5}\right)x + \dfrac{1}{8}\left(\dfrac{24}{5} - x\right) = 1$

$\rightarrow \dfrac{13 - 5}{40}x = \dfrac{2}{5}$

$\therefore x = 2$

따라서 현정이가 퇴근한 시각은 오후 6시로부터 2시간이 지난 오후 8시이다.

03

정답 ④

주사위를 두 번 던지는 경우의 수는 $6 \times 6 = 36$가지이고, 두 눈의 합이 10 이상인 경우를 정리하면 다음과 같다.

• 두 눈의 합이 10인 경우 : (4, 6), (5, 5), (6, 4)

• 두 눈의 합이 11인 경우 : (5, 6), (6, 5)

• 두 눈의 합이 12인 경우 : (6, 6)

따라서 두 눈의 합이 10 이상 나올 확률은 $\dfrac{6}{36} = \dfrac{1}{6}$ 이다.

04

정답 ④

B를 거치는 A와 C의 최단 경로는 A와 B 사이의 경로와 B와 C 사이의 경로를 나눠서 구할 수 있다.

• A와 B의 최단 경로의 경우의 수 : $\frac{5!}{3! \times 2!} = 10$가지

• B와 C의 최단 경로의 경우의 수 : $\frac{3!}{1! \times 2!} = 3$가지

따라서 B를 거치는 A와 C의 최단 경로의 경우의 수는 $3 \times 10 = 30$가지이다.

05

정답 ②

• 국내 여행을 선호하는 남학생 수 : $30-16=14$명
• 국내 여행을 선호하는 여학생 수 : $20-14=6$명

따라서 국내 여행을 선호하는 학생 수는 $14+6=20$명이므로 구하는 확률은 $\frac{14}{20} = \frac{7}{10}$이다.

06

정답 ④

먼저 시간을 최소화하기 위해서는 기계를 이용한 포장과 손으로 포장하는 작업을 함께 병행해야 한다. 100개 제품을 포장하는 데 손으로 하는 포장은 300분이 걸리고 기계로 하는 포장은 200분에 휴식 50분을 더해 250분이 걸린다. 300분과 250분의 최소공배수 1,500분을 기준으로 계산하면 손의 경우 500개, 기계의 경우 600개를 만들 수 있다. 그러므로 1,500분 동안 1,100개를 만들 수 있다. 손은 6분에 2개를 포장하고 기계는 3개를 포장하므로 6분에 5개를 포장할 수 있고, 100개를 포장하는 데는 120분이 걸린다. 따라서 총 1,620분이 걸리므로 $1,620 \div 60 = 27$시간이 걸린다.

07

정답 ①

같은 부서 사람이 옆자리에 함께 앉아야 하므로 먼저 부서를 한 묶음으로 생각하고 세 부서를 원탁에 배치하는 경우는 $2!=2$가지이다. 각 부서 사람끼리 자리를 바꾸는 경우의 수는 $2! \times 2! \times 3! = 2 \times 2 \times 3 \times 2 = 24$가지이다. 따라서 7명이 앉을 수 있는 경우의 수는 $2 \times 24 = 48$가지이다.

08

정답 ①

구매할 수 있는 컴퓨터를 x대라고 하면, 3대까지는 한 대당 100만 원을 지불해야 하므로 80만 원에 구매할 수 있는 컴퓨터는 $(x-3)$대이고, 다음과 같은 식이 성립한다.

$100 \times 3 + 80 \times (x-3) \leq 2,750$

$\rightarrow 80(x-3) \leq 2,450$

$\rightarrow x-3 \leq 30.625$

$\therefore x \leq 33.625$

따라서 컴퓨터는 최대 33대 구매 가능하다.

01
정답 ④

- (가) : $\dfrac{34,273-29,094}{29,094}\times100\fallingdotseq17.8\%$
- (나) : $66,652+34,273+2,729=103,654$백만 달러
- (다) : $\dfrac{103,654-91,075}{91,075}\times100\fallingdotseq13.8\%$

02
정답 ②

D통신회사의 기본요금을 x원이라 하면 8월과 9월의 요금 계산식은 각각 다음과 같다.

$x+60a+30\times2a=21,600 \rightarrow x+120a=21,600 \cdots \bigcirc$

$x+20a=13,600 \cdots \bigcirc\!\!\!\!\bigcirc$

$\bigcirc-\bigcirc\!\!\!\!\bigcirc$을 하면

$100a=8,000$

$\therefore a=80$

따라서 a의 값은 80이다.

03
정답 ②

- 공연음악 시장 규모 : 2025년의 후원 규모는 $6,305+118=6,423$백만 달러이고, 티켓 판매 규모는 $22,324+740=23,064$백만 달러이다. 따라서 2025년 공연음악 시장 규모는 $6,423+23,064=29,487$백만 달러이다.
- 스트리밍 시장 규모 : 2020년 스트리밍 시장의 규모가 1,530백만 달러이므로, 2025년의 스트리밍 시장 규모는 $1,530\times2.5=3,825$백만 달러이다.
- 오프라인 음반 시장 규모 : 2025년 오프라인 음반 시장 규모를 x백만 달러라고 하면 $\dfrac{x-8,551}{8,551}\times100=-6\%$이고,

  $x=-\dfrac{6}{100}\times8,551+8,551\fallingdotseq8,037.9$이므로 2025년 오프라인 음반 시장 규모는 8,037.9백만 달러이다.

04
정답 ④

영업팀별 연간 매출액을 구하면 다음과 같다.

- 영업 A팀 : $50\times0.1+100\times0.1+100\times0.3+200\times0.15=75$억 원
- 영업 B팀 : $50\times0.2+100\times0.2+100\times0.2+200\times0.4=130$억 원
- 영업 C팀 : $50\times0.3+100\times0.2+100\times0.25+200\times0.15=90$억 원
- 영업 D팀 : $50\times0.4+100\times0.5+100\times0.25+200\times0.3=155$억 원

따라서 연간 매출액이 큰 순서로 팀을 나열하면 D$-$B$-$C$-$A이고, 이때 매출 1위인 영업 D팀의 연 매출액은 155억 원이다.

01

정답 ②

2023년의 50대 선물환거래 금액은 1,980억×0.306=605.88억 원이며, 2024년은 2,084억×0.297=618.948억 원이다. 따라서 2023년 대비 2024년의 50대 선물환거래 금액 증가량은 618.948-605.88=13.068억 원이므로 13억 원 이상이다.

오답분석

① 2023 ~ 2024년의 전년 대비 10대의 선물환거래 금액 비율 증감 추이는 '증가 - 감소'이고, 20대는 '증가 - 증가'이다.
③ 2022 ~ 2024년의 40대 선물환거래 금액은 다음과 같다.
  • 2022년 : 1,920억×0.347=666.24억 원
  • 2023년 : 1,980억×0.295=584.1억 원
  • 2024년 : 2,084억×0.281=585.604억 원
  따라서 2024년의 40대 선물환거래 금액은 전년 대비 증가했으므로 40대의 선물환거래 금액은 지속적으로 감소하고 있지 않다.
④ 2024년의 10 ~ 40대 선물환거래 금액 총비율은 2.5+13+26.7+28.1=70.3%로, 2023년의 50대 비율의 2.5배인 30.6%× 2.5=76.5%보다 낮다.

02

정답 ④

2023년 B시 전체 회계 예산액에서 특별회계 예산액의 비중을 구하면 $\frac{325,007}{1,410,393}\times100≒23.0\%$이므로 25% 미만이다.

오답분석

① 두 도시의 전체 회계 예산액은 매년 증가하고 있으므로 A시의 전체 회계 예산액이 증가한 시기에는 B시의 전체 회계 예산액도 증가했다고 볼 수 있다.
② 2020~ 2024년 B시 일반회계 예산액의 1.5배는 다음과 같다.
  • 2020년 : 984,446×1.5=1,476,669
  • 2021년 : 1,094,510×1.5=1,641,765
  • 2022년 : 1,134,229×1.5=1,701,343.5
  • 2023년 : 1,085,386×1.5=1,628,079
  • 2024년 : 1,222,957×1.5=1,834,435.5
  따라서 A시의 일반회계 예산액은 항상 B시의 일반회계 예산액보다 1.5배 이상 더 많다.
③ 2022년 B시 특별회계 예산액의 A시 특별회계 예산액 대비 비중은 $\frac{264,336}{486,577}\times100≒54.3\%$이므로 옳은 설명이다.

03

정답 ③

A국과 F국을 비교해보면 참가선수는 A국이 더 많지만, 동메달 수는 F국이 더 많다.

오답분석

① 금메달은 F>A>E>B>D>C 순서로 많고, 은메달은 C>D>B>E>A>F 순서로 많다.
② C국은 금메달을 획득하지 못했지만, 획득한 전체 메달 수는 149개로 가장 많다.
④ 참가선수와 메달 합계의 순위는 동일하다.

04

ㄱ. 자료를 보면 접촉신청 건수는 4월부터 7월까지 매월 증가한 것을 알 수 있다.

ㄷ. 6월 생사확인 건수는 11,795건으로, 접촉신청 건수 18,205건의 70%인 약 12,744건 이하이다. 따라서 옳은 설명이다.

[오답분석]

ㄴ. 6월부터 7월까지 생사확인 건수는 전월과 동일하였으나, 서신교환 건수는 증가하였으므로 옳지 않은 설명이다.

ㄹ. 5월과 8월의 상봉 건수는 동일하다. 따라서 서신교환 건수만 비교해보면, 8월은 5월보다 12,288−12,274＝14건이 더 많으므로 상봉 건수 대비 서신교환 건수 비율은 증가하였음을 알 수 있다.

05

㉠ 자료에 따르면 생사확인 건수는 6월과 7월에 전월 대비 불변이므로 옳지 않은 설명이다.

㉢ 접촉신청 건수는 자료에서 7월을 포함하여 매월 증가하고 있으므로 옳지 않은 설명이다.

[오답분석]

㉡ 서신교환의 경우 3월 대비 8월 증가율은 $\frac{12,288-12,267}{12,267} \times 100 ≒ 0.2\%$로 2% 미만이지만, 매월 증가추세를 보이고 있으므로 옳은 설명이다.

㉣ 전체 이산가족 교류 건수는 항목별 매월 동일하거나 증가하므로 옳은 설명이다.

06

2018년 대비 2019년에 생산가능인구는 12명 증가했다.

[오답분석]

① 2017년부터 2019년까지 고용률의 증감추이와 실업률의 증감추이는 '감소 – 감소'로 동일하다.

② 전년과 비교했을 때, 2018년에 경제활동인구가 202명으로 가장 많이 감소했다.

④ 분모가 작고 분자가 크면 비율이 높으므로, 고용률이 낮고 실업률이 높은 2021년과 2022년의 비율만 비교하면 된다.

- 2021년 : $\frac{8.1}{40.5} = 0.2\%$

- 2022년 : $\frac{8.0}{40.3} ≒ 0.1985\%$

따라서 2021년의 비율이 더 크므로 옳은 설명이다.

03

문제해결능력

대표기출유형 01 | 기출응용문제

01
정답 ④

조건에 따라 엘리베이터 검사 순서를 추론해 보면 다음과 같다.

첫 번째	5호기
두 번째	3호기
세 번째	1호기
네 번째	2호기
다섯 번째	6호기
여섯 번째	4호기

따라서 6호기는 1호기 다다음에 검사하며, 다섯 번째로 검사한다.

02
정답 ④

조건에 따르면 지하철에는 D를 포함한 두 사람이 타는데, B가 탈 수 있는 교통수단은 지하철뿐이므로 지하철에는 D와 B가 타며, 둘 중 한 명은 라 회사에 지원했다. 또한, 어떤 교통수단을 선택해도 지원한 회사에 갈 수 있는 E는 버스와 택시로 서로 겹치는 회사인 가 회사에 지원했음을 알 수 있다. 한편, A는 다 회사에 지원했고 버스나 택시를 타야 하는데, 택시를 타면 다 회사에 갈 수 없으므로 A는 버스를 탄다. 따라서 C는 나 또는 마 회사에 지원했음을 알 수 있으며, 택시를 타면 갈 수 있는 회사 중 가 회사를 제외하면 버스로 갈 수 있는 회사와 겹치지 않으므로 C는 택시를 이용한다. 따라서 E가 라 회사에 지원했다는 ④는 옳지 않다.

03
정답 ④

첫 번째 조건의 대우와 두 번째 조건을 정리하면 '모든 학생 → 국어 수업 O → 수학 수업 O'이 되어 '모든 학생은 국어 수업과 수학 수업을 듣는다.'가 성립한다. 또한 마지막 조건에서 수학 수업을 듣는 어떤 학생들이 영어 수업을 듣는다고 했으므로 '어떤 학생들은 국어, 수학, 영어 수업을 듣는다.'가 성립한다.

04
정답 ①

A와 B를 기준으로 조건을 정리하면 다음과 같다.
• A : 디자인을 잘하면 편집을 잘하고, 편집을 잘하면 영업을 잘한다. 영업을 잘하면 기획을 못한다.
• B : 편집을 잘하면 영업을 잘한다. 영업을 잘하면 기획을 못한다.
따라서 A만 옳다.

05

정답 ④

세 번째 조건에 의해 윤부장이 가담하지 않았다면 이과장과 강주임도 가담하지 않았음을 알 수 있다. 이과장이 가담하지 않았다면 두 번째 조건에 의해 김대리도 가담하지 않았으므로 가담한 사람은 박대리뿐이다. 이는 첫 번째 조건에 위배되므로, 윤부장은 입찰부정에 가담하였다. 네 번째 조건의 대우로 김대리가 가담하였다면 박대리도 가담하였고, 마지막 조건에 의해 박대리가 가담하였다면 강주임도 가담하였다. 이 또한 입찰부정에 가담한 사람은 두 사람이라는 첫 번째 조건에 위배되므로, 김대리는 입찰부정에 가담하지 않았다. 따라서 입찰부정에 가담하지 않은 사람은 김대리, 이과장, 박대리이며, 입찰부정에 가담한 사람은 윤부장과 강주임이다.

06

정답 ④

먼저 갑의 진술을 기준으로 경우의 수를 나누어 보면 다음과 같다.

ⅰ) A의 근무지는 광주이다(O), D의 근무지는 서울이다(×).

병의 진술을 먼저 살펴보면, A의 근무지가 광주라는 것이 이미 고정되어 있으므로 앞 문장인 'C의 근무지는 광주이다.'는 거짓이 된다. 따라서 뒤 문장인 'D의 근무지는 부산이다.'가 참이 되어야 한다. 다음으로 을의 진술을 살펴보면, 앞 문장인 'B의 근무지는 광주이다.'는 거짓이며 뒤 문장인 'C의 근무지는 세종이다.'가 참이 되어야 한다. 이를 정리하면 다음과 같다.

A	B	C	D
광주	서울	세종	부산

ⅱ) A의 근무지는 광주이다(×), D의 근무지는 서울이다(O).

병의 진술을 먼저 살펴보면, 뒤 문장인 'D의 근무지는 부산이다.'는 거짓이 되며, 앞 문장인 'C의 근무지는 광주이다.'는 참이 된다. 다음으로 을의 진술을 살펴보면 앞 문장인 'B의 근무지는 광주이다.'가 거짓이 되므로, 뒤 문장인 'C의 근무지는 세종이다.'는 참이 되어야 한다. 그러나 이미 C의 근무지는 광주로 확정되어 있기 때문에 모순이 발생한다. 따라서 ⅱ)의 경우는 성립하지 않는다.

A	B	C	D
		광주, 세종(모순)	서울

따라서 보기에서 반드시 참인 것은 ㄱ, ㄴ, ㄷ이다.

대표기출유형 02 기출응용문제

01

정답 ②

초고령화 사회는 실버산업(기업)의 외부환경 요소로 볼 수 있으며, 기회 요인으로 보는 것이 가장 적절하다.

[오답분석]
① 제품의 우수한 품질은 기업의 내부환경 요소로 볼 수 있으며, 강점 요인으로 보는 것이 가장 적절하다.
③ 기업의 비효율적인 업무 프로세스는 기업의 내부환경 요소로 볼 수 있으며, 약점 요인으로 보는 것이 가장 적절하다.
④ 살균제 달걀 논란은 기업의 외부환경 요소로 볼 수 있으며, 위험 요인으로 보는 것이 가장 적절하다.

02

정답 ②

ㄱ. 회사가 가지고 있는 신속한 제품 개발 시스템의 강점을 활용하여 새로운 해외시장의 소비자 기호를 반영한 제품을 개발하는 것은 강점을 통해 기회를 포착하는 SO전략에 해당한다.
ㄷ. 공격적 마케팅을 펼치고 있는 해외 저가 제품과 달리 오히려 회사가 가지고 있는 차별화된 제조 기술을 활용하여 고급화 전략을 추구하는 것은 강점으로 위협을 회피하는 ST전략에 해당한다.

44 · 한국도로공사

ㄴ. 저임금을 활용한 개발도상국과의 경쟁 심화와 해외 저가 제품의 공격적 마케팅을 고려하면 국내에 화장품 생산 공장을 추가로 건설하는 것은 적절한 전략으로 볼 수 없다. 약점을 보완하여 위협을 회피하는 전략을 활용하기 위해서는 오히려 저임금의 개발도상국에 공장을 건설하여 가격 경쟁력을 확보하는 것이 더 적절하다.

ㄹ. 낮은 브랜드 인지도가 약점이기는 하나, 해외시장에서의 한국 제품에 대한 선호가 증가하고 있는 점을 고려하면 현지 기업의 브랜드로 제품을 출시하는 것은 적절한 전략으로 볼 수 없다. 약점을 보완하여 기회를 포착하는 전략을 활용하기 위해서는 오히려 한국 제품임을 강조하는 홍보 전략을 세우는 것이 더 적절하다.

대표기출유형 03 기출응용문제

01
정답 ③

제시된 직원 투표 결과를 정리하면 다음과 같다.

(단위 : 표)

여행상품	1인당 비용(원)	총무팀	영업팀	개발팀	홍보팀	공장1	공장2	합계
A	500,000	2	1	2	0	15	6	26
B	750,000	1	2	1	1	20	5	30
C	600,000	3	1	0	1	10	4	19
D	1,000,000	3	4	2	1	30	10	50
E	850,000	1	2	0	2	5	5	15
합계		10	10	5	5	80	30	140

㉠ 가장 인기 높은 여행상품은 D이다. 그러나 공장1의 고려사항은 회사에 손해를 줄 수 있으므로, 2박 3일 여행상품이 아닌 1박 2일 여행상품 중 가장 인기가 많은 B가 선택된다. 따라서 750,000×140=105,000,000원이 필요하다.

㉢ 공장1의 A, B 투표 결과가 바뀐다면 여행상품 A, B의 투표 수가 각각 31, 25표가 되어 선택되는 여행상품이 A로 변경된다.

㉡ 가장 인기가 많은 여행상품은 D이므로 옳지 않다.

02
정답 ②

공사 시행업체 선정방식에 따라 가중치를 반영하여 업체들의 점수를 종합하면 다음과 같다.

평가항목＼업체	A	B	C	D
적합성 점수	22점	24점	23점	26점
실적점수	12점	18점	14점	14점
입찰점수	10점	6점	4점	8점
평가점수	44점	48점	41점	48점

따라서 평가점수가 가장 높은 업체는 B, D이고, 이 중 실적점수가 더 높은 업체는 B이므로 최종 선정될 업체는 B업체이다.

03

ㄱ. 부패금액이 산정되지 않은 6번의 경우에도 고발하였으므로 옳지 않은 설명이다.
ㄴ. 2번의 경우 해임당하였음에도 고발되지 않았으므로 옳지 않은 설명이다.

[오답분석]
ㄷ. 직무관련자로부터 금품을 수수한 사건은 2번, 4번, 5번, 7번, 8번으로 총 5건 있었다.
ㄹ. 2번과 4번은 모두 '직무관련자로부터 금품 및 향응수수'로 동일한 부패행위 유형에 해당함에도 2번은 해임, 4번은 감봉 1월의 처분을 받았으므로 옳은 설명이다.

대표기출유형 04 | 기출응용문제

01

조건에 따라 소괄호 안에 있는 부분을 순서대로 풀이해야 한다.
'1 A 5'에서 A는 좌우의 두 수를 더하는 것이지만, 더한 값이 10 미만이면 좌우에 있는 두 수를 곱해야 한다. 1+5=6으로 10 미만이므로 두 수를 곱하여 5가 된다.
'3 C 4'에서 C는 좌우의 두 수를 곱하는 것이지만, 곱한 값이 10 미만이면 좌우에 있는 두 수를 더한다. 이 경우 3×4=12로 10 이상이므로 12가 된다.
대괄호를 풀어보면 '5 B 12'이다. B는 좌우에 있는 두 수 가운데 큰 수에서 작은 수를 빼는 것이지만, 두 수가 같거나 뺀 값이 10 미만이면 두 수를 곱한다. 12−5=7로 10 미만이므로 두 수를 곱해야 한다. 따라서 60이 된다.
'60 D 6'에서 D는 좌우에 있는 두 수 가운데 큰 수를 작은 수로 나누는 것이지만, 두 수가 같거나 나눈 값이 10 미만이면 두 수를 곱해야 한다. 이 경우 나눈 값이 60÷6=10이므로 답은 10이다.

02

알파벳 순서에 따라 숫자로 변환하면 다음과 같다.

A	B	C	D	E	F	G	H	I	J	K	L	M
1	2	3	4	5	6	7	8	9	10	11	12	13
N	O	P	Q	R	S	T	U	V	W	X	Y	Z
14	15	16	17	18	19	20	21	22	23	24	25	26

'INTELLECTUAL'의 품번을 규칙에 따라 정리하면 다음과 같다.
• 1단계 : 9(I), 14(N), 20(T), 5(E), 12(L), 12(L), 5(E), 3(C), 20(T), 21(U), 1(A), 12(L)
• 2단계 : 9+14+20+5+12+12+5+3+20+21+1+12=134
• 3단계 : |(14+20+12+12+3+20+12)−(9+5+5+21+1)|=|93−41|=52
• 4단계 : (134+52)÷4+134=46.5+134=180.5
• 5단계 : 180.5를 소수점 첫째 자리에서 버림하면 180이다.
따라서 제품의 품번은 '180'이다.

대표기출유형 01 기출응용문제

01

정답 ③

정보의 공개성이 높을수록 경쟁성은 떨어지나 정보의 활용 측면에서는 경제성이 높다. 따라서 반공개 정보는 비공개 정보에 비해 정보 활용 측면에서 경제성이 더 높다.

오답분석

① 정보의 핵심적 특성은 적시성으로, 정보는 우리가 원하는 시간에 제공되어야 하며, 적시성을 잃으면 가치가 떨어진다.
② · ④ 정보는 일반적으로 공개된 이후 가치가 급락하므로 가치 있는 정보는 독점성이 특징이다. 따라서 비공개 정보는 반공개 정보에 비해, 반공개 정보는 공개 정보에 비해 더 높은 경쟁성을 가진다.

02

정답 ④

구체적이고 정확한 정보수집을 위하여 정보수집 대상과 종류 등을 명확하게 지정하여야 한다.

오답분석

① 전략적 기획은 정보수집을 수행하기 이전에, 수집할 정보의 내용, 수집방안 등을 결정하는 것을 말한다.
② 전략적 기획 단계에서는 정보수집의 비용성과 수집한 정보의 품질을 모두 고려해야 한다.
③ 정보수집 기한에 대한 계획도 필수적이다.

03

정답 ③

바이오스란 컴퓨터에서 전원을 켜면 맨 처음 컴퓨터의 제어를 맡아 가장 기본적인 기능을 처리해 주는 프로그램으로, 모든 소프트웨어는 바이오스를 기반으로 움직인다.

오답분석

① ROM(Read Only Memory)에 대한 설명이다.
② RAM(Random Access Memory)에 대한 설명이다.
④ 스풀링(Spooling)에 대한 설명이다.

04

정답 ①

오답분석

② AI(Artificial Intelligence) : 인간과 같이 사고하고, 생각하고, 학습하고, 판단하는 논리적인 방식을 사용하는 인간의 지능을 본 딴 컴퓨터 시스템을 말한다.
③ 딥 러닝(Deep Learning) : 컴퓨터가 여러 데이터를 이용해 마치 사람처럼 스스로 학습할 수 있게 하기 위해 인공 신경망(ANN; Artificial Neural Network)을 기반으로 구축한 기계 학습 기술을 의미한다.
④ 블록체인(Block Chain) : 누구나 열람할 수 있는 장부에 거래 내역을 투명하게 기록하고, 여러 대의 컴퓨터에 이를 복제해 저장하는 분산형 데이터 저장기술이다.

05

정답 ①

바이러스에 감염되는 경로로는 불법 무단 복제, 다른 사람들과 공동으로 사용하는 컴퓨터, 인터넷, 전자우편의 첨부파일 등이 있다.

> **바이러스를 예방할 수 있는 방법**
> • 다운로드한 파일이나 외부에서 가져온 파일은 반드시 바이러스 검사를 수행한 후에 사용한다.
> • 전자우편을 통해 감염될 수 있으므로 발신자가 불분명한 전자우편은 열어보지 않고 삭제한다.
> • 중요한 자료는 정기적으로 백업한다.
> • 바이러스 예방 프로그램을 램(RAM)에 상주시킨다.
> • 백신 프로그램의 시스템 감시 및 인터넷 감시 기능을 이용해서 바이러스를 사전에 검색한다.
> • 백신 프로그램의 업데이트를 통해 주기적으로 바이러스 검사를 수행한다.

06

정답 ④

RFID 태그의 종류에 따라 반복적으로 데이터를 기록하는 것이 가능하며, 물리적인 손상이 없는 한 반영구적으로 이용할 수 있다.

> **RFID**
> 무선 주파수(RF; Radio Frequency)를 이용하여 대상을 식별(IDentification)하는 기술로, 정보가 저장된 RFID 태그를 대상에 부착한 뒤 RFID 리더를 통하여 정보를 인식한다. 기존의 바코드를 읽는 것과 비슷한 방식으로 이용되나, 바코드와 달리 물체에 직접 접촉하지 않고도 데이터를 인식할 수 있으며, 여러 개의 정보를 동시에 인식하거나 수정할 수 있다. 또한, 바코드에 비해 많은 양의 데이터를 허용함에도 데이터를 읽는 속도가 매우 빠르며 데이터의 신뢰도 또한 높다.

대표기출유형 02 | 기출응용문제

01

정답 ①

엑셀 고급 필터 조건 범위의 해석법은 다음과 같다. 우선 같은 행의 값은 '이고'로 해석한다(AND 연산 처리). 다음으로 다른 행의 값은 '거나'로 해석한다(OR 연산 처리). 그리고 엑셀에서는 AND 연산이 OR 연산에 우선한다(행우선).
그리고 [G3] 셀의 「=C2>=AVERAGE($C$2:$C$8)」는 [C2] ~ [C8]의 실적이 [C2:C8]의 실적 평균과 비교되어 그 이상이 되면 TRUE(참)를 반환하고, 미만이라면 FALSE(거짓)를 반환하게 된다.
따라서 부서가 '영업1팀'이고 이름이 '수'로 끝나거나, 부서가 '영업2팀'이고 실적이 실적의 평균 이상인 데이터가 나타난다.

02

정답 ④

UPPER 함수는 알파벳 소문자를 대문자로 변경하며, TRIM 함수는 불필요한 공백을 제거하므로 'MNG−002KR'이 결괏값으로 출력된다.

03

정답 ②

• [D11] 셀에 입력된 COUNTA 함수는 범위에서 비어있지 않은 셀의 개수를 구하는 함수이다. [B3:D9] 범위에서 비어있지 않은 셀의 개수는 숫자 '1' 10개와 '재제출 요망'으로 입력된 텍스트 2개로, 「=COUNTA(B3:D9)」의 결괏값은 12이다.
• [D12] 셀에 입력된 COUNT 함수는 범위에서 숫자가 포함된 셀의 개수를 구하는 함수이다. [B3:D9] 범위에서 숫자가 포함된 셀의 개수는 숫자 '1' 10개로, 「=COUNT(B3:D9)」의 결괏값은 10이다.
• [D13] 셀에 입력된 COUNTBLANK 함수는 범위에서 비어있는 셀의 개수를 구하는 함수이다. [B3:D9] 범위에서 비어있는 셀의 개수는 9개로, 「=COUNTBLANK(B3:D9)」의 결괏값은 9이다.

04

정답 ④

• COUNTIF : 지정한 범위 내에서 조건에 맞는 셀의 개수를 구한다.
• 함수식 : =COUNTIF(D3:D10,">=2024-07-01")

[오답분석]

① COUNT : 범위에서 숫자가 포함된 셀의 개수를 구한다.
② COUNTA : 범위가 비어있지 않은 셀의 개수를 구한다.
③ SUMIF : 주어진 조건에 의해 지정된 셀들의 합을 구한다.

05

정답 ③

[오답분석]

①・② AND 함수는 인수의 모든 조건이 참(TRUE)일 경우에 성별을 구분하여 표시할 수 있으므로 적절하지 않다.
④ 함수식에서 "남자"와 "여자"가 바뀌었다.

대표기출유형 03 | 기출응용문제

01

정답 ④

여러 값을 출력하려면 print 함수에서 쉼표로 구분해주면 된다. 따라서 1 다음에 공백이 하나 있고 2가 출력되고, 공백 다음에 3이 출력되고, 공백 다음에 4가 출력되고, 공백 다음에 5가 출력되므로 1 2 3 4 5가 출력된다.

02

정답 ③

for 반복문은 i 값이 0부터 1씩 증가하면서 10보다 작을 때까지 수행하므로 i 값은 각 배열의 인덱스(0 ~ 9)를 가리키게 되고, num에는 i가 가리키는 배열 요소 값의 합이 저장된다. arr 배열의 크기는 10이고 초기값들은 배열의 크기 10보다 작으므로 나머지 요소들은 0으로 초기화된다. 따라서 배열 arr는 {1, 2, 3, 4, 5, 0, 0, 0, 0, 0}으로 초기화되므로 이 요소들의 합 15와 num의 초기값 10에 대한 합은 25이다.

인생이란 결코 공평하지 않다. 이 사실에 익숙해져라.

- 빌 게이츠 -

PART 2

직무수행능력평가

01	02	03	04	05	06	07	08	09	10
①	①	④	⑤	③	③	①	④	②	①
11	12	13	14	15	16	17	18	19	20
⑤	②	②	③	④	⑤	②	④	④	⑤
21	22	23	24	25	26	27	28	29	30
⑤	⑤	③	④	④	⑤	③	①	③	④
31	32	33	34	35	36	37	38	39	40
③	④	②	①	③	④	④	⑤	⑤	④

01
정답 ①

기능 조직(Functional Structure)은 기능별 전문화의 원칙에 따라 공통의 전문지식과 기능을 지닌 부서단위로 묶는 조직 구조를 의미한다.

02
정답 ①

재무상태표는 특정 시점에서 기업의 재무상태(자산, 자본, 부채의 구성상태)를 표시하는 재무제표이다.

오답분석
② 포괄손익계산서 : 일정한 회계기간 동안의 영업성과를 집약적으로 표시한 자료이다.
③ 자본변동표 : 회계기간 동안 소유주지분(자본)의 변동을 구성항목별로 구분하여 보고하는 회계보고서이다.
④ 현금흐름표 : 기업의 영업활동과 재무활동 그리고 투자활동에 의하여 발생하는 현금흐름의 특징이나 변동원인에 대한 정보를 제공하는 회계보고서이다.
⑤ 자금순환표 : 국가경제 내의 금융활동이 경제주체 간 어떤 관계를 가지고 있는지, 발생한 소득이 소비와 투자에 얼마나 사용되고 남은 자금은 어떻게 사용되는지 등을 나타내는 표이다.

03
정답 ④

내용이론은 무엇이 사람들을 동기부여시키는지, 과정이론은 사람들이 어떤 과정을 거쳐 동기부여가 되는지에 초점을 둔다. 애덤스(Adams)의 공정성 이론은 과정이론에 해당하며, 자신과 타인의 투입 대비 산출율을 비교하여 산출율이 일치하지 않는다고 느끼게 되면 불공정하게 대우받고 있다고 느끼며, 이를 해소하기 위해 동기부여가 이루어진다고 주장한다.

동기부여 이론

유형	이론
내용이론	• 욕구단계 이론 • XY 이론 • 2요인 이론 • ERG 이론 • 성취동기 이론
과정이론	• 기대이론 • 공정성 이론 • 목표설정 이론
내재적 동기이론	• 직무특성 이론 • 인지적 평가이론 • 자기결정 이론

04
정답 ⑤

마이클 포터의 산업구조분석모델은 산업에 참여하는 주체를 기존기업, 잠재적 진입자, 대체제, 공급자, 구매자로 나누고 이들 간의 경쟁 우위에 따라 기업 등의 수익률이 결정되는 것으로 본다.

오답분석
① 정부의 규제 완화 : 정부의 규제 완화는 시장 진입장벽이 낮아지게 만들며 신규 진입자의 위협으로 볼 수 있다.
② 고객 충성도 : 고객의 충성도의 정도에 따라 진입자의 위협도가 달라진다.
③ 공급 업체 규모 : 공급업체의 규모에 따라 공급자의 교섭력에 영향을 준다.
④ 가격의 탄력성 : 소비자들은 가격에 민감할 수도 둔감할 수도 있기에 구매자 교섭력에 영향을 준다.

05

- EPS(주당순이익)=(당기순이익)÷(유통주식수)
  → 300억 원÷1,000만 주=3,000원
- PER(주가수익비율)=(주가)÷(주당순이익)
  → 24,000원÷3,000원=8배

따라서 D회사의 적정주가는 24,000원이다.

06

- 기업 전략(Corporate Strategy) : 조직의 사명(Mission) 실현을 위한 전략으로, 기업의 기본적인 대외경쟁방법을 정의한 것이다.
  예 안정 전략, 성장 전략, 방어 전략 등
- 사업 전략(Business Strategy) : 특정 산업이나 시장부문에서 기업이 제품이나 서비스의 경쟁력을 확보하고 개선하기 위한 전략이다.
  예 원가우위 전략, 차별화 전략, 집중화 전략 등
- 기능별 전략(Functional Strategy) : 기업의 주요 기능 영역인 생산 및 마케팅, 재무, 인사, 구매 등을 중심으로 상위 전략인 기업 전략 내지 사업 전략을 지원하고 보완하기 위해 수립되는 전략이다.
  예 R&D 전략, 마케팅 전략, 생산 전략, 재무 전략, 구매 전략 등

07

마일즈 & 스노우 전략(Miles&Snow Strategy)의 유형
- 방어형(Defender)
  - 기존 제품으로 기존 시장 공략
  - 현상 유지 전략
  - 비용 및 효용성 확보가 관건
- 혁신형(Prospector)
  - 신제품 또는 신시장 진출
  - M/S 확보, 매출액 증대 등 성장 전략
  - Market Insight 및 혁신적 마인드가 필요
- 분석형(Analyzer)
  - 방어형과 혁신형의 중간
  - Fast Follower가 이에 해당
  - Market Insight가 관건
- 반응형(Reactor)
  - 무반응, 무전략 상태
  - 시장도태상태

08

ㄱ 피들러(Fiedler)의 리더십 상황이론에 따르면 리더십 스타일은 리더가 가진 고유한 특성으로 한 명의 리더가 과업지향적 리더십과 관계지향적 리더십을 모두 가질 수 없다. 그렇기 때문에 어떤 상황에 어떤 리더십이 어울리는가를 분석한 것이다.

ㄷ 상황이 호의적인지, 비호의적인지를 판단하는 상황변수로서 리더 – 구성원 관계, 과업구조, 리더의 직위권력을 고려하였다.

ㄹ 상황변수들을 고려하여 총 8가지 상황을 분류하였고, 이를 다시 호의적인 상황, 보통의 상황, 비호의적인 상황으로 구분하였다. 상황이 호의적이거나 비호의적인 경우, 과업지향적 리더십이 적합하다. 그리고 상황이 보통인 경우에는 관계지향적 리더십이 적합하다.

오답분석

ㄴ LPC 설문을 통해 리더의 특성을 측정하였다. LPC 점수가 낮으면 과업지향적 리더십, 높으면 관계지향적 리더십으로 정의한다.

ㅁ 리더가 처한 상황이 호의적이거나 비호의적인 경우, 과업지향적 리더십이 적합하다.

09

서브리미널 광고는 자각하기 어려울 정도의 짧은 시간 동안 노출되는 자극을 통하여 잠재의식에 영향을 미치는 현상을 의미하는 서브리미널 효과를 이용한 광고이다.

오답분석

① 애드버커시 광고 : 기업과 소비자 사이에 신뢰관계를 회복하려는 광고이다.
③ 리스폰스 광고 : 광고 대상자에게 직접 반응을 얻고자 메일, 통신 판매용 광고전단을 신문·잡지에 끼워 넣는 광고이다.
④ 키치 광고 : 설명보다는 기호와 이미지를 중시하는 광고이다.
⑤ 티저 광고 : 소비자의 흥미를 유발시키기 위해 처음에는 상품명 등을 명기하지 않다가 점점 대상을 드러내어 소비자의 관심을 유도하는 광고이다.

10

모집단에 대한 관찰과 통계적 추론을 위해 관심 모집단의 부분집합(표본)을 선택하는 통계학적 과정을 표본추출(Sampling)이라고 한다. 표본추출방법은 크게 확률 표본추출과 비확률 표본추출로 나뉜다.

- 확률 표본추출(Probability Sampling)법
  확률 표본추출법은 모집단에 속한 모든 단위가 표본으로 선택받을 확률을 동일하게 가지고 있는 경우이다. 그리고 이 과정에서 무작위(랜덤)로 추출되어야만 한다. 단순무작위 표본추출법, 체계적(계통) 표본추출법, 층화 표본추출법, 군집 표본추출법이 이에 해당한다.
- 비확률 표본추출(Non – Probability Sampling)법
  비확률 표본추출법은 모집단에 속한 모든 단위가 표본으로 선택받을 확률이 정확하게 결정되지 않은 상황의 표집 기법이다. 따라서 이 방법은 표집 편향에 영향을 받을 수 있으며, 모집단을 일반화하기 어렵다는 단점이 있다. 편의 표본추출법, 판단 표본추출법, 할당 표본추출법, 눈덩이 표본추출법이 이에 해당한다.

11
정답 ⑤

상대평가와 절대평가

구분	상대평가 (선별형 인사평가)	절대평가 (육성형 인사평가)
개념	피평가자들 간에 비교를 통하여 피평가자를 평가하는 방법으로, 피평가자들의 선별에 초점을 두는 인사평가이다.	피평가자의 실제 업무 수행 사실에 기초한 평가방법으로, 피평가자의 육성에 초점을 둔 평가방법이다.
평가기법	• 서열법 : 피평가자의 능력・업적 등을 통틀어 그 가치에 따라 서열을 매기는 기법이다. • 쌍대비교법 : 두 사람씩 쌍을 지어 비교하면서 서열을 정하는 기법이다. • 강제할당법 : 사전에 범위와 수를 결정해 놓고 피평가자를 일정한 비율에 맞추어 강제로 할당하는 기법이다.	• 평정척도법 : 피평가자의 성과, 적성, 잠재능력, 작업행동 등을 평가하기 위하여 평가요소들을 제시하고, 이에 따라 단계별 차등을 두어 평가하는 기법이다. • 체크리스트법 : 직무상 행동들을 구체적으로 제시하고 평가자가 해당 서술문을 체크하는 기법이다. • 중요사건기술법 : 피평가자의 직무와 관련된 효과적이거나 비효과적인 행동을 관찰하여 기록에 남긴 후 평가하는 기법이다.

12
정답 ②

성과를 이루지 못하여도 미숙련 근로자들에게도 최저 생활을 보장해 주는 급여 방식은 맨체스터 플랜이다.

오답분석

① 테일러식 복률성과급 : 테일러가 고안한 것으로, 과학적으로 결정된 표준작업량을 기준으로 하여 고 – 저 두 종류의 임금률로 임금을 계산한다.
③ 메릭크식 복률성과급 : 메릭크가 고안한 것으로, 테일러식 복률성과급의 결함을 보완하여 고 – 중 – 저 세 종류의 임금률로 초보자도 비교적 목표를 쉽게 달성할 수 있도록 자극한다.
④ 할증성과급 : 최저한의 임금을 보장하면서 일정한 표준을 넘는 성과에 대해서 일정한 비율의 할증 임금을 지급한다.
⑤ 표준시간급 : 비반복적이고 많은 기술을 요하는 과업에 이용할 수 있다.

13
정답 ②

$$(부가가치율) = \frac{(매출액) - (매입액)}{(매출액)} \times 100$$

$$25\% = \frac{r - 150,000}{r} \times 100$$

$$\therefore \ r = ₩200,000$$

따라서 매출액은 ₩200,000이다.

14
정답 ③

ⓒ 명성가격은 가격이 높으면 품질이 좋다고 판단하는 경향으로 인해 설정되는 가격이다.
ⓓ 단수가격은 가격을 단수(홀수)로 적어 소비자에게 싸다는 인식을 주는 가격이다(예 9,900원).

오답분석

ⓐ 구매자가 어떤 상품에 대해 지불할 용의가 있는 최고가격은 유보가격이다.
ⓔ 심리적으로 적당하다고 생각하는 가격 수준은 준거가격이라고 한다. 최저수용가격이란 소비자들이 품질에 대해 의심 없이 구매할 수 있는 가장 낮은 가격을 의미한다.

15
정답 ④

- (당기법인세) = [490,000(회계이익) + 125,000(감가상각비한도초과액) + 60,000(접대비한도초과액) − 25,000(미수이자)] × 20% = 130,000원
- (이연법인세자산) = 125,000(감가상각비한도초과액) × 20% = 25,000원
- (이연법인세부채) = 25,000(미수이자) × 20% = 5,000원
- (법인세비용) = 130,000 + 5,000 − 25,000 = 110,000원

54 • 한국도로공사

16

정답 ⑤

차변과 대변

차변	대변
자산의 증가	자산의 감소
부채의 감소	부채의 증가
자본의 감소	자본의 증가
비용의 발생	수익의 발생

17

정답 ②

- (영업이익)=₩2,500,000×10%=₩250,000
- (잔여이익)=₩250,000−₩2,500,000×(최저필수수익률)=₩25,000
- (최저필수수익률)=9%

18

정답 ④

오답분석

가. 재무상태표에 자산과 부채를 표시할 때는 유동자산과 비유동자산, 유동부채와 비유동부채로 구분하지 않고 유동성 순서에 따라 표시하는 방법도 있다.

다. 비용의 성격에 대한 정보가 미래현금흐름을 예측하는 데 유용하기 때문에 비용별 포괄손익계산서를 사용하는 경우에는 성격별 분류에 따른 정보를 추가로 공시하여야 한다.

라. 포괄손익계산서와 재무상태표를 연결시키는 역할을 하는 것은 총포괄이익이다.

19

정답 ④

손익분기점 매출액이 주어진 경우 총고정원가를 구하는 문제에서는 손익분기점 매출액 공식을 활용하여 문제를 해결한다.

$$(고정원가)=\frac{(고정비)}{(공헌이익률)}$$

- (공헌이익률) : $\frac{200,000-150,000}{200,000}=25\%$

- (고정원가) : $\frac{[고정원가(x)]}{25\%}=₩120,000(매출액)$

$\therefore$ [고정원가(x)]=₩30,000

따라서 총고정원가는 ₩30,000이다.

20

정답 ⑤

자기자본비용(k_e)과 타인자본비용(k_d)이 주어졌을 때의 가중평균자본비용($WACC$) 공식을 이용한다. 제시된 부채비율이 100%이므로, 자기자본 대비 기업가치의 비율$\left(\frac{S}{V}\right)$과 타인자본 대비 기업가치의 비율$\left(\frac{B}{V}\right)$은 $\frac{1}{2}$임을 알 수 있다.

$$WACC=k_e\times\frac{S}{V}+k_d(1-t)\times\frac{B}{V}$$

$$\rightarrow 10\%=k_e\times\frac{1}{2}+8\%(1-0.25)\times\frac{1}{2}$$

$\therefore k_e=14$

따라서 자기자본비용은 14%이다.

21

정답 ⑤

㉠ 밴드왜건 효과(편승 효과) : 유행에 따라 상품을 구입하는 소비현상으로, 특정 상품에 대한 어떤 사람의 수요가 다른 사람들의 수요에 의해 영향을 받는다.

㉡ 베블런 효과 : 다른 보통사람과 자신을 차별하고 싶은 욕망으로 나타나는데, 가격이 아닌 다른 사람의 소비에 직접 영향을 받는다.

오답분석

- 외부불경제 효과 : 시장실패와 관련된 효과로, 자원이 비효율적으로 배분되는 것을 의미한다. 자가용 운전자가 주변 사람들에게 배출가스 피해를 입히는 것도 하나의 예이다.

22

정답 ⑤

외부성은 어떤 행위가 제3자에게 의도하지 않은 혜택이나 손해를 가져다주는데, 이에 대한 대가가 거래되지 않은 것을 말한다. 예방접종은 접종을 맞은 사람뿐만 아니라 맞지 않은 사람의 감염률을 낮추고, 산업시설 등에서 발생하는 환경오염은 대표적인 외부성의 예다. 산림 녹화와 같은 환경개선도 마찬가지다. 하지만 도로가 새로 개통되고, 도로 인근의 부동산 가격이 상승한 것은 외부성에 포함되지 않는다. 도로 개통으로 인한 긍정적인 경제적 효과는 부동산 가격에 반영된다.

23
정답 ③

콥－더글라스 생산함수인 $Q=L^2K^2$를 미분하여 계산한 한계기술대체율($MRTS_{LK}$)은 $\frac{K}{L}$ 이다.

$MRTS_{LK}=\frac{K}{L}$ 에 등량곡선과 등비용선이 접하는 점에서 비용극소화가 달성되므로 $MRTS_{LK}=\frac{w}{r} \rightarrow \frac{w}{r}=\frac{4}{6}=\frac{K}{L}$ 이다.

이 식을 정리하면 $K=\frac{4}{6}L$이며, 예산제약식인 $TC=wL+rK=4L+6K$에 대입하면 다음과 같다.

$120=4L+6K$

$\rightarrow 120=4L+6\times\frac{4}{6}L$

$\rightarrow 120=8L$

$\therefore 15=L$

따라서 노동의 최적 투입량은 15이다.

24
정답 ④

명목임금은 150만 원 인상되었으므로 10% 증가했지만, 인플레이션율 12%를 고려한 실질임금은 12－10＝2% 감소하였다.

25
정답 ④

균형국민소득식 ： $Y=C+I+G+X-M$

(Y ： 국내총생산, C ： 소비지출, I ： 투자, G ： 정부지출, X ： 수출, M ： 수입)

$900=200+50+300+X-100$

$\therefore X=450$

따라서 D국의 수출은 450조 원이다.

26
정답 ⑤

[한계소비성향(c)]＝0.5

(투자승수)＝$\frac{1}{1-c(1-t)}$

$\quad\quad\quad\quad=\frac{1}{1-0.5(1-0)}=2$

(균형국민소득의 증가분)＝1조×2＝2조 원

(조세승수)＝$\frac{-c}{1-c(1-t)}$

$\quad\quad\quad\quad=\frac{-0.5}{1-0.5(1-0)}=-1$

(균형국민소득의 감소분)＝0.5조×－1＝－0.5조 원

따라서 균형국민소득은 2조－0.5조＝1.5조 원 증가한다.

27
정답 ②

㉠ 케인스의 유동성 선호설에 따르면 자산은 화폐와 채권 두 가지만 존재한다고 가정하며, 화폐공급이 증가하더라도 증가된 통화량이 모두 화폐수요로 흡수되는 구간을 유동성함정이라고 한다.

㉢ 유동성함정에서의 화폐수요곡선은 수평형태를 가지고, 화폐수요의 이자율탄력성이 무한대인 상태이다.

오답분석

㉡ 유동성함정은 화폐수요곡선이 수평인 구간이다.

㉣ 케인스의 유동성 선호설에 따른 투기적 동기의 화폐수요는 화폐수요함수와 반비례관계에 있다. $\left[\frac{M^d}{P}=kY(거래적\ 동기의\ 화폐수요)-hr(투기적\ 동기의\ 화폐수요)\right]$

28
정답 ①

통화승수는 총통화량을 본원통화로 나눈 값으로, 총통화량을 구하는 공식은 다음과 같다.

• (총통화량)＝(현금통화)＋(예금통화)

• (통화승수)＝$\frac{(총통화량)}{(본원통화)}$

• [총통화량(M)]＝$\frac{1}{c+\gamma(1-c)}B$

(c ： 현금통화비율, γ ： 지급준비율, B ： 본원통화)

여기서 $c=\frac{150}{600}=0.25$, $\gamma=\frac{90}{450}=0.2$이므로 통화승수는

$\frac{1}{c+\gamma(1-c)}=\frac{1}{0.25+0.2(1-0.25)}=2.5$이다.

29
정답 ③

고정환율제도는 정부가 환율을 일정수준으로 정하고, 지속적인 외환시장 개입을 통해 정해진 환율을 유지하는 제도이다. 이 제도하에서 확대금융정책의 경우 중앙은행의 외환매각으로 통화량이 감소한다.

30
정답 ④

오답분석

ㅁ. 환불 불가한 숙박비는 회수 불가능한 매몰비용이므로 선택 시 고려하지 않은 ㉢의 행위는 합리적 선택 행위의 일면이라고 할 수 있다.

31
정답 ③

케인스의 유동성선호이론은 실질화폐공급과 실질화폐수요로 이루어진 화폐시장을 설명하는 이론으로 경제가 유동성함정에 빠지면 통화량의 증가 등이 물가에 영향을 미치지 못하고, 늘어난 통화량은 투자적 화폐 수요로 흡수된다.

오답분석
① 총공급곡선이 우상향 형태일 때 물가수준이 하락하면 총공급곡선 자체가 이동하는 것이 아니라 총공급곡선에서 좌하방으로 이동한다.
② 확장적 재정정책을 실시하면 이자율이 상승하여 민간투자가 감소하는 구축효과가 발생하게 되는데, 변동환율제도에서는 확장적 재정정책을 실시하면 환율하락으로 인해 추가적으로 총수요가 감소하는 효과가 발생한다. 즉, 확장적 재정정책으로 이자율이 상승하면 자본유입이 이루어지므로 외환의 공급이 증가하여 환율이 하락한다. 이렇듯 평가절상이 이루어지면 순수출이 감소하므로 폐쇄경제에서보다 총수요가 더 큰 폭으로 감소한다.
④ 장기균형 상태에 있던 경제에 원유가격이 일시적으로 상승하면 단기에는 물가가 상승하고 국민소득이 감소하지만, 장기적으로는 원유가격이 하락하여 총공급곡선이 다시 오른쪽으로 이동하므로 물가와 국민소득은 변하지 않는다.
⑤ 단기 경기변동에서 소비와 투자가 모두 경기순응적이며, 소비의 변동성은 투자의 변동성보다 작다.

32
정답 ④

(나)국의 지니계수는 점차 커지므로 로렌츠 곡선이 대각선에서 점차 멀어진다고 할 수 있다. 지니계수란 소득분배의 불평등도를 나타내는 수치로 소득이 어느 정도 균등하게 분배되어 있는가를 평가하는 데 주로 이용된다. 지니계수는 로렌츠 곡선으로부터 도출된다. 로렌츠 곡선은 가로축에 저소득층부터 인원의 분포도를 표시하고 세로축에 저소득층부터 소득액 누적 백분율을 표시하면 그려지는 소득분배그래프이다. 여기에 가상적인 소득분배균등선(45도선)을 긋는다. 지니계수는 대각선과 로렌츠곡선 사이의 면적을 대각선과 종축, 횡축이 이루는 삼각형의 면적으로 나눈 비율이다. 따라서 지니계수는 0과 1 사이의 값을 갖고, 소득 불균형이 심할수록 1에 가깝게 된다.

33
정답 ②

누적된 비용인 총비용을 단위생산량으로 나눈 평균이 평균비용이다. 반면에 한계비용은 총비용의 변화분에 따라서 생산량이 하나씩 늘어날 때마다 바뀌는 비용을 말한다. 그래서 한계비용이 하락하는 구간에서는 평균비용도 하락하는 것이고, 반대로 한계비용이 증가하면서부터는 바로 평균비용이 증가하진 않지만, 평균비용의 최저점에서 한계비용이 만나고 이후부터는 평균비용도 증가하게 된다. 이러한 이유는 고정비용의 존재 때문이다. 그러므로 평균비용곡선이 상승하면 한계비용곡선은 상방에 위치한다.

34
정답 ①

정부지출의 효과가 크기 위해서는 승수효과가 커져야 한다. 승수효과란 확대 재정정책에 따른 소득의 증가로 인해 소비지출이 늘어나게 되어 총수요가 추가적으로 증가하는 현상을 말한다. 즉, 한계소비성향이 높을수록 승수효과는 커진다. 한계소비성향이 높다는 것은 한계저축성향이 낮다는 것과 동일한 의미이다.

35
정답 ③

조세정책을 시행하는 곳은 기획재정부이며, 한국은행은 통화 신용정책을 시행한다.

오답분석
① 조세정책은 재정지출이나 소득재분배 등 중요한 역할을 담당한다.
② 소득세, 법인세 감면은 기업의 고용 및 투자를 촉진하는 대표적인 정부정책이다.
④ 지하경제 양성화, 역외탈세 근절 등은 조세정의뿐만 아니라 국가재정 확보에도 매우 중요한 문제이다.
⑤ 래퍼 곡선에 대한 설명이다.

36
정답 ④

제10차 경기종합지수

선행종합지수	• 재고순환지표 • 건설수주액(실질) • 코스피 • 경제심리지수 • 기계류내수출하지수 • 수출입물가비율 • 장단기금리차
동행종합지수	• 비농림어업취업자수 • 광공업생산지수 • 소매판매액지수 • 서비스업생산지수 • 내수출하지수 • 건설기성액(실질) • 수입액(실질)
후행종합지수	• 취업자수 • 생산자제품재고지수 • 소비자물가지수변화율(서비스) • 소비재수입액(실질) • CP유통수익률

37

제시된 그래프는 필립스곡선이다. 영국의 경제학자 필립스는 실업률과 인플레이션율 사이에 단기적으로 마이너스 상관관계가 있음을 밝혀냈으며, 그것이 필립스곡선이다. 필립스곡선은 단기적으로 실업률이 낮을 땐 인플레이션이 높고, 실업률이 높은 해에는 인플레이션이 낮음을 보여준다. 하지만 장기적으로는 실업률과 인플레이션율 사이에 상충관계는 존재하지 않는다. 장기 필립스곡선은 자연실업률 수준에서 수직이 되며 인플레이션이 아무리 높아져도 실업률은 일정한 수준, 즉 자연실업률 이하로 하락하지 않는다.

38

보상적 임금격차는 선호하지 않는 조건을 가진 직장은 불리한 조건을 임금으로 보상해 줘야 한다는 것이다. 대부분의 사람들은 3D 작업환경에서 일하기 싫어하기 때문에 이런 직종에서 필요한 인력을 충원하기 위해서는 작업환경이 좋은 직종에 비해 더 높은 임금을 제시해야 한다. 이러한 직업의 비금전적인 특성을 보상하기 위한 임금의 차이를 보상적 격차 또는 평등화 격차라고 한다. 보상적 임금격차의 발생 원인에는 노동의 난이도, 작업환경, 명예, 주관적 만족도, 불안전한 급료 지급, 교육훈련의 차이, 고용의 안정성 여부, 작업의 쾌적성, 책임의 정도, 성공·실패의 가능성 등이 있다.

39

완전경쟁시장은 같은 상품을 취급하는 수많은 공급자·수요자가 존재하는 시장이다. 시장 참여자는 가격의 수용자일 뿐 가격 결정에 전혀 영향력을 행사하지 못한다. 기업들은 자유롭게 시장에 진입하거나 퇴출할 수 있다. 완전경쟁시장에서 기업의 이윤은 P(가격)$=AR$(평균수입)$=MC$(한계비용)인 균형점에서 극대화된다.

그래프에서 이 기업의 평균가변비용의 최소점은 80원이다. 시장가격이 90원으로 평균가변비용을 충당할 수 있어 이 기업은 계속해서 생산을 한다. 균형점($P=AR=MC=90$원)에서 이윤을 얻을 수 있는지는 고정비용의 크기에 달려 있으므로 주어진 그래프만으로는 알 수 없다.

40

A국에서 해외 유학생과 외국인 관광객이 증가하면 달러 공급이 늘어나 A국 화폐 가치가 상승하므로 환율은 하락한다. 환율이 하락하면 수출은 감소하고, 수입은 증가하며, 경상수지가 악화된다. 반면, B국에서는 해외 투자가 증가하고 외국인 투자자들이 자금을 회수하므로 달러 수요가 늘어나 B국 화폐 가치는 하락한다. 화폐 가치가 하락하면 수출이 증가하고, 수입이 감소하며, 경상수지가 개선된다. 또한, 외국채의 부담이 증가하기 때문에 환전하지 않은 환율 변동 전 달러를 보유하고 있는 사람은 이익을 얻는다. 이때, B국의 화폐 가치가 하락하였기 때문에 A국 국민이 B국으로 여행갈 경우 경비 부담은 적다.

01	02	03	04	05	06	07	08	09	10
②	③	④	③	①	⑤	②	⑤	①	⑤
11	12	13	14	15	16	17	18	19	20
③	④	⑤	③	③	③	①	③	⑤	④
21	22	23	24	25	26	27	28	29	30
①	④	③	④	③	③	③	③	⑤	③
31	32	33	34	35	36	37	38	39	40
③	①	④	④	①	④	②	②	④	⑤

01 정답 ②

건축물의 설계도처럼 조직의 정보화 환경을 정확히 묘사한 밑그림으로서 조직의 비전, 전략, 업무, 정보기술 간 관계에 대한 현재와 목표를 문서화한 것은 정보기술아키텍처이다.

오답분석

① 블록체인 네트워크 : 가상화폐를 거래할 때 해킹을 막기 위한 기술망으로 출발한 개념이며, 블록에 데이터를 담아 체인 형태로 연결, 수많은 컴퓨터에 동시에 이를 복제해 저장하는 분산형 데이터 저장 기술을 말한다.
③ 제3의 플랫폼 : 전통적인 ICT 산업인 제2플랫폼(서버, 스토리지)과 대비되는 모바일, 빅데이터, 클라우드, 소셜네트워크 등으로 구성된 새로운 플랫폼을 말한다.
④ 클라우드 – 클라이언트 아키텍처 : 인터넷에 자료를 저장해 두고, 사용자가 필요한 자료 등을 자신의 컴퓨터에 설치하지 않고도 인터넷 접속을 통해 언제나 이용할 수 있는 서비스를 말한다.
⑤ 스마트워크센터 : 공무용 원격 근무 시설로 여러 정보통신기기를 갖추고 있어 사무실로 출근하지 않아도 되는 유연근무시스템 중 하나를 말한다.

02 정답 ③

ㄴ・ㄷ. 강제배분법은 점수의 분포비율을 정해놓고 평가하는 상대평가방법으로 집중화, 엄격화, 관대화 오차를 방지하기 위해 도입되었다.

오답분석

ㄱ. 첫머리 효과(시간적 오류) : 최근의 실적이나 능력을 중심으로 평가하려는 오류이다.
ㄹ. 선입견에 의한 오류(고정관념에 기인한 오류) : 평정자의 편견이 평가에 영향을 미치는 오류이다.

03 정답 ④

정부의 결산 과정은 ⑩ 해당 행정기관의 출납 정리・보고 – ⓒ 중앙예산기관의 결산서 작성・보고 – ⑪ 감사원의 결산 확인 – ⓔ 국무회의 심의와 대통령의 승인 – ⓒ 국회의 결산 심의 순서로 진행된다.

04 정답 ③

소극적 대표성은 관료의 출신성분이 태도를 결정하는 것이며, 적극적 대표성은 태도가 행동을 결정하는 것을 말한다. 그러나 대표관료제는 소극적 대표성이 반드시 적극적 대표성으로 이어져 행동하지 않을 수도 있는 한계성이 제기되는데, ③에서는 자동적으로 확보한다고 하였으므로 옳지 않다.

05 정답 ①

구조적 분화와 전문화는 집단 간 갈등을 조성한다. 이는 분화된 조직을 통합하거나, 인사교류를 통해 갈등을 해소할 수 있다.

06 정답 ⑤

예산제도는 품목별 예산(LIBS, 1920) → 성과주의 예산(PBS, 1950) → 기획 예산(PPBS, 1965) → 영기준 예산(ZBB, 1979) → 신성과주의 예산(프로그램 예산, 1990) 등의 순으로 발전해 왔다.

07
정답 ②

성과규제에 대한 설명이다. 관리규제는 수단과 성과가 아닌 과정을 규제하는 것이다.

규제의 유형

유형	내용
성과규제	정부가 사회 문제 해결을 위해서 피규제자에게 목표를 정해주고 이를 달성할 것을 요구하는 규제
수단규제	정부가 사전적으로 목표달성을 위한 기술 등의 수단을 규제
관리규제	수단이나 성과가 아닌 과정을 규제

08
정답 ⑤

신고전적 조직이론의 대표적인 이론인 인간관계론은 인간의 조직 내 사회적 관계를 중시하였으나, 이를 지나치게 중시하여 환경과의 관계를 다루지 못한 한계가 있다. 즉, 신고전적 조직이론은 고전적 조직이론과 마찬가지로 폐쇄적인 환경관을 가진다.

09
정답 ①

상동적 오차는 유형화의 착오로 편견이나 선입견 또는 고정관념(Stereotyping)에 의한 오차를 말한다.

오답분석
② 연속화의 오차(연쇄효과) : 한 평정 요소에 대한 평정자의 판단이 다른 평정 요소에도 영향을 주는 현상이다.
③ 관대화의 오차 : 평정결과의 점수 분포가 우수한 쪽에 집중되는 현상이다.
④ 규칙적 오차 : 다른 평정자들보다 항상 후하거나 나쁜 점수를 주는 현상이다.
⑤ 시간적 오차 : 최근의 사건·실적이 평정에 영향을 주는 근접오류 현상이다.

10
정답 ⑤

정부사업에 대한 회계책임을 묻는 데 유용한 예산제도는 품목별 예산제도(LIBS)이다. 성과주의 예산제도는 기능별·활동별 예산제도이므로 의회의 예산통제가 곤란하고, 회계책임을 묻는 데 어렵다.

11
정답 ③

ㄱ. 행정통제는 통제시기의 적시성과 통제내용의 효율성이 고려되어야 한다(통제의 비용과 통제의 편익 중 편익이 더 커야 한다).
ㄴ. 옴부즈만 제도는 사법통제의 한계를 보완하기 위해 도입되었다.
ㄷ. 선거에 의한 통제와 이익집단에 의한 통제 등은 외부통제에 해당한다.

오답분석
ㄹ. 합법성을 강조하는 통제는 사법통제이다. 사법통제에서 부당한 행위에 대한 통제는 제한된다.

12
정답 ④

직무평가란 직무의 각 분야가 기업 내에서 차지하는 상대적 가치의 결정으로, 비계량적 평가 방법과 계량적 평가 방법으로 나눌 수 있다. 비계량적 평가 방법에는 서열법과 분류법이 있으며, 계량적 평가 방법에는 점수법과 요소비교법이 있다.

직무평가 방법

구분		내용
계량적	점수법	직무를 구성 요소별로 나누고, 각 요소에 점수를 매겨 평가하는 방법
	요소비교법	직무를 몇 개의 중요 요소로 나누고, 이들 요소를 기준직위의 평가 요소와 비교하여 평가하는 방법
비계량적	서열법	직원들의 근무 성적을 평정함에 있어 평정 대상자(직원)들을 서로 비교하여 서열을 정하는 방법
	분류법	미리 작성한 등급기준표에 따라 평가하고자 하는 직위의 직무를 어떤 등급에 배치할 것인가를 결정하는 방법

13
정답 ⑤

신공공관리론은 폭넓은 행정재량권을 중시하고, 신공공서비스론은 재량의 필요성은 인정하나 제약과 책임이 수반된다고 본다. 신공공관리론은 시장의 책임을 중시하고, 신공공서비스론은 행정책임의 복잡성과 다면성을 강조한다.

14

정답 ③

품목별 분류는 지출대상별 분류이기 때문에 사업의 성과와 결과에 대한 측정이 어렵다.

① 기능별 분류는 시민을 위한 분류라고도 하며, 행정수반의 재정정책을 수립하는 데 도움을 준다.
② 조직별 분류는 부처 예산의 전모를 파악할 수 있지만 사업의 우선순위 파악이나 예산의 성과 파악이 어렵다.
④ 경제 성질별 분류는 국민소득, 자본형성 등에 관한 정부활동의 효과를 파악하는 데 유리하다.
⑤ 품목별 분류는 예산집행기관의 신축성을 저해한다.

15

정답 ③

① 신공공관리론은 조직 간 관계보다 조직 내 관계를 주로 다루고 있다.
② 신공공서비스론(New Public Service)에 대한 설명이다. 신공공관리론은 행정의 효율성을 더 중시한다.
④ 정부 주도의 공공서비스 전달 또는 공공문제 해결을 넘어 협력적 네트워크 구축 및 관리라는 대안을 제시하는 것은 뉴거버넌스론(New Governance)에 대한 설명이다.
⑤ 경제적 생산활동의 결과가 일단의 규칙에 달려 있다는 것은 신제도주의에 대한 설명이다.

16

정답 ②

ㄴ. X이론은 매슬로의 욕구계층 중 하위욕구를, Y이론은 상위욕구를 중요시한다.
ㄷ. 형평이론은 자신의 노력과 그에 따른 보상이 준거인물과 비교하였을 시 불공정할 때 동기가 유발된다고 보았다.

17

정답 ①

중앙행정기관의 장과 지방자치단체의 장이 사무를 처리할 때 의견을 달리하는 경우 이를 협의·조정하기 위하여 신청에 의해 국무총리 소속으로 행정협의조정위원회를 설치한다. 단, 실질적인 구속력은 없다.

18

정답 ③

ㄱ. 보수주의 정부관에 따르면 정부에 대한 불신이 강하고 정부실패를 우려한다.
ㄴ. 공공선택론은 정부를 공공재의 생산자로 규정하고 있다. 그러나 대규모 관료제에 의한 행정은 효율성을 극대화하지 못한다고 비판한다.

보수주의·진보주의 정부관

구분	보수주의	진보주의
추구하는 가치	• 자유 강조(국가로부터의 자유) • 형식적 평등, 기회의 평등 중시 • 교환적 정의 중시	• 자유를 열렬히 옹호 (국가에 의한 자유) • 실질적 평등, 결과의 평등 중시 • 배분적 정의 중시
인간관	• 합리적이고 이기적인 경제인	• 오류 가능성의 여지 인정
정부관	• 최소한의 정부 → 정부 불신	• 적극적인 정부 → 정부 개입 인정
경제 정책	• 규제완화, 세금감면, 사회복지정책의 폐지	• 규제옹호, 소득재분배 정책, 사회보장정책
비고	• 자유방임적 자본주의	• 복지국가, 사회민주주의, 수정자본주의

19

정답 ⑤

ㄱ. 정책오류 중 제2종 오류이다. 정책효과가 있는데 없다고 판단하여 옳은 대안을 선택하지 않는 경우이다.
ㄴ. 정책오류 중 제3종 오류이다. 정책문제 자체를 잘못 인지하여 틀린 정의를 내린 경우이다.
ㄷ. 정책오류 중 제1종 오류이다. 정책효과가 없는데 있다고 판단하여 틀린 대안을 선택하는 경우이다.

정책오류의 유형

제1종 오류	제2종 오류	제3종 오류
올바른 귀무가설을 기각하는 것	잘못된 귀무가설을 인용하는 것	가설을 검증하거나 대안을 선택하는 과정에 있어서는 오류가 없었으나, 정책문제 자체를 잘못 인지하여 정책문제가 해결되지 못하는 것
잘못된 대립가설을 채택하는 것	올바른 대립가설을 기각하는 것	
잘못된 대안을 선택하는 것	올바른 대안을 선택하지 않는 것	
정책효과가 없는 데 있다고 판단하는 것	정책효과가 있는 데 없다고 판단하는 것	

20 정답 ④

제도를 개인들 간의 선택적 균형에 기반한 결과물로 보는 것은 합리적 선택 제도주의고, 제도를 제도적 동형화과정의 결과물로 보는 것은 사회학적 제도주의이다. 따라서 사회학적 제도주의는 사회문화적 환경에 의해 형성된 제도가 개인의 선호에 영향을 미친다는 이론이다.

21 정답 ①

헌법 제12조 제1항에서 규정하고 있다.

오답분석
② 헌법은 구속적부심사청구권을 인정하고 있다(헌법 제12조 제6항).
③ 심문은 영장주의 적용대상이 아니다(헌법 제12조 제3항).
④ 영장발부신청권자는 검사에 한한다(헌법 제12조 제3항).
⑤ 형사상 자기에게 불리한 진술을 강요당하지 않는다(헌법 제12조 제2항).

22 정답 ④

자유민주적 기본질서는 모든 폭력적 지배와 자의적 지배, 즉 반국가단체의 일인독재 내지 일당독재를 배제하고 다수의 의사에 의한 국민의 자치·자유·평등의 기본원칙에 의한 법치주의적 통치질서이다. 구체적으로는 기본적 인권의 존중, 권력분립, 의회제도, 복수정당제도, 선거제도, 사유재산과 시장경제를 기본으로 한 경제질서 및 사법권의 독립 등이 있다. 그러므로 법치주의에 위배되는 포괄위임입법주의는 자유민주적 기본질서의 원리로 적절하지 않다.

23 정답 ③

기본권은 국가안전보장, 질서유지 또는 공공복리라고 하는 세 가지 목적을 위하여 필요한 경우에 한하여 그 제한이 가능하며 제한하는 경우에도 자유와 권리의 본질적인 내용은 침해할 수 없다(헌법 제37조 제2항).

24 정답 ④

청원권은 청구권적 기본권에 해당한다. 자유권적 기본권에는 인신의 자유권(생명권, 신체의 자유), 사생활의 자유권(거주·이전의 자유, 주거의 자유, 사생활의 비밀과 자유, 통신의 자유), 정신적 자유권(양심의 자유, 종교의 자유, 언론·출판의 자유, 집회·결사의 자유, 학문의 자유, 예술의 자유), 사회·경제적 자유권(직업선택의 자유, 재산권의 보장)이 있다.

25 정답 ③

헌법의 제정 주체에 따른 분류 중 흠정헌법(군주헌법)에 관한 설명이다. 흠정헌법은 군주가 제정한다 하여 군주헌법이라고도 한다. 전제군주제를 취했던 나라에서 군주의 권력을 유보하고 국민에게 일정한 권리나 자유를 은혜적으로 인정하면서 제정한 헌법(입헌군주제로의 이행)을 말하는데, 일본의 명치헌법, 19세기 전반의 독일 각 연방헌법 등이 이에 해당한다.

오답분석
① 국약헌법 : 둘 이상의 국가 간의 합의의 결과로 국가연합을 구성하여 제정한 헌법이다(예 미합중국 헌법).
② 민정헌법 : 국민의 대표자로 구성된 제헌의회를 통하여 제정된 헌법이다(예 오늘날 자유민주주의 국가 대부분).
④ 명목적 헌법 : 헌법을 이상적으로 제정하였으나, 사회여건은 이에 불일치하는 헌법이다(예 남미 여러 나라의 헌법).
⑤ 연성헌법 : 법률과 같은 절차에 의하여 개정할 수 있는 헌법이다(예 영국 헌법).

26 정답 ③

탄핵결정은 공직으로부터 파면함에 그친다. 그러나 이에 의하여 민·형사상의 책임이 면제되지는 않는다(헌법 제65조 제4항).

오답분석
① 헌법 제65조 제1항에 해당한다.
② 헌법 제65조 제2항 단서에 해당한다.
④ 헌법 제71조에 해당한다.
⑤ 헌법 제65조 제3항에 해당한다.

27 정답 ③

헌법 제111조 제1항 제4호에 해당하는 내용이다.

오답분석
①·⑤ 헌법재판소 재판관의 임기는 6년으로 하며, 법률이 정하는 바에 의하여 연임할 수 있다(헌법 제112조 제1항).
② 헌법 중 제5장 법원에 관한 부분에서 '재판의 전심절차로서 행정심판을 할 수 있다(헌법 제107조 제3항).'라고 규정하고 있다.
④ 헌법재판소에서 법률의 위헌결정, 탄핵의 결정, 정당해산의 결정 또는 헌법소원에 관한 인용결정을 할 때에는 재판장 6인 이상의 찬성이 있어야 한다(헌법 제113조 제1항).

28 정답 ③

헌법의 개정은 헌법의 동일성을 유지하면서 의식적으로 헌법전의 내용을 수정·삭제·추가하는 것을 말한다.

29
정답 ⑤

영미법계 국가에서는 선례구속의 원칙에 따라 판례의 법원성이 인정된다.

30
정답 ③

오답분석
① · ② · ⑤ 헌법재판소의 권한에 해당한다(헌법 제111조 제1항).
④ 대법원의 권한에 해당한다(헌법 제107조 제2항).

31
정답 ③

무효란 그 행위가 성립하던 당초부터 당연히 법률효과가 발생하지 못하는 것이다. 비진의 표시(심리유보), 통정허위표시, 강행법규에 반하는 법률행위 등이 그 예이다.

32
정답 ①

사적자치의 원칙은 신분과 재산에 관한 법률관계를 개인의 의사에 따라 자유롭게 규율하는 것이다. 즉, 계약의 내용 및 형식에 있어서 국가 또는 타인의 간섭을 배제하는 원칙을 말한다.

33
정답 ④

취소권, 추인권, 해제권과 같은 형성권에 있어서는 권리만 있고 그에 대응하는 의무는 존재하지 않는다.

34
정답 ④

행정쟁송제도 중 행정소송에 관한 설명이다. 행정심판은 행정관청의 구제를 청구하는 절차를 말한다.

35
정답 ①

행정상 강제집행 수단 중 대체적 작위의무의 불이행에 대하여 행정청이 의무자가 행할 작위를 스스로 행하거나 제3자로 하여금 이를 행하게 하고 그 비용을 의무자로부터 징수하는 것은 행정대집행이다(행정대집행법 제2조).

36
정답 ④

오답분석
① 참여기관(의결기관)이 행정관청의 의사를 구속하는 의결을 하는 합의제 기관이다(경찰위원회, 소청심사위원회 등).
② 의결기관이 아닌 집행기관에 대한 설명이다.
③ 국무조정실, 각 부의 차관보·실장·국장 등은 행정조직의 보좌기관이다.
⑤ 행정조직의 내부기관으로서 행정청의 권한 행사를 보조하는 것을 임무로 하는 행정기관은 보조기관이다.

37
정답 ②

비록 행정행위에 하자가 있는 경우라도 그 하자가 중대하고 명백하여 당연무효인 경우를 제외하고는 권한 있는 기관에 의해 취소되기까지 유효한 것으로 보는 것은 행정행위의 효력 중 공정력 때문이다.

> **행정행위의 효력**
> • **구성요건적 효력** : 유효한 행정행위가 존재하는 이상 모든 국가기관은 그 존재를 존중하고 스스로의 판단에 대한 기초로 삼아야 한다는 효력을 말한다.
> • **공정력** : 비록 행정행위에 하자가 있는 경우에도 그 하자가 중대하고 명백하여 당연무효인 경우를 제외하고는, 권한 있는 기관에 의해 취소될 때까지는 일응 적법 또는 유효한 것으로 보아 누구든지(상대방은 물론 제3의 국가기관도) 그 효력을 부인하지 못하는 효력을 말한다.
> • **구속력** : 행정행위가 그 내용에 따라 관계행정청, 상대방 및 관계인에 대하여 일정한 법적 효과를 발생하는 힘으로, 모든 행정행위에 당연히 인정되는 실체법적 효력을 말한다.
> • **형식적 존속력**
> - 불가쟁력(형식적 확정력) : 행정행위에 대한 쟁송 제기기간이 경과하거나 쟁송수단을 다 거친 경우에는 상대방 또는 이해관계인은 더 이상 그 행정행위의 효력을 다툴 수 없게 되는 효력을 말한다.
> - 불가변력(실질적 확정력) : 일정한 경우 행정행위를 발한 행정청 자신도 행정행위의 하자 등을 이유로 직권으로 취소·변경·철회할 수 없는 제한을 받게 되는 효력을 말한다.
> • **강제력**
> - 제재력 : 행정법상 의무위반자에게 처벌을 가할 수 있는 힘을 말한다.
> - 자력집행력 : 행정법상 의무불이행자에게 의무의 이행을 강제할 수 있는 힘을 말한다.

38

정답 ②

행정행위는 법률에 근거를 두어야 하고(법률유보), 법령에 반하지 않아야 한다(법률우위). 따라서 법률상의 절차와 형식을 갖추어야 한다.

39

정답 ④

乙은 의무이행심판 청구를 통하여 관할행정청의 거부처분에 대해 불복의사를 제기할 수 있다. 의무이행심판이란 당사자의 신청에 대한 행정청의 위법 또는 부당한 거부처분이나 부작위에 대하여 일정한 처분을 하도록 하는 행정심판을 말한다(행정심판법 제5조 제3호).

40

정답 ⑤

기판력은 사실심 변론 종결 시(표준시)를 기준으로 하여 발생한다. 기판력은 표준시에 있어서의 권리관계의 존부판단에 대하여 생기므로, 전소 변론 종결 시 이전에 제출(주장)할 수 있었으나 변론 종결 시까지 제출하지 않은 공격방어방법은 후소에서 제출하지 못한다(주장했던 공격방어방법은 당연히 차단된다).

오답분석

① 취소판결의 기판력은 소송물로 된 행정처분의 위법성 존부에 관한 판단 그 자체에만 미치는 것이므로 전소와 후소가 그 소송물을 달리하는 경우에는 전소 확정판결의 기판력이 후소에 미치지 아니한다(대판 1996.4.26., 95누5820).
② 행정소송법 제30조 제2항의 규정에 의하면 행정청의 거부처분을 취소하는 판결이 확정된 경우에는 그 처분을 행한 행정청이 판결의 취지에 따라 이전의 신청에 대하여 재처분할 의무가 있으나, 이 때 확정판결의 당사자인 처분행정청은 그 행정소송의 사실심 변론 종결 이후 발생한 새로운 사유를 내세워 다시 이전의 신청에 대한 거부처분을 할 수 있고 그러한 처분도 위 조항에 규정된 재처분에 해당된다(대판 1997.2.4., 96두70).
③ 처분 등을 취소하는 확정판결은 그 사건에 관하여 당사자인 행정청과 그 밖의 관계행정청을 기속한다(행정소송법 제30조 제1항). 기속력은 인용판결에 인정되며 기판력은 인용판결과 기각판결 모두에 인정된다.
④ 행정처분의 적법 여부는 그 행정처분이 행하여 진 때의 법령과 사실을 기준으로 하여 판단하는 것이므로 거부처분 후에 법령이 개정·시행된 경우에는 개정된 법령 및 허가기준을 새로운 사유로 들어 다시 이전의 신청에 대한 거부처분을 할 수 있으며 그러한 처분도 행정소송법 제30조 제2항에 규정된 재처분에 해당된다(대판 1998.1.7., 97두22).

01	02	03	04	05	06	07	08	09	10
②	④	②	①	④	①	②	②	⑤	④
11	12	13	14	15	16	17	18	19	20
②	①	①	②	③	④	④	⑤	⑤	③
21	22	23	24	25	26	27	28	29	30
④	②	③	②	②	②	①	②	②	⑤
31	32	33	34	35	36	37	38	39	40
③	⑤	②	②	③	②	①	③	③	①

01　　　　정답 ②

30,000명 이상의 인구가 거주하는 도시 외곽 부근에 고속도로 나들목을 설치할 수 있다.

> **고속도로 나들목(인터체인지) 선정 기준**
> • 일반국도 등 주요 도로와의 교차 또는 접근 지점
> • 항만, 비행장, 유통시설, 주요 관광지 등으로 통하는 주요 도로와의 교차 또는 접근지점
> • 고속도로에서 인터체인지의 간격은 2~30km이며 그 밖의 도로에서는 지역 특성을 반영하여 배치
> • 인구 30,000명 이상의 도시 외곽
> • 나들목(인터체인지) 세력권 인구가 50,000명 이상
> • 나들목(인터체인지) 출입 교통량이 일 30,000대 이하가 되도록 할 것
> • 본선과 나들목(인터체인지)에 대한 경제성 고려

02　　　　정답 ④

$$I_p = I_x + I_y$$
$$= \frac{bh^3}{12} + \frac{b^3h}{12}$$
$$= \frac{bh}{12}(b^2 + h^2)$$

03　　　　정답 ②

처짐 계산을 않는 양단연속보의 최소두께 일반식

$t_{\min} = \frac{l}{21}\left(0.43 + \frac{f_y}{700}\right)(1.65 - 0.00031m_c \geq 1.09)$에서

보통중량콘크리트이고, $f_y = 400$MPa인 표준상태이므로

$t_{\min} = \frac{l}{21} = \frac{7,000}{21} \fallingdotseq 334$mm이다.

04　　　　정답 ①

전단탄성계수 공식은 $G = \dfrac{E}{2(1+\nu)}$이고, 이를 푸아송비로

표현하면 다음과 같다.

$\nu = \dfrac{E}{2G} - 1 = \dfrac{230,000}{2(60,000)} - 1 \fallingdotseq 0.917$이다.

따라서 금속의 푸아송비(ν)는 약 0.917이다.

05　　　　정답 ④

$\tau = \mu \cdot \dfrac{dV}{dy}$이므로 $0.01 \times \dfrac{200}{0.5} = 4$N/cm^2

따라서 전단응력은 4N/cm^{2}이다.

06　　　　정답 ①

교차로의 면적은 가능한 한 최소가 되도록 설계해야 한다.

> **평면교차로의 설계 기본 원칙**
> • 다섯 갈래 이상의 여러 갈래 교차로를 설치하지 않는다.
> • 교차각은 직각에 가깝게 90°기준으로 ±15°로 한다.
> • 엇갈림교차, 굴절교차 등의 변형교차는 피한다.
> • 교통류의 주종관계를 명확하게 한다.
> • 서로 다른 교통류는 분리한다.
> • 자동차의 유도를 명확히 지시한다.
> • 교차로의 면적은 가능한 최소가 되도록 한다.
> • 교차로의 기하구조와 교통관제방법이 조화를 이루도록 한다.
> • 각종 교통안전시설 설치에 유의한다.

PART 2

07

정답 ②

$K_{cr} = 210$

$= 500 \times \left(\dfrac{K_{cr}}{\left(\dfrac{2}{3} \times 500 \right)} \right) = 500 \times \dfrac{210}{333.333} \fallingdotseq 315.00mm$

따라서 휨철근의 중심간격(s)은 315.00mm 이하여야 한다.

08

정답 ②

절대 최대 전단력은 (+), (−) 중에서 절댓값이 큰 것을 사용한다. 절대 최대 전단력은 일반적으로 지지점에서 일어난다.

09

정답 ⑤

도로의 종류와 등급(도로법 제10조)
도로의 종류는 다음 각 호와 같고, 그 등급은 다음 각 호에 열거한 순서와 같다.
1. 고속국도(고속국도의 지선 포함)
2. 일반국도(일반국도의 지선 포함)
3. 특별시도(特別市道)・광역시도(廣域市道)
4. 지방도
5. 시도
6. 군도
7. 구도

10

정답 ④

압밀 진행 중인 흙의 성질(압밀계수, 투수계수, 체적변화계수)은 변하지 않는다.

11

정답 ②

1) 건조단위중량(γ_d)

$\gamma_d = \dfrac{\gamma_t}{1 + \dfrac{w}{100}} = \dfrac{2.0}{1 + \dfrac{20}{100}} \fallingdotseq 1.67g/cm^3$

2) 간극비(e)

$e = \dfrac{G_s \cdot \gamma_w}{\gamma_d} - 1 = \dfrac{2.70 \times 1}{1.67} - 1 \fallingdotseq 0.62$

3) 포화도(S)

$S = \dfrac{w}{e} \cdot G_s = \dfrac{20}{0.62} \times 2.70 \fallingdotseq 87.10\%$

따라서 포화도는 약 87.10%이다.

12

정답 ①

$\lambda = \dfrac{f_{sp}}{0.56\sqrt{f_{ck}}} = \dfrac{2.4}{0.56\sqrt{25}} \fallingdotseq 0.85714 \leq 1.0$

13

정답 ①

서비스 수준 F는 교통 수요가 교통 용량을 넘어서서 통행이 와해된 상태를 말하며 다음과 같은 곳에서 발생한다.
• 교통사고로 인하여 용량이 일시적으로 감소하는 곳
• 도착 교통량이 그 지점을 통과할 수 있는 교통량보다 많은 곳
• 합류부, 엇갈림 구간, 차로 축소 지점 등 기하구조상 혼잡이 자주 일어나는 곳
• 첨두시간 교통량이 용량을 초과하는 지점

14

정답 ②

물체의 중심선으로 회전시켜 모멘트의 값이 클 때의 짧은 폭은 S, 긴 폭은 L이다.

$w_{ab} = \dfrac{L^4}{S^4 + L^4} \times w = \dfrac{L^4}{(0.5L)^4 + L^4} \times w = 0.941w$

15

정답 ③

보통골재를 사용하는 경우, 탄성계수 구하기
$f_{ck} \leq 40MPa$, $\triangle f = 4MPa$
$E_e = 8,500 \times \sqrt[3]{f_{ck}}$ 의 식을 사용하여
$E_e = 8,500 \times \sqrt[3]{(38+4)} \fallingdotseq 29,546.226MPa$
$\quad = 2.9546 \times 10^4 MPa$

16

정답 ④

공항의 활주로 등 작용하중이 큰 도로는 프리스트레스 포장 시공이 적절하다.

17

정답 ④

포화 상태의 점토지반에 구조물을 빨리 시공하는 경우에 사용되는 삼축압축 시험은 비압밀 비배수 시험(UU test)이다.

18
정답 ⑤

공학적 안전성 비교 : Montmorillonite<Illite<Kaolinite

점토 광물	공학적 안정성	활성도 (A)	팽창 수축성	점토
Kaolinite	안정	A<0.75	작음	비활성
Illite	보통	$0.75 \leq A \leq 1.25$	보통	보통
Montmorillonite	불안정	A>1.25	큼	활성

19
정답 ⑤

$\sum F_y = 0, \ (F_A + F_y)\cos 60° = P$

$2F_B \cos 60° = 1$

$\therefore \ F_B = 1t$

$\sum F_x = 0, \ F_A \sin 60° = F_B \sin 60°$

$\therefore \ F_A = F_B$

(A)는 $\dfrac{P}{2}$만큼의 하중을 한 끈이 지탱한다.

(B)는 $0.707P$만큼의 하중을 한 끈이 지탱한다.

(C)는 P만큼의 하중을 한 끈이 지탱한다.

따라서 한 끈이 받는 힘의 크기를 순서대로 나열하면 (C)>(B)>(A)이다.

20
정답 ③

도로의 횡단구성 시 고려사항
- 계획도로 기능
- 교통처리능력
- 교통의 안정성 및 효율성
- 자전거도로와 보행로의 분리
- 생활환경보전
- 도로의 유지관리
- 도시경관 확보

21
정답 ④

$\sigma_{\max} = \dfrac{P}{A}\left(1 + \dfrac{e_x}{e_{x_{\max}}} + \dfrac{e_y}{e_{y_{\max}}}\right)$

$= \dfrac{200}{5 \times 4}\left(1 + \dfrac{6 \times 0.5}{5} + \dfrac{6 \times 0.8}{4}\right)$

$= 28\text{kPa}$

22
정답 ②

$P_x = \dfrac{\pi^2 \times 2.1 \times 10^6 \times 190}{300^2} = 43.7t$

$P_y = \dfrac{\pi^2 \times 2.1 \times 10^6 \times 27}{300^2} = 6.2t$

이때 작은 값인 6.2t이 좌굴 하중이 된다.

23
정답 ③

$P = \dfrac{AE}{l}\delta = \dfrac{1 \times 2.1 \times 10^4}{100} \times 1 = 210\text{kN}$

따라서 철근의 허용하중 $P(\text{kN})$은 210kN이다.

24
정답 ②

$R_A = \dfrac{3}{8}wl, \ R_B = \dfrac{5}{8}wl$

$R_A = \dfrac{3}{8} \times 2 \times 10 = 7.5t$

따라서 A지점의 반력은 7.5t이다.

25
정답 ②

$M_B = -[(4 \times 2) + (2 \times 0.5)] = -9t \cdot m$

따라서 지점 B에서 최대 휨모멘트는 $-9t \cdot m$이다.

26
정답 ②

공액 보법 이용

실제 보의 $\theta_i = \dfrac{M}{EI}$도를 하중으로 실은 공액보에서의 V_i이다.

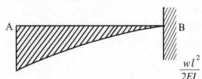

$\theta_B = \dfrac{1}{3}(l)\left(\dfrac{wl^2}{2EI}\right) = \dfrac{wl^3}{6EI}$

27

오일러의 좌굴 공식 $P_{cr} = \dfrac{\pi^2 EI}{(2L)^2}$ 에서 L_1과 L_2를 구하면 다음과 같다.

$$L_1 = \sqrt{\frac{\pi^2 EI}{4P_{cr}}} = \sqrt{\frac{\pi^2 \times 2,100,000 \times \frac{10 \times 5^3}{12}}{4 \times 20,000}}$$

$$\fallingdotseq 164\text{cm} = 1.64\text{m}$$

$$L_2 = \sqrt{\frac{\pi^2 EI}{4P_{cr}}} = \sqrt{\frac{\pi^2 \times 2,100,000 \times \frac{5 \times 10^3}{12}}{4 \times 20,000}}$$

$$\fallingdotseq 328\text{cm} = 3.28\text{m}$$

따라서 단면 2차 모멘트(I)가 작은 값을 택하므로 약 1.64m이다.

28

정답 ②

S.F.D가 2차 이상의 함수이므로 하중은 1차 이상의 함수이다.

29

정답 ②

① 직사각형으로 분포
② 삼각형으로 분포

$$\triangle B = \frac{1}{2} \times x \times Px \times \frac{2}{3}x = 4\delta = 4 \times \frac{Pl^3}{3EI}$$

$$\therefore x = \sqrt[3]{4l} \fallingdotseq 1.6l$$

30

정답 ⑤

식수대 구간에는 차도경계석고과 분리경계석이 포함되므로 차도경계석과 분리경계석을 제외한 순폭이 1m 이상이 되도록 설계한다.

따라서 차도경계석과 분리경계석을 제외한 순폭의 최소값은 1m이므로 전체 식수대의 최소 폭은 $1 + 0.22 + 0.15 = 1.37$m이다.

31

정답 ③

$$I_y = \frac{b^3 h}{12} = \frac{10^3 \times 20}{12} \fallingdotseq 1,667\text{cm}^4$$

따라서 y축에 대한 단면 2차 모멘트의 값은 약 1,667cm⁴이다.

32

정답 ⑤

최대 휨모멘트 지점은 전단력이 0인 곳이다.

$$M_B = 0, \ R_A \times l - w \times \frac{l}{2} \times \frac{3}{4}l = 0 \to R_A = \frac{3}{8}wl$$

$$\frac{3}{8}wl - w \times x = 0$$

$$\therefore x = \frac{3}{8}l$$

따라서 최대 휨모멘트가 생기는 단면은 $\dfrac{3}{8}l$이다.

33

정답 ②

$\sum M_F = \sum M_p = 0$의 식을 이용하면 된다.

따라서 $F = 400$kg, $P = 200$kg이다.

34

정답 ②

$\sum F_y = 0$에서 $F_{CB} = F_{AB}$

$\sum F_y = 0$에서 $F_{CB}\sin 30° + F_{AB}\sin 30° - 2 = 0$

$2F_{CB}\sin 30° = 2$

$\therefore F_{CB} = 2$t

따라서 부재력은 2t이다.

35

정답 ③

평행축 정리 이용

$$I_b = I_x + A\overline{y^2} = \frac{bh^3}{36} + \frac{bh}{2}\left(\frac{h}{3}\right)^2 = \frac{bh^3}{12}$$

36

정답 ②

전단력도에서 어느 점의 기울기는 그 점의 하중 강도이다.

$$w = \frac{400 + 400}{4} = 200\text{kg/m}$$

따라서 등분포하중(w)의 크기는 200kg/m이다.

37

정답 ①

$$\tau = \frac{VQ}{Ib}$$

$$I = \frac{bh^3}{12} = \frac{1}{12}(40 \times 60^3 - 30 \times 50^3) = 407,500\text{cm}^4$$

$$Q = 40 \times 5 \times (25 + 2.5) = 5,500\text{cm}^3$$

$$\tau = \frac{6,000 \times 5,500}{407,500 \times 10} = 8.10\text{kg/cm}^2$$

38

정답 ③

AB부재에서

$$M_{B1} = \frac{\omega(2L)^2}{8} = \frac{\omega L^2}{2} = 2M(+)$$

BC부재에서

$$M_{B2} = \frac{2\omega L^2}{8} = \frac{\omega L^2}{4} = M(-)$$

두 부재의 분배비는 $1:2$이므로,

$$M_B = 2M - (2M - M) \times \frac{1}{3} = \frac{\omega L^2}{2} - \frac{\omega L^2}{12} = \frac{5\omega L^2}{12}$$

39

정답 ③

$\sum M_B = 0$이고,

$(R_A \times 6) - (w \times 6 \times 3) + (2,400 \times \sin 150° \times 3) = 0$이다.

이때, $R_A = 0$이므로 $w = 200 \text{kg/m}$이다.

40

정답 ①

$$\sigma_a = \frac{My}{I} = \frac{6M}{bh^2}$$

$$h = \sqrt{\frac{6M}{b \cdot \sigma_a}} = \sqrt{\frac{6 \times 8,000 \times 100}{25 \times 120}} = 40 \text{cm}$$

배우고 때로 익히면, 또한 기쁘지 아니한가.

- 공자 -

PART 3

최종점검 모의고사

01	02	03	04	05	06	07	08	09	10	11	12	13	14	15	16	17	18	19	20
①	③	④	①	③	③	④	②	④	④	④	①	③	④	②	④	①	②	②	③
21	22	23	24	25	26	27	28	29	30	31	32	33	34	35	36	37	38	39	40
④	①	④	④	③	②	④	②	④	④	④	②	②	①	①	①	③	②	①	②
41	42	43	44	45	46	47	48	49	50	51	52	53	54	55	56	57	58	59	60
③	④	④	③	④	④	③	③	④	②	④	③	④	①	③	④	④	③	④	④

01   글의 제목   정답 ①

제시된 기사는 여름 휴가철 원활한 교통편의 제공을 위해 특별교통대책으로 갓길차로 운영, 실시간 교통정보 제공, 대중교통 수송력 확충, 졸음쉼터 그늘막 설치 등의 대책이 있음을 안내하고 있다. 따라서 이러한 내용을 모두 포함하는 ①이 기사의 제목으로 가장 적절하다.

02   내용 추론   정답 ③

마지막 문단의 '이러한 점을 반영하여 유네스코에서는 한글을 문화유산으로 등록함은 물론, 세계적으로 문맹 퇴치에 이바지한 사람에게 '세종대왕'의 이름을 붙인 상을 주고 있다.'라는 문장을 통해 추론할 수 있다.

오답분석
① 문자와 모양의 의미를 외워야 하는 것은 문자 하나하나가 의미를 나타내는 표의문자인 '한자'에 해당한다.
② 한글이 표음문자인 것은 맞지만, 기본적으로 24개의 문자를 익혀야 학습할 수 있다.
④ '세종이 만든 28자는 세계에서 가장 훌륭한 알파벳'이라고 평가한 사람은 미국의 다이아몬드(J. Diamond) 교수이다.

03   빈칸 삽입   정답 ④

단순히 젊은 세대의 문화만을 존중하거나 기존 세대의 문화만을 따르는 것이 아닌, 두 문화가 어우러질 수 있도록 기업 차원에서 분위기를 만드는 것이 문제의 본질적인 해결법으로 가장 적절하다.

오답분석
① 급여 받은 만큼만 일하게 되는 악순환이 반복될 것이므로 제시문에서 언급된 문제를 해결하는 기업 차원의 방법으로는 적절하지 않다.
② 기업의 전반적인 생산성 향상을 이룰 수 없으므로 기업 차원의 방법으로 적절하지 않다.
③ 젊은 세대의 채용을 기피하는 분위기가 생길 수 있으므로 적절하지 않다.

04 문단 나열
정답 ①

제시된 문단은 신탁 원리의 탄생 배경인 12세기 영국의 상황에 대해 이야기하고 있다. 따라서 이어지는 내용은 (가) 신탁 제도의 형성과 위탁자, 수익자, 수탁자의 관계 등장 – (다) 불안정한 지위의 수익자 – (나) 적극적인 권리 행사가 허용되지 않는 연금 제도에 기반한 신탁 원리 – (라) 연금 운용 권리를 현저히 약화시키는 신탁 원리와 그 대신 부여된 수탁자 책임의 문제점 순서로 나열해야 한다.

05 내용 추론
정답 ③

찬성 측은 공공 자전거 서비스 제도의 효과에 대해 예상하나, 구체적인 근거를 제시하고 있지는 않다.

오답분석

① 반대 측은 자전거를 이용하지 않는 사람들도 공공 자전거 서비스 제도에 필요한 비용을 지불해야 하므로 형평성의 문제가 발생할 수 있다고 보았다.
② 반대 측은 찬성 측의 공공 자전거 서비스는 사람들 모두가 이용할 수 있다는 주장에 대해 '물론 그렇게 볼 수도 있습니다만'과 같이 대답하며 찬성 측의 주장을 일부 인정하고 있다.
④ 반대 측은 공공 자전거 서비스 제도로 도로에 자전거와 자동차가 섞이게 되는 상황을 예상하면서 찬성 측의 주장에 대해 의문을 제기하고 있다.

06 문서 내용 이해
정답 ③

두 번째 문단에서 부조화를 감소시키는 행동은 비합리적인 면이 있는데, 그러한 행동들이 자신들의 문제에 대해 실제적인 해결책을 찾지 못하도록 할 수 있다고 하였다.

오답분석

① 인지부조화는 불편함을 유발하기 때문에 사람들은 이것을 감소시키려고 한다.
② 제시문에는 부조화를 감소시키는 행동의 합리적인 면이 나타나 있지 않다.
④ 부조화를 감소시키는 행동으로 사람들은 자신의 긍정적인 측면의 이미지를 유지하게 되는데, 이를 통해 부정적인 이미지를 감소시키는지는 알 수 없다.

07 내용 추론
정답 ④

제시문에 따르면 인지부조화 이론에서 '사람들은 현명한 사람을 자기 편, 우매한 사람을 다른 편이라 생각할 때 마음이 편안해질 것이다.'라고 하였다. 따라서 자신의 의견과 동일한 주장을 하는 글은 논리적인 글로 기억하고, 자신의 의견과 반대되는 주장을 하는 글은 형편없는 글이라고 기억할 것이라 예측할 수 있다.

08 글의 제목
정답 ②

제시된 기사에서는 고속도로 노면 및 휴게소 청소, 터널 내 미세먼지 저감시설 설치 등 고속도로의 미세먼지를 줄이기 위한 한국도로공사의 다양한 대책들에 대해 설명하고 있다. 따라서 이러한 내용을 모두 포함하는 ②가 기사의 제목으로 가장 적절하다.

오답분석

①・③ 기사에서 미세먼지의 발생 원인이나 문제점에 대한 내용은 찾아볼 수 없다.
④ 휴게소의 개선방안은 한국도로공사의 다양한 대책 중 하나이므로 기사의 전체 내용을 포괄하는 제목으로 적절하지 않다.

09 맞춤법
정답 ④

'-데'는 경험한 지난 일을 돌이켜 말할 때 쓰는, 즉 회상을 나타내는 종결어미이다. '-대'는 '다(고)해'의 준말로, 화자가 문장 속의 주어를 포함한 다른 사람으로부터 들은 이야기를 청자에게 간접적으로 전달하는 의미를 갖고 있다. 따라서 ④에서는 영희에게 들은 말을 청자에게 전달하는 의미로 쓰였으므로 '맛있대'가 되어야 한다.

10 문단 나열
정답 ④

제시문은 무협 소설에서 나타나는 '협(俠)'의 정의와 특징에 대하여 설명하고 있다. 따라서 (라) 무협 소설에서 나타나는 협의 개념 – (다) 협으로 인정받기 위한 조건 중 하나인 신의 – (가) 협으로 인정받기 위한 추가적인 조건 – (나) 앞선 사례를 통해 나타나는 협의 원칙과 정의의 순서로 나열해야 한다.

11 빈칸 삽입
정답 ④

• (가) : 빈칸 앞 문장은 어려워질 경제 상황이 특정인들에게는 새로운 기회가 될 수도 있다는 내용, 뒤 문장은 특정인에게만 유리한 상황이 비효율적이라는 부정적인 내용이 위치하고 있다. 따라서 ⓒ이 가장 적절하다.
• (나) : 빈칸을 제외한 문단의 내용이 집단 차원에서의 다양성 확보의 중요성을 주장하고, 그 근거로 반대 경우의 피해 사례를 제시하고 있으므로 ㉠이 가장 적절하다.
• (다) : 빈칸을 제외한 문단의 내용이 유전자 다양성 확보 시의 단점에 대한 내용이므로, '그럼에도 불구하고 다양성 확보가 중요한 이유'로 글을 마무리 하는 ⓒ이 가장 적절하다.

12 글의 제목
정답 ①

제시문은 급격하게 성장하는 호주의 카셰어링 시장을 언급하면서 이러한 성장 원인에 대해 분석하고 있으며, 호주 카셰어링 시장의 성장 가능성과 이에 따른 전망을 이야기하고 있다. 따라서 글의 제목으로 ①이 가장 적절하다.

13 문서 내용 이해
정답 ③

세 번째 문단에 따르면 호주에서 차량 2대를 소유한 가족의 경우 차량 구매 금액을 비롯하여 차량 유지비에 쓰는 비용만 최대 연간 18,000호주 달러에 이른다고 하였다. 이처럼 차량 유지비에 대한 부담이 크기 때문에 차량 유지비가 들지 않는 카셰어링 서비스를 이용하려는 사람이 늘어나고 있다.

14 문서 내용 이해
정답 ④

임마누엘 칸트는 단순히 이 세상의 행복을 얻으려는 욕심의 지배를 받아 이를 실천의 원리로 삼는 것을 악으로 규정했을 뿐, 행복 그 자체를 악으로 판단하진 않았다.

15 어휘
정답 ②

㉠ 불과하다 : 그 수량에 지나지 아니한 상태이다.
ⓒ 진입하다 : 향하여 내처 들어가다.
ⓒ 연관하다 : 사물이나 현상이 일정한 관계를 맺다.

[오답분석]
• 불가하다 : 가능하지 아니하다.
• 진척하다 : 일을 목적한 방향대로 진행하여 가다.
• 간구하다 : 간절히 바라다.

16 응용 수리   정답 ④

처음 소금의 양은 $0.05 \times 800 = 40$g이다. 여기에 30g의 소금을 더 넣었으므로 총 소금의 양은 70g이다.
이때 증발한 물의 양을 xg이라 하면 다음과 같은 식이 성립한다.

$$\frac{40+30}{800+30-x} \times 100 = 14$$

$$\rightarrow 14 \times (830-x) = 7,000$$

$$\rightarrow 830 - x = 500$$

$$\therefore x = 330$$

따라서 증발한 물의 양은 330g이다.

17 응용 수리   정답 ①

폐렴 보균자일 확률을 $\mathrm{P}(A)$, 항생제 내성이 있을 확률을 $\mathrm{P}(B)$라고 가정하면 $\mathrm{P}(A) = 20\% = \frac{1}{5}$, $\mathrm{P}(B) = 75\% = \frac{3}{4}$ 이다.

따라서 항생제 내성이 있는 사람들 중 폐렴 보균자인 사람은 $\mathrm{P}(A|B) = \dfrac{\mathrm{P}(A) \times \mathrm{P}(B)}{\mathrm{P}(B)} = \dfrac{\frac{1}{5} \times \frac{3}{4}}{\frac{3}{4}} = 0.2 = 20\%$이다.

18 응용 수리   정답 ②

• 어른들이 원탁에 앉는 경우의 수 : $(3-1)! = 2$가지
• 어른들 사이에 아이들이 앉는 경우의 수 : $3! = 6$가지
따라서 원탁에 앉을 수 있는 모든 경우의 수는 $2 \times 6 = 12$가지이다.

19 응용 수리   정답 ②

서울에서 부산까지 무정차로 걸리는 시간을 x시간이라고 하면 $x = \dfrac{400}{120} = \dfrac{10}{3}$ 이므로 3시간 20분이고, 서울에서 9시에 출발하여
부산에 13시 10분에 도착했으므로 걸린 시간은 4시간 10분이다. 즉, 무정차 시간과 비교하면 50분이 더 걸렸고, 역마다 정차하는
시간은 10분이므로 정차한 역의 수는 $50 \div 10 = 5$개이다.

20 응용 수리   정답 ③

가현이가 수영한 속력을 xm/s, A지점에서 B지점까지의 거리를 ym, 강물의 속력을 zm/s라고 하자.
가현이가 강물이 흐르는 방향으로 가는 속력은 $(x+z)$m/s, 반대방향으로 거슬러 올라가는 속력은 $(x-z)$m/s이고, 강물이 흐르는
방향으로 수영할 때 걸린 시간이 반대방향으로 거슬러 올라가며 걸린 시간의 0.2배라고 하였으므로 다음과 같은 식이 성립한다.

$$\frac{y}{x+z} = \frac{y}{x-z} \times 0.2$$

$$\rightarrow 10(x-z) = 2(x+z)$$

$$\rightarrow 2x = 3z$$

$$\therefore x = \frac{3}{2}z$$

따라서 가현이가 수영한 속력 xm/s는 강물의 속력 zm/s의 1.5배이다.

21 자료 계산

정답 ④

A, B, C팀의 인원수를 각각 a, b, c명이라고 하면

A, B팀의 인원수 합은 $a+b=80$ … ㉠

A팀의 총점은 $40a$점이고, B팀의 총점은 $60b$점이므로

$40a+60b=80\times52.5=4,200$

$\rightarrow 2a+3b=210$ … ㉡

㉠과 ㉡을 연립하면

$a=30$, $b=50$, $b+c=120$, $c=70$이므로 (가)에 들어갈 값은 100이다.

C+A의 총점은 $(70\times90)+(30\times40)=7,500$점이고, $c+a=100$이므로 (나)에 들어갈 값은 $\dfrac{7,500}{100}=75.0$이다.

22 자료 계산

정답 ①

• 남자의 고등학교 진학률 : $\dfrac{861,517}{908,388}\times100 ≒ 94.8\%$

• 여자의 고등학교 진학률 : $\dfrac{838,650}{865,323}\times100 ≒ 96.9\%$

23 자료 계산

정답 ④

공립 중학교의 성별 졸업자 수가 알려져 있지 않으므로 계산할 수 없다.

24 자료 이해

정답 ④

현재기온이 가장 높은 수원은 이슬점 온도는 가장 높지만, 습도는 65%로, 95%의 백령도보다 낮으므로 옳지 않다.

[오답분석]
① 파주의 시정은 20km로 가장 좋다.
② 수원이 이슬점 온도와 불쾌지수 모두 가장 높다.
③ 불쾌지수가 70을 초과한 지역은 수원과 동두천으로 2곳이다.

25 자료 이해

정답 ③

2019년과 2024년을 비교했을 때, 국유지 면적의 차이는 $24,087-23,033=1,054km^2$이고, 법인 면적의 차이는 $6,287-5,207=$ $1,080km^2$이므로 법인 면적의 차이가 더 크다.

[오답분석]
① 국유지 면적은 매년 증가하고, 민유지 면적은 매년 감소하는 것을 확인할 수 있다.
② 전년 대비 2020 ~ 2024년 군유지 면적의 증가량은 다음과 같다.
  • 2020년 : $4,788-4,741=47km^2$
  • 2021년 : $4,799-4,788=11km^2$
  • 2022년 : $4,838-4,799=39km^2$
  • 2023년 : $4,917-4,838=79km^2$
  • 2024년 : $4,971-4,917=54km^2$
  따라서 군유지 면적의 증가량은 2023년에 가장 많다.
④ 전체 국토면적은 매년 증가하고 있는 것을 확인할 수 있다.

26 자료 이해 　　　　　　　　　　　　　　　　　　　　　　　　　　　　　　정답 ②

처리 건수 중 인용 건수 비율을 구하면 2021년이 $\frac{3,667}{32,737}\times100 ≒ 11.20\%$, 2024년이 $\frac{3,031}{21,080}\times100 ≒ 14.38\%$이므로 그 차이는 $14.38-11.20=3.18\%$이다.

오답분석

ㄱ. 기타처리 건수의 전년 대비 감소율은 다음과 같다.

- 2022년 : $\frac{12,871-16,674}{16,674}\times100 ≒ -22.81\%$

- 2023년 : $\frac{10,166-12,871}{12,871}\times100 ≒ -21.02\%$

- 2024년 : $\frac{8,204-10,166}{10,166}\times100 ≒ -19.30\%$

　　따라서 기타처리 건수의 감소율은 매년 감소하였다.

ㄷ. 조정합의 건수의 처리 건수 대비 비율은 2022년이 $\frac{2,764}{28,744}\times100 ≒ 9.62\%$로, 2023년의 $\frac{2,644}{23,573}\times100 ≒ 11.22\%$보다 낮다.

ㄹ. 조정합의 건수 대비 의견표명 건수 비율은 2021년이 $\frac{467}{2,923}\times100 ≒ 15.98\%$, 2023년이 $\frac{474}{2,764}\times100 ≒ 17.15\%$, 2023년이 $\frac{346}{2,644}\times100 ≒ 13.09\%$, 2024년이 $\frac{252}{2,567}\times100 ≒ 9.82\%$이다. 조정합의 건수 대비 의견표명 건수 비율이 높은 순서로 나열하면 2022년 – 2021년 – 2023년 – 2024년이다. 또한, 평균처리일이 짧은 순서로 나열하면 2022년 – 2024년 – 2021년 – 2023년이다. 따라서 평균처리일이 짧은 해일수록 조정합의 건수 대비 의견표명 건수 비율이 높다는 설명은 옳지 않다.

27 자료 계산 　　　　　　　　　　　　　　　　　　　　　　　　　　　　　　정답 ④

C대리의 청렴도 점수를 a점으로 가정하고, 승진심사 평점 계산식을 세우면 다음과 같다.
$(60\times0.3)+(70\times0.3)+(48\times0.25)+(a\times0.15)=63.6$
→ $a\times0.15=12.6$
$\therefore a=\frac{12.6}{0.15}=84$
따라서 C대리의 청렴도 점수는 84점임을 알 수 있다.

28 자료 계산 　　　　　　　　　　　　　　　　　　　　　　　　　　　　　　정답 ②

B과장의 승진심사 평점은 $(80\times0.3)+(72\times0.3)+(78\times0.25)+(70\times0.15)=75.6$점이다.
따라서 B과장이 승진후보에 들기 위해 필요한 점수는 $80-75.6=4.4$점이다.

29 자료 이해 　　　　　　　　　　　　　　　　　　　　　　　　　　　　　　정답 ④

평균근속연수는 2019년 이후 지속적으로 감소하고 있으며, 남성 직원이 여성 직원보다 재직기간이 길다.

오답분석

① 기본급은 2022년도에 전년 대비 감소하였다.
② 2024년도에는 1인당 평균 보수액이 남성과 여성 직원이 같다.
③ 1인당 평균 보수액은 2020년도에 가장 많다.

30 자료 이해

원 그래프는 일반적으로 내역이나 내용의 구성비를 원을 분할하여 나타낸다.

오답분석

① 점 그래프 : 종축과 횡축에 2요소를 두고, 보고자 하는 것이 어떤 위치에 있는가를 알고자 할 때 쓴다.
② 방사형 그래프 : 원 그래프의 일종으로 레이더 차트, 거미줄 그래프라고도 한다. 비교하는 수량을 직경 또는 반경으로 나누어 원의 중심에서의 거리에 따라 각 수량의 관계를 나타내는 그래프이다. 대표적으로 비교하거나 경과를 나타내는 용도로 활용된다.
④ 막대 그래프(봉 그래프) : 비교하고자 하는 수량을 막대 길이로 표시하고 그 길이를 비교하여 각 수량 간의 대소 관계를 나타내는 것이다. 가장 간단한 형태이며, 선 그래프와 같이 각종 그래프의 기본을 이룬다. 막대 그래프는 내역·비교·경과·도수 등을 표시하는 용도로 쓰인다.

31 명제 추론

정답 ④

제시된 조건을 순서대로 논리 기호화하여 정리하면 다음과 같다.
• 첫 번째 명제 : (~연차 ∨ 출퇴근) → 주택
• 두 번째 명제 : 동호회 → 연차
• 세 번째 명제 : ~출퇴근 → 동호회
• 네 번째 명제 : (출퇴근 ∨ ~연차) → ~동호회
먼저 두 번째 명제의 경우, 동호회행사비 지원을 도입할 때에만이라는 한정 조건이 있으므로 역(연차 → 동호회) 또한 참이다. 만약 동호회행사비를 지원하지 않는다고 가정하면, 두 번째 명제의 역의 대우(~동호회 → ~연차)와 세 번째 명제의 대우(~동호회 → 출퇴근)에 따라 첫 번째 명제가 참이 되므로, 출퇴근교통비 지원과 주택마련자금 지원을 도입하게 된다. 그러나 다섯 번째 명제에 따라 주택마련자금 지원을 도입했을 때, 다른 복지제도를 도입할 수 없으므로 모순이 된다. 따라서 동호회행사비 지원을 도입한다. 동호회행사비 지원을 도입한다면, 네 번째 명제의 대우[동호회 → (~출퇴근 ∧ 연차)]에 따라 출퇴근교통비 지원은 도입되지 않고, 연차 추가제공은 도입된다. 그리고 다섯 번째 명제의 대우에 따라 주택마련자금 지원은 도입되지 않는다.
따라서 D사가 도입할 복지제도는 동호회행사비 지원과 연차 추가제공 2가지이다.

32 명제 추론

정답 ②

두 번째 조건과 다섯 번째 조건 그리고 마지막 조건에 따라 회계직인 D는 미국 서부의 해외사업본부로 배치된다.

33 명제 추론

정답 ②

주어진 조건에 따르면 가능한 경우는 총 2가지로 다음과 같다.

구분	인도네시아	미국 서부	미국 남부	칠레	노르웨이
경우 1	B	D	A	C	E
경우 2	C	D	B	A	E

㉠ 경우 2에서 C가 인도네시아에 배치되면 B는 미국 남부에 배치된다.
㉣ 경우 1, 2 모두 노르웨이에는 항상 회계직인 E가 배치된다.

오답분석

㉡ 경우 1에서 A가 미국 남부에 배치되면 C는 칠레에 배치된다.
㉢ 경우 1에서 A는 미국 남부에 배치된다.

34 자료 해석

세 번째와 다섯 번째 정보로부터 A사원은 야근을 3회, 결근을 2회 하였고, 네 번째와 마지막 정보로부터 B사원은 지각을 2회, C사원은 지각을 3회 하였음을 알 수 있다. C사원의 경우 지각을 3회 하였으므로 결근과 야근을 각각 1회 또는 2회 하였는데, 근태 총 점수가 -2점이므로 지각에서 -3점, 결근에서 -1점, 야근에서 +2점을 얻어야 한다. 마지막으로 B사원은 결근을 3회, 야근을 1회 하여 근태 총 점수가 -4점이 된다. 이를 표로 정리하면 다음과 같다.

(단위 : 회)

구분	A	B	C	D
지각	1	2	3	1
결근	2	3	1	1
야근	3	1	2	2
근태 총 점수(점)	0	-4	-2	0

따라서 C사원이 지각을 가장 많이 하였다.

35 자료 해석

34번 표를 참고하면 A사원과 B사원이 지각보다 결근을 많이 하였음을 알 수 있다.

36 규칙 적용

먼저 16진법으로 표현된 수를 10진법으로 변환하여야 한다.
$43 = 4 \times 16 + 3 = 67$
$41 = 4 \times 16 + 1 = 65$
$54 = 5 \times 16 + 4 = 84$
변환된 수를 아스키 코드표를 이용하여 해독하면 67=C, 65=A, 84=T임을 확인할 수 있다. 따라서 철수가 장미에게 보낸 문자의 의미는 'CAT'이다.

37 명제 추론

ⅰ) 월요일에 진료를 하는 경우 첫 번째 조건에 의해 수요일에 진료를 하지 않는다. 그러면 마지막 조건에 의해 금요일에 진료를 한다. 또한, 세 번째 조건의 대우에 의해 화요일에 진료를 하지 않는다. 따라서 월요일, 금요일에 진료를 한다.
ⅱ) 월요일에 진료를 하지 않는 경우 두 번째 조건에 의해 화요일에 진료를 한다. 그러면 세 번째 조건에 의해 금요일에 진료를 하지 않는다. 또한, 마지막 조건의 대우에 의해 수요일에 진료를 한다. 따라서 화요일, 수요일에 진료를 한다.

38 SWOT 분석

ㄱ. LNG 구매력이 우수하다는 강점을 이용해 북아시아 가스관 사업이라는 기회를 활용하는 것은 SO전략에 해당된다.
ㄷ. 수소 자원 개발이 고도화되고 있는 기회를 이용하여 높은 공급단가라는 약점을 보완하는 것은 WO전략에 해당된다.

오답분석

ㄴ. 북아시아 가스관 사업은 강점이 아닌 기회에 해당되므로 ST전략에 해당된다고 볼 수 없다.
ㄹ. 높은 LNG 확보 능력이라는 강점을 이용해 높은 가스 공급단가라는 약점을 보완하려는 것은 WT전략에 해당된다고 볼 수 없다.

39 　자료 해석　정답 ①

1순위부터 3순위 품목들을 20세트 구매 시 배송비를 제외한 총금액은 다음과 같다.
- 1순위 : 소고기, $62,000 \times 20 \times 0.9 = 1,116,000$원
- 2순위 : 참치, $31,000 \times 20 \times 0.9 = 558,000$원
- 3순위 : 돼지고기, $37,000 \times 20 = 740,000$원

2순위인 참치 세트 총금액이 1순위인 소고기 세트보다 $1,116,000 - 558,000 = 558,000$원 저렴하므로 세 번째 조건에 따라 차순위인 참치 세트를 준비한다. 마지막 조건에 따라 배송비를 제외한 총금액이 50만 원 이상이므로 6순위 김 세트는 준비하지 않는다. 따라서 D공사에서 설 선물로 준비하는 상품은 B업체의 참치이다.

40 　규칙 적용　정답 ②

B는 뒷면을 가공한 이후 A의 앞면 가공이 끝날 때까지 5분을 기다려야 한다. 즉, 뒷면 가공(15분) → 5분 기다림 → 앞면 가공(20분) → 조립(5분)이 이루어지므로 총 45분이 걸리고, 유휴 시간은 5분이다.

41 　명제 추론　정답 ③

명제가 참이면 대우 명제도 참이므로 '유민이가 좋아하는 과일은 신혜가 싫어하는 과일이다.'가 참이면 '신혜가 좋아하는 과일은 유민이가 싫어하는 과일이다.'도 참이 된다. 따라서 신혜는 딸기를 좋아하고, 유민이는 사과와 포도를 좋아한다.

42 　명제 추론　정답 ④

주어진 조건에 따라 면접 순서를 정리하면 다음과 같다.

구분	1번	2번	3번	4번	5번	6번
경우 1	F	B	C	A	D	E
경우 2	F	E	C	A	D	B
경우 3	F	C	A	D	E	B
경우 4	E	F	C	A	D	B

따라서 총 4가지 경우가 가능하다.

43 　명제 추론　정답 ④

42번 표를 참고하면 F는 항상 C보다 일찍 면접을 본다.

[오답분석]
① 경우 1에서 D는 B보다 늦게 면접을 본다.
② 경우 1, 2, 4에서 C는 세 번째로 면접을 본다.
③ 경우 1, 3에서 A는 E보다 일찍 면접을 본다.

44 　명제 추론　정답 ③

42번 표를 참고하면 D는 항상 오후에 면접을 본다.

45 자료 해석 정답 ④

상궁 연봉은 $(11 \times 5)+(1 \times 7.12)=62.12$냥으로, 보병 연봉의 2배인 $(3 \times 5)+(9 \times 2.5) \times 2=37.5 \times 2=75$냥보다 적다.

오답분석

① 1냥의 가치는 보병 연봉을 기준으로 계산하면 $1,500,000 \div [(3 \times 5)+(9 \times 2.5)]=40,000$원/냥이다. 따라서 18세기 조선의 1푼의 가치는 400원/푼이므로 옳은 내용이다.
② 기병 연봉은 종9품 연봉보다 콩 1섬, 면포 9필이 더 많고, 정5품보다는 쌀 10섬만큼 적고, 콩 1섬, 면포 9필만큼 많다. 따라서 쌀 10섬이 50냥이고, 콩 1섬과 면포 9필이 $(1 \times 7.12)+(9 \times 2.5)=29.62$냥이므로 정5품 연봉이 더 많다.
③ 정1품 관료의 12년치 연봉은 $12 \times [(25 \times 5)+(3 \times 7.12)]=1,756.32$냥이고, 100칸 기와집의 가격은 2,165냥이므로 기와집의 가격이 더 높다.

46 엑셀 함수 정답 ④

[F3] 셀은 최대 매출액을 구해야 하므로 MAX 함수를 사용한다.
• MAX : 최댓값을 구한다.
• MIN : 최솟값을 구한다.

47 엑셀 함수 정답 ③

SUM 함수는 인수들의 합을 구할 때 사용한다.
• [B12] : 「=SUM(B2:B11)」
• [C12] : 「=SUM(C2:C11)」

오답분석

① REPT : 텍스트를 지정한 횟수만큼 반복한다.
② CHOOSE : 인수 목록 중에서 하나를 고른다.
④ AVERAGE : 인수들의 평균을 구한다.

48 프로그램 언어(코딩) 정답 ③

if(i%2 == 1) continue;는 짝수의 값만 sum에 누적하라는 의미이다. 따라서 sum=2+4+6+8+10이 되므로 30이다.

49 정보 이해 정답 ④

금융 거래 시 신용카드 번호와 같은 금융정보 등을 저장할 경우 암호화하여 저장하고, 되도록 PC방, 공용 컴퓨터와 같은 개방 환경을 이용하지 않도록 해야 한다.

50 정보 이해 정답 ①

㉠ 다음 팟 인코더 : 다음에서 제작한 동영상 편집 및 인코더 프로그램으로, 인터페이스가 적절하고 어려운 용어 사용도 적어서 초보가 사용하기 좋다.
㉡ 무비메이커 : 무료 영상 편집 프로그램으로, 윈도우 사용자에게는 진입 장벽이 낮아 사람들이 흔히 사용하는 동영상 편집 프로그램이다.

오답분석

㉢ 프리미어 프로 : 어도비사의 영상 편집 소프트웨어로, 실시간 및 타임라인 기반으로 유튜버들도 많이 사용한다.
㉣ 베가스 프로 : MAGIX의 영상 편집 소프트웨어 패키지로 전문 비선형 편집 시스템을 위한 영상 편집 소프트웨어 패키지이다.
㉤ 스위시 맥스 : 인터랙티브 및 크로스 플랫폼 영화, 애니메이션 및 프레젠테이션을 만드는 데 일반적으로 사용되는 Flash, 동적 HTML 및 벡터 그래픽 생성 도구이다.

51 <inline>정보 이해</inline>   정답 ④

- QuickTime MOV 파일 : 애플사의 컴퓨터인 Mac PC에서 사용되는 압축 기술로, JPEG와 비슷한 이미지 파일들을 압축해서 사용하며 Windows에서는 실행이 불가능하기 때문에 Quick Time for Windows라는 프로그램이 필요하다.
- MPEG(Moving Picture Experts Group) 파일 : 1988년에 설립된 표준화 동영상 전문 그룹으로 동영상뿐만 아니라 오디오 데이터도 압축이 가능하며, 프레임 간 연관성을 고려하여 중복 데이터를 제거하는 손실 압축 기법을 사용한다.

[오답분석]

① AVI(Audio Video Interleave) : 마이크로소프트에서 1992년에 처음 선보였고, 비디오 포 윈도우 기술의 일부인 멀티미디어 컨테이너 포맷이다. AVI 파일은 소리와 영상이 함께 재생되는 소리, 영상 데이터를 표준 컨테이너 안에 둘 다 포함할 수 있다.
② DVI(Digital Visual Interface) : LCD 모니터를 위한 장치 간을 이어주는 부분인 고화질의 디지털 인터페이스이다.
③ DivX : CD 1 ~ 2장 분량으로 DVD와 유사한 수준의 화질로 영화를 볼 수 있게 해 주는 파일로, 영화를 컴퓨터로 쉽게 감상할 수 있게 해준다.

52 <inline>정보 이해</inline>   정답 ③

ⓒ · ⓑ 음식과 색상에 대한 자료를 가구, 연령으로 특징지음으로써 자료를 특정한 목적으로 가공한 정보(Information)로 볼 수 있다.

[오답분석]

㉠ · ㉣ · ㉤ 특정한 목적이 없는 자료(Data)의 사례이다.
ⓒ 특정한 목적을 달성하기 위한 지식(Knowledge)의 사례이다.

53 <inline>정보 이해</inline>   정답 ④

제시된 자료는 '운동'을 주제로 나열되어 있는 자료임을 알 수 있다. ④는 운동이 아닌 '식이요법'을 목적으로 하는 지식의 사례이다.

54 엑셀 함수   정답 ①

팀명을 구하기 위한 함수식은 「=CHOOSE(MID(B3,2,1),"홍보팀","기획팀","교육팀")」이다. 따라서 CHOOSE 함수와 MID 함수가 사용되었다.

55 정보 이해   정답 ③

ⓒ 데이터베이스를 이용하면 다량의 데이터를 정렬해 저장하게 되므로 검색 효율이 개선된다.
ⓒ 데이터가 중복되지 않고 한 곳에만 기록되어 있으므로, 오류 발견 시 그 부분만 수정하면 되기 때문에 데이터의 무결성을 높일 수 있다.

[오답분석]

㉠ 대부분의 데이터베이스 관리 시스템은 사용자가 정보에 대한 보안 등급을 정할 수 있게 해 준다. 따라서 부서별로 읽기 권한, 읽기와 쓰기 권한 등을 구분해 부여하여 안정성을 높일 수 있다.
㉣ 데이터베이스를 형성하여 중복된 데이터를 제거하면 데이터 유지비를 감축할 수 있다.

56 프로그램 언어(코딩)   정답 ④

1부터 100까지의 값은 변수 x에 저장한다. 1, 2, 3, … 에서 초기값은 1이고, 최종값은 100이며, 증분값은 1씩 증가시키면 된다. 즉, 1부터 100까지를 덧셈하려면 99단계를 반복 수행해야 하므로 결과는 5050이 된다.

57 정보 이해

정답 ④

게시판 사용 네티켓
- 글의 내용은 간결하게 요점만 작성한다.
- 제목에는 글의 내용을 파악할 수 있는 함축된 단어를 사용한다.
- 글을 쓰기 전에 이미 같은 내용의 글이 없는지 확인한다.
- 글의 내용 중에 잘못된 점이 있으면 빨리 수정하거나 삭제한다.
- 게시판의 주제와 관련 없는 내용은 올리지 않는다.

58 정보 이해

정답 ③

연번	기호	연산자	검색조건
ㄱ	*, &	AND	두 단어가 모두 포함된 문서를 검색함
ㄴ	l	OR	두 단어가 모두 포함되거나, 두 단어 중 하나만 포함된 문서를 검색함
ㄷ	-, !	NOT	'-' 기호나 '!' 기호 다음에 오는 단어는 포함하지 않는 문서를 검색함
ㄹ	~, near	인접검색	앞/뒤의 단어가 가깝게 인접해 있는 문서를 검색함

따라서 정보 검색 연산자에 대한 내용으로 옳지 않은 것은 ㄴ, ㄷ이다.

59 정보 이해

정답 ④

ㄷ. 워드프로세서의 주요 기능으로는 입력 기능, 표시 기능, 저장 기능, 편집 기능, 인쇄 기능을 꼽을 수 있다.
ㄹ. 스프레드 시트의 구성단위는 셀, 열, 행, 영역 4가지이다. 셀은 정보를 저장하는 단위이며, 처리하고자 하는 숫자와 데이터를 셀에 기입하고 이 셀들을 수학 방정식에 연결하면 셀 내용이 바뀌면서 그와 연결된 셀 내용들이 바뀌게 된다.

오답분석
ㄱ. 여러 형태의 문서를 작성, 편집, 저장, 인쇄할 수 있는 프로그램을 워드 프로세서라고 한다. 스프레드 시트는 수치 계산, 통계, 도표와 같은 작업을 효율적으로 할 수 있는 응용 프로그램이다.
ㄴ. 사용자가 컴퓨터를 더 쉽게 사용할 수 있도록 도와주는 소프트웨어(프로그램)를 '유틸리티 프로그램'이라고 하고 줄여서 '유틸리티'라고 한다. 유틸리티 프로그램은 본격적인 응용 소프트웨어라고 하기에는 크기가 작고 기능이 단순하다는 특징을 가지고 있다.

60 정보 이해

정답 ④

개인정보는 다양한 분야에서 사용할 수 있다. 개인정보는 일반정보, 가족정보, 교육 및 훈련정보, 병역정보, 부동산 및 동산 정보, 소득정보, 법적정보 등 다양하게 분류된다. ㄱ은 가족정보, ㄴ은 교육정보, ㄷ은 기타 수익정보, ㄹ은 법적정보에 해당한다.

PART 3

01	02	03	04	05	06	07	08	09	10	11	12	13	14	15	16	17	18	19	20
③	③	③	④	②	④	④	④	③	③	②	③	③	④	③	④	④	②	④	④
21	22	23	24	25	26	27	28	29	30	31	32	33	34	35	36	37	38	39	40
①	④	③	④	①	③	④	②	②	④	④	①	②	②	②	①	④	④	③	②
41	42	43	44	45	46	47	48	49	50	51	52	53	54	55	56	57	58	59	60
①	③	④	④	④	③	④	④	④	④	④	③	①	②	①	④	①	④	①	②

01 문서 내용 이해

정답 ③

액설로드는 팃포탯 전략이 두 차례 모두 우승할 수 있었던 이유가 비열한 전략에는 비열한 전략으로 대응했기 때문이라고 마지막 문단에서 언급하고 있다.

오답분석

① 네 번째 문단에 의하면 팃포탯을 만든 것은 심리학자인 아나톨 라포트 교수이다.
② 두 번째 문단에 의하면 죄수의 딜레마에서 자신의 이득이 최대로 나타나는 경우는 내가 죄를 자백하고 상대방이 죄를 자백하지 않는 것이다.
④ 마지막 문단에서 액설로드는 팃포탯을 친절한 전략으로 분류했음을 확인할 수 있다.

02 어휘

정답 ③

• ㉠ : 앞 문장에서는 평화로운 시대에는 시인의 존재가 문화의 비싼 장식으로 여겨질 수 있다고 하였으나, 뒤 문장에서는 조국이 비운에 빠졌거나 통일을 잃었을 때는 시인이 민족의 예언가 또는 선구자가 될 수 있다고 하였다. 따라서 역접의 의미인 '그러나'가 적절하다.
• ㉡ : 앞 문장에서는 과거에 탄압받던 폴란드 사람들이 시인을 예언자로 여겼던 사례를 제시하고 있으며, 뒤 문장에서는 또 다른 사례로 불행한 시절 이탈리아와 벨기에 사람들이 시인을 조국 그 자체로 여겼던 점을 제시하고 있다. 따라서 '거기에다 더'라는 의미를 지닌 '또한'이 적절하다.

03 문단 나열

정답 ③

제시문은 철학에서의 '부조리'에 대한 개념을 설명하는 글이다. 따라서 (나) 부조리의 개념 – (라) 부조리라는 개념을 도입하고 설명한 알베르 카뮈 – (가) 연극의 비유 – (다) 이에 대한 결론 순서로 나열해야 한다.

04 문서 내용 이해   정답 ④

제52조 제2항 ~ 제4항에 따르면 공사가 재발방지대책을 수립하여 관련 부서에 개선요구서를 통보하면 이를 받은 관련 부서장은 모든 일에 우선하여 개선하는 조치를 하여야 한다. 이러한 부서의 개선여부는 관련 부서장이 아닌 공사가 확인하여 안전보건관리책임자에게 보고하여야 한다.

오답분석
① 제52조 제1항에서 확인할 수 있다.
② 제51조 제2항에서 확인할 수 있다.
③ 제51조 제3항, 제8항에서 확인할 수 있다.

05 맞춤법   정답 ②

'마음에 들 만하지 아니하다.'는 의미를 가진 어휘는 '마뜩잖다'이다(마뜩찮게 → 마뜩잖게).

오답분석
① 가무잡잡하다 : 약간 짙게 가무스름하다.
③ 불그스름하다 : 조금 붉다.
④ 괘념하다 : 마음에 두고 걱정하거나 잊지 아니하다.

06 글의 제목   정답 ④

제시문에서는 우리 민족과 함께해 온 김치의 역사를 비롯하여 김치의 특징과 다양성 등을 이야기하고 있다. 또한 복합 산업으로 발전하면서 규모가 성장하고 있는 김치 산업에 대해서도 이야기하고 있다. 따라서 글 전체의 내용을 아우를 수 있는 글의 제목으로 ④가 가장 적절하다.

07 내용 추론   정답 ④

밀그램의 예상과 달리 65퍼센트의 사람들이 인체에 치명적인 450V까지 전압을 올렸고, 일부 실험자만이 '불복종'하였다.

08 문서 내용 이해   정답 ④

두 번째 문단에 따르면 마이크로비드는 잔류성 유기 오염물질을 흡착한다.

09 빈칸 삽입   정답 ③

마지막 문단에서는 D공사가 마닐라 신공항 사업에 참여하여 얻게 되는 이점에 대해 설명하고 있으며, 빈칸 바로 앞 문장에서는 필리핀이 한국인들이 즐겨 찾는 대표적인 관광지임을 언급하고 있다. 따라서 빈칸에 들어갈 내용으로는 필리핀을 찾는 한국인 관광객들이 얻게 되는 이점과 관련된 ③이 가장 적절하다.

오답분석
①·② 필리핀을 찾는 한국인 관광객과 관련이 없다.
④ D공사의 신공항 사업 참여로 인한 이점으로 보기 어렵다.

10 내용 추론   정답 ③

언어는 한 나라의 상징이다. 그 상징에는 역사와 문화가 담겨 있기에 조선어학회의 투쟁은 단순한 말글 투쟁이 아니라 독립운동으로 기억해야 한다.

PART 3

11 문서 내용 이해   정답 ②

수건이나 휴지 등을 덧댄 후 마스크를 사용하면 밀착력이 감소해 미세입자 차단 효과가 떨어질 수 있다.

12 어휘   정답 ③

㉠ 제시(提示) : 어떤 의사를 글이나 말로 드러내어 보임
㉡ 표출(表出) : 겉으로 나타냄
㉢ 구현(具縣) : 어떤 내용이 구체적인 사실로 나타나게 함

[오답분석]
• 표시(表示) : 어떤 사항을 알리는 문구나 기호 따위를 외부에 나타내 보임
• 표명(表明) : 의사, 태도 따위를 분명하게 나타냄
• 실현(實現) : 꿈, 기대 따위를 실제로 이룸

13 문서 내용 이해   정답 ③

사람은 한쪽 눈으로 얻을 수 있는 단안 단서만으로도 이전의 경험으로부터 추론에 의하여 세계를 3차원으로 인식할 수 있다. 즉, 사고로 한쪽 눈의 시력을 잃어도 남은 한쪽 눈에 맺히는 2차원의 상들은 다양한 실마리를 통해 입체 지각이 가능하다.

14 빈칸 삽입   정답 ④

제시문은 '발전'에 대한 개념을 설명하고 있다. 빈칸 앞에는 '발전'에 대해 '모든 형태의 변화가 전부 발전에 해당하는 것은 아니다.' 라고 하면서 '교통신호등'을 예로 들고, 빈칸 뒤에는 '사태의 진전 과정에서 나중에 나타나는 것은 적어도 그 이전 단계에 내재적으로 나마 존재했던 것의 전개에 해당한다는 것이다.'라고 상술하고 있다. 여기에 첫 번째 문장까지 고려한다면, 빈칸에 들어갈 내용으로 는 ④가 가장 적절하다.

15 문단 나열   정답 ③

먼저 다문화정책의 두 가지 핵심을 밝히고 있는 (다)가 가장 앞에 와야 하고, (다)의 내용을 뒷받침하기 위해 프랑스를 사례로 든 (가)를 두 번째에 배치하는 것이 자연스럽다. 그 다음으로는 이민자에 대한 지원 촉구 및 다문화정책의 개선 등에 대한 내용이 이어지는 것이 글의 흐름상 적절하므로 이민자에 대한 배려의 필요성을 주장하는 (라)가 와야 하며, 다문화정책의 패러다임 전환을 주장하는 (나)가 이어져야 한다. 따라서 (다) – (가) – (라) – (나)의 순서로 나열하는 것이 적절하다.

16 응용 수리   정답 ④

3대의 버스 중 출근 시간보다 일찍 도착할 2대의 버스를 고르는 경우의 수는 $_3C_2 = 3$가지이다.

따라서 구하고자 하는 확률은 $3 \times \frac{3}{8} \times \frac{3}{8} \times \frac{1}{2} = \frac{27}{128}$ 이다.

17 응용 수리   정답 ④

철수가 출발하고 나서 영희를 따라잡은 시간을 x분이라고 하자.
철수와 영희는 5 : 3 비율의 속력으로 간다고 했으므로 철수의 속력을 $5am/$분이라고 하면 영희의 속력은 $3am/$분이다.
$5am/$분$\times x$분$=3am/$분$\times 30$분$+3am/$분$\times x$분
→ $5ax = 90a + 3ax$
→ $2ax = 90a$
∴ $x = 45$
따라서 철수가 영희를 따라잡은 시간은 45분 만이다.

18 응용 수리 · 정답 ②

작년에 구입한 식물 중 16%가 시들었다고 했으므로, 작년에 구입한 식물은 $\dfrac{20}{0.16}=125$그루이다. 따라서 올해 구입할 실내공기

정화식물은 작년의 $\dfrac{1}{2.5}$ 배이므로 $\dfrac{125}{2.5}=50$그루이다.

19 응용 수리 · 정답 ④

농도가 15%인 소금물의 양을 xg이라고 하면 다음과 같은 식이 성립한다.

$\dfrac{10}{100}\times200+\dfrac{15}{100}\times x=\dfrac{13}{100}\times(200+x)$

→ $20+0.15x=26+0.13x$

→ $0.02x=6$

∴ $x=300$

따라서 농도가 15%인 소금물은 300g이 필요하다.

20 자료 이해 · 정답 ④

서비스 품질 5가지 항목의 점수와 서비스 쇼핑 체험 점수를 비교해보면, 모든 대형마트에서 서비스 쇼핑 체험 점수가 가장 낮다는 것을 확인할 수 있다. 따라서 서비스 쇼핑 체험 부문의 만족도는 서비스 품질 부문들보다 모두 낮으며, 이때 서비스 쇼핑 체험 점수의 평균은 $\dfrac{3.48+3.37+3.45+3.33}{4}≒3.41$점이다.

[오답분석]

① 인터넷쇼핑과 모바일쇼핑 만족도의 차를 구해보면 A마트는 0.07점, B마트와 C마트는 0.03점, D마트는 0.05점으로, A마트가 가장 크다.

② 단위를 살펴보면 5점 만점으로 조사되었음을 알 수 있으며, 종합만족도의 평균은 $\dfrac{3.72+3.53+3.64+3.56}{4}≒3.61$점이다.

　이때 업체별로는 A마트 → C마트 → D마트 → B마트 순서로 종합만족도가 낮아짐을 알 수 있다.

③ A마트와 D마트는 고객접점직원 서비스보다 고객관리 서비스가 더 낮게 평가되었다.

21 자료 이해 · 정답 ①

㉠ 노숙자쉼터 봉사자는 800명으로, 이 가운데 30대는 118명이다. 따라서 노숙자쉼터 봉사자 중 30대가 차지하는 비율은 $\dfrac{118}{800}\times$

100=14.75%이다.

㉢ 무료급식소 봉사자 중 40~50대는 274+381=655명으로, 전체 1,115명의 절반 이상이다.

[오답분석]

㉡ 전체 봉사자 중 40대의 비율은 $\dfrac{1,500}{5,000}\times100=32$%이고, 20대의 비율은 $\dfrac{650}{5,000}\times100=13$%이다. 따라서 전체 봉사자 중 40대

의 비율은 20대의 $\dfrac{32}{13}≒2.5$배이다.

㉣ 전체 보육원 봉사자는 총 2,000명으로, 이 중 30대 이하 봉사자는 148+197+405=750명이다. 따라서 전체 보육원 봉사자 중 30대 이하가 차지하는 비율은 $\dfrac{750}{2,000}\times100=37.5$%이다.

22 　자료 계산　　　　　　　　　　　　　　　　　정답　④

(ㄷ)은 총계를 구하면 되고, 나머지는 총계에서 주어진 건수와 인원을 빼면 각 수치를 구할 수 있다.

(ㄹ) : 145−21−28−17−30−20=29

오답분석

① (ㄱ) : 4,588−766−692−1,009−644−611=866

② (ㄴ) : 241−27−25−49−31−36=73

③ (ㄷ) : 33+24+51+31+32+31=202

23 　자료 이해　　　　　　　　　　　　　　　　　정답　③

ㄴ. 2022년 고덕 차량기지의 안전체험 건수 대비 인원수는 $\frac{633}{33}$ ≒19.2명이며, 도봉 차량기지의 안전체험 건수 대비 인원수인 $\frac{432}{24}$ =18명보다 크다.

ㄷ. 2021년부터 2023년까지 고덕 차량기지의 안전체험 건수와 인원수의 증감 추이는 '감소 − 감소'로 동일하다.

오답분석

ㄱ. 2024년에 방화 차량기지 견학 안전체험 건수는 2023년과 동일한 29건이므로 옳지 않다.

ㄹ. 2024년 신내 차량기지의 안전체험 인원수는 2020년 대비 $\frac{692−385}{692}$ ×100≒44%로, 50% 미만 감소하였다.

24 　자료 이해　　　　　　　　　　　　　　　　　정답　④

ⓒ 표 1에 따르면 '만화 / 캐릭터'와 '컴퓨터 프로그램'을 제외한 나머지 항목에서는 모두 고등학생이 중학생이나 초등학생에 비하여 구입 경험의 비율이 높으므로 옳은 내용이다.

ⓔ 표 2에 따르면 모두 정품으로 구입했다고 응답한 학생의 비율은 중학교(55.9%)에서 가장 높으므로 옳은 내용이다.

오답분석

㉠ 표 1에 따르면 전반적으로 '만화 / 캐릭터'의 구입 경험 비율이 초등학생(73.2%)이 중학생(53.3%)이나 고등학생(62.6%)보다 높은 것으로 나타났다. '컴퓨터 프로그램'의 경우 학교급 간의 차이는 2%p 미만인 반면, '게임'은 초등학교와 고등학교 간의 차이는 2.1%p이므로 옳지 않은 내용이다.

ⓒ 표 2에 따르면 초등학교의 경우 정품만을 구입했다고 응답한 학생의 비율은 35.3%로 절반에 미치지 못하므로 옳지 않은 내용이다.

25 　자료 계산　　　　　　　　　　　　　　　　　정답　①

2023년 3개 기관의 전반적 만족도의 합은 6.9+6.7+7.6=21.2이고, 2024년 3개 기관의 임금과 수입 만족도의 합은 5.1+4.8+4.8=14.7이다. 따라서 2023년 3개 기관의 전반적 만족도의 합은 2024년 3개 기관의 임금과 수입 만족도의 합의 $\frac{21.2}{14.7}$ ≒1.4배이다.

26 　자료 이해　　　　　　　　　　　　　　　　　정답　③

2024년에 기업, 공공연구기관의 임금과 수입 만족도는 전년 대비 증가하였으나, 대학의 임금과 수입 만족도는 감소했으므로 옳지 않은 설명이다.

오답분석

① 2023년, 2024년 현 직장에 대한 전반적 만족도는 대학 유형에서 가장 높은 것을 확인할 수 있다.

② 2024년 근무시간 만족도에서는 공공연구기관과 대학의 만족도가 6.2로 동일한 것을 확인할 수 있다.

④ 사내분위기 측면에서 2023년과 2024년 공공연구기관의 만족도는 5.8로 동일한 것을 확인할 수 있다.

27 자료 이해

전국에서 자전거전용도로의 비율은 $\dfrac{2,843}{21,176} \times 100 ≒ 13.4\%$를 차지한다.

오답분석

① 제주특별자치도는 전국에서 여섯 번째로 자전거도로가 길다.

② 광주광역시의 전국 대비 자전거전용도로의 비율은 $\dfrac{109}{2,843} \times 100 ≒ 3.8\%$이며, 자전거보행자겸용도로의 비율은 $\dfrac{484}{16,331} \times 100$ ≒ 3%로 자전거전용도로의 비율이 더 높다.

③ 경상남도의 자전거보행자겸용도로는 전국에서 $\dfrac{1,186}{16,331} \times 100 ≒ 7.3\%$의 비율을 가진다.

28 자료 이해

정답 ②

• 2018년 전체 관람객 : 6,688＋3,355＝10,043명

• 2018년 전체 관람객 중 외국인 관람객이 차지하는 비중 : $\dfrac{1,877}{10,043} \times 100 ≒ 18.69\%$

• 2024년 전체 관람객 : 7,456＋6,259＝13,715명

• 2024년 전체 관람객 중 외국인 관람객이 차지하는 비중 : $\dfrac{3,849}{13,715} \times 100 ≒ 28.06\%$

→ 2018년과 2024년의 전체 관람객 중 외국인 관람객이 차지하는 비중의 차 : 28.06－18.69＝9.37%
따라서 2024년의 전체 관람객 수에서 외국인 관람객이 차지한 비중이 2018년에 비해 10% 미만으로 증가했다.

오답분석

① 2018년 외국인 관광객 수는 1,877명이고, 2024년 외국인 관광객 수는 3,849명이다. 따라서 2018년 대비 2024년 외국인 관광객 수의 증가율은 $\dfrac{3,849-1,877}{1,877} \times 100 ≒ 105.06\%$이다.

③ 2023년을 제외한 나머지 해의 경우 유료관람객 수가 무료관람객 수보다 많음을 확인할 수 있다.

④ 제시된 자료를 통해 알 수 있다.

29 자료 이해

정답 ②

전체 1인 가구 중 서울특별시 · 인천광역시 · 경기도의 1인 가구 비율은 $\dfrac{1,012+254+1,045}{5,279} \times 100 ≒ 43.78\%$이므로 옳은 설명이다.

오답분석

① 강원특별자치도의 1인 가구 비율은 $\dfrac{202}{616} \times 100 ≒ 32.79\%$이고, 충청북도의 1인 가구 비율은 $\dfrac{201}{632} \times 100 ≒ 31.80\%$이므로 강원특별자치도가 더 높다.

③ 도 지역 가구 수의 총합은 4,396＋616＋632＋866＋709＋722＋1,090＋1,262＋203＝10,496천 가구이고, 서울특별시 및 광역시 가구 수는 19,017－10,496＝8,521천 가구이므로 도 지역 가구 수의 총합이 더 크다.

④ 경기도를 제외한 도 지역 중 1인 가구 수가 가장 많은 지역은 경상북도이지만, 전체 가구 수가 가장 많은 지역은 경상남도이다.

30 자료 이해 　　　　　　　　　　　　　　　　　　　　　　　　　　　　　　　　　　　　　 정답 ④

2023년 대비 2024년 지진발생 횟수의 증가율이 가장 큰 지역은 6배 증가한 광주·전남이다. 지진발생 횟수가 전년 대비 증가한 지역만 보면 전북은 2배, 서해는 $\frac{19}{6} ≒ 3.17$배, 남해는 $\frac{18}{11} ≒ 1.64$배, 동해는 $\frac{20}{16} = 1.25$배, 북한은 $\frac{25}{23} ≒ 1.09$배 증가하였다. 따라서 전년 대비 2024년 지진발생 횟수의 증가율이 광주·전남 다음으로 두 번째로 높은 지역은 서해이다.

오답분석

① 연도별로 전체 지진발생 횟수 중 가장 많은 비중을 차지하는 지역은 해당연도에 지진발생 횟수가 가장 많은 지역이다. 지진발생 횟수가 가장 많은 지역은 2022년은 남해, 2023년과 2024년은 대구·경북으로 서로 다르다.

② 전체 지진발생 횟수 중 북한의 지진발생 횟수가 차지하는 비중은 2023년에 $\frac{23}{252} \times 100 = 9.1\%$, 2024년에 $\frac{25}{223} \times 100 ≒ 11.2\%$ 이다. 따라서 $11.2 - 9.1 = 2.1\%$로, 5% 미만 증가하였다.

③ 2022년 전체 지진발생 횟수 중 대전·충남·세종이 차지하는 비중은 $\frac{2}{44} \times 100 ≒ 4.5\%$로, 2023년 전체 지진발생 횟수 중 동해가 차지하는 비중인 $\frac{16}{252} \times 100 ≒ 6.3\%$보다 작다.

31 자료 해석 　　　　　　　　　　　　　　　　　　　　　　　　　　　　　　　　　　　　　 정답 ④

우선 민원이 접수되면 제7조 제2항에 따라 주어진 처리기간은 24시간이다. 그 기간 내에 처리하기 곤란할 경우에는 제8조 제1항에 의해 민원인에게 중간 답변을 한 후 48시간으로 연장할 수 있다. 또한 제8조 제2항에 따라 연장한 기간 내에서도 처리하기 어려운 사항일 경우 1회에 한하여 본사 총괄부서장의 승인에 따라 48시간을 추가 연장할 수 있다. 따라서 해당 민원은 늦어도 $48 + 48 = 96$ 시간=4일 이내에 처리하여야 한다. 그러므로 9월 18일에 접수된 민원은 늦어도 9월 22일까지는 처리가 완료되어야 한다.

32 명제 추론 　　　　　　　　　　　　　　　　　　　　　　　　　　　　　　　　　　　　　 정답 ①

A ~ E직원 가운데 C는 E의 성과급이 늘었다고 말했고, D는 E의 성과급이 줄었다고 말했으므로 C와 D 중 한 명은 거짓말을 하고 있다.
· C가 거짓말을 하고 있는 경우 : B, A, D 순으로 성과급이 늘었고, E와 C는 성과급이 줄어들었다.
· D가 거짓말을 하고 있는 경우 : B, A, D 순으로 성과급이 늘었고, C와 E도 성과급이 늘었지만, 순위는 알 수 없다.
따라서 어떤 경우이든 '직원 E의 성과급 순위를 알 수 없다.'는 ①은 항상 참이다.

33 명제 추론 　　　　　　　　　　　　　　　　　　　　　　　　　　　　　　　　　　　　　 정답 ②

A, B, C 셋 중 가해자가 1명, 2명, 3명인 경우를 각각 나누어 정리하면 다음과 같다.
ⅰ) 가해자가 1명인 경우
　· A 또는 C가 가해자인 경우 : 셋 중 두 명이 거짓말을 하고 있다는 B의 진술이 참이 되므로 성립하지 않는다.
　· B가 가해자인 경우 : B 혼자 거짓말을 하고 있으므로 한 명이 거짓말을 한다는 A, C의 진술이 성립한다.
ⅱ) 가해자가 2명인 경우
　· A와 B가 가해자인 경우 : A, B 중 한 명이 거짓말을 한다는 C의 진술과 모순된다.
　· A와 C가 가해자인 경우 : 가해자인 C는 거짓만을 진술해야 하나, A, B 중 한 명이 거짓말을 한다는 C의 진술이 참이 되므로 성립하지 않는다.
　· B와 C가 가해자인 경우 : 셋 중 한 명이 거짓말을 한다는 A의 진술과 모순된다.
ⅲ) 가해자가 3명인 경우
　A, B, C 모두 거짓말을 하므로 A, B, C 모두 가해자이다.
따라서 B가 가해자이거나 A, B, C 모두가 가해자이므로 가해자인 것이 확실한 사람은 B이며, 가해자가 아닌 것이 확실한 사람은 아무도 없다.

34 규칙 적용 　　　정답 ②

자음과 모음의 암호 변환 문자를 정리하면 다음 표와 같다.

ㄱ	ㄲ	ㄴ	ㄷ	ㄸ	ㄹ	ㅁ	ㅂ	ㅃ	ㅅ	ㅆ	ㅇ	ㅈ	ㅉ	ㅊ	ㅋ	ㅌ	ㅍ	ㅎ
a	b	c	d	e	f	g	h	i	j	k	l	m	n	o	p	q	r	s
A	B	C	D	E	F	G	H	I	J	K	L	M	N	O	P	Q	R	S

ㅏ	ㅐ	ㅑ	ㅒ	ㅓ	ㅔ	ㅕ	ㅖ	ㅗ	ㅘ	ㅙ	ㅚ	ㅛ	ㅜ	ㅝ	ㅞ	ㅟ	ㅠ	ㅡ	ㅢ	ㅣ
1	2	3	4	5	6	7	8	9	10	11	12	13	14	15	16	17	18	19	20	

- l15C : 원
- d5 : 더
- r14F : 풀

따라서 'l15Cd5r14F-7'을 바르게 풀이하면 '원더풀'이다.

35 규칙 적용 　　　정답 ②

34번의 표를 참고하여 암호를 풀면 다음과 같다.
- 자 : m1
- 전 : m5C
- 거 : a5
- 1+5+5=11 → 1+1=2

따라서 '자전거'를 암호로 바르게 치환하면 'm1m5Ca5-2'이다.

36 규칙 적용 　　　정답 ①

입사순서는 해당 월의 누적 입사순서이므로 'W05240401'은 4월의 첫 번째 입사자임을 나타낼 뿐, 생산부서 최초의 여직원인지는 알 수 없다.

37 규칙 적용 　　　정답 ④

M01240903	W03241005	M05240912	W05240913	W01241001	W04241009
W02240901	M04241101	W01240905	W03240909	M02241002	W03241007
M03240907	M01240904	W02240902	M04241008	M05241107	M01241103
M03240908	M05240910	M02241003	M01240906	M05241106	M02241004
M04241101	M05240911	W03241006	W05241105	W03241104	M05241108

여성(W) 중 기획부(03)에 입사한 사원은 모두 5명이다.

38 자료 해석 　　　정답 ④

- 1세트 : 프랑스의 B와인이 반드시 포함된다(B와인 60,000원). 인지도와 풍미가 가장 높은 것은 영국 와인이지만 영국 와인은 65,000원이므로 포장비를 포함하면 135,000원이 되기 때문에 세트를 구성할 수 없다. 가격이 되는 한도에서 인지도와 풍미가 가장 높은 것은 이탈리아 와인이다.
- 2세트 : 이탈리아의 A와인이 반드시 포함된다(A와인 50,000원). 모든 와인이 가격 조건에 해당하고, 와인 중 당도가 가장 높은 것은 포르투갈 와인이다.

자료 해석 　　　　　　　　　　　　　　　　　　　　　　　　　　　　　　　　　　　　 정답 ③

최은빈을 제외한 대학 졸업자 중 (서류점수)+(필기시험 점수)+(개인 면접시험 점수)를 구하면 다음과 같다.
• 이선빈 : 84+86+35=205점
• 유미란 : 78+88+32=198점
• 김지은 : 72+92+31=195점
• 이유리 : 92+80+38=210점
따라서 이선빈과 이유리가 경영지원실에 채용된다.
경영지원실 채용 후 나머지 세 사람(유미란, 김지은, 최은빈)의 그룹 면접시험 점수와 영어시험 점수 합을 구하면 다음과 같다.
• 유미란 : 38+80=118점
• 김지은 : 40+77=117점
• 최은빈 : 39+78=117점
따라서 유미란이 기획조정실에 채용되어 불합격자는 김지은, 최은빈이 된다.

40 자료 해석 　　　　　　　　　　　　　　　　　　　　　　　　　　　　　　　　　　　　 정답 ②

변경된 직원 채용 규정에 따른 환산점수를 계산하면 다음과 같다.
• 이선빈 : (84×0.5)+86+35=163점
• 유미란 : (78×0.5)+88+38=165점
• 김지은 : (72×0.5)+92+40=168점
• 최은빈 : (80×0.5)+82+40=162점
• 이유리 : (92×0.5)+80+38=164점
따라서 가장 점수가 낮은 응시자 2명인 이선빈, 최은빈이 불합격자가 된다.

41 명제 추론 　　　　　　　　　　　　　　　　　　　　　　　　　　　　　　　　　　　　 정답 ①

네 번째 조건에 따라 K팀장은 토마토 파스타, S대리는 크림 리소토를 주문한다. 이때, L과장은 다섯 번째 조건에 따라 토마토 리소토나 크림 리소토를 주문할 수 있는데, 만약 L과장이 토마토 리소토를 주문한다면, 두 번째 조건에 따라 M대리는 토마토 파스타를 주문해야 하고, 사원들은 둘 다 크림소스가 들어간 메뉴를 주문할 수밖에 없으므로 조건과 모순이 된다. 따라서 L과장은 크림 리소토를 주문했다. 다음으로 사원 2명 중 1명은 크림 파스타, 다른 한 명은 토마토 파스타나 토마토 리소토를 주문해야 하는데, H사원이 파스타면을 싫어하므로 J사원이 크림 파스타, H사원이 토마토 리소토, M대리가 토마토 파스타를 주문했다. 다음으로 일곱 번째 조건에 따라 J사원이 사이다를 주문하였고, H사원은 J사원과 다른 음료를 주문해야 하지만 여덟 번째 조건에 따라 주스를 함께 주문하지 않으므로 콜라를 주문했다. 또한 마지막 조건에 따라 주스를 주문한 사람은 모두 크림소스가 들어간 메뉴를 주문한 사람이어야 하므로 S대리와 L과장이 주스를 주문했다. 마지막으로 여섯 번째 조건에 따라 M대리는 사이다를 주문하고, K팀장은 콜라를 주문했다. 이를 표로 정리하면 다음과 같다.

구분	K팀장	L과장	S대리	M대리	H사원	J사원
토마토 파스타	○			○		
토마토 리소토					○	
크림 파스타						○
크림 리소토		○	○			
콜라	○				○	
사이다				○		○
주스		○	○			

따라서 사원들 중 주스를 주문한 사람은 없다.

42   명제 추론   정답 ③

41번의 결과로부터 L과장과 S대리는 크림 리소토와 주스를 주문했다.

43   SWOT 분석   정답 ④

ⓒ에는 약점을 보완하여 위협에 대비하는 WT전략이 들어가야 한다. ④의 전략은 풍부한 자본, 경영상태라는 강점을 이용하여 위협에 대비하는 ST전략이다.

[오답분석]
① ㉠ : 테크핀 기업과의 협업 기회를 통해 경영 방식을 배워 시중은행의 저조한 디지털 전환 적응력을 개선하려는 것이므로 WO전략으로 적절하다.
② ㉠ : 테크핀 기업과 협업을 하며, 이러한 혁신기업의 특성을 파악해 발굴하고 적극적으로 대출을 운영함으로써 전당포식의 소극적인 대출 운영이라는 약점을 보완할 수 있다는 것으로 WO전략으로 적절하다.
③ ㉡ : 오프라인 인프라가 풍부하다는 강점을 이용하여, 점유율을 높이고 있는 기업들에 대해 점유율 방어를 하고자 하는 전략이므로 ST전략으로 적절하다.

44   명제 추론   정답 ④

마지막 조건에 따라 C항공사는 가장 앞 번호인 1번 부스에 위치하며, 세 번째 조건에 따라 G면세점과 H면세점은 양쪽 끝에 위치한다. 이때 네 번째 조건에서 H면세점 반대편에는 E여행사가 위치한다고 하였으므로 5번 부스에는 H면세점이 위치할 수 없다. 따라서 5번 부스에는 G면세점이 위치한다. 또한 첫 번째 조건에 따라 같은 종류의 업체는 같은 라인에 위치할 수 없으므로 H면세점은 G면세점과 다른 라인인 4번 부스에 위치하고, 네 번째 조건에 따라 4번 부스 반대편인 8번 부스에는 E여행사가, 4번 부스 바로 옆인 3번 부스에는 F여행사가 위치한다. 나머지 조건에 따라 부스의 위치를 정리하면 다음과 같다.

• 경우 1

C항공사	A호텔	F여행사	H면세점
복도			
G면세점	B호텔	D항공사	E여행사

• 경우 2

C항공사	B호텔	F여행사	H면세점
복도			
G면세점	A호텔	D항공사	E여행사

따라서 항상 참이 되는 것은 ④이다.

45   명제 추론   정답 ④

A를 기준으로 A의 진술이 참인 경우와 A의 진술이 거짓인 경우가 있는데, 만약 A의 진술이 거짓이라면 B와 C가 모두 범인인 경우와 B와 C가 모두 범인이 아닌 경우로 나눌 수 있고, A의 진술이 참이라면 B가 범인인 경우와 C가 범인인 경우로 나눌 수 있다.
• A의 진술이 거짓이고, B와 C가 모두 범인인 경우 : B, C, D, E의 진술이 모두 거짓이 되어 5명이 모두 거짓말을 한 것이 되므로 조건에 어긋난다.
• A의 진술이 거짓이고, B와 C가 모두 범인이 아닌 경우 : B의 진술이 참이 되므로 C, D, E 중 1명의 진술만 거짓, 나머지 진술은 참이 되어야 한다. C가 참이면 E도 반드시 참, C가 거짓이면 E도 반드시 거짓이므로 D가 거짓, C, E가 참을 말하는 것이 되어야 한다. 따라서 D와 E가 범인이 된다.
• A의 진술이 참이고, B가 범인인 경우 : B의 진술이 거짓이 되기 때문에 C, D, E 중 1명의 진술만 거짓, 나머지 진술은 참이 되어야 하므로 C, E의 진술이 참, D의 진술이 거짓이 된다. 따라서 B와 E가 범인이 된다.
• A의 진술이 참이고, C가 범인인 경우 : B의 진술이 참이 되기 때문에 C, D, E 중 1명의 진술만 참, 나머지 진술은 거짓이 되어야 하므로 C, E의 진술이 거짓, D의 진술이 참이 된다. 따라서 범인은 A와 C가 된다.
따라서 동시에 범인이 될 수 있는 사람을 나열한 것은 ④이다.

46 정보 이해 정답 ③

최윤오 사원이 자신이 작성한 보고서는 제외하고 관련 자료를 검색하려고 하므로 '!' 기호 뒤에 오는 단어는 포함하지 않는 문서를 검색하는 명령어 '!'를 활용해야 한다.

[오답분석]
① '성과관리'와 '최윤오'가 모두 포함된 문서를 검색한다.
② '성과관리'와 '최윤오'가 모두 포함되거나 두 단어 중에서 하나만 포함된 문서를 검색한다.
④ '성과관리'와 '최윤오'가 가깝게 인접해 있는 문서를 검색한다.

47 정보 이해 정답 ④

㉠ 임금체계 * 성과급 : 임금체계와 성과급이 모두 포함된 문서를 검색한다.
㉡ 임금체계 OR 성과급 : 임금체계와 성과급이 모두 포함되거나 두 단어 중에서 하나만 포함된 문서를 검색한다.
㉣ 임금체계 ~ 성과급 : 임금체계와 성과급이 가깝게 인접해 있는 문서를 검색한다.

[오답분석]
㉢ 임금체계와 성과급이 모두 언급된 자료를 검색해야 하므로 한 단어가 포함되지 않는 문서를 검색하는 명령어 '!'는 적절하지 않다.

48 정보 이해 정답 ④

운영체제의 기능에는 프로세스 관리, 메모리 관리, 기억장치 관리, 파일 관리, 입출력 관리, 리소스 관리 등이 있다. 또한 운영체제의 목적은 처리능력 향상, 반환 시간 단축, 사용 가능도 향상, 신뢰도 향상 등이 있다.

49 정보 이해 정답 ④

SSD(Solid State Drive)는 전기적인 방식으로 데이터를 읽고 쓰는 반면, HDD(Hard Disk Drive)는 기계적인 방식으로 자기 디스크를 돌려서 데이터를 읽고 쓴다.

50 정보 이해 정답 ②

[오답분석]
① RFID : 무선인식이라고도 하며, 반도체 칩이 내장된 태그, 라벨, 카드 등의 저장된 데이터를 무선주파수를 이용하여 비접촉으로 읽어내는 인식시스템이다.
③ 이더넷(Ethernet) : 가장 대표적인 버스 구조 방식의 근거리통신망(LAN) 중 하나이다.
④ 유비쿼터스 센서 네트워크(USN; Ubiquitous Sensor Network) : 첨단 유비쿼터스 환경을 구현하기 위한 근간으로, 각종 센서에서 수집한 정보를 무선으로 수집할 수 있도록 구성한 네트워크를 가리킨다.

51 프로그램 언어(코딩) 정답 ④

for( )반복문에 의해 i값은 0부터 시작하여 2씩 증가되면서 i값이 10보다 작거나 같을 때까지 i의 값들을 sum에 누적시킨다. i의 값은 2씩 증가되기 때문에 i의 값은 0, 2, 4, … 로 변화하게 되며 i의 값이 12가 될 때 종료하게 되므로 이때까지 sum에 누적된 i값의 합은 0+2+4+6+8+10=30이다.

52 프로그램 언어(코딩)

case문에 break문이 있으면 switch( )문을 종료하게 되고 break문이 없다면 다음 문장을 실행하게 된다. switch문에 주어진 조건 3에 해당하는 'case 3'으로 이동하면 'case 5'의 break문을 만나기 전까지의 num++;, num += 4; num += 3; 식을 모두 수행하게 되므로 최종값은 8이 된다.

53 프로그램 언어(코딩)

i값이 50보다 작거나 같을 때까지 루프안의 명령을 반복 수행한다. 반복 수행 도중에 i값이 30보다 큰 조건을 만족하면 break문에 의해 루프를 종료하게 된다. 'i=i+i'에 의해 i의 값은 i의 값이 변화할 때마다 i의 값에 다시 누적되므로 i의 값은 i=1+1, i=2+2 =4, … i=16+16으로 변화하게 된다. 따라서 i의 누적 값이 30보다 큰 경우인 32가 될 때, 조건문에 의해 루프를 종료하게 되고 최종 i의 값은 32가 된다.

54 엑셀 함수

ISNONTEXT 함수는 값이 텍스트가 아닐 경우 논리값 'TRUE'를 반환한다. [A2] 셀의 값은 텍스트이므로 함수의 결괏값으로 'FALSE'가 산출된다.

오답분석

① ISNUMBER 함수 : 값이 숫자일 경우 논리값 'TRUE'를 반환한다.
③ ISTEXT 함수 : 값이 텍스트일 경우 논리값 'TRUE'를 반환한다.
④ ISEVEN 함수 : 값이 짝수이면 논리값 'TRUE'를 반환한다.

55 엑셀 함수

오른쪽 워크시트를 보면 데이터는 '김'과 '철수'로 구분이 되어 있다. 왼쪽 워크시트의 데이터는 '김'과 '철수' 사이에 기호나 탭, 공백 등이 없으므로 각 필드의 너비(열 구분선)를 지정하여 나눈 것이다.

56 정보 이해

오답분석

ㄴ. 임베디드 컴퓨팅(Embedded Computing) : 제품에서 특정 작업을 수행할 수 있도록 탑재되는 솔루션이나 시스템이다.
ㅁ. 노매딕 컴퓨팅(Nomadic Computing) : 네트워크의 이동성을 극대화하여 특정 장소가 아닌 어디서든 컴퓨터를 사용할 수 있게 하는 기술이다.

57 정보 이해

직접 접근 파일은 주소 검색을 통해 직접적으로 데이터를 찾을 수 있는 파일을 말한다.

58 엑셀 함수

[E2:E7]은 평균 점수를 소수점 둘째 자리에서 반올림한 값이다. 따라서 [E2]에 「=ROUND(D2,1)」를 넣고 채우기 핸들 기능을 이용하면 제시된 표와 같은 값을 구할 수 있다.

오답분석

① INT는 정수 부분을 제외한 소수 부분을 모두 버림하는 함수이다.
② ABS는 절댓값을 구하는 함수이다.
③ TRUNC는 원하는 자리 수에서 버림하는 함수이다.

59 엑셀 함수

[E2:E7] 영역처럼 표시하려면 문자열의 지정 위치에서 문자를 지정한 개수만큼 돌려주는 MID 함수를 사용해야 한다. 따라서 「＝ MID(데이터를 참조할 셀 번호, 왼쪽을 기준으로 시작할 기준 텍스트, 기준점을 시작으로 가져올 자릿수)」로 표시되기 때문에 「＝ MID(B2,5,2)」를 입력해야 한다.

60 정보 이해

정답 ②

주어진 메일 내용에서 검색기록 삭제 시 기존에 체크되어 있는 항목 외에도 모든 항목을 체크하라고 되어 있으나, 괄호 안에 '즐겨찾기 웹 사이트 데이터 보존 부분은 체크 해제할 것'이라고 명시되어 있으므로 모든 항목을 체크하는 행동은 옳지 않다.

한국도로공사 NCS 답안카드

성 명

지원 분야

문제지 형별기재란

( )형   Ⓐ   Ⓑ

수 험 번 호

0	0	0	0	0	0	0
①	①	①	①	①	①	①
②	②	②	②	②	②	②
③	③	③	③	③	③	③
④	④	④	④	④	④	④
⑤	⑤	⑤	⑤	⑤	⑤	⑤
⑥	⑥	⑥	⑥	⑥	⑥	⑥
⑦	⑦	⑦	⑦	⑦	⑦	⑦
⑧	⑧	⑧	⑧	⑧	⑧	⑧
⑨	⑨	⑨	⑨	⑨	⑨	⑨

감독위원 확인

(인)

1	① ② ③ ④	21	① ② ③ ④	41	① ② ③ ④
2	① ② ③ ④	22	① ② ③ ④	42	① ② ③ ④
3	① ② ③ ④	23	① ② ③ ④	43	① ② ③ ④
4	① ② ③ ④	24	① ② ③ ④	44	① ② ③ ④
5	① ② ③ ④	25	① ② ③ ④	45	① ② ③ ④
6	① ② ③ ④	26	① ② ③ ④	46	① ② ③ ④
7	① ② ③ ④	27	① ② ③ ④	47	① ② ③ ④
8	① ② ③ ④	28	① ② ③ ④	48	① ② ③ ④
9	① ② ③ ④	29	① ② ③ ④	49	① ② ③ ④
10	① ② ③ ④	30	① ② ③ ④	50	① ② ③ ④
11	① ② ③ ④	31	① ② ③ ④	51	① ② ③ ④
12	① ② ③ ④	32	① ② ③ ④	52	① ② ③ ④
13	① ② ③ ④	33	① ② ③ ④	53	① ② ③ ④
14	① ② ③ ④	34	① ② ③ ④	54	① ② ③ ④
15	① ② ③ ④	35	① ② ③ ④	55	① ② ③ ④
16	① ② ③ ④	36	① ② ③ ④	56	① ② ③ ④
17	① ② ③ ④	37	① ② ③ ④	57	① ② ③ ④
18	① ② ③ ④	38	① ② ③ ④	58	① ② ③ ④
19	① ② ③ ④	39	① ② ③ ④	59	① ② ③ ④
20	① ② ③ ④	40	① ② ③ ④	60	① ② ③ ④

한국도로공사 NCS 답안카드

성 명	

지원 분야	

문제지 형별기재란	Ⓐ
( )형	Ⓑ

수 험 번 호

⓪	①	②	③	④	⑤	⑥	⑦	⑧	⑨
⓪	①	②	③	④	⑤	⑥	⑦	⑧	⑨
⓪	①	②	③	④	⑤	⑥	⑦	⑧	⑨
⓪	①	②	③	④	⑤	⑥	⑦	⑧	⑨
⓪	①	②	③	④	⑤	⑥	⑦	⑧	⑨
⓪	①	②	③	④	⑤	⑥	⑦	⑧	⑨
⓪	①	②	③	④	⑤	⑥	⑦	⑧	⑨

감독위원 확인
(인)

번호	①	②	③	④	번호	①	②	③	④	번호	①	②	③	④
1	①	②	③	④	21	①	②	③	④	41	①	②	③	④
2	①	②	③	④	22	①	②	③	④	42	①	②	③	④
3	①	②	③	④	23	①	②	③	④	43	①	②	③	④
4	①	②	③	④	24	①	②	③	④	44	①	②	③	④
5	①	②	③	④	25	①	②	③	④	45	①	②	③	④
6	①	②	③	④	26	①	②	③	④	46	①	②	③	④
7	①	②	③	④	27	①	②	③	④	47	①	②	③	④
8	①	②	③	④	28	①	②	③	④	48	①	②	③	④
9	①	②	③	④	29	①	②	③	④	49	①	②	③	④
10	①	②	③	④	30	①	②	③	④	50	①	②	③	④
11	①	②	③	④	31	①	②	③	④	51	①	②	③	④
12	①	②	③	④	32	①	②	③	④	52	①	②	③	④
13	①	②	③	④	33	①	②	③	④	53	①	②	③	④
14	①	②	③	④	34	①	②	③	④	54	①	②	③	④
15	①	②	③	④	35	①	②	③	④	55	①	②	③	④
16	①	②	③	④	36	①	②	③	④	56	①	②	③	④
17	①	②	③	④	37	①	②	③	④	57	①	②	③	④
18	①	②	③	④	38	①	②	③	④	58	①	②	③	④
19	①	②	③	④	39	①	②	③	④	59	①	②	③	④
20	①	②	③	④	40	①	②	③	④	60	①	②	③	④

※ 본 답안지는 마킹연습용 모의 답안지입니다.

2025 최신판 시대에듀 한국도로공사
NCS + 전공 + 최종점검 모의고사 4회 + 무료NCS특강

개정14판1쇄 발행	2025년 05월 20일 (인쇄 2025년 04월 03일)
초 판 발 행	2017년 02월 10일 (인쇄 2017년 01월 09일)
발 행 인	박영일
책 임 편 집	이해욱
편 저	SDC(Sidae Data Center)
편 집 진 행	김재희 · 윤소빈
표지디자인	박종우
편집디자인	김경원 · 장성복
발 행 처	(주)시대고시기획
출 판 등 록	제10-1521호
주 소	서울시 마포구 큰우물로 75 [도화동 538 성지 B/D] 9F
전 화	1600-3600
팩 스	02-701-8823
홈 페 이 지	www.sdedu.co.kr
I S B N	979-11-383-9201-3 (13320)
정 가	25,000원

한국
도로공사

NCS + 전공 + 최종점검 모의고사 4회

최신 출제경향 전면 반영